融情入理 润物无声

——讲述课程思政的故事

［第二集］

魏晓辉　王庆丰◎主编

吉林大学出版社

·长春·

图书在版编目（CIP）数据

融情入理　润物无声：讲述课程思政的故事. 第二集 / 魏晓辉, 王庆丰主编. —— 长春：吉林大学出版社，2022.10

ISBN 978-7-5768-1410-1

Ⅰ.①融… Ⅱ.①魏… ②王… Ⅲ.①高等学校 – 思想政治教育 – 课堂教学 – 教案(教育) – 中国 Ⅳ.①G641

中国版本图书馆CIP数据核字(2022)第250514号

书　　　名：融情入理 润物无声——讲述课程思政的故事（第二集）
　　　　　　RONGQING RULI RUNWU WUSHENG——JIANGSHU KECHENG SIZHENG DE GUSHI（DI-ER JI）

作　　者：魏晓辉　王庆丰
策划编辑：高珊珊
责任编辑：冀　洋
责任校对：王寒冰
装帧设计：刘　瑜
出版发行：吉林大学出版社
社　　址：长春市人民大街4059号
邮政编码：130021
发行电话：0431–89580028/29/21
网　　址：http://www.jlup.com.cn
电子邮箱：jldxcbs@sina.com
印　　刷：吉广控股有限公司
开　　本：787mm×1092mm　1/16
印　　张：24.75
字　　数：460千字
版　　次：2022年10月　第1版
印　　次：2022年10月　第1次
书　　号：ISBN 978-7-5768-1410-1
定　　价：166.00元

编委会

序　言

2018年9月10日，习近平总书记在全国教育大会上指出："要把立德树人融入思想道德教育、文化知识教育、社会实践教育各环节，贯穿基础教育、职业教育、高等教育各领域，学科体系、教学体系、教材体系、管理体系要围绕这个目标来设计，教师要围绕这个目标来教，学生要围绕这个目标来学。"党的十八大以来，课程思政在高校教育教学工作中的地位和作用得到进一步明确和加强，2020年5月28日，教育部印发《高等学校课程思政建设指导纲要》，为我国高等教育课程思政建设与实践提供了思想引领与行动指南；2021年12月22日，高等教育司发布《教育部高等教育司关于深入推进高校课程思政建设的通知》，对推进高校课程思政高质量建设提出了具体要求。党的二十大报告明确指出，用社会主义核心价值观铸魂育人，这为课程思政建设提供了根本遵循，各高校围绕"为谁培养人"把"接班人"摆在高位，深入推进思政课程与课程思政在培育时代新人上同向同行，实现接班人与建设者的统一。

吉林大学作为中国共产党在东北地区亲手创建的重点综合性大学，有着优良的红色基因，自从她诞生开始，就与党和国家的建设事业血脉相连。在吉林大学的育人氛围中，始终蕴藏着厚重恢宏、灵动蓬勃的思想与信念力量，这种力量点燃了一批又一批学子的中国梦青春梦，使他们成为走在时代前列的奋进者、开拓者，自觉自豪将努力坐标直接锚定民族的崛起，在祖国各行各业立下不朽功勋。吉林大学高度重视课程思政建设工作，姜治莹书记指出："要全心培育时代新人。坚持用创新理论引领学生、用时代价值教育学生、用优秀文化感染学生，扎实推进习近平新时代中国特色社会主义思想进课堂、进教材、进头脑，全面推动社会主义核心价值观融入思想道德教育、文化知识教育、社会实践教育各环节，引导学生厚植家国情怀、笃定前行方向，增强做中国人的志气、骨气、底气。"张希校长强调："要深入学习贯彻习近平总书记关于教育、科技和人才的重要论述，义不容辞地承担起"为党育人、为国育才"的责任，将立德树人成效作为检验学校一切工作的根本标准，勇于开拓科研新领域新赛道，为建设教育强国、科技强国、人才强国接续奋斗。"

在吉林大学"大思政"格局部署下，2019年起校各部门各院系紧密衔接，制定了"课程思政攻坚行动计划"，从组织领导、统筹规划、条件保障、示范引领、师资建设、培训体系、评价激励、宣传推广等方面扎实推进，注重思想引领、集体攻关、系统整合和多维构建，通过"建标""建制""建体系"不断提升教师育人意识和能力，开启了全校课程思政教学研究和实践的序幕。2020年学校颁布《吉林大学全面推进课程思政建设工作实施方案》，将打造吉大特色思政工作体系作为学校"三大工程"的引领工程，根据本科专业类教学质量国家标准和一级学科、专业学位类别（领域）博士硕士学位基本要求组织修订培养方案，把课程思政目标全面纳入各门课程大纲，全面推进课程思政做实、做深、做细、做透。2021年吉林大学课程思政教学研究中心获批吉林省课程思政示范中心。学校累计建设4批次共444门本科"学科育人示范课程"，三批次共233门研究生"课程思政示范课"，着力引导每门课都扛起"思政担"、讲出"思政味"。教务处、教师教学发展中心牵头广泛开展课程思政研讨、培训、宣传和推广工作，组织"我的学生 我的课堂""融情入理 立德树人：我的课程思政""同心同理 同向同行——课程思政与思政课程的碰撞与对话"等课程思政建设线上线下培训和交流活动，各学院也组织召开课程思政建设研讨会、培训会，为积极探索课程思政建设的教师们构筑了温馨的精神家园，激发了课程思政建设热情，凝聚了课程思政建设共识，引领并带动了一批又一批卓越有为充满干劲的教师理论研究与学科育人实践并行。

学校围绕课程思政开展的探索与实践，是对思想政治工作规律、教书育人规律以及学生成长规律的整体把握和综合运用，具有重要的时代价值和现实意义。为梳理总结学校课程思政建设取得的丰硕阶段性成果，亦为研究其中的认识方法，凝练其精神内涵，弘扬其精神价值，教师教学发展中心在成功举办第一期"讲述课程思政的故事"主题征文活动基础上开展了第二期征文活动。全校广大教师积极响应，集结成册的65篇课程思政案例全部来自鲜活的教学一线，作为吉林大学育人育才的生动画卷真实展示了课程思政以文化启迪思想、浸润心灵、熏陶品行，引导学生开展厚植家国情怀、坚定文化自信、笃定前行方向的创造性探寻；展示了学生在课中

序 言

出彩、课中生志、课中生情、课中生趣，实现知、情、意、行的统一，展示了教学活动为处于"拔节孕穗期"的青年学生插上翅膀，满足了学生成长发展的需求。这既是一线教师对课程思政本质与作用、内容与形式、问题与原因、方法与路径等方面的理论研究和探索，又是广大教师践行育人育才使命的真实答卷，更是我校课程思政建设成效的具体体现。面向未来，我们将为丰富和发展人类文明新形态作出新的贡献！

在本书编辑过程中，马春文、李靖、石瑛、王建华、付君、于双成教授帮助完成了本书的评议与校正，课程思政教学研究中心的陈璐教授撰写了序言，在此表示衷心感谢！在本书成书过程中，教师教学发展中心和教务处相关工作人员也做了大量的工作，使得本书顺利出版。

目 录

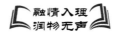

目 录

社区社会工作课程教学中的思政要素分析

哲学社会学院　李晓玲

人的教育是人进行社会化的重要阶段，通过教育过程，使人能够迅速地融入人类社会与人类文明之中。到了大学教育阶段，更加注重对人的思维、思想的教育，课堂教学是一方面，更重要的一方面则是通过教学对学生施以思想影响，也就是思政教学的开展。随着人类社会信息化的增强，学生接受的知识也越来越多，要把知识运用于社会生活之中，还需要思想的支撑。社会工作，特别是社区社会工作的学习不仅需要大量的理论支持，更加需要思想与人文支持。只有具备了高素质的人文品质，才能够从事专业的社会工作。

社区社会工作以帮助社区中的成员为其工作目标，解决社区成员的具体困难、促进社区的进步与发展是其最终目的。因此在该课程的讲授过程中就更加强调育人与教学的全面结合。具体来讲，可以从以下几个方面对思政教学进行讨论。

一、课程自身专业性强调课程思政的全面展开

社区社会工作是社会工作中的三大方法之一。社会工作自身强调助人自助，实施帮助的人——社会工作者要求具备专业的工作原则与道德准则，即要求尊重人、追求公平正义、促进社会发展与进步。助人的过程要求社会工作者有热心、耐心和爱心。助人的工作，特别是专业助人的工作更加强调对社会工作者的专业要求。因此，在该课程自始至终的教学过程中，教师会不断地对学生强调思想教育，形成专业社会工作者的基本思想素养。

课程对思政的专业性强调一方面体现在课堂教学中。在课堂教学中，教师一

边进行专业课程的讲解，同时结合课程内容强化对学生的思政教育。例如：在专业伦理与工作原则这一章节，直接指向对学生的思想教育，培养学生的专业素养，要有同理心，要以案主为中心进行服务，要以人为本，要以人的生命安全为第一要素……社会工作者必须遵循这些伦理原则，同时还要学会处理道德伦理冲突。学生只有首先建立起专业的伦理价值体系，将来从事社会工作的过程中才会既能保护自身的权益，也能保护案主的权益。

课程对思政的专业性强调另一方面还表现在课堂讨论与课堂专业技能的小训练中。在社区工作课程讲授过程中，教师会根据需要开展不同的主题讨论，讨论内容都是围绕着社区工作的相关内容展开的。社区工作以社区为服务对象，与学生的实际生活息息相关，在讨论过程中往往学生会结合自己的生活实际开展更多的讨论。例如：在讨论对自身所在的社区向其他同学进行专业要素分析时，很多学生不仅向同学展示了其所在社区的状况与特点，同时还提出了社区中存在的一些问题进行讨论，在师生的共同讨论下，还提出了很多的改良意见，这使很多学生开始关注自己的生活与所在的社区，并表示要积极参与到社区生活中。另外，在课程讲授过程中，教师还会带领学生进行专业的技能小训练，让学生模拟相关的场景，对所发生的问题进行专业实务处理。这使学生不仅在思想上学会如何做人、提高自身的素质，同时还让学生能够在实践中落实其所接受到的思政教育理念。这种思想与实践的结合能够使对学生的思政教育落实到实际的行动中来，达到真正的育人目标。

课程对思政的专业性强调最后还体现在课程作业与课间的问题解答环节。社区社会工作方法与其他的专业方法相比，更加强调人的宏观分析问题的视角。人要用发展的眼光去看问题，用缜密的逻辑去分析问题，用科学的方法去解决问题。这就对人的各方面的素质有了更高的要求。在课程讲授过程中，教师会在课程中间留一些论文形式的中期作业，还会根据课程内容留一些小的社会行动作业，例如：寻找社区并对社区进行专业分析既可成为论文作业，也可成为社会行动作业。在这样的作业完成过程中，学生从专业与实践的角度都得到了专业训练，学会了专业能力的应用，并会用专业知识解决具体问题，这种思维理念同样在生活的方方面面起着重要的作用。同时，课程的课间问题解决环节也是思政教育开展的良好时机。下课时，学生往往带着上一节课的内容与教师和同学展开讨论，从问题出发到实际的困难，各个方面都是讨论的主题。这时，教师往往一边引导学生进行独立思考并进行讨论，同时还会适时地让学生结合自己的实际进行反思与思想教育。这一环节的思政教育较为重要，学生在潜移默化之中发生着思想上的改变。

二、课程的实践训练使课程思政要素深入人心

社区社会工作是一门理论与实践相结合的课程，它不仅要求学生对专业理论的扎实掌握，最重要的是把这些理论能够熟练地应用到实际的工作中来，也就是专业能力要达到基本的实践要求，能够专业地解决具体问题。因此，在课程安排过程中，除了会安排专门的专业实习时间之外，还会在课程进行时带领学生进行一些实践训练。通过对这一过程的思政要素分析，发现这样的实践训练课程更容易使课程思政要素深入人心。例如：教师在社区社会工作的课程安排上除了进行课堂上的小的专业技能训练之外，一定会带领学生深入社区，对社区进行具体的考察与研究。每一学期所去的社区是不同的，学生在社区参观学习的过程中所得到的思政教育收获也是不一样的。一般情况下，学生进入社区后，社区负责人会系统地向学生介绍该社区的基本情况与职能，学生随时进行提问。在这一过程中，学生更加近距离地了解了社区，体会了社区的内涵，结合自身的生活对社区有了深入的认识。同时，学生还看到了居民在社区中的活动，了解社区所要解决的具体社会问题有哪些。学生更是通过这一过程看到了专业社会工作者的素质，看到了社区工作者对工作的热爱与付出。这些直观的思想道德教育更能够冲击学生的思想，学生能够自我感悟到专业社会工作者的思想要求。在随后的学生与社区负责人的交流沟通中，学生往往把生活中的疑问提出来，社区负责人的耐心解答与案例讲解，让学生的思想再次得到升华。总之，教师看到了实践训练对学生思政教育的影响是非常大的，特别是同理心的建立，在这一过程中基本都可以实现。

三、教学的日常使课程思政滋润学生心灵

社会工作强调人与人的交流，只有有效地交流，才能够真正把握案主的需求，提供准确与专业的服务。社区工作更是如此，它面对的是社区全体居民，只有做到居民对社会工作者的认可才能够使社区工作顺利开展。对这一方面思想教育不仅在于课程讲授过程中的专门教育，更在于日常生活中教师的一言一行的表现对学生的影响，学生会在潜移默化之中模仿教师的行为，并带进社会工作中去。因此，课堂之外的教学日常也是课程思政的重要领域。

学生在面对自身的问题时，往往会选择在平时教师没课的时间来咨询，教师

的反应与态度会给学生带来很重要的影响。学生遇到日常方向生活问题也会尝试着向其信任的教师求助，教师也应给予积极的响应。对于学生的论文选择，教师指导学生论文时的态度与方法等，学生都会形成一个整体性的评价，并对学生产生思想行为影响。在教学日常中师生之间的互动方式就是在向学生传授人际交往的方式方法，学生会借此学会不同的交往技能，同时学生也会学到做人的道理。学生在大学期间的教育更多的是借助大量的日常生活中师生的互动实现的，依靠的是学生的文化自觉性与文化反思性，从而促进个人思想道德的成长。

　　课程的思政教育是与课程传授紧密结合在一起的，而不是独立的。日常教学中有思政，教学的日常中也有思政。在进行思政教育反思的时候，不是思考如何把思政要素找出来，而是要思考如何做好教学与日常生活。做得好了，每个人的文化自觉性与文化反思性就会在这些人与人的互动中发生作用，思政的影响便自然而然地产生作用。同时，对课程思政的评价则更多地体现在学生行为与思想的变化上，学生对教师的思政影响的评价更为有意义。总之，"教书育人"是教师的根本，教学是教师的本职，育人也是教师责无旁贷的责任与义务，对思政教育进行反思也是教师的文化反思过程。

立德树人　价值引领：在文学导论课程中育人与铸魂

文学院　窦可阳

在中国共产党成立100周年的重要历史时刻，在"两个一百年"奋斗目标的历史交汇点，党的十九届六中全会审议通过《中共中央关于党的百年奋斗重大成就和历史经验的决议》（简称《决议》），《决议》指出："党和人民事业发展需要一代代中国共产党人接续奋斗，必须抓好后继有人这个根本大计。"身为一名高校教师，坚持立德树人的根本任务，在知识传授中实现价值引领，为中华民族伟大复兴培养有理想、有担当的优秀人才是义不容辞的责任。

"文学导论"是文学院专业基础课，在每一届中文班、匡亚明文史实验班学生大一入学第一学期即开设本课，我从2011年秋季学期开始主讲"文学导论"，到2018年，已经连续为8届学生开设该课程。这门课程虽然安排在新生入学后的第一个学期，但课程学习的难度很大，课程内容主要是系统、完整地学习文学理论的本质论、创作论、作品论与接受论等核心模块，是一门以西方文学理论为主的纯文学理论课程。怎样把这门艰深晦涩的纯理论课程讲得易于理解与接受是我面临的一大挑战，如何使学生在学习该课程的过程中产生思政课的效应更是一个重大难点。在这些年的教学过程中，我根据该课程的自身特点并结合本人近年的科研活动，积极响应我国高校课程思政建设，从教学方式、课程内容设置以及教学目标三方面深入挖掘该课程的思政元素，打造了"文学导论"的思政构架。

一、智慧教学，在潜移默化中引导学生自主思考

"文学导论"作为专业基础课总学时为48课时，一共16个教学周，每周3课

时，全部在线下进行授课，教学方法以"讲授法"为主，但"讲授"不是灌输，尤其是对"文学导论"这门课来说，强行把艰涩的理论灌输到学生的头脑中既不能让学生理解这些理论，更无法训练学生的理性思辨思维。因此我在理论阐发的讲授过程中强调感性的教学，用明快的节奏、丰富的例证、严密的逻辑抓住学生的思想，在讲解知识的过程中潜移默化地恰当进行点拨与启发，不断引导学生自主思考，让学生不要流于材料本身、知识本身。比如在讲授文学的本质论时，我通过梳理文学概念的流变让学生进入思考的氛围，引导学生从共时与历时两个维度去解读文学的根本属性，并让学生讨论一首"便条（诗）"算不算文学作品，由此学生可以对文学与非文学进行一个更为直观与感性的区分。通过以教师为引导、学生为主体的积极交流与思考后，学生会追问：我们究竟该如何界定文学的本质?每次课结束后学生们都会跟我反馈说感觉太充实了，学生们在潜移默化中自主思考，感受理论的魅力与思辨的激情。

另外，作为授课教师，我始终坚持以身作则，虽然这门课每一届学生都上，但是有的上过这门课的学生还会来蹭课，他们会发现同样的理论我会有新的讲法，从备课到授课再到课下的拓展延伸讨论，每一个环节我都不会简单重复上一年的内容，同时充分利用图示、视频和动画等多种教学素材以及一系列视频、动画和线上阅读资料，实现教学方法多样化与智慧化。

此外，为了优化教学效果、深化思政教育，本人及教学团队对"文学导论"课程也进行了一系列改革，其中，在教学方式上创新开展线上教学。以"文学导论"课程的知识和理论为基础，大约在2016年时建设成混合式教学在线课程"西方文论原典导读"，该课程不但在校内开课，更在爱课程、智慧树、超星学银等多个平台上线。至今，此课程在吉林大学已经开设4轮在线课程，在爱课程"中国大学慕课"平台开设3轮在线课程，智慧树3轮。本人在2019年10月赴德国访学，展开"易学阐释学"的研究，但"西方文论原典导读"的在线课程并未中辍，采用的就是"智慧教学"理念和平台，利用超星的平台和设备，实现越洋直播、远程授课，包括各类讲座直播、讨论的发起和"视频作业"的收录，都完满推动了本课程的生动化和信息化。同时，"文学导论"的核心内容在海外得到不断的打磨和更新，讲义在多个模块得到补充和深化。线上教学让更多想要学习中国与西方文学理论的学生有机会进入这个课堂，在中西比较的视野中感受到中国文论强大的生命力。

二、学贯中西，在开放视野中挖掘德育元素

"文学导论"以西方文学理论为主，然而中国的文学之所以引人入胜、源远流长，不光在于其中丰富的知识和悠久的历史，更在于中国文学理念体系中本有的诸多德育元素，很多元素更是当下实现"中国梦"所必不可少的。因此在课程内容设置上，我在西方文论的基础上大量融入了对中国文论的反思，在对比的过程中逐渐让学生意识到中国文化的独特性和西方文化的科学性，在两者的交汇之中看到中国文化以往虽然有"失语症"，但是仍然能够焕发出强大的生命力。因此只有学贯中西，尤其是不要厚此薄彼、妄自菲薄，才能真正把文学理论学好。

文学是真、善、美的有机统一，中国文学理论也包含了真、善、美的德育元素，首先是"格物致知"的求知精神。人类从来都不缺乏求真的欲望和动力，并在各种经典中都对这种勤学、穷究、务实的钻研精神反复陈说。中国文学理论一向坚持求真、穷究，对文学的各种理念分析和演绎十分透彻和深入。在当下高等教育逐渐强调"严进严出"的背景下，在各高校"一流建设"

图2-1　"文学导论"讲真与美

的推动下，这一对"文学真理"的"求真"精神恰恰需要在课堂上进行完整、动态的传播。

其次，文学理论的演发向来都不缺乏"大庇天下"的社会责任感，并且将之与自己的学习、修行、工作密切结合在了一起，形成了一种"鞠躬尽瘁、死而后已"的付出精神，并将之融入文学创作和文学批评过程中，形成了文学的"善"的尺度。而这一责任感，对于当今"90后""00后"大学生的集体责任感建设尤为重要。

最后，美是真与善的结合，更是文学理论的最高尺度。审美能力的培养和审美水平的提升，一向都是文学理论课程的最高要求。审美水平的高低，直接影响了学生的人生观和生活质量，更可以提升学生的理论水平。"生生之美"的美学意识是中国文论的重要追求，"生命美学"也是

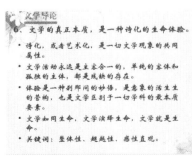

图2-2　"文学导论"将文学理论归于生命体验

"文学导论"课程的一个重要内容，"生命美学"的讲授从创作论中的构思说起，陆机《文赋》讲到行文构思"其始也，皆收视反听，耽思傍讯，精骛八极，心游万仞。其致也，情曈昽而弥鲜，物昭晰而互进。倾群言之沥液，漱六艺之芳润。浮天渊以安流，濯下泉而潜浸。于是沈辞怫悦，若游鱼衔钩而出重渊之深；浮藻联翩，若翰鸟缨缴而坠曾云之峻。收百世之阙文，采千载之遗韵。谢朝华于已披，启夕秀于未振。观古今于须臾，抚四海于一瞬。"学生结合文学理论中"构思"的概念以及中国文论的感性论述，能够更深切地体会到中国文论是注重生命美学的体验。在文学本质论中，我们通过探讨与交流也总结出了文学的真正本质，是一种诗化的生命体验，文学理论本身离不开和生命美学相关的整体性、动态性与超越性。无论在文学本质论中说到文学的本源，还是文学创作中说到文学的构思，以及不同的思维模式、思维机制，都深刻地体现了生命意识在文学理论中起到的作用以及生命美学所固有的特点，对于强烈概念化、固化、僵化的西方文论产生了一定的冲击，在21世纪的今天，诸多新思潮涌动，在潜移默化中引导学生发现真正拥有旺盛生命力的是中国生命美学，从而增强学生的民族自豪感与文化自信心，具有重大的德育意义。

三、价值引领，在知识传授中建立文化自信

在当前国际形势下，中华民族面临着西方针对中国的经济和政治领域的敌对和挤压，同时也在推动"一带一路"等宏大的强国政策，党的十九届五中全会明确提出到2035年建成文化强国这一远景目标，更为清晰地点明了建成文化强国在全面建设社会主义现代化国家中的重要意义。

此时，正需要在文学理论这类大一入学"第一门"课程中让学生通过历史上和学理上的鲜活事例，在文学的艺术海洋中体会中国人民"三个自信"和"中国梦"理念的现实性和真实性。作为"文学导论"的青年教师，在新形势、新理念的推动下深入挖掘课程的德育元素是本课程改革的重要目标，如何实现对文学理论动态的、超越的阐释并最终实现对学生的价值引领是本课程改革的重要难题。如上所述"文学导论"课程的知识体系中蕴含诸多传统精神理念因素，这些精神是中华民族屹立于世界民族之林的根基，也是实现中华民族伟大复兴的精神文明建设的重要内容。因此本课内容经过整合、归纳，不断出新，也在校内各类学术讲座，包括面向海外学员的各类"援外课程""孔院课程"中，充分融入"中国国情""一带一路""中国古代的考试与教育"等专题中，很好地介绍了中国文学精髓，并顺应时

代，很好地顺应了中国所面对的国内国际形势，在活动中，很多"文学导论"的学生被引导到现场旁听，甚至成为"志愿者"，受到了非常生动的"双语"教育。

推进"文学导论"课程思政，实现教学方式创新、智慧、灵活、多元也是重要环节，让学生在一个轻松和充满参与感的环境中，立体地理解中国古人那种求真务实、心怀天下、勇往直前和坚持理想的民族精神是本课程追求的德育目标。

习近平总书记指出："三寸粉笔，三尺讲台系国运；一颗丹心，一生秉烛铸民魂。"今天的学生就是未来实现中华民族伟大复兴中国梦的主力军，广大教师就是打造这支中华民族"梦之队"的筑梦人。习总书记对人民教师给予了高度评价并寄予厚望，我将从本职工作出发，在课程建设中坚持用习近平新时代中国特色社会主义思想教育人，用党的理想信念凝聚人，用社会主义核心价值观培育人，用中华民族伟大复兴历史使命激励人，培养造就大批堪当时代重任的接班人。

讲述与辨析：从知识传授到价值引领

文学院　张丛皞

　　2021年是中国共产党成立100周年，建党百年之际于吉林大学课程思政"学科育人示范课程"项目中以"中国当代文学史"的课程思政教学为依托，践行课程思政教学观，设置课程思政教学目标，在课程教学中开展课程思政的典型案例和生动故事，在引领学生学习专业知识的同时引导学生充分重视中国当代文学的"社会主义文化"传统，加深对社会主义政治制度与文化制度的认识。在课程管理与课堂教学的过程中将专业课教学与思想政治理论教学紧密配合，挖掘课程思政元素，在教学过程中融入课程思政的教学目标与价值体系。以"新时代中国特色社会主义理论"为指导，以习近平文艺座谈会讲话精神为引领，以教育部"马工程"教材的基本框架和阐释范式为依托，进一步改良课程的结构与细节，把课程打造成为适应新时代立德树人需要的精品课程。

　　首先，"中国当代文学史"是汉语言文学专业的基础课，教学对象主要是汉语言文学专业的一年级本科生和我校匡亚明文史实验班二年级本科生。其教学安排共64学时，以教师讲授为主，以学生讨论为辅，每周4课时，16周完成全部教学计划。课程的基本内容主要讲述1949年"第一次文代会"以来的中国的文艺思潮和作家作品，授课包括5大版块：十七年文学、"文革"文学、新时期文学、九十年代文学、新世纪文学。通过对中国当代文学史结构、框架和线索的讲授和教学，使学生掌握中国当代社会和思想史的发展脉络，熟悉当代中国社会的文化走向和艺术选择。

　　从课程思政意义上来看，"中国当代文学史"是与中国当代中国社会历史演进密切相关的课程，文学史本身就是社会史和思想史的一部分，对文学史的评价也涉及对中国当代重要历史事件的评价。诸如抗美援朝、"大跃进""文化大革命"、对越自卫反击战、反对资产阶级自由化、新儒学、新历史主义等均是文学史教学中无法回避的问题和内容。其中，在"十七年文学"与"'文革'文学"的教学中，既根据党的权威的方针、路线和政策对历史做必要程度的反思，也汲取历史中积极的文化经验，真实地评价历史。在"新时期文学"的教学中，既充分肯定改革开放和思想解放的积极意义，同时也对违背四项基本原则的资产阶级自由化倾向及其影响下的创作做出准确评价。在"九十年代文学"的教学中，呈现商业文化、世俗文化对中国社会文化建构的正负效应，努力倡导"人文精神"的复归与重构。在"新世纪文学"的教学中，正确评价和认识"底层文学""打工文学""新历史小说"等的价值维度，提倡中国传统文化的创造性转化和创新性发展，接好历史的接力棒。

从知识传授与价值引领层面上看，文学史的教学集知识性、思想性和艺术性于一体。知识性和艺术性更多是客观的呈现，它们基本遵循实际原则，是从思潮到思潮，从文本到文本，从作家到作家，从情节到情节。思想性则是对文学思潮与文学作品的阐释，它本身就是对历史、社会和人生的评价，这部分是文学史教学的重点，也是"中国当代文学史"作为课程思政的核心要义所在。

在文学史教学的知识传授过程中要以价值引领为导向和目标。

（1）"前三十年"和"后四十年"的关系与评价问题，不以前三十年否定后四十年，也不以后四十年否定前三十年，这不仅是对政治和历史评价的原则，同时也是对文学创作的主题、情节和人物设定方面的评价原则，要历史地看待历史和文学。

（2）如何评价当代中国文艺思潮中的"西方价值观和艺术观"，中国现当代文学是在西方文化与文学思潮的冲击下发展起来的，20世纪五六十年代受苏联文艺影响较多，而新时期之后受欧美思潮影响较多，像现代主义、后现代主义、后殖民主义思潮都是典型代表，西方文化与文艺思潮是我们研究文学问题的方法论依据，而对其背后的政治逻辑与政治属性要做出准确的区分，析清艺术原则与政治原则的边界。

（3）如何评价文学作品违背历史真实性的描写。对这一问题，要区分历史主义和新历史主义的不同属性，历史主义小说秉持现实主义的文艺观，新历史主义小说秉持虚构和想象的创作原则。因而，在文艺评价与阐释中，要充分分清其秉持的创作原则，要在反映论和想象论中做出区分，并解释清楚各自存在的艺术秩序与论述空间。

在教学环节中，以对"十七年文学"中新民歌运动和政治抒情诗的学习为典型案例，在教学的过程中与学生共同重返历史现场，重读《诗选》等文学作品和文学刊物，聚焦于当时文学创作空前丰收的历史现象与历史价值。在师生互动和讨论中，有的同学提出从《诗选1958》徐迟撰写的序言中："近几年来，诗歌界欣欣向荣的面貌和生气蓬勃的发展情况，可以从这几本诗选中清清楚楚地看到""到处成了诗海，到处赛诗，各地出版的油印和铅印的诗集、诗选和诗歌刊物不可计数，诗写在街头上，刻在石碑上，贴在车间、工地和高炉上"，足可见当时文学创作诗歌写作与生产劳动、社会生活联系之紧密，新民歌的主流是时代精神的艺术显现。有的同学从《人民日报》1958年4月14日发表的《大规模地收集全国民歌》的社论入手，从郭沫若《关于大规模收集民歌问题——答〈民间文学〉编辑部问》一文中找到其关键意义："民歌对于鼓舞、教育、组织群众的作用是很大的"，以及周扬的《新民歌开拓了诗歌的新道路》一文中："反映了劳动群众不断高涨的革命干劲和生产热情，反过来又大大地鼓舞了这种干劲和热情，促进了生产力的发展"，思考了民歌写作在当时所起到的进行自我教育、互相砥砺互相鼓舞，对社会主义生产活动所产生的价值意义。除此之外，有的同学通过分析典型的作家作品阐释政治抒情诗的思想艺术成就以及对当下的影响借鉴意义，以政治抒情诗的代表诗人郭小川为例，从内容上将其诗歌分为四部分，即表现革命家意气风发的峥嵘岁月，表达终身献于革命事业的精神追求如《将军三部曲》等，描写革命建设的作品如《投入火热的斗争》《昆仑行》等，歌颂纯真爱情与美好感情的作品如《白雪的赞歌》等，以及深入思考社会现实与诗歌现实性问题的作品如《秋歌》等。由此能够看出，政治抒情诗所准确捕捉到的时代主旋律精神，书写的对象主体主要为英雄人物、劳动群众，赞颂英雄的高尚思想，情感的表达多为直抒胸臆，视野开阔，透露出无比真诚的革命热情，致力于诗的民族化和大众化。

通过实践课程思政的教育理念，在师生的教学互动中充分重视中国当代文学的"社会主义文化"传统，挖掘这种传统存在的基因和因素，并将之作为"人文精神"复归的重要表现和文学史评价的主要尺度。充分重视中国当代文学的"优秀传统文化因素"。一方面挖掘这种文化存在的客观痕迹和主要表现，强化二者间的关联性阐释，这既是对现实主流思想中继承和发展优秀中国传统文化的呼应，同时也是对长久以来中国现当代文学习惯在"反传统"中进行自我阐释的矫正。并且，充分重视中国当代文学史在讲好"中国故事"中的积极作用。要在文学史的阐释中区分现实主义和虚构主义间的差别与关系，要把重建中国当代文学的现实主义传统作为一种文学史观念，发挥文学表现现实和反映现实的能力，把文学作为讲好"中国故事"的依托和桥梁。

在文学史教学中，首先，把反对"历史虚无主义"的观念和意识，与历史性教学相结合，让学生通过实地考察，观看纪录片和教育片，真实地走进历史，了解历史，使其充分认识到"历史虚无主义"产生的现实与艺术根源，树立正确的历史观与价值观。

其次，把对作家作品的文本性和资料性的理解，与对作家本人和作品出版过程的了解结合起来。一部文学作品的影响史就是这部作品的传播史与接受史。主讲教师会通过评介作家，或直接请作家进课堂的方式，让学生更加了解作家其人、作品其格，从而深刻地领悟其中的思想与格局。

最后，坚持课堂教学与多媒体教学相结合。由于现在信息多元化，包括电影艺术、自媒体和虚拟仿真等都成为学生信息来源的重要渠道，而在教学中，教学团队也会充分重视对各类媒介的运用，既把它们当作教学实现的渠道与途径，也作为教学资源的周边，通过对各类有关教学内容的信息资源的对比阐释，实现课程思政与中国当代文学史的有机结合，实现中文学科课程思政的教学目标与育人理念。

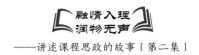

动物考古学课程思政案例素材库建设

考古学院　王春雪

习近平总书记在2016年12月举行的全国高校思想政治工作会议上指出："高校思想政治工作关系高校培养什么样的人、如何培养人以及为谁培养人这个根本问题。要坚持把立德树人作为中心环节，把思想政治工作贯穿教育教学全过程，实现全程育人、全方位育人，努力开创我国高等教育事业发展新局面。"中共中央、国务院《关于加强和改进新形势下高校思想政治工作的意见》指出：高校肩负着人才培养、科学研究、社会服务、文化传承创新、国际交流合作的重要使命。加强和改进高校思想政治工作，事关办什么样的大学、怎样办大学的根本问题，事关党对高校的领导，事关中国特色社会主义事业后继有人，是一项重大的政治任务和战略工程。

课程思政指的是以构建全员、全程、全方位育人格局的形式将各类课程与思想政治理论课同向同行，形成协同效应，把"立德树人"作为教育的根本任务的一种综合教育理念。由此，在大学的专业基础课中推进课程思政，进入了新的阶段，需要从事大学专业基础课教育的教师深入探索和研究。

一、"动物考古学"课程的特点

动物考古学又称"骨骼考古学""考古动物学"，它是一门研究古代遗址出土动物遗存的学科，揭示古代人们选择食物、狩猎、饲养家禽家畜等方面的经济生活和文化生活概况，是考古学和古动物学相结合的边缘学科。因此，动物考古学专业的研究生课程需要涵盖古生物学研究的各种技术和方法，又与许多社会科学与自然科学的学科联系密切，如第四纪地质学、古地理学、古气候学、埋藏学、土壤学、古生物学、古生态学、古人类学、民族学、年代学等。这就需要在动物考古学研究生课程的教学中要涉及以考古调查和发掘获得的动物骨骼遗存为研究对象来重建古人类行为方式及社会面貌的社会科学范畴，又要利用自然科学学科范畴的一些技术和手段，具有层序性、渐进性以及互补性的特点。

二、"动物考古学"课程思政教学若干问题思考

1.对课程思政认识的深度不足

大多数学生认为只有"马克思主义基本原理概论""思想道德修养与法律基础"等课程才能发挥思想政治教育方面的作用，在"动物考古学"及其类似的考古学专业基础课程教学中，教师只讲授专业知识与相关研究案例方面的内容，而忽视了在专业基础课教学中融入科学伦理及社会主义核心价值观的教育与引导，从而导致学生缺失对专业知识技能和技术的价值观判断标准。

2.对国外的专家学者及其科研成果介绍较多，而对国内的专家学者介绍相对较少

目前，在"动物考古学"教材中，尤其是学科研究史或发展史中绝大部分是外国学者研究的成果或事迹，因为历史原因，开创性工作多为国外学者开展完成的，故国内学者的成果及事例甚至之后所取得的丰富成果，并没有突出体现出来，这就导致学生盲目地崇拜国外学者及其理论方法，而对于本国的学者及其学术成就了解不深甚至不屑于了解，不利于增强学生在学术研究和工程实践中的国家认同感。

3.课程思政案例收集整理工作进展缓慢

目前的课程思政案例，往往是"动物考古学"任课教师根据个人对课程的理解和感悟所整理的个别案例，个人色彩较为浓厚，不成体系，不易被其他课程的教师学习与借鉴吸收。因此，必须重视"动物考古学"课程思政中的案例素材库建设。

在课程思政教学实践中，案例素材占据非常重要的地位。通过案例的讲解，将较为深奥的道理通过案例的形式清楚地讲授出来，并辅以适当的价值观层面的升华，既有助于学生理解案例背后所隐藏的深刻的道理，也可以使课堂教学更加生动形象，富有趣味性，有利于提高学生学习的积极性。系统地建立"动物考古学"课程思政案例素材库，并不是要将所有的库存案例全部在课堂上讲授，而是让任课教师根据自己学业背景、研究方向和学生的专业背景，从库存案例中选择适当的案例进行讲授。

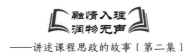
三、"动物考古学"课程思政案例素材库建设

根据动物考古学专业基础课教案及教学进程，动物考古学课程思政案例库建设在巩固和完善传统的动物考古学教学方法及教学内容的基础上，积极推进课程思政教育，努力解决好"培养什么样的人""如何培养人""为谁培养人"的问题，既是学科教育本身的要求，也是对学生负责、对学科负责、对国家负责的要求。动物考古学课程思政案例素材库主要包括以下内容。

1.动物考古学在发展的萌芽期中，古代著名学者开展了领先当时西方学者的研究案例

如：我国对于第四纪哺乳动物化石发现的比较早，王炳章、李仲军认为最早关于"龙骨"的记载见于《史记·河渠书》："于是发卒万余人穿渠，自征引洛水至商颜山下，穿渠得龙骨，故名曰龙首渠。"

此外，《神农本草经》《水经注》《梦溪笔谈》等典籍中都不乏动植物化石的记载。例如《水经注》有十几处记载了发现的化石，包括软体动物的壳体化石，鹿、马、虎等动物化石以及人类化石。再如沈括在《梦溪笔谈》中根据化石的发现来推测古今气候的变异情况，并给出了较为科学的解释。这是中国学者利用遗存揭示客观事实的一大进步，它脱离了以往单纯利用遗存研究历史的框架。不同于传统的金石学，更加理性，以科学的眼光阐释现象。可见当时我国学者对地质科学已经有所领悟，这比文艺复兴时期列奥纳多·达·芬奇（Leonardo Di Ser Piero Da Vinci）认识到化石是生物遗存要早400多年。虽然说19世纪30年代由莱伊尔（Lyell Charles）提出的均变论是第四纪哺乳动物学研究的理论基础，但是不得不说中国这些较为质朴的成果更显得难能可贵。

2.动物考古学发展过程中涌现出的著名学者以及相关事迹

在教学中，重点介绍中国籍的专家学者，这对于增强学生的专业认同感、专业自信心有着不可忽视的意义。例如，这一时期中国学者所做的工作比较少，多数是当外国学者的助手，学习理论、发掘与研究方法。在《吴汝康传》中有这样一段话："当时根本看不起中国，并不愿意让中国人类学家参与这项研究，也不相信中国专家有这方面的研究能力。更重要的是，他们希望这一研究成果由他们向世界公布，而不是中国向世界公布，所以，他们根本不可能让中国科学家参加研究工作。"这是最初外界对于中国学者学术能力的普遍偏见。北京猿人化石是举世瞩目

的伟大发现，作为我国宝贵的研究资料之一，我国学者有权利也有责任对其进行研究。当时我国的研究才刚刚起步，在理论和研究方法上还存在很多不足，但是学者们仍然在不断地努力学习。尤其是周口店遗址的早期工作培养了中国的第一批第四纪哺乳动物学的研究专家，他们逐渐成长为日后研究领域的中坚力量，逐渐把研究的主动权从外国学者手中拿回。

1927年，我们中国人终于发表了第一篇有关中国第四纪哺乳动物化石的研究论文，即我国古脊椎动物学奠基人杨钟健的博士论文——《中国北部之啮齿动物化石》。这篇文章用德文发表于《中国古生物志（丙种）》，它标志着中国学者对第四纪哺乳动物学研究的正式开始。

1927年，我国古生物学家杨钟健与孙云铸相互表达了想要成立古生物学会的意愿。他们回国后不久，即着手筹备。1929年8月31日，中国古生物学会在北平中心堂召开成立大会。创办之初仅有丁文江、葛利普、孙云铸、俞建章等十人。会议选举孙云铸为会长，并通过了会章。同年9月17日，于北平兵马司地质调查所召开了常委会首次会议，并在会议中宣讲了三篇学术论文。成立之初，学会的运营举步维艰。又因学会本身没有自己的刊物，工作失去了重心。

1929年，为了进一步合作发掘周口店遗址，中国地质调查所和北京协和医院成立了新生代研究室。它是我国第一个从事新生代地质、古生物和人类学研究的专门机构。新生代研究室成立和周口店十年大规模发掘，使得中国第四纪哺乳动物的研究大规模展开，有了更多的成果，同时奠定了学科的基础框架。

我国动物考古学的产生与发展同样离不开一些学术刊物的助力。着重介绍新中国成立前我国学者自己创办的学术期刊，并通过这些期刊逐渐掌握我国动物考古研究在国际学术界的话语权，摆脱了国外学者垄断我国动物考古研究的局面。这些学术刊物所起到的作用不仅仅是向研究学者们展示了当时的学术动向与最新技术成果，还将中国学者的工作所得展示给世界，让世界学术界看到我们的努力与进步，让更多的人信任我们，同时增进了交流与合作。纵观当时的学术刊物，虽然种类不多，但是在学科初建伊始便积极筹办，其中的艰难自不必说。新中国成立前第四纪哺乳动物学研究成果主要发表在以下四种刊物上：

（1）《中国地质专报》（Mem. Geol. Surv. China）：1919年，中央地质调查所在北京创办。发刊时间不固定，分为甲、乙、丙三种。甲种主要刊登专题研究成果和大面积区域地质报告，乙种刊登地质相关编译著作和报告，丙种刊登中国矿业纪

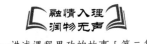

要。关于第四纪哺乳动物研究的文章主要刊载在甲种和乙种上。

（2）《中国地质学会志》（Bulletin of the Geological Society of China）创刊于1922年，丁文江担任编辑部主任。刊发论文以英文为主，德、法等文次之。每年一卷，刊载中国地质学会会员地质调查研究之所得及在学术年会中宣读的论文。共出版过31卷，其中的论文涉及与地质学有关的研究成果以及其他相关学科的学术成果。于1952年与《地质论评》合并，更名为《地质学报》。它是我国最早的综合性的地质期刊，其中包括许多关于第四纪哺乳动物的研究，是早期指导学者们从事相关研究工作的重要参考资料。

（3）《中国古生物志（丙种）》（Pal. Sin. Ser. C）：《中国古生物志》创刊于1922年，由前地质调查所刊行，均以英文出版，并逐年递增新种。其中详细记录了我国地层中所发现的各个地质时期的各种化石，并讨论了其相互之间的演化关系。按研究对象的不同共分为四种：甲种为"古植物化石"，乙种为"古无脊椎动物动物化石"，丙种为"古脊椎动物化石"，丁种为"史前人类研究"。它是研究中国古生物学的一部重要的工具书。研究第四纪哺乳动物主要关注的是丙种中的相关论述。

（4）《地质论评》（中文）：1936年，由中国地质学会谢荣家等理事提议创刊于北平。主要刊登地质学及相关学科的论文、报告、书评和新闻。创刊的目的在于考虑到在中国地质学会创办之初就发行了《中国地质学会志》，主要以英、法、德三国文字发表，独缺中文刊物，很大程度上阻碍了信息的获取与知识的传播。因此，在1963年春天在南京召开第二十次中国地质学会年会的时候，理事会决定发行中文的《地质论评》。其内容除专门的学术报告和论文之外，还包括国内外地质书报的摘要以及地质相关机关和地质界同仁的近况，以便使读者掌握相关信息并增长见闻。至1949年共出版14卷，之后继续发行至今。它是我国当时唯一的定期发刊的地质刊物，开阔了更多学者的眼界，对我国学术界影响深远。

这些都是当时比较具有代表性和影响力的刊物。从创刊之初到1949年之间，由于时局动荡、相关研究人员有限以及经费紧张等问题，大多数刊物发刊时间不固定甚至一度停刊。不过对学术的执着以及读者们的支持是支撑它们走下去的强大动力，很多刊物直到今天还在学术界起着举足轻重的作用。

3.保护我国考古遗址内出土的重要化石等文物是我党的优良传统

文物是具有独特社会价值的物质人文资源，它是一个民族传统文化的有形的物质载体，蕴含着传统文化的精华，是充分反映一个民族文化修养和文明发展程度的重要标志。对文物尤其是化石文物的搜集和整理、传承和保护如果没有高瞻远瞩的保护意识就很难做好。中国共产党从诞生的那一天起就肩负起民族解放、民族独立的历史使命，自觉承担起了保护中国历史文物、继承中国优秀传统文化的历史责任。新中国成立后，作为执政党的中国共产党，制定了保护文物的各种国家法律和法规，设置了从中央到地方的文物保护和管理的专门机构，建立了各种层次的文物博物馆，以实际行动体现了中国共产党是中国优秀传统文化的保护者、继承者和践行者。

1931年11月，在中华苏维埃第一次全国代表大会上通过并颁布了《中国工农红军优待条例》（以下简称《条例》）。1932年2月，中华苏维埃共和国临时中央政府颁布第九号训令——《执行红军优待条例的各种办法》（以下简称《办法》）。这一《条例》和《办法》的颁布实施，在中华民族文物保护历史中开启了新的文物种类——革命文物的搜集与保护。中国共产党和中华苏维埃政府虽然处在极其艰苦的革命战争环境中，但依然十分注意收集、保护革命文物和历史文物，设立了文物保护机构。1934年年初，中国共产党创建的第一座博物馆——"中央革命博物馆"开馆。中央革命博物馆广泛收集和保护了一大批珍贵的革命文物。那个时期，中国共产党还前后设立了军事博物馆、自然博物馆、艺术博物馆、革命烈士博物馆等。

抗日战争时期，中国共产党在陕甘宁边区建立地方政权，在继承和吸收中华苏维埃时期文物保护传统和经验的基础上，继续开展传统文物保护和革命文物的征集活动，制定了更全面完善的文物保护政策。陕甘宁边区，原系祖先发祥之地，是中国历史上朝代最多、历史最久的地方，先后经历了13个朝代，建都1140多年之久，是历代所遗文物胜迹最多的地方。大生产运动中遇到了地上地下文物可能遭受破坏的新情况新问题，为了防止民族历史文物遭到破坏或者损失，中共中央宣传部于1939年3月8日在中共中央机关刊物《解放》上刊登《关于保存历史文献及古迹古物的通告》（以下简称《通告》）。这是我们现在能够发现的中国共产党最早关于专门保护古代文物的文献。该《通告》强调"一切历史文献以及各种古迹古物，为我民族文化之遗产，并为研究我国民族各方面历史之重大材料"，要求"此后各地方各学校各机关和一切人民团体，对于上述种类宜珍护，如有地下发掘所得之各种古迹古物，更望勿有遗失或损坏，并请送至本部保存及供人研究"。1939年11月23日，签发了《陕甘宁边区政府给各分区行政专员、各县县长的训令》。这两份文件对于当前及以后的文物保护事业产生的影响是非常深远的。

在解放战争时期，中国共产党及其领导的人民解放军颁布了一系列保护文物的政策法规和纪律要求，文物保护工作成为战时极为重要的事项之一。1947年7月，中共中央在河北平山县西柏坡召开全国土地会议，研究制定《中国土地法大纲》（以下简称《大纲》）。《大纲》里规定："名胜古迹，应妥为保护。被接收的有历史价值或学术价值的特殊的图书、古物、美术品等，应开具清单，呈交各地高级政府处理。"这是中国共产党第一次将文物保护以法律形式固定下来。

根据《中国土地法大纲》，全国各解放区政府颁布了各种保护文物的政策法规。1948年2月，晋察冀中央局发布《为征集与保管文物古迹通知》。1948年3月，陕甘宁边区政府主席林伯渠、中共中央西北局书记习仲勋等联名签发了《保护各地文物古迹布告》。1948年7月，晋冀鲁豫边区为执行《大纲》第九条丙项之规定，颁布《文物征集保管暂行办法》，规定边区设立图书博物馆，各行署区成立文物征集、保管专门机构——文物保管委员会。

4.动物考古学研究史中相关的中国古今重要代表性人物以及重要化石的保护

中国动物考古学发展史上涌现出很多重要的学者和化石材料。其中，很多事例都可以作为课程思政的案例介绍给学生。例如，1929年12月2日，在北京周口店龙骨山上，中国古人类学家裴文中首次发现了完整的、距今50万年的北京人头盖骨。1936年，在中国考古学家贾兰坡的主持下，另外三个完整的北京人头盖骨和一个完整的人类下颌骨又相继在周口店被挖掘出来。在多地区进化学说的基础上，吴新智院士还发展出"连续进化附带杂交"的假说，这个假说认为在中国和东亚地区，人类的演化是连续的，没有发生过中断，而以北京猿人为代表的直立人后来演化成我们现代的人类。但其间由于外来人群的迁徙，与本土人群交流，发生过混血，所以是以连续进化为主、基因交流为辅的。

四、结语

将课程思政理念融入教学，体现专业课的育人价值，实现科学与哲学的融会贯通，让学生在学习专业知识的同时，感受知识的温度，引发了更深层次的思考和感悟，形成了专业知识和价值观、哲学观的良性互动和循环。这也将使得动物考古学"课程思政"提升了课程的教学效果与质量，具有一定的普适性和推广价值，易于其他课程借鉴，有利于充分发挥思政教育与专业课教学的联合育人作用。在动物考古学课程教学中进行思政教育，对培育学生爱国主义情怀，强化学生伦理教育，培养学生精益求精的大国工匠精神，激发学生科技报国的家国情怀和使命担当，都具有非常重要的作用。

在"动物考古学"课程思政教学实践中，必须认真落实习近平总书记提出的"高校思想政治工作关系高校培养什么样的人、如何培养人以及为谁培养人这个根本问题"。在课程思政教学实践中，案例是非常重要的内容。而建立系统的"动物考古学"案例素材库，能够消除目前"动物考古学"课程思政教学实践中存在的对课程思政重要性认识不足、国内案例过少、多靠个人感悟、质量参差不齐的问题，使"动物考古学"课程思政教学内容多样化、规范化、系统化，将以德树人、价值观引领和知识传授作为共同的任务协调考虑，合并解决。

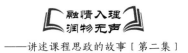

宋元考古课程思政教学设计

考古学院　吴　敬

　　党和国家领导人高度评价考古学认识、揭示历史发展规律的重要作用，2020年9月28日，中共中央政治局开展第二十三次集体学习活动，中共中央总书记习近平在主持学习时强调："要高度重视考古工作，努力建设中国特色、中国风格、中国气派的考古学，更好认识源远流长、博大精深的中华文明，为弘扬中华优秀传统文化、增强文化自信提供坚强支撑。"2021年是中国共产党建立一百周年，也是中国现代考古学诞生一百周年。2021年11月18日，在仰韶文化发现暨中国现代考古学诞生100周年纪念大会上，中共中央总书记习近平发来贺信，在充分肯定一百年来考古工作者成绩的基础上对考古工作者建设中国特色、中国风格、中国气派的考古学，进一步展示中华文明、弘扬中华优秀传统文化，从而实现中华民族伟大复兴的中国梦提出殷切希望。

　　为贯彻落实习总书记壮大考古队伍，让考古事业后继有人的讲话精神，考古学院根据"教育要面向现代化，面向世界，面向未来"的指导方针，结合本科生教学特点和思政课程教学改革要求制定了本科生教学培养方案。以宋元考古本科培养方案为例，该方案注重专业课教学与思政建设的紧密联系，立足宋元考古知识体系，从考古发现的实际情况出发，将思政建设融入课程设计及日常课堂中。

一、课程设计中的思政建设

　　宋元考古是两宋、辽、金、元考古的简称，属于历史考古中的晚段考古。作为传统考古学必设的专业基础课程，讲授内容以该时期的城址、墓葬、手工业遗迹和遗物、宗教遗迹为主。在课程设计上，课程内容注重展示这一时期中华民族文化交融情况、手工业商品经济发展情况及对外文化交流传播情况。

宋元时期是中华民族和中华文明形成的重要阶段，辽、金、元等少数民族建立的王朝与两宋王朝等汉民族建立的王朝在文化上互相交流、互相影响，形成了你中有我、我中有你的格局。课程重点讲述的各种遗迹、遗物充分体现了各民族文化的互相交融，如宋、辽、金等王朝都城格局间的影响，辽、金时期及元代汉族人墓葬受其他族属人群墓葬的影响，辽、金时期官式建筑受两宋官式建筑的影响等，文化碰撞使传统文化不断革新、中华文化更具生命力，使得这一时期文化呈现出多样性的特点，对于学生了解中华民族文化多元性具有重要意义。

宋元时期商品经济发达，手工业遗存丰富。宋元时期陶瓷烧造水平大幅提高，覆烧法的出现降低了陶瓷烧造成本，进一步提升了陶瓷烧造的产量和质量。宋元时期数量众多、分布广泛的瓷窑和发达的陶瓷贸易是这一时期商品经济繁荣、社会稳定、生产力发展的体现。除此之外，宋元时期的铜器、金银器、玉器、漆木器等手工业产品也多呈现出不同的民族特色和地域特色，辽瓷中的鸡冠壶、元瓷中的卵白瓷、辽代的铜钱、金代的铜镜，都是这一时期社会面貌的反映。通过学习宋元时期手工业遗存的发展状况，学生可以对宋元时期先民创造的物质文明加以了解。

宋元时期以海洋运输为主的海外贸易大量开展，随着商业贸易的兴盛，中外文化交流越发频繁。宋元时期海上丝绸之路、路上丝绸之路遗留下丰富的遗存，生产陶瓷的窑场、转运货物的港口、沟通商贸的城市、承担运输的航船，研究相关遗迹遗物不仅能探究宋元时期经济发展的脉络，更能梳理中外文化交流的发展情况。这一时期外销商品中既有传统中国风格产品，也有为适应其他地区生活需要和审美习惯而制作的其他风格产品，同时还有东西方文化交融而形成的产物。明代外销瓷"克拉克瓷"在采用中国传统陶瓷技艺的基础上融入西方艺术特点，其产品深受欧洲市场欢迎。宋元时期的外销瓷商品在东南亚、南亚、非洲地区都有所发现，是这一时期中外经济文化交流的重要见证。

学生在本科期间学习考古学相关知识的时间尚短，基础性常识是课程教育的根本所在。以宋元考古本科生课程为例，其课程设计旨在向学生介绍这一时期考古学基本知识和理论方法，使学生充分了解该时期中华民族创造的物质文化财富，通过夯实基础知识，为以后的深入学习和实际工作提供支持。

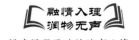

二、日常课堂中的思政建设

除在课程设计上注重介绍中华民族创造的伟大物质文化财富，激发学生对中华民族文化的认同感和民族自豪感外，在日常教学活动中还通过穿插讲授中国考古学发展历程和前辈学人为建设中国特色、中国风格、中国气派的考古学做出的不懈努力对学生进行思想政治教育。

20世纪20年代，宋元考古也随着中国现代考古学的发端逐渐发展起来。同史前考古学一样，宋元考古最初的一些工作由国外学者开创，但即使在动荡的社会环境下中国学者也很快开展了一系列调查发掘工作。对钜鹿古城的发掘保存了一定数量的文物并确定了判断宋代器物的标准器。中国营造学社对一批宋元时期的古建筑进行调查和测绘，保留下许多第一手资料。即使是在抗日战争期间，中国考古学者也没有放弃进行考古学研究。营造学社在迁往四川期间清理了两批宋代墓葬，是中国最早利用考古学方法发掘的宋元时期墓葬，具有开创性的重要意义。

新中国成立后，社会环境趋于稳定，在党和国家政策支持下，中国考古学也迎来新的发展。宋元时期考古工作者对西北、内蒙古和东北地区的辽金元时期城址进行调查和试掘，其他遗存的相关工作也随之开展，积累了一定的资料。改革开放以后，尤其是中国特色社会主义进入新时代以后，在党和政府的关怀下，宋元考古得到长足发展。一系列重要的考古发现和研究将宋元考古带进新时代，北方民族政权都城的发掘和都城格局研究的开展、宋辽金元时期大量墓葬的发掘和墓葬时空框架体系的建立等研究使得宋元考古在原有基础上取得一定的突破和创新。

通过学习宋元考古的发展史，同学们不仅学习到专业的基础知识，更深刻认识到国家的稳定富强、党的支持鼓励对于考古学发展起到了不可替代的作用。党带领中国人民实现从站起来到富起来再到强起来的历史跨越，为考古学的发展提供稳定的社会环境和坚实的物质基础，考古学的发展史同时也是中国共产党带领中华民族走向复兴的伟大的生动体现。

考古学的发展离不开一代代前辈学人的艰苦奋斗，宋元考古课程同样注意讲述先辈考古学者对宋元时期考古发展做出的重要努力。百年来，考古人筚路蓝缕、不懈努力，通过走"中国化"道路和走"自主化"道路初步建立起具有中国特色的考古学学科体系。

全国道德模范、被习近平总书记亲自颁发国家荣誉奖章的考古工作者樊锦诗被称为"敦煌的女儿"，她用自己的一生践行"坚守大漠、勇于担当、甘于奉献、开拓进取"的"莫高精神"，坚守敦煌数十年，先后在艰苦环境下完成了莫高窟部分遗址的发掘、分期断代、遗址申遗、报告撰写等工作，以"择一事、忠一生"的态度为当代考古人的无私奉献做下最美的注脚。在谈到为何从事考古事业时，樊锦诗认为她最初接受的考古学教育对她产生了巨大影响，尤其是苏秉琦、宿白等先生的为学为人给她留下了深刻印象。樊锦诗着重谈到的宿白先生是中国历史时期考古学科体系的开创者，他主持发掘并撰写的《白沙宋墓》考古报告至今仍为学界公认的经典学术著作。宿白先生长期坚持野外调查，20世纪50年代起，他对全国各地的石窟寺做了全面系统的勘察和记录，为之后开创中国佛教石窟寺考古学积累了丰富资料。宿白先生通过梳理宋元时期碑刻文献对云冈石窟的分期进行了划分，其学术成果得到国际学术界的认可。宿白先生指导的莫高窟田野实习更是令樊锦诗与敦煌结下一生之缘。

前辈学者严谨治学、无私奉献的精神极大地感染了同学们，考古学本科教育培养出的考古学人才只有不断继承和发扬前辈学人的精神才能使得中国考古事业不断发展。在追求经济效益的社会大环境下，正是有着这一批批"不忘初心，牢记使命"的考古人，考古学才能在凝聚中国力量、增强文化自信方面做出如此贡献。

将考古学专业课程与思政建设相融合，为的是培养合格的社会主义建设者和接班人，培养合格的考古人才，更好地弘扬中华优秀传统文化、增强文化自信，为中华民族伟大复兴做出应有的考古贡献。课程不仅注重基本考古学理论、知识、方法的讲述，更在习近平新时代中国特色社会主义思想指导下注重思想建设，坚持唯物史观和一切从实际出发，努力从教学出发，为建设中国特色、中国风格、中国气派的考古学培养新生力量，使学生成长为基础知识扎实、政治立场正确、理想信念坚定，为个人谋进步、为国家谋发展、为民族谋复兴的新时代青年。

参考文献

［1］习近平.建设中国特色中国风格中国气派的考古学，更好认识源远流长博大精深的中华文明［J］.求是，2020（23）.

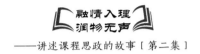

公共体育课程思政学科育人思考与实践

体育学院 裴 鹏

一、引言

党的十八大以来，以习近平同志为核心的党中央，从党和国家事业发展全局出发，高度重视高校思想政治教育，大力推进高校公共体育教育改革，思政和体育教育融合发展取得历史性成就。习近平总书记在党的十九大报告中指出："要全面贯彻党的教育方针，落实立德树人根本任务，发展素质教育，推进教育公平，培养德智体美全面发展的社会主义建设者和接班人。"在全国高校思政会议强调让各类课程与思想政治理论课同向同行，形成协同效应，在体育教学过程中要把德育渗透到学生思政教育工作的各个环节，引导各专业学生形成正确的世界观、人生观和价值观。

当代高校大学生作为社会主义现代化事业的建设者和接班人，其思想和体魄关乎中国特色社会主义伟大事业建设，关乎中华民族伟大复兴的中国梦顺利实现。在"立德树人"根本要求的引领下，促进体育教育和思政教育深度融合，加强思想政治引领，培育健康体魄，实现"育体"与"育魂"有机结合，是培养担当民族复兴大任时代新人的必然要求，对于坚持和发展中国特色社会主义，实现中华民族伟大复兴意义重大。公共体育课程作为高校体育工作的主要组成部分之一，对高校大学生的身体健康及心理发展具有重要的促进和引领作用。目前，公共体育教学更多关注学生身体健康和运动技能方面的发展，对于学生心理健康及思想政治工作等方面的融入还有待进一步的改善。本文在系统借鉴国内公共体育课程思政教学改革先进经验的基础上，系统剖析了高校公共体育课程思政改革的基本理论遵循、主旨内容，并深入探讨公共体育课程思政教学改革举措，以及公共体育课程思政教学设计的具体思路，以期能够为高校公共体育"课程思政"教学改革提供一定的理论与实践经验参考。

二、国内公共体育"课程思政"教学改革研究动态

高校体育与思想政治教育工作是教育工作的重要组成部分，两者相互联系、相互影响、相互渗透。高校体育与思政教育融合发展，既是历史发展的必然趋势，也是当今社会进步的现实要求。思想政治教育为大学体育教育的发展提供方向性引领，公共体育教学又可以为思想政治教育提供丰富的思想政治教育资源和具体途径。国内外广大学者也对体育和思政教育融合发展展开了广泛探讨。目前，主要研究成果集中于以下四个方面：

1.高校公共体育课程思政内涵的意义

公共体育课程思政建设是将思政元素融入公共体育教学之中，充分挖掘公共体育课程的思政教育资源，深化公共体育教学改革，是落实"立德树人"要求的基础工程（王秀阁，2019；包海丽，2019；赵富学等，2020），对于实现高校公共体育教学育人的目标具有重要价值。实现大学公共体育课程的思政教育转向，应在大学公共体育课程目标上传达思政教育理念，在课程内容上体现思政教育要求，在课程评价上确立思政教育标准（常益等，2018）。

2.高校公共体育课程思政主旨

高校公共体育课程思政的主旨内容是把培育和践行社会主义核心价值观渗透于公共体育课程建设、公共体育课程实施和公共体育课程资源开发等各个环节、全过程。从目前看，公共体育课程思政课程有三种类型，即思政选修课、综合素养课和公共体育专业课（王秀阁，2019）。公共体育课程思政建设的具体内容体现在立德指向、立德责任、立德体系、立德过程、立德功能等五重维度。（赵富学等，2020）。公共体育课程思政中的技能性内容可以帮助学生提高身体素质，促进人际交往，实现社会化；公共体育课程蕴含丰富的体育精神，注重合作有爱、和睦团结、公平正义、互相协作等理念，运用其独特的教育模式塑造人的内在品格（常益，2018）。

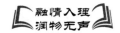

3.高校公共体育课程思政育人现状

整体上看，现阶段我国高校公共体育课程思政育人困境主要体现在：一些教师与学生对高校公共体育课程思政认识片面，高校公共体育课程思政开展能力低下，顶层设计不足，执行机制不完备等问题。同时，公共体育课程思政建设存在配套体制机制不完善、公共体育教师课程思政意识与教学能力不高、改革动力不足等难点（李在军等，2021）。

4.高校公共体育课程思政育人方法

在高校公共体育课程思政育人方法方面，部分学者（王秀阁，2019）积极探索公共体育课程与思政元素有机结合的育人方式：一种是"融入式"，即在公共体育教学中融入与体育专业课程知识密切相关的人物、历史、事件等内容。二是"挖掘式"，即深入挖掘专业知识或体育专业技能中蕴含的历史、精神、品质等思政元素（李在军等，2021）。综合现有的相关研究，公共体育课程思政建设整体策略主要体现在以下几个方面：加强公共体育课程思政建设与改革水平，深挖公共体育课程思政教学资源，提高公共体育教师课程思政认知水平与教学能力，完善公共体育课程思政建设的长效机制、评价机制、激励机制，与多方教育主体形成育人合力（李在军等，2021；董翠香等，2021）。

不难发现，国内关于高校体育课程思政育人的研究尚处于探索阶段，尤其是关于体育育人的内容、理论来源以及实现路径等方面还未达成普遍共识。现有研究成果只是站在高校体育表征的某一特定角度进行分析和研究的，并未完全系统厘清体育在高校思政教育中的独特作用，以及体育与思想政治教育之间的内在逻辑关系，而且大部分文献仅仅停留在体制机制设计的设想层面，尚未给出具体可行的体育课程思政育人的方法和策略。本课题将在前人研究的基础上，系统地剖析体育课程思政育人的内涵、特征以及规律，并试图给出有针对性的具体实施路径，为实现"以体育智、以体育心"提供理论和经验借鉴。

三、公共体育"课程思政"建设基本理论遵循

中国共产党成立一百年来，党中央高度重视体育教育事业发展，形成了一套内涵丰富、极具中国特色的体育教育发展理念体系。在中国共产党体育发展理念的引领下，中国的各项体育事业走上了中国特色社会主义体育道路，并取得了举世瞩目的辉煌成就。围绕中国共产党的中心工作开展的学校体育工作是中国教育事业和

体育事业的重要组成部分。中国共产党高度重视开展学校体育工作。早在1917年，毛泽东在《体育之研究》一文中就深入浅出地阐明了德、智、体三育之间的辩证关系，以及体育在教育中的重要作用。共产党人陈独秀也特别强调"三育并举"，"健全思想和健全身体并重"。中国共产党建党百年以来，形成了系统科学、内涵丰富的学校体育发展理念与实践经验，例如，坚决贯彻党的教育方针，坚持社会主义办学方向；突出学校体育的地位，构建以体育为基础的育人体系；以学生发展为中心，落实"健康第一"指导思想；立足中国本土实际，构建中国特色社会主义学校体育，持续深化体育课程改革等等。在中国共产党学校体育发展理念指引下，中国的学校体育教育工作不断取得重大突破。

迈入新时代，以习近平新时代中国特色社会主义思想为主旨的中国共产党体育发展理念深刻回答了"培养什么人、怎样培养人、为谁培养人"这一教育的根本性问题，是新时代开创高校体育工作新局面的根本遵循和行动指南。习近平总书记在"体育强国""健康第一""全民健身""中华体育精神""体教融合"等方面发表重要论述，这些论述蕴含着丰富且全面的体育课程思政建设元素。中国共产党百年体育发展理念为中国特色社会主义高校体育教育改革提供了丰富的思想资源和历史经验。

当代高校大学生是社会主义事业的建设者和接班人，其思想和体魄关乎中国特色社会主义伟大事业建设，关乎中华民族伟大复兴的中国梦顺利实现。在"立德树人"根本要求的引领下，将中国共产党百年体育发展理念全面、深度地融入高校公共体育"课程思政"教学改革实践，有利于推动高校体育课程体系、教学体系和内容体系不断完善，有利于制定科学合理的体育人才培养目标和培养标准，全面推进高校课程思政基础工程建设，实现"育体"与"育魂"有机结合，对于培养担当民族复兴大任时代新人，坚持和发展中国特色社会主义，实现中华民族伟大复兴意义重大。

四、公共体育"课程思政"教学核心内容

公共体育课要在实践活动中使学生产生直接体验，获得经验。思政教育想要达到预期的效果，需要对传统的思政教学内容进行适当的调整，需要公共体育教师了解学生在日常生活面临的问题和思想上的困境，充分了解并掌握公共体育课程思政教学的基本内容，并将其融入实践活动当中，与学生的生活和兴趣爱好充分结合，

激发学生的热情、占领学生的思想高地，使学生能够真正理解党的路线、方针、政策，实现对思想政治教学内容的真正理解。

1.爱国主义教育

在体育竞赛和群体活动中，通过仪式活动去激发学生的爱国热情。在体育竞赛中举行升国旗、奏国歌的仪式，仪式中全体师生面向国旗脱帽，肃穆站立，行注目礼，齐唱国歌。培养学生在观看体育比赛时不仅仅关注比赛的过程，更要注意赛后的颁奖仪式，让学生通过运动员登上领奖台、看到五星红旗升起来体会国家的荣誉感，激发学生的爱国热情。这种集体的仪式活动厚植了学生的爱国主义情怀，让爱国主义精神在学生的心中牢牢扎根，引导青年学生的心和国家紧紧相连，立志听党话，奉献国家。

2.集体主义教育

在体育教学的实践活动中会建立起个人与集体的良性互动关系，形成共同遵守规则的约束力。体育教学、体育竞赛等活动的组织要依据集体的任务和目标去分配个人的任务和职责，实现每个人的个性化体验和发展。个人要服从集体的目标，集体的目标则通过个人的活动来实现，集体中成员要互相关心、尊重和理解，团结协作。通过多组织集体性活动，对成绩优异的队伍进行适当的鼓励，对成绩垫底的队伍给予适当的惩罚，激发学生之间自主团结合作的想法，让学生具有"一荣俱荣一损俱损"的团队意识，使学生自发牢牢地拧成一股绳。

3.社会主义教育

中国特色社会主义是党和人民长期奋斗、创造、积累的根本成就，坚持和发展中国特色社会主义是当代中国发展进步的根本方向。以形式多样的体育文化为学生的人生成长奠定科学的思想基础。为人民服务，为中国共产党治国理政服务，为巩固和发展中国特色社会主义制度服务，为改革开放和建设社会主义现代化建设服务。通过对学生的思想政治教育，使学生正确理解党的基本路线，拥护党的领导，坚持走有中国特色的社会主义道路。

4.理想信念教育

认识和把握中国特色社会主义的历史必然性，坚定对中国特色社会主义的理想信念，增强学生的中国特色社会主义道路自信、制度自信、理论自信、文化自信，激励学生自觉地把个人理想融入国家民族的事业中。在体育锻炼中磨炼自己勇担当的时代气魄，增进自己的进取心、提振身体的精气神，"把远大抱负落实到脚踏实地，勇做走在时代前列的奋进者和开拓者，立志担负起民族振兴的时代重任"。体育本身的意义就是增强体质，增进健康，丰富物质文化生活，促进精神文明进步，完善自身、以弱转强的过程，使身体变得强壮、健康，并掌握相关的运动技能。在这个转变的过程中需要学生有一个明确的理想，并坚持刻苦锻炼，要有"不破楼兰终不还"的无所畏惧、要有敢作敢当、坚持不放弃的坚定信念。核心就是培养学生树立献身社会主义现代化事业的坚定信念。理想教育应当和世界观、人生观教育结合起来，和科学信仰教育结合起来，使学生在社会、人生、事业等方面树立正确的理想与奋斗目标。

5.道德情操教育

把思想政治工作贯穿于公共体育教学的全过程，教育学生在比赛的过程中友谊第一比赛第二，不能为了胜利不择手段，比赛可以输，但是不能没有竞技精神和体育道德。立德要在加强品德修养上下功夫，教育引导学生踏踏实实修好品德，成为有大爱、大德、大情怀的社会主义有用人才。坚持不懈地培养和弘扬社会主义核心价值观，在综合素质上下功夫，促进人的全面发展。帮助学生在体育锻炼中享受乐趣、增强体质、健全人格、锤炼意志。

6.纪律法治教育

全面依法治国是中国特色社会主义的本质要求和重要保障，是国家治理的一场深刻革命。大学生需要学会讲规则，明纪律，懂法治。规则和纪律是在长期实践中形成的集体传统和刚性的约束，是需要集体成员在言行中必须去遵守的。在公共体育的课堂中要求学生在教学实践活动中要有组织有纪律，要懂得如何遵守规则和纪律。由于大学生正处在一个相对热血的年纪，在遇到事情时容易冲动行事，要让学生知道寻衅滋事、见义勇为、防卫过当的区别。要让学生树立起社会主义民主法治观念，培养学生自觉遵纪守法、勇于同违法现象作斗争，服从国家和集体的统一意志并具有高度的组织性和纪律性。

7.国防安全教育

国家安全是人民幸福安康的基本要求，是安邦定国的重要基石。维护国家安全是全国各族人民的根本利益所在。大学生应当增强忧患意识，做到居安思危。在公共体育教学当中通过排整齐队列队形等课堂纪律、攀爬跳跃等有序练习来培养大学生一种基本的军事素质和军事技能，引导大学生完善身心，行保家卫国之力。要对高校在校生进行基本军事训练，增强学生的国防意识和国家安全意识，使他们初步

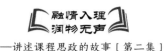

具备基本的军事素质和技能，自觉地捍卫祖国的尊严、独立和统一。

8.民族团结教育

运动竞赛是体育的重要组成部分，在体育课中，通过赛事激发学生互信互助，形成团队凝聚力，使学生切身体验团队协作力量的效果，对于培养学生团队意识具有重要的意义。在公共体育教学当中鼓励各民族的同学共同参加运动，积极开展民族传统体育项目。让更多的同学参与民族传统体育项目，了解民族文化，增进友谊和团结。要让学生了解我国的民族团结政策，树立各民族一律平等的思想，自觉维护民族团结和祖国统一。

五、公共体育"课程思政"教学改革举措

把教师教学能力、课程质量和教学管理机制等作为育人关键环节去落实"课程思政"精神，将立德树人融入公共体育教学过程中，在公共体育课中进行思想政治教育，使公共体育课程与思想政治理论课同向同行，形成协同效应。为了实现上述目标，需要做到以下几个方面。

1.强化教师的思政教学能力

推进"课程思政"基本精神的贯彻落实，"课程思政"的落实关键因素在教师。习近平总书记提出："高校教师要坚持教育者先受教育，努力成为先进思想文化的传播者，党执政的坚定支持者，更好担起学生健康成长的指导者和引路人的责任，要加强师德师风建设……引导广大教师以德立身，以德立学、以德施教。"第一是以主讲教师负责制为带领，提升教师自身的思想政治素质和相应的教学能力。第二要加强对公共课教师"课程思政"的培训，鼓励教师参加"课程思政"的相关学习和培训。体育教师要通过体育课发挥自身的主导作用，提高学生锻炼身体的自觉性，培养学生遵守纪律、热爱集体、服从组织，讲文明礼貌，培养勇敢顽强，坚持到底的品质，使学生树立体育道德风尚。

2.提升公共体育思政课程质量

以课程思政为目标导向，从教材使用、课程设置、课程实施和课程评价等方面全方位地推进课程改革，提升课程质量。在具体公共体育教学实践中，做好案例教材建设，实施分层级教学设置，搭建共享开放的一体化教学资源平台，开展课内外一体化发展，建立多维度过程性评价与获得性评价结合的评价体系，加强对师资队伍的建设等，逐步构建出多元化、多维度的符合课程思政建设整体要求的公共体育

课程体系。同时采用多元化的教学方法手段推动公共体育思政课教学目标的实现。理论课部分运用信息技术手段，如PowerPoint幻灯片和学习软件等讲解科学健身的相关知识，体育保健的方法和手段，运用讨论法、智慧教学手段与学生交流互动。实践课部分采用讲解示范、变换内容、纠正错误等方法指导学生进行技能练习。采用合作学习法、运动竞赛法等指导学生自主学习，完成相应教学目标。利用信息化的教学手段和科学的考核评价方法，为学生提供运动技能和理论知识的自主学习平台。

3.健全公共体育思政教学管理机制

推进思政教学深度融入公共体育教学实践，必须改革现有的公共体育教学管理体制机制，建立健全思政教学管理机制：第一，加强组织领导，把课程思政建设工作摆在重要位置，形成党委统一领导，体育学院各教学教研部门各方面齐抓共管的工作格局，师生间多交流、多关心、多鼓励、多听意见，保证公共体育课程思政政策制定与监督实施。第二，建立教学质量反馈平台，建设完善学生思政效果的反馈路径，积累经验，提高教学质量。第三，建立相应的激励机制，在对思政教育中表现突出的领导、教师和学生给予奖励。第四，加强相关政策的学习和宣传，以主题宣讲会、政策解读报告、奥运冠军进校园等多种形式进行思政宣传教育，传递社会正能量。

六、公共体育"课程思政"教学设计

高校大学生肩负时代使命，应当树立中国特色社会主义理想，扎根人民，奉献国家。以习近平总书记在2018年全国教育大会上的讲话精神为指引，确立公共体育课程思政的总体目标，树立健康第一的教育理念，开齐开足体育课，帮助学生在体育锻炼中享受乐趣、增强体质、健全人格、锤炼意志，促进大学生的全面发展。公共体育课程包括技术实践课、理论课和线上教学及课外活动等四个维度，各部分对于思政教育资源的挖掘有其各自的特点。

1.探索设置"课程思政"实验班

以"课程思政"实验班为带动，逐步推动"课程思政"改革总体发展。体育不仅是强身健体的方式，更是促进人的身心和谐发展，培养意志品质和人文精神的重要渠道。首先在实验班中开展"课程思政"的教学，在教学实践当中勇于探索，总结经验和探寻解决问题的办法，从而建设起学生喜爱的、能够产生"课程思政"实

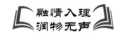
效的体育课程，以实验班为引领，推动"课程思政"的全面发展。

2.理论课教学设计

公共体育理论课是弥补体育实践课因天气等不适合户外运动的重要组成部分。理论课教学设计应该以体育的内涵和表现为主要依据，以运动竞赛、体育外交、体育发展史及时事热点体育新闻为载体，结合思政教育相关知识点，达到体育课程思政育人功效。教育学生增强体质、健全人格，全面进行爱国主义、集体主义、社会主义、理想信念、道德思想、纪律法治、民族团结和国防安全等方面的教育。另外，强健的体魄是生存的基础，发展生命的潜能。加强科学的锻炼方法理论和运动科学理论教学，对于大学生养成健康的生活方式，了解和掌握身体机能及自己的身体活动能力，学会制订科学的健身计划，在体育锻炼的过程中完善自我的身心同样具有重要意义。

3.实践课教学设计

公共体育实践课程是学生健康成长的重要方面，是实施立德树人的教育实践抓手。通过体育知识技能的学习，"围绕学生、关照学生、服务学生，不断提高学生思想水平、政治觉悟、道德品质、文化素养，让学生成为德才兼备，全面发展的人才"。

用仪式活动、竞赛方案、竞赛规则、竞赛组织等多种形式和方法去激活体育中的爱国主义、集体主义、思想道德、法治纪律等方面的思政元素。第一，竞赛仪式活动，仪式中升国旗、奏国歌，在集体仪式中师生脱帽、肃穆站立、行注目礼、齐唱国歌，学生的爱国热情很容易被仪式感所激发。第二，竞赛方案，学生在策划竞赛方案中发掘个人与集体的关系，培养其集体主义观念。依据竞赛中集体目标分配个人任务和职责，个人要服从集体的目标，集体成员间互相帮助、关心和理解、互相协作。第三，竞赛规则，规则与法治纪律相连接，引导学生形成纪律法治观念。用个别指导、集体学习的方法让学生在竞赛中遵守规则，服从裁判判罚，建立起规则意识，引申到生活中即是遵纪守法意识。第四，竞赛组织，以语言传递为主，通过榜样示范法引导学生在竞赛中尊重对手、尊重裁判、友爱同学、公平竞赛，帮助学生养成良好的社会主义道德观。

用体育课中的课堂常规和课堂纪律去激活法治纪律、国防安全等方面思政元素。第一，课堂常规要形成集体约束力，课前要有整齐的队列队形、师生问好和布置课堂任务环节。在教学中约束学生行为要有组织、有纪律，通过语言传递、榜样示范等方法帮助学生养成遵守纪律的习惯。第二，课堂纪律，公共体育课教学过程中学生需要服从教学安排，在教学组织中要规范有序。第三，通过典型示范和说服法去约束学生行为，帮助学生建立具有服从性、组织性、纪律性的行为习惯和行为规范，形成一种基本的军事素质，提升学生的国防安全意识。

用管理器材、分组学习等形式和方法去激活思想道德、意志品质等方面的思政元素。第一，器材管理，在公共体育课中练习技能的时候，组织正式的仪式或活动，对做出器材收发、规整、摆放等服务性工作的学生表示感谢，感谢他们的辛苦付出。第二，分组学习，采用合作学习的方法。分成技能练习小组，选择思想好、能力强的学生为组长。教师指导，组长带领各组同学进行技能学习，同学间团结友爱、互相帮助、互相鼓励、共同进步。第三，设置目标，通过建立师生学习共同体、深度学习等方式带领学生设置相互连接的学习目标。激发学生的奋斗精神，要在坚持锻炼中，形成刚健有为、自强不息的意志品质。

用体育竞赛、开展传统体育项目等形式和方法去激活民族团结等方面的思政元素。第一，体育竞赛，通过竞赛活动方案策划，体育竞赛组织，用语言传递等方法帮助同学间建立起相互信任、相互激励、共同协作的关系，增进同学间的团结和凝聚力。第二，传统体育项目，开展传统体育项目，鼓励少数民族同学积极参与，引导大学生了解我们国家各民族的文化，以文化人，增进各民族学生之间的友谊和团结。

4.线上教学设计

课程思政与信息技术相结合，增强了思政教育的时代感和吸引力。建设公共体育的BB（Blackboard）平台、微课、慕课等课程资源，将传统课堂中德育教学资源运用信息技术进行加工、处理，制作成教学视频、演示文稿，使传统课堂的德育教学资源以新的形式呈现。将优秀运动员表现出的顽强拼搏、爱国主义和坚守理念信念等相关内容的视频、AR演示、三维动画等配上文字说明或音频并将思政德育元素融入其中。线上教学是将公共体育课程融入思想政治教育的新的手段和方法的实践探索。

5.课外体育活动德育元素挖掘

形式多样、健康向上的体育文化活动，增强了课程思政的实效。课外体育活动更加贴近学生生活，成为体育文化发展和德育教育的重要组成部分。将德育元素融入多元化的、学生喜爱的各种阳光体育活动中，这样的思政教育形式能让学生有更

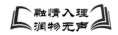
深刻的认识，思政的效果会更加明显。学生依靠自己的组织和参与，引导自身体验体育竞赛是如何通过团队协作完成的，竞赛中的胜利是如何通过顽强拼搏才能取得的，比赛中的失败应当如何面对，如何去坚守心中的胜利信念等课程思政的实践问题。

参考文献

［1］常益，张姝.健体育魂：大学体育课程的思政教育转向研究［J］.体育文化导刊，2018（06）：136-141.

［2］冯建军.立德树人的时代内涵与实施路径［J］.人民教育，2019（18）：39-44.

［3］高德毅，宗爱东.从思政课程到课程思政：从战略高度构建高校思想政治教育课程体系［J］.中国高等教育，2017（01）：43-46.

［4］季浏.对中国健康体育课程模式理论和实践问题的再研究［J］.北京体育大学学报，2019，42（6）：12-22.

［5］王占仁.高校思想政治教育如何实现全程、全方位育人［J］.教育研究，2017，38（08）：25-31.

［6］杨文轩，张细谦，邓星华.学校体育学［M］.北京：高等教育出版社，2016：38-40.

［7］杨祥全.铸魂育人：体育课程思政建设的紧迫性与自身优势探究［J］.天津体育学院学报，2020，35（1）：13-16.

［8］张澍军.论思想政治教育的历史定位与运行特征［J］.教育研究，2015，36（04）：42-48.

［9］张烁.习近平在全国高校思想政治工作会议上强调把思想政治工作贯穿教育教学全过程开创我国高等教育事业发展新局面［N］.人民日报，2016-12-09.

［10］赵富学，陈蔚，王杰，陈慧芳."立德树人"视域下体育课程思政建设的五重维度及实践路向研究［J］.武汉体育学院学报，2020，54（04）：80-86.

［11］赵富学，王云涛，汪明春.体育学科核心素养的研究进展及其启示［J］.北京体育大学学报，2019，42（1）：128-137.

［12］郑永廷，刘书林，沈壮海.思想政治教育学原理［M］.北京：高等教育出版社，2016：114-143.

体育概论课程思政案例

体育学院 孙 一

"体育的功能"是"体育概论"课程中继"体育的概念、本质"教学内容之后的又一章节内容。教学内容包括：体育的健身功能、体育的教育功能、体育的娱乐功能、体育的经济功能、体育的政治功能等。本章节在整体课程内容中具有承上启下的作用，"承上"是指对"体育的概念、本质"的进一步深入解释；"启下"是指通过对体育功能内涵的理解，对于学生后续章节学习如"体育目的、手段方法、体育过程、体育科学体系、体育文化、体育体制"等教学内容会起到衔接和铺垫作用。并且，本章节的思政教育元素颇多，不仅有利于对体育学专业基础理论的掌握，而且对学生树立良好健康的"世界观""人生观""价值观""事业观"等观念和理想，有着积极的促进作用。

一、"体育的健身功能"教学内容中的思政元素和思政故事体现

体育的健身功能主要包括：提高人体心血管系统机能水平、调适和保持心理健康、提高呼吸系统机能水平、促进骨骼和肌肉的生长发育、延年益寿、提高生活质量等。

在向学生具体讲授参加体育活动可以增加什么——脂肪氧化、三酸酯管状血管的数量、血管大小、心脏效率、末梢血液输送效率、电子输送能力、纤维蛋白溶解能力、动脉氧能力、血红细胞和血量、甲状腺功能、生长荷尔蒙的产生、承受压力的能力、良好的生活习惯、生活的快乐；体育活动可以降低什么——血清胆固醇和甘油三酯、葡萄糖不耐性、肥胖症、肥胖、血小板黏性、动脉血压、心率、易紧

乱的节奏、荷尔蒙过激反应、精神压力等专业知识，以及参加体育活动能够增加人与人之间的交流、打破自我封闭，使孤独感、抑郁感淡化乃至消失等教学内容中，可以看到，体育不仅能够强身健体，对人的健康心理的调适与培养也同样具有重要的功能作用。由此引出的思政元素包括：（1）应以健康的心态、健康的价值观和人生观丰富自我；（2）当代年轻人应增加抗挫折能力和抗压能力。具体内容——当今世界，正面临百年未有之大变局。未来10年，将是世界经济新旧动能转换的关键10年。人工智能、大数据、量子信息、生物技术等新一轮科技革命和产业变革正在积聚力量，催生大量新产业、新业态、新模式，给全球发展和人类生产生活带来翻天覆地的变化（引自国家主席习近平2018年7月25日应邀出席在南非约翰内斯堡举行的金砖国家工商论坛，并发表题为《顺应时代潮流实现共同发展》的重要讲话）。经济社会科技的快速发展，一方面带给人类更多的福祉，但也对包括心理健康在内的身心健康发展提出了更高的要求，因此，在教学中一方面要让学生了解世界和中国的发展趋势，扩展学生的人文社会知识范畴，将专业学习与人类发展相联系，形成健康的世界观、人生观、价值观；另一方面，提升学生的专业认知能力，即体育不仅是单纯的跑跳投或竞赛所造就的骨骼肌肉强壮，它对人的乐观、积极向上、抗挫折、抗压力等情绪和心理状态，具有非常重要的促进作用，通过这些思政教学培养学生要成为具有一定高度"事业观"的体育教育者、传播者。

二、"体育的教育功能"教学内容中的思政元素和思政故事体现

体育教育功能的主要表现：教导基本的生活能力；传授体育的文化知识；规范促进人的社会化；民族主义爱国主义教育。本教学内容的思政元素包括：（1）做一个有教养高素质的人，离不开教育，体育是教育的重要组成部分。具体阐释内容——走跑跳投是人体最基本的运动能力，而通过系统地进行体育锻炼，人不仅体质健康、身材健美，运动能力还可以正迁移到其他方面，包括知识学习能力、生活自理能力、问题处理能力等，更为重要的是，体育可以有效地促进人的社会化发展，青少年学生通过体育竞赛中集体意识和集体主义精神的培养，以及对体育竞赛规则的了解和尊重，对于未来社会规则的认识和遵从将产生积极的教育意义。（2）体育赛场，既是展示体育美的舞台，同时也是一个最好的爱国主义教育平台。具体故事内容——从1984年洛杉矶奥运会射击运动员许海峰为中国取得第一枚奥运会金牌，到2020东京奥运会中国稳居奥运会金牌榜前三名多届，中国体育经

历了从弱小到强大，伴随着一次次五星红旗升起于赛场上，让国人和海内外侨胞为祖国的体育佳绩喝彩、更为伟大祖国骄傲自豪（2016年里约奥运会女排赛场边，央视记者采访观赛的华侨球迷，他们发自肺腑地感言"祖国伟大，为祖国自豪"），中国体育运动员在赛场上展示的拼搏精神、奋斗精神、永不服输的气势、谦逊平和的气质等，正是中国前进发展的具体写照，对当今年轻人而言也是最为生动的爱国主义教育素材。

三、"体育的娱乐功能"教学内容中的思政元素和思政故事体现

体育不仅是以竞赛、锻炼的方式呈现于世，它也是休闲娱乐活动内容中很重要的组成部分，其所含娱乐要素包括：有一定的竞争性、对抗性和不确定性；是一种自由的活动；是非日常性、非生产性的活动。体育娱乐功能的主要表现形式是体育娱乐的参与（包括直接参与和间接参与）。本教学内容的思政元素主要表现于，随着我国经济社会的快速发展，百姓生活日益富足，一年365年有115天的休息日和节假日（我国共有法定节假日11天，包括春节、国庆两个假期各3天，元旦、清明、五一、端午、中秋各1天），一年有52周余1天。若余出来的那天处于双休日，则一年有52×2+1=105天，若处于工作日则是52×2=104天。两者合计，即115天或116天，余暇休闲日的增多，一方面体现出我国社会主义制度的优越性，另一方面余暇休闲日进行健康娱乐的生活方式，也是我国文明程度和国民素质的重要体现。具体故事内容——2004年，北京回龙观地区，在几个早期成立的足球队队长的自发组织下，回龙观文化居住区成功举办了九支球队参加的首届"回超"足球联赛，开创了国内社区体育运动走向规模化、制度化、公益化的先例。经过十多年的发展，"回超"已经扩军到18支球队，积累了非常成熟的管理制度和运营经验。迄今为止，"回超"已经成为北京乃至全国规模最大、参赛球队众多、历史最悠久、影响力最广的业余足球地区性联赛。多年来参与联赛的都是居住于回龙观地区的有着各种职业的年轻人，他们利用周末时间领着家人体验着足球运动带来的娱乐和健身功能，不仅强劲了体魄，也通过足球运动舒缓了工作压力，还结交了许多平日匆匆忙忙于工作事业而无暇体会家庭和社区氛围的邻居们。可以说，亲身参与体育运动，不仅娱乐了身心，对于家庭幸福、邻里和睦、社区文明、社会稳定等也发挥了积极的作用。

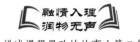

四、"体育的经济功能"教学内容中的思政元素和思政故事体现

体育的经济功能包括：体育经济已经成为国民经济发展的新的增长点；体育产业发展有利于优化产业结构；体育产业的发展为社会提供了更多的就业岗位。体育产业对于国民经济贡献率的重要性已不言而喻，在今日的北美和北欧等许多经济发达国家，体育产业已经成为国家支柱型产业，在我国，体育产业也在近几年呈现着非常快的发展势头。本教学内容的思政元素主要表现于：体育产业经济对于我国部分地区的产业结构更新起到了重要的作用，也是我国许多地区脱贫致富、宣传少数民族文化、促进地区经济发展的重要推动手段和力量。具体内容——（1）体育产业在地方经济结构转型中做出了突出贡献。河南省焦作市是历史上一座以生产煤炭著称的城市，2008年，被认定为国家首批资源枯竭型城市。经过十年的产业结构升级和转型，确定了高端装备、绿色食品、新能源汽车、新材料、康养等十大重点产业，作为城市经济发展方向。其中，大力推动云台山旅游，带动体育旅游经济发展，成为焦作市绿色经济发展的重要工作内容。云台山景区立足于市场需求，致力于产品创新，确立了"旅游+康养""旅游+体育""旅游+文化""旅游+科技"的产业布局，通过项目实施带动综合产业升级。其中，对于"旅游+体育"的尝试，云台山景区从很多年前就开始了。2002年云台山景区赞助U-17第二届中国国际乒乓球挑战赛，2003年举办"九九重阳节万人登高活动"。2012年云台山景区举办首届九九国际登山挑战赛，开始"旅游+体育"品牌的打造，近年来先后打造了"云台山山地自行车赛""云台山中国热气球俱乐部联赛""中国汽车越野巡回赛云台山站"等多个体育旅游和户外运动项目，极大地丰富了云台山旅游产品和品牌内涵。2017年，云台山景区入选首批"国家体育旅游示范基地"，是河南省唯一一家入选国家体育旅游示范基地创建单位的景区。当前，焦作市已经成为成功实现从"黑色印象"到"绿色主题"转型的中国优秀旅游城市。（2）体育产业在我国许多地区脱贫致富、宣传少数民族文化、促进地区经济发展等方面发挥了积极的经济功能与贡献。2018年中共中央、国务院发布《关于实施乡村振兴战略的意见》、2016年发布《中国农村扶贫开发纲要（2011—2020年）》以及《关于打赢脱贫攻坚战的决定》，对实施乡村振兴战略做出顶层设计，把农业农村优先发展作为现代化建设的一个重大原则，把振兴乡村作为实现中华民族伟大复兴的一个重大任务。体育运动是发展旅游产业的重要抓手，旅游目的地是发展体育产业的主要资源，体育

旅游是旅游产业和体育产业深度融合发展的新业态，是实现精准扶贫攻坚的快速有效方法。通过异地人口和本地人口共同参赛与观赛、项目体验、产业服务、商品交易等多种经济活动，推动地方体育旅游产业投资建设、丰富户外运动、健身休闲、竞赛表演、装备制造等，丰富旅游产品体系、拓展旅游消费空间，对推动地方体育旅游经济具有十分重要的意义。目前国家在打造一批具有重要影响力的体育旅游目的地。鼓励企业结合国内体育赛事活动设计开发体育旅游特色产品。打造具有地域和民族特色的体育赛事活动，分期分批推出"全国重点体育旅游节庆名录"。以贵州体育扶贫为例，近几年，随着全球范围内山地旅游和户外运动的兴起，贵州凭借独特的山地资源优势，加之气候宜人，绿水青山，成了发展山地旅游和户外运动的"宝地"。体育旅游逐步成为经济发展的重要拉动力，成了脱贫攻坚的重要一环。地处西南腹地的贵州，素有"八山一水一分田"之说。过去，占全省土地面积92.5%的山地和丘陵制约着当地发展，而今以"山地民族特色体育"重新定位，将劣势变优势，贵州成为发展山地户外运动的沃土。近年来，贵州结合实际发挥优势，打好山地牌、体育牌、旅游牌，积极构建"户外运动天堂、体育旅游胜地"的格局，全面协调推进群众体育、竞技体育和体育产业，助力全面小康。截至2019年，贵州争创30个国家级体育旅游示范基地及省级重点示范项目；在九个市（州）和贵安新区建设若干具有较大影响力的体育赛事城市和体育竞赛表演产业集聚区，构建25项品牌赛事，100项特色赛事，并在"25+100"赛事体系中遴选出10项具有资源独特性和比较优势的赛事活动进行重点培育打造，使之成为具有国际影响力、号召力的自主IP赛事。体育赛事的火爆，为贵州的假日旅游带来巨大增收，更带动了相关产业发展，让不少老百姓摘掉贫困帽子，走上了致富路。在安顺市紫云苗族布依族自治县，格凸国际攀岩节吸引着越来越多来自国内外的游客走进紫云参加比赛、旅游、休闲观光。"女蜘蛛人"罗萍是当地为数不多能够凭借技艺和胆识徒手攀登的攀岩者，她和其他"蜘蛛人"拥有在世界范围内都不多见的"裸攀"技术。依靠攀岩表演，罗萍等人每年的表演收入超过10万元。每年到格凸河看攀岩表演的游客超过5万人，带动综合收入达到2000万元以上。

五、"体育的政治功能"教学内容中的思政元素和思政故事体现

体育的政治功能包括：提高国家威望、振奋民族精神；表明政治立场，为外交服务；呈现安定祥和的社会环境。本教学内容的思政元素主要表现于，一是只有顽

强拼搏、自强不息，才能得到世界的尊重。具体故事内容——（1）"小球转动大球"。1971年，毛泽东主席利用中美乒乓球运动员在日本的民间交往，邀请美国乒乓球队访华，巧妙地打破中美之间关系的僵局，正式揭开两国改善关系的序幕，促使实现尼克松访华乃至中美建交。这一事件，和它所包含的灵巧微妙的外交技巧，被誉为"小球转动了大球"的"乒乓外交"。1969年尼克松当选美国总统，感到结束越南战争、脱离泥潭必须借助中国的默契和配合；中苏因珍宝岛事件关系进一步趋于紧张，苏联在边界线陈兵百万，中方试图确立以遏制苏联为目标的多极均势外交。中美两国同时产生了接近的要求。1971年4月，中国乒乓球队恢复参加在日本名古屋举办的第31届世界乒乓球锦标赛。在两国的私下接触中，美国方面频频表示访华意愿。中国乒乓球代表团官员反复向国内请示是否邀请美国乒乓球队访华。4月4日，美国第三号乒乓球员科恩与中国球员梁戈亮练了10多分钟球后，无意中搭上中国球员的交通车，庄则栋主动赠送一幅绣有黄山风景图的杭州织锦给科恩，并合影留念；科恩后来回送庄则栋一件带有和平标志的运动衫。这一戏剧性事件被新闻媒体广为报道。毛泽东同志在美国队离开日本前的最后一天（4月7日）才决定同意邀请其访华，实现了中美两国1949年以来的第一次民间交往，"打开了两国人民友好交往的大门"。经过当年7月基辛格秘密访华的准备，尼克松于1972年2月访华，并达成了实现两国关系正常化的历史性文件《上海公报》。（2）中国成功举办2008年北京奥运会，向世界各国展示了中国经济社会科技的发展，以及中国人民热情、善良、友好、向往和平的态度。2008年奥运会在我国举办，对于奥林匹克运动本身和我国的发展都具有重要意义。奥林匹克运动需要中国，中国也需要奥林匹克运动。对于举办2008年北京奥运会的意义，可以从2008年奥运会对我国经济社会的全面发展和2008年奥运会对现代奥林匹克运动的影响两个方面来认识。2008年奥运会是现代奥运会第三次在亚洲举办，是第一次在发展中国家举行，也是第一次在世界四大文明古国举办。亚洲人口35.7亿，是世界上人口最大的一个大洲，人口总数占世界人口的61%，土地面积4400万平方公里，占世界陆地面积的29.4%，在世界的经济发展和战略地位中具有重要地位。当时我国是一个有5000年历史、13亿人口的发展中国家，经过改革开放30年的发展，我国经济有了长足发展，社会主义市场经济体制已经基本建立，政治局势稳定，人民生活水平逐步提高，我国的国际地位和威望日益提升。这一切，都有别于世界上其他国家。2008年奥运会在我国举办，对于通过奥运会促进奥林匹克运动在世界上人口最多的大洲和国家的普及，对于传播奥林匹克主义、宣传奥林匹克精神、丰富奥林匹克运动内涵、促进奥林匹克运动的健康持续发展，最大限度地发挥奥林匹克运动的教育功能，实现奥林匹克运动的崇高目标，均有不可替代的深远影响和积极作用。2008年奥运会是对我国的经济实力、政治稳定、社会治安、经营管理、民众素质、技术水平、环境卫生以及体育竞争力的一次综合检阅。成功举办2008年奥运会将促进我国群众体育与竞技体育的全面发展，促使中国成为真正的体育强国；促进我国与世界的体育合作和交流，为世界体育事业的发展做出贡献；促进北京乃至全国经济的发展和社会的进步；加速形成全方位、多层次、宽领域的对外开放格局，为进一步提高我国的国际地位创造有利条件；为进一步加快中华民族的伟大历史复兴进程。我们应坚持"以发展办奥运、以奥运促发展"，将2008年奥运会与中国的经济、文化、社会的全面发展结合起来，全面提高公民素质和各项工作水平。韩国因为成功地举办了奥运会，随之而来的是进出口贸易扩大，经济、技术交流加速发展，其国际形象得到极大改善。可见，通过举办奥运会，可以实现一个国家的跨越发展。2022年北京冬奥会的举办使全世界对于中国和中国人民的良好印象更加深入，而通过奥林匹克舞台，中华民族的精神和文化将更加璀璨，为人类文化的发展将贡献更多的中国力量。

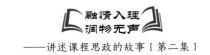

做好经济类课程思政建设　讲好中国经济故事

经济学院　戈国莲　邵学峰　刘思聪

一、课程思政内涵

教育部在2020年印发了《高等学校课程思政建设指导纲要》，明确提出要把思想政治教育融入人才培养体系中，全面推进高校课程思政建设，发挥好每门课程的育人作用，提高人才的培养质量。课程思政是指以构建全员、全程、全课程育人格局的形式，使各类课程与思想政治理论课同向同行，形成协同效应，把"立德树人"作为教育的根本任务的一种综合教育理念。全面贯彻"三全育人"理念是开展课程思政建设的重点，具有重要的现实与理论意义。

"课程思政"的重点在于"思政"，即以传统的学科教学活动为思政教学的载体，挖掘其潜在的思政教学元素，寻求课程教学中专业知识与思想政治教育内容之间的关联性，并在课程开展过程中，将思想政治教育的相关内容融汇于学科教学当中，通过学科渗透的方式达到思想政治教育的目的，即达到"润物细无声"的思政教学目标。"课程思政"的基础在于"课程"，尊重课程建设规律，切实强化课程建设管理是课程思政建设的根本。课程建设最终都要回归于课堂，所有学科的建设都必须遵循课程自身的规律，实现思政教育与学科课程的有机结合。

课程思政的目的就是要在非政治课课堂上向学生传授有关我国政治体制、意识形态、社会主义核心价值观和家国情怀等方面的知识，让学生在专业学习时自然地理解这些知识对国家、民族发展的重要性。而经济类学科课程自身的特点就决定了其自带思政特性，在进行思政课程建设方面具有其学科和知识体系的便利性和兼容

性。或者说，经济类学科课程在客观讲授经济学规律的同时就是在进行思政教育，如果能更多地使用一些教学技巧和适用的教学法，那么更能起到事半功倍的效果。因此，经济类学科课程的本身特点就注定了在教学中不能囿于对原有知识体系的讲解，而应思辨性地结合我国社会体制及经济发展过程进行对比性教学。"课程思政"教学理念的提出，正是为该课程的教学提供了指导理念与具体可操作的方法和途径。

二、讲好中国故事

在经济类学科课程的准备中，围绕教学重点内容和中国金融实践梳理中国金融故事，挖掘中国金融故事蕴含的思政教育元素。经济类学科既从宏观经济上系统阐述"经济兴，则国家兴"的知识内涵，指出大国经济发展的背后必然有现代经济体系支撑；又从中观上阐述"经济稳，则国家稳"，强调经济发展要坚持党的领导；还从微观金融上阐明金融正是货币运动与信用活动二者融合的产物，信用是一切金融正常运行的基础。这既与新时代社会主义核心价值观的国家层面、社会层面、个人层面的价值观紧密呼应，还蕴含着伟大的家国情怀、开阔的国际视野等思政教育元素。紧密结合中国故事，构筑脉络清晰的经济类课程思政价值链。

在经济类学科课程建设体系中，要从以下几点做起：

第一，挖掘中国经济故事中的社会主义核心价值观元素。将中国现代金融体系、中国多层次的金融市场、中国多种类的金融机构体系、中国货币政策和宏观调控双支柱框架等中国金融故事与专业知识点有机串联成中国"金融梦"，培养学生以宏观经济视角观察经济金融问题的能力，树立中国经济理论自信、文化自信，激发学生努力投身实现中国金融梦的远大理想。将货币与金钱不是万能的、"言必信、行必果"系列故事与专业知识点有机串联成个人行为准则，指出中国金融发展必须以坚持党的领导为前提，引导学生确立个人层面的价值目标，树立诚信理念，提高法治意识，做敬业诚信的中国金融践行者。

第二，挖掘中国经济故事中的家国情怀元素。中国改革开放40多年来，利率和汇率市场化改革不断推进，金融机构改革不断深化，金融市场体系不断健全，金融调控及宏观审慎管理框架逐步完善，金融已经成为当代中国推动经济稳定发展的重要力量，而中国经济发展的实践进展和理论研究成果是经济类课程立足的基础。因此以中国金融故事为该类课程思政教学主线，不仅能够梳理和挖掘中国金融改革成就故事，引导学生树立道路自信、理论自信、制度自信和文化自信，坚定大国金融梦想，弘扬中国金融的影响力和感召力，引领学生树立四个自信，坚定大国金融梦想。还要讲述以区域经济发展的不平衡、惊心动魄的中国股市等中国金融故事，引导学生了解中国金融改革之路并非一帆风顺，中国金融还有很长的一段路要走，激发同学们的爱国情怀、民族精神和进取意识，用潜移默化的方式将家国情怀传递给学生，激发学生报效祖国金融发展的抱负与梦想。

第三，挖掘中国经济故事中蕴含的国际视野。金融市场、金融机构、金融交易和金融监管国际化是推动经济全球化的重要力量，近年来中国金融正在加速融入世界金融体系，银行业、证券业和保险业逐步放开外资进入限制。立足中国金融开放实践，我们选择导入人民币国际化故事，阐述人民币世界影响力不断扩大；选取一带一路、亚投行成立的故事，阐述中国金融身影不断走向国际舞台，中国的国际地位不断提升；选取沪港通、深港通开通等金融故事，阐述中国金融对外开放的步伐永不停止。通过这些金融故事的导入，培养学生熟知国际金融规律并能解释国际金融现象的能力，更进一步引导学生培养大国金融和大国担当的意识，树立民族自信，理解中国加快金融开放的内涵。

第四，挖掘中国经济故事中的创新思维。创新是金融发展的基本动力，是金融资源配置提高效率、金融业提高发展能力的关键。当前中国的金融创新正朝着互联网金融、科技金融、智能金融的方向进行持续不断的创新。因此通过导入中国最早的信用货币交子、中国人民银行推出数字货币、中国数字货币试点、中国科创板注册制改革、中国民营银行发展等中国金融故事，阐述这些金融故事背后的货币形态创新、金融产品创新、金融组织创新、金融服务创新等创新内涵，引导学生洞悉金融发展背后的创新源动力，明确自身的责任和使命，着力培养创新思维和创新意识。

第五，凝练中国经济故事中的工匠精神。随着经济市场化程度的提高，商品生产和流通的不断扩大催生了保值增值、规避风险、专家理财等多样化的金融需求，而这些复杂的金融需求需要金融业的精细化分工，需要精雕细琢、精益求精，因此工匠精神不可或缺。在实践中，要在课堂中一方面讲解习近平在金融工作会议上的讲话，引导学生掌握金融风险、金融安全要义，牢记金融立足实体经济、服务实体经济的本质；另一方面导入票据、债券、回购协议、优先股等金融工具精细化设计的背后故事，引导学生理解工匠精神是金融契约的精髓；同时导入普惠金融、绿色金融等金融服务故事，引导学生不忘初心，树立工匠精神是金融业塔尖的意识。

三、经济类学科课程思政建设的五个标准

第一，要树立正确的世界观。只有把经济类学科教学目标设定为中国特色社会主义经济发展培养人才的高度，才能够培养出合格的经济金融人才。因此课程思政从总体的课程设计上首先要有较高的政治站位，明确培养对象和培养目标，加强专业学生对一国经济运行的重要作用的认识，进而产生竭力要做中国特色社会主义经济的建设者和接班人的意识，这也是最为关键的任务。

第二，树立正确的人生观。坚定理想信念，树立正确的人生观。社会主义核心价值观是中国特色社会主义核心价值体系的集中表达和高度凝练，是中国特色社会主义发展过程中的具体要求，是社会主义处理个人、集体、社会的一套价值准则，是解决社会主义建设过程中个体与集体关系的最佳方案。在课程思政的设计中要着重培养学生的集体意识，使其能够正确看待小我和大我之间的辩证关系。在个人利益和集体利益产生冲突时愿意牺牲小我，成就大我，摒弃资本主义的个人主义和利己主义。

第三，树立正确的价值观。加强优秀传统文化教育，树立正确的价值观。西方长期以来的工具理性让很多具有高级技能的知识分子成了"精致的利己主义者"，如金融学相关理论中最常用的说法"经济人假设"，这是西方式的工具理性深层次的弊病。中国传统文化讲究"义利之辩"，强调道德意识，追求君子人格。这既要求知识分子具有社会责任感，同时也是通过文化感召力来增强当今大学生对于本国文化的认同。经济学主要以西方的经济发展作为研究对象，所以学生会树立西方价值观念的思维方式，因而在金融学课程思政的建设中，中国优秀传统文化的引入十分必要，可以有效地解决学生"蔽于用而不知文"的境况。

第四，树立金融安全意识。基于行业的特殊性，金融风险客观存在且影响力巨大，当今金融市场国际化趋势加强，犯罪率不断上升，金融安全不容忽视。金融专业学生大多是未来的金融从业者，除了具备上述理想信念的内在规范外，还要明晰法律法规的外在约束。该课程思政可以通过对金融发展史上的金融犯罪案例介绍展示我国当下的金融监管体制，让学生在了解中国特色社会主义法治发展的同时树立起敬法畏法的底线思维。

第五，提升职业道德修养。社会主义职业道德要求各行各业劳动者要有劳动

的自觉性，同时要有为人民服务的意识。金融行业需要的人才不仅需要具备丰富的金融、法律、保险、期货、证券等专业知识，更需要有良好的职业操守以及思想品德。以培养合格的金融人才为目标就要在金融学课程思政的设计过程中将理论与实践有效结合，重视培养学生的实践能力和专业技能，加强课堂教学与实践的结合，增设实践和实训环节。通过实践教学，让学生意识到金融的正常运转事关国计民生，从业者不仅要有底线思维，更要爱岗敬业，自觉、自主地提升专业技能和服务质量，要求学生具有高尚的职业操守。

四、课程思政案例：以会计学课程和会计学实验为例

不同的课程，其课程思政的含义也有所不同。本文以会计学课程思政为例，会计学课程思政有共性和个性两个方面，首先，会计学课程思政具有其他一般课程思政的共性含义，即课程思政就是在专业课程的讲授中，运用马克思主义立场、观点等，将思想政治教育融入教学活动的全过程。由于会计学课程的独有特点，因而又具有个性含义，即在个性方面，与思政课程比较而言，会计学课程主要讲的是会计基本理论、职能以及方法，是专业教育人文社会类课程。是一种通过专业课程来进行思政教育的隐性思政的教育方法，在潜移默化中使学生的思想得到熏陶，它是思政教育在专业领域的具体表现，使知识传授与价值实现完美结合。专业课与课程思政相互影响，专业课教学为课程思政奠定扎实的学科基础。因此，会计学课程思政相对思政课程显现教育而言，是一种隐性思政教育，是传统思政课程的扩展和延伸。

在会计学理论知识讲解中，讲述会计的起源与发展时，可以引用儒家、道家思想中对会计的观点，既可以让学生了解我国悠久的历史文化，又可以增加学生的文化自信、树立爱国情怀；讲述会计信息质量可靠性要求，可教育学生坚定诚实守信、信誉至上、保守秘密、不弄虚作假等；会计信息质量的谨慎性要求，可培养学生谨慎的优良品格，教育其做事要提前有所准备，提高抗风险能力；自行研发的无形资产，可结合相关案例，融入自主创新观念，让学生体会自主创新的重要性，鼓励他们勇于承担创新发展的重任；应交税费，可结合一些明星偷漏税被巨额罚款的反面案例，融入践行"社会主义核心价值观"中的法治理念，激发学生做一个自觉纳税的遵纪守法好公民；短期借款，可用"校园贷"的实际案例向学生揭示高利贷的本质及其危害，教育学生培养理性消费观念，切勿盲目攀比追求奢靡，增强信用意识和金融理财素养；长期借款，可结合"恶意骗贷"案例，培养学生诚实守信的

会计职业道德，弘扬诚信的"社会主义核心价值观"，等等。

在会计学实验中，培养学生运用财务软件，从实践层面学习会计学的应用。实验课中的思政元素体现在学生可以生动了解课程带来的精神导向，例如在做凭证账簿报表时，会计核算基础的权责发生制，教育学生要有责任与担当，做到恪尽职守、爱岗敬业；会计等式是资产=负债+所有者权益，教育学生学习也是守恒的，即学生的付出等于学生的收获以及做事情要有始有终，不可随意放弃；销售业务核算中的资金循环，教育学生任何结果都不是凭空产生的，而是需要一点一滴的投入，必须注重过程的积累；投资业务核算中的投资收益，教育学生要理性看待投资收益，客观分析收益背后隐藏的各类风险，不要盲目地追求高收益，指导学生认清市场风险的存在，以防发生难以承受的损失；会计凭证的填制，教育学生在工作和生活中遵纪守法、诚实守信、客观公正、认真仔细，等等。因此，在会计学实验教学中，学生可以在掌握会计学知识体系的基础上更为科学地掌握操作运用，理解党和国家政治经济政策及改革措施，培养学生的责任感与成就感。

五、经济类学科课程思政建设方法与心得

在多年的教学经验中，本文认为经济类学科课程思政建设首先要深度挖掘课程内容，整理课程内部知识结构。经济学科教材由经济运行的基础要素，再到经济运行的支撑体系、保障体系和监管体系，呈现出详细而完整的中国特色社会主义金融体系。因此，要把课程体系脉络介绍清楚，促使学生掌握中国特色社会主义金融体系的政策和特点，才是经济类课程思政建设的根基。而且专业知识的传授要有时效性，信息化时代金融形势变化日新月异，课堂上所传授的知识只有涵盖当今经济金融发展的新情况、新观点，才能保证学以致用。因而要求在教学过程中要不断更新知识体系，确保讲授的知识能够在金融实践中有效运用。

另外，要明确中国特色社会主义经济体制的基本特征，以此展开教学可使金融学自觉融入中国特色社会主义道路之中。譬如在新冠疫情期间，我国政府采取中小微企业贷款延期还本付息政策、加大小微企业信用贷款支持力度、加大债券市场融资支持、大力发展供应链金融等多项金融政策支持中小微企业存活及发展；央行、财政部、银保监会等部门出台降低法定存款准备金率、加大公开市场操作、增加再贷款再贴现、增设专项优惠再贷款等多项金融支持政策措施。各项政策的出台和落实均为我国进行疫情防控和经济恢复发展提供了有效保障，有力证明了中国特色社

会主义经济体制在特殊时期能够更加充分地发挥其有效性和重大效应。

"言传"之外还需"身教"。育人既然是一种建立同情心与同理心的工作，那么授课教师就不能仅靠知识传授，还要以身作则。教师是专业知识教育与思想价值观教育融合的关键，是学生践行社会主义核心价值观的引导者、传播者和实践者。因此，课程思政的成功与否，不仅在于教师能否合理有效地丰富教学手段、创新教育方式和教学方法，还需更加注重教师自身的思政理念。课程思政要贯穿学习的全过程，课程思政的目标既然是立德树人，那么就应当把"育人"这一目标贯穿学习的整个过程。育人不仅是教学授课，因此课程思政也就不局限于课堂。课堂教学是课程思政的中心环节，但在关注学生课堂教育的基础上，还应关注学生的课后，兼顾起学习和生活，实现"三全育人"。教师要坚持课程思政不仅仅局限在课堂上，还要设计丰富的课堂学习形式和课外实践，把知识和理念延伸到课堂之外，形成课内课外协同的教学模式。促使学生了解相关职业岗位技能，增强集体意识、服务意识和责任意识，树立良好的职业操守，形成正确的世界观、人生观和价值观。

源于生活内化于心：金融学课程思政教学实践

经济学院　王　皓

只有不断回想不断思考才能起到好的学习效果。身边事物因为普通和常见，所以并不觉得刻意与生硬。只有对身边事物进行讨论才能做到润物无声内化于心。所以，最好的素材来自生活。以生活中的素材开展课程思政也就可以做到育人于平常。

一、"金融学"课程思政建设思路

"金融学"是经济学院理论经济学与应用经济学的学科基础课，开在大二年级第一学期，属于导论性质课程。"金融学"主要向学生介绍金融学的基本构架，围绕金融学理论的三大支柱——时间资源配置理论、价值评估模型、风险管理与资产组合等展开，并与经典理论演进历史以及当今社会的政治、经济金融事件相结合。"金融学"讲述的内容涉及金融学各方面的内容介绍，既包括宏观金融（如国际金融、金融体系、金融市场）又包括微观金融（如债券、股票及金融衍生品的估值、公司金融、风险与投资组合）还包括金融监管。

以往的"金融学"课程教学中多以理论讲授为主，案例较少，且使用多为西方案例。由于缺乏案例造成学生对理论理解将不透彻，并且缺乏中国案例导致学生缺乏共情，不仅造成授课效果不佳，也使同学们在中国金融市场的快速发展取得了令人瞩目的成绩的情况下仍对中国金融市场的发展了解较少。

事实上，金融学具有极强的社会科学属性，特别贴近现实生活，为开展课程思政创造了条件。再加上本课程涉及的内容较多和范围较广，所以本课程体现出较多方面的德育因素：如在介绍国际金融部分会引导学生思考中国发展的道路，引导学生思考中国的制度自信、个人发展与国家发展之间的关系，以及国家情怀和爱国；在介绍货币的时间价值时会引导大家思考个人的习惯以及优秀人品的培养；在介绍金融风险时引导大家关注个人信用，培养诚信意识；在介绍公司金融时会借助信息披露制度引导大家敬业以及树立良好的职业道德和职业操守；在介绍金融监管时会引导大家注意平等、公正、法治等社会主义核心价值观的各方面内容。为此，我主动思考，有意识地转变授课内容，从2019年秋季学期开始对课程进行改造，注重从生活中挖掘中国素材，注重引导学生思考，加入课堂讨论环节，增强课程育人功能。

二、第一堂课的吉大"三原色"精神

每学年"金融学"的第一堂课通常是本学期课程的概览式介绍，包括本课程的主要内容、课程的参考书、考核方式等。在介绍完课程的主要内容后，我通常会向在座的各位学生介绍吉林大学的"红白黄"三原色精神，说些鼓励的话语，向先贤们学习（图9-1），把吉大"红白黄"三原色精神融入教学当中。

吉林大学是新中国成立后中国共产党亲手创建的第一所综合性大学，具有光辉的历史。吉林大学传承红色基因，为祖国的发展培养了大批优秀人才。为了让同学们了解吉林大学的历史，我会在课上简要地介绍我校的首位校长，匡亚明先生。向大家介绍匡亚明老校长的革命事迹以及作为教育家所具有的先进教育理念和博大的胸怀。

白求恩医学部是吉林大学的重要组成部分。白求恩医生的雕像以及纪念馆向人们诉说着白求恩医生高尚的道德品质，在困难时期对中国人民的帮助，以及其精湛的技艺。为了引导同学们具有高尚的道德情操以及乐于助人的品质，我简要回顾白求恩医生如何排除万难来到中国，在战场上不顾安危救治伤病的助人精神，也号召同学们要有一颗帮助他人于危难之中的热心。同时，我还会借用毛泽东同志在《纪念白求恩》一文中对白求恩医生"满腔热忱，精益求精"的评价，鼓励同学们向白求恩医生学习不断追求精湛技艺的精神，做事要认真。

金融学具有强烈的社会属性，国际化程度高。金融学子们也会受到线上线下、国内国外各种思潮和言论的影响。尤其是当前中国金融市场的发展较发达国家的金融市场还存在一定的差距，不少学生毕业后会出国深造。我用黄大年老师的例子来引导青年学子们树立报效祖国的高尚情操。黄大年老师是近年来吉林大学涌现出的新一批优秀海外归来教师的代表。黄大年老师早年出国留学深造，在国外取得优秀的工作成绩，成为国际上相关领域内的顶尖专家。后来，怀揣着"科学没有国界，但科学家是有祖国的"的拳拳报国之心，毅然放弃了海外优越的科研环境和生活环境，回到国内从零开始一点点建团队一点点做设备。正是在黄大年老师的辛勤付出下，我国在相关领域取得了长足进步，步入世界前列。我曾多次参观黄大年的办公室，每一次参观都给我造成极大的震撼和鼓舞。黄大年老师曾说过："振兴中华，乃我辈之责"，"心有大我，至诚报国"，"国家好，民族好，大家才会好"，"你们一定要出去，出去了一定要回来；你们一定要出息，出息了一定要报国。"黄大年老师的精神深深地激励着我在科研路上努力前进，也不断提醒我要为祖国的进步和发展贡献自己的力量。我向同学们分享参观时拍照片（图9-2和图9-3），引导同学们向黄大年老师崇高的爱国主义精神学习。

6. 送给大家几句话

图9-1　课上向同学们展示吉林大学的先贤说明三原色精神的出处

图9-2　参观黄大年老师工作室时拍摄的黄大年励志语

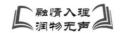

满腔热忱、精益求精。

——毛泽东同志在《纪念白求恩》
一文中对白求恩的评价

振兴中华，乃我辈之责。
心有大我，至诚报国！
你们一定要出去，出去了一定要回来；你们一定
要出息，出息了一定要报国。
国家好，民族好，大家才会好。

——黄大年

图9-3　课上向大家展示的励志语

三、通过金融衍生品讲解中国的脱贫攻坚

2021年2月25日，中国向世界庄严宣告，中国脱贫攻坚战取得了全面胜利，现行标准下9899万农村贫困人口全部脱贫，完成了消除绝对贫困的艰巨任务，困扰中华民族几千年的绝对贫困问题得到历史性解决！在打赢脱贫攻坚战过程中，全国累计选派25.5万个驻村工作队、300多万名第一书记和驻村干部，同近200万名乡镇干部和数百万村干部一道奋战在扶贫一线，1800多名干部牺牲，涌现出一大批先进个人和感人事迹。他们的奉献精神和奋斗精神催人奋进。同时，中国打赢脱贫攻坚战体现出鲜明的人民立场、党中央的决策部署、强大的制度优势和伟大的脱贫攻坚精神，为有力树立青年学生的道路自信、理论自信、制度自信和文化自信提供了生动的案例。同时，脱贫攻坚具有重大的世界意义，极大地提升了我们的民族自豪感和国家荣誉感。因此，中国打赢脱贫攻坚战是一个难得的课程思政素材。而在脱贫攻坚过程中，"保险+期货"等金融工具的创新应用以及基于此开展的金融扶贫对于保障农民收入，降低农业生产风险具有重要作用。这不仅体现创新，也体现出理论联系实际的重要性，尤其是期货等金融衍生产品在脱贫攻坚中的应用更是为教学提供了真实案例，也为讲述脱贫攻坚提供了切入点。

在确定了相应的授课思路以后，我也积极收集素材。"农民收入保险"既能够减少农户因自然灾害、生物灾害等造成的产量损失，也能够减少农户农产品价格波动损失，更加贴近种植农民的需求，是保障农民收益的重要手段之一。保险公司通过购买期货公司的风险管理子公司的场外期权产品，进行再保险，以对冲农产品价格下降可能带来的赔付风险；期货公司风险管理子公司通过期货市场进行相应的风险对冲操作，进一步分散风险。"最终形成风险分散、各方受益的闭环。""保险+期货"作为近年来才出现的金融创新，成为金融扶贫的重要举措，在广大农作物种植地区脱贫攻坚中发挥了重要作用。为了可以向学生们讲述更多技术细节，我邀请了南华期货股份有限公司副总经理唐启军先生走入课堂为青年学生进行实际案例的讲解。唐启军先生曾在黑龙江省赵光农场开展过大豆品种的"保险+期货"项目，并为当地农民因受灾造成的损失开展理赔。通过唐启军先生现身说法，不仅使学生们切实感受到脱贫攻坚的艰难，从另一个方面也体会出脱贫攻坚干部们的艰辛努力和不懈付出，也使学生更加体会到中国取得脱贫攻坚战最终胜利的不易，坚定了青年学生的"四个自信"。此外，通过讲解"保险+期货"如何助力脱贫攻坚，也使广大金融学子意识到金融对经济发展的促进作用以及理论联系实际抑或是如何在实践中更好地应用所学理论的重要性。不仅加深了对有关知识的掌握，也坚定了对金融专业的认同感和获得感。在多个方面都取得了良好效果。（见图9-4至图9-6）

图9-4　唐启军先生为学生们讲解"保险+期货"的实践应用

图9-5　唐启军先生介绍2016年赵光农场"保险+期货"的原理

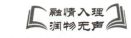

2017年南华期货继续在赵光农场承做大商所"保险+期货"大豆项目，由"价格险"升级为"收入险"，并尝试附加基差采购收粮模式。

2018年国家一号文件所提到的"订单农业+保险+期货（期权）"项目其原型就是2017年我们团队在赵光农场开展的收入险"保险+期货+基差采购"项目的升级，可以说就是我们南华期货开创了"订单农业+保险+期货（期权）"项目的先河。

图9-6　唐启军先生介绍2017年赵光农场"保险+期货"的进展和成效

四、将个人发展与国家发展联系起来

2020年7月7日，习近平总书记在给中国石油大学（北京）克拉玛依校区毕业生们的回信中说道："希望全国广大高校毕业生志存高远、脚踏实地，不畏艰难险阻，勇担时代使命，把个人的理想追求融入党和国家事业之中，为党、为祖国、为人民多作贡献。"2020年10月29日中国共产党第十九届中央委员会第五次全体会议通过《中共中央关于制定国民经济和社会发展第十四个五年规划和二〇三五年远景目标的建议》（简称《建议》）。《建议》是开启全面建设社会主义现代化国家新征程、向第二个百年奋斗目标进军的纲领性文件，是今后五年乃至更长时间中国经济社会发展的行动指南。为了引导金融学子们深入学习《建议》，并根据《建议》中提出的中国经济未来的发展方向，尤其是中国金融市场未来的发展规划，思考自己未来的职业规划，也就是如何在国家发展的大势中成就自己以及自己如何为国家发展贡献力量，我在2020年12月的课上组织了一次《"十四五"规划和2035年远景目标建议中的金融发展》专题。

在本节课程一开始，我先通过"你认为近期与你未来发展关系最大的一件事情是什么？""为什么这么讲？"这样两个问题与同学们开展互动，引导大家就自己与《建议》之间的关系进行思考，埋下疑问以待在课程的后半部分进行深入讨论。由于大家事前并没有对相关材料进行学习，因此为了向大家详细介绍《建议》的主要内容，我又通过"'十四五'规划和2035年远景目标建议是什么时候提出来的？""如何看待'十四五'规划和2035年远景目标建议？"这两个问题引出《建

议》。接下来，我从《建议》提出的国际背景、国内背景、逻辑关系、框架结构、各方面主要内容等对《建议》进行了介绍与解读。为了进一步引导同学思考如何"把个人的理想追求融入党和国家事业之中"，我选取了与各位同学息息相关的金融发展进行详细讲解，提高大家的兴趣以及代入感。并且将大家按照前后桌每4个同学一组就"《建议》对金融业发展的影响"以及"《建议》和我们的关系"展开10分钟的讨论后选出一名同学做汇报交流。由于本节课的内容与同学们自身的未来发展息息相关，整堂课下来同学们认真听讲、气氛热烈，不仅探讨了中国金融业未来的发展方向，而且围绕着"把个人的理想追求融入党和国家事业之中"展开深入思考显著地提高了同学们的国家意识，取得良好效果。（见图9-7至图9-9）

图9-7　课程开始前的介绍

图9-8　课程刚开始时通过互动调查来导课

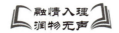

图9-9 分组讨论后小组代表作《建议》对金融业的影响以及与我们的关系的讨论汇报

五、结语

刚刚接触课程思政时并不理解课程思政的真正含义，也对在课程中开展课程思政充满了迷惑。在聆听了多位优秀教师关于课程思政的讲座与培训之后，我逐渐对育人这一课程思政的本质有了较为深入的理解，也逐步在所讲授的课程当中探索开展课程思政。"金融学"因其极强的社会属性，与大家的生活息息相关。秉持着"只有不断回想，不断思考才能起到好的思政育人效果"的理念开展课程设计。事实上，只有生活中的事物才是最常见的，也最能引发思考，所以最好的思政素材来源于生活，以生活中的素材开展课程思政才能内化于心。通过以上三个小案例对在"金融学"中开展课程思政进行总结，从而思考如何在以后的教学中更好地开展课程思政，不断从生活中挖掘素材，将成效内化于心，最终更好地实现育人。

法律职业伦理课的思政建设实践

法学院　颜毅艺

一、我怎么上法律职业伦理课

对我来说，在这个知识不断更新、受众也逐渐发生变化的时代，教学会面临很多挑战，但作为老师，不可能等到自己完全准备好才站到讲台上。在不确定之中把挑战变成一种探索，看淡得失，并且享受创造的感觉，是调整教学心态的一种方法。

三年前，我开始进行法律职业伦理的教学。法律职业伦理是可以被教授的吗？以课程的形式怎么有效地完成法律职业伦理的教育呢？这是我始终关心的问题。比起知识的单向传授，我更寄望于通过经验的双向传递与共鸣来引发学生对法律职业伦理思考。

这学期我的授课对象是本科生，而我之前的授课对象是全日制与非全日制的法律硕士研究生。我想我需要找一种新的方式来与他们互动。于是在讲授法律职业伦理与公民道德冲突时，我挑选了四个案例：王振华猥亵幼女案、劳荣枝故意杀人抢劫绑架案、刘涌组织领导黑社会性质组织案（"刘涌案"）、林彪江青反革命集团案（"江青案"），先给他们展示了案件引发的舆论冲突，包括相关媒体、学者、律师等的评论和视频等，然后请学生们扫码做一个问卷调查，并在调查结束后为同学们进行了数据分析。

做调查问卷的目的有两个：第一是观察学生在一些法律职业伦理与公共道德发生冲突的案例中，假设自己作为一名律师是否有接受委托的意愿。这里调查的不是最后的实际决定。因为法律职业伦理课程的目的是进行法律职业伦理教育，而教育首先是影响意愿，是否接受委托的实际结果受更多不可控因素的影响。第二是了解这种意愿受哪些因素影响。我的假设是：法治观念是法学教育的主导性观念，但人的伦理选择是更复杂的问题，法学教育只是一个影响因素。问卷是为了验证这一假设。

统计结果显示，有三分之一左右的人明确表示不会接受这些案件的委托。因为微信问卷星小程序的统计方式看不到选择的影响因素与这部分人之间的相关关系，所以不清楚主要是什么因素导致其不愿意接受委托。但考虑到影响接受委托的因素排序中，法治建设这个因素居于倒数第三位，说明有相当一部分学生不会仅仅为了维护法治的辩护权而接受委托。这种选择可以回避法律职业伦理与公共道德的冲突。但这不代表回避冲突不对。因为每个人情况不一样，在考虑到自己的好恶以及能力之后做出不代理的决定也是可以理解和尊重的。在现实中这些案件也存在着律师拒绝代理的情况。

愿意接受委托的学生在三分之一到一半之间。并不能推出这部分学生就纯粹是出于维护法治的目的而有代理意愿，毕竟维护法治的考虑是倒数第三。现实中律师接受委托原因很多，如有人是为了扩大职业声誉和影响力等。但如果决定代理，则需要面对法律职业伦理与公众道德的冲突。课程讨论怎么直面这种冲突对这部分学生应该有现实意义。

不确定是否接受委托的数量在四分之一到三分之一之间，占的比例相对较小，但也不容忽视。因为看不到选择因素与这部分之间的相关关系，同样不清楚主要是什么因素导致其不确定。但如果从争取更多学生来帮助实现辩护权的角度，课程讨论如何处理法律职业伦理与公共道德冲突是有意义的，也许通过给出一些可操作的方式，最终会使得这部分学生愿意尝试接受委托。

选项的互斥性和周延性是问卷设计中比较困难的。我考虑调查两种类型的影响因素：第一，接受委托对个人的影响：个人声誉、金钱报酬、人身安全。第二，接受委托的条件：执业能力（技术能力）、法治建设、沟通状况、案件性质（严重与否、与个人的价值偏好是否契合、社会舆论压力等）。调查结果显示：影响程度由大到小依次为：案件性质、人身安全、执业能力、个人声誉、法治建设、金钱报酬、沟通状况。由此看来法治观念不怎么靠前，法律职业伦理教育大有可为。同时同学们对金钱看得比较淡，但都会注意保护好自己，这是好事。

通过问卷调查，我期望学生能够感受到他们的参与对于一门课程是有意义的，因为教学是师生共同建构的结果。问卷结果讲完之后，有一位学生说，填写问卷的时候只知道自己的情况，并不了解其他同学的选择，问卷能分析出这么多内容，"惊到我了"。还有一位女生建议我下次可以加一个性别选项，因为女生对第一个案例的选择可能与男生不同。这是很棒的建议！

随后，我再讲解社会科学对于伦理道德冲突的多种理论讨论以及冲突解决的不同路径，以便为学生们提供更多的思考方向。

最后我又布置了一份作业：

"你是否曾经面临过价值冲突的情境？你是怎么做的？

在本节课所提到的案例中，你对哪个案例的价值冲突感触最深？为什么？

以你处理价值冲突的经验来思考该案例，你会如何分析法律职业伦理和公民道德的冲突，并得出什么样的结论？

如果有人面临这种冲突，你会如何给出建议？

温馨提示：价值冲突是一个多解的问题，所以思考的意义并不在于得出唯一正确答案，而在厘清思路，与自己及世界对话。"

题目设计的目的是让知识与体验连接。因为伦理是一种智慧，智慧是需要通过实践才能够获得。"你必然要学习把你的生活经验纳入你的知识工作之中，持续地检验和诠释它。"当我在课堂上把面对伦理困境的价值选择方法教授给学生们，教学才只完成了一半，另一半还要靠他们将这些方法与自己的经验进行对接。我希望这份作业首先是帮助学生们正视自己的经验，避免学习知识只是单纯的记忆和遗忘的过程，与个人体验无关。另外，如果自己都没有经历反思过某种伦理和价值的冲突，又怎么充分地理解他人面对这种冲突的感受呢？

二、连接伦理学习与个人经验

统计调查问卷之后布置的作业是开放性问答题，相当于我对一百多名同学进行了书面访谈，目的是促使同学们进一步将自己的所思所想和生活经历与伦理学习联系起来。随后，我为同学们具体分析了如下作业情况。

（一）个人价值冲突体验

绝大部分同学经历过价值冲突，只有两位同学说没有。

一位同学没有给出理由，另一位同学则解释道："我是一个个人情感很强烈的感性主义者，我拥有自己恪守的一套价值观。遇到违背自己价值观的事情时会毫不犹豫地选择与价值观相符的路径。……当然，对于自己价值观的坚守与对他人价值观的理解与包容并不冲突。"

凑巧的是，有一位经历过价值观冲突的同学如此分析："年少的我们之所以并没有发现价值冲突，一方面是思想不够深刻，并没有意识到事情背后的价值所在；另一方也是我们较少在对立面去思考问题，从而会毫不犹豫地选择自己的某一情感倾向，而难以发现这种价值的冲突所在。"

价值冲突是客观存在的，但一个人是否认识到价值冲突，与年龄、性格和心智的发展程度，以及如何处理自我与他人的关系有关。

从社会的角度来看，越是价值多元化，价值冲突的现象就越普遍。社会的健康状态不是没有冲突，而是能正视和解决冲突。因此，法律人需要提高解决价值冲突的能力。法律职业伦理课不仅是学习既有的法律职业伦理准则，也通过思想实验等方式来训练伦理思维，以便在今后面临真正的伦理选择时更能意识到伦理判断依据，为一个人的道德发展提供更加坚实的基础。

同学们意识到面临价值冲突的年龄是从年少时到现在，而明确表述的最小年龄是8岁。这正好与皮亚杰儿童的道德发展四个阶段相应：8岁是儿童从他律道德转向自律道德的节点。可见，道德观是逐步发展起来的，是在先天认知结构与家庭、学校、朋友等后天环境的互动中培育起来的。同样，法律职业伦理思维也是一个认知发展的过程。法律职业伦理课不仅要传授法律职业的伦理规范，更要激励对相关伦理问题的深入思考。

同学们感受到的价值冲突领域发生于家庭、学校、邻里、社会等各场域。其中规则与感情的冲突最多。比如好朋友要求抄作业、帮助作弊、选举拉票等。对于这些冲突，同学们能够看到其实质是规则、情感、观念、利益等因素的冲突。

可见，即便是作为学生，正过着单纯、循规蹈矩的生活，也与今后即将进入的复杂社会生活享有一样的逻辑：都需要面对道德规则与情感、利益、观念的冲突问题。比如，违反法律职业伦理的贪污受贿源于追求不正当利益。办人情案是因为把情感联系看得比法律重要。司法裁判与民意冲突则是由于无法妥善协调不同观念。所以，我们可以在早期的生命历程中就开始练习如何应对今后的人生考验。

面对冲突，同学们感受到了情感上的矛盾、纠结、痛苦，同时，也在理性上努力分析和解决矛盾。有的人能够圆满解决冲突，比如好朋友要求帮助作弊，经过思想斗争，没有同意。事后好朋友不高兴，于是她想办法去解释并帮助好朋友学习，最终和好。但也有一些冲突解决难度大，到现在依然没有答案。

总之，价值冲突使同学们认识到人与人不同，矛盾和冲突是常态。"其实价值冲突是很常见的，因为我们生而为人，这个'人'是大不相同的，人之不同，是你与我的距离，是生活在自由开放的家庭的人和生活在暴力封闭的家庭的人的距离，是大陆上的人和岛屿上的人的距离。"通过价值冲突的经历，一个人会逐渐明确自己的价值观，磨炼自己解决价值冲突的能力，这就是人社会化的过程。君子和而不同。

（二）案件价值冲突分析

近一半同学印象最深刻的是张扣扣案，原因之一是家庭伦理案件与生活联系更紧密。"让我感触最深的是张扣扣案。因为这个案子让每个有母亲的人都感同身受，价值冲突的代入感极强……"类似的，同为家庭伦理案件的建山昌子案也有近五分之一的同学关注。相反，最不受关注的案件是离同学们日常生活较远的政治性案件，如刘涌案和江青案。

原因之二是张扣扣案信息更容易充分获得。不少同学提到他们查阅了该案的裁判文书、辩护词和相关评论，且对辩护词的感染力印象深刻。

可见，如果今后从事法律工作，需要对各群体的社会生活状况、思想状况有更深入的了解和体会，世事洞察、人情练达有利于更好地实现法律正义。

相比调查问卷，回答问题的情况显示绝大部分同学赞成法律职业伦理优先于公民道德，同时也希望在两者之间进行平衡。这个过程对同学们来说并不容易。"在经历过一定的学习之后，我逐渐开始理解这样的冲突的存在，有时我觉得学习法律的过程更像是重塑三观的过程，很多以前无法理解的事在经历过观念的转变会开始逐渐得出自己的解释与结论，而不是只一味地感受到价值观的冲突，但这也有时候让我觉得，无论是从法律逻辑的视角还是从社会公众的视角来看待问题或是解决问题都是带有片面性的。……想要解决冲突，首先是让自己站到中立的位置……""来到法学院快两年了，我觉得我还没有建立起一个法律人的价值观，我觉得我还只是个普通的有待被普法的欠教育的人。但无可避免的是，我总要直面一些价值冲突、总会做出一些价值选择，于是我便不得不思考，我得出的结论是——法律本质上维护的是秩序，而不是正义与道德，秩序和正义道德并不是总是吻合，都说法律是平衡的艺术，我希望能真正探索到其中的平衡。"这让我想起了《法律之门》，其中提到过低年级的法学院新生比老生更有热情追求公平正义。如何保护这种朴素的公正感，同时又训练其法律思维，或许是法学教育的"规训"需要认真考虑的一个问题。

尽管从总体上看，同学们感到价值选择让人左右为难，但也开始意识到伦理问题存在多种论证方式。其一是来源于对道德品质的追求："让个人的角色，'返璞归真'化，意思就是，褪去这个人原本复杂的角色定位，一层一层地褪去，直到'再褪就不足以成为人'的情况，以这时的道德为标准……"这是一种具有美德伦理学意味的思考。其二是从法律人的角色义务角度看，"法官不能用同情去解决问题，这不是冷血，而是真正的负责。因为很多时候法律上没有受害人和施害人，只有原告和被告。怀疑精神和证据意识是底线，……以情感和冲动维系的司法体系可能更可怕。既然选择要用法律的武器去惩罚，就应该同时选择法律的思维。"其三是道德情感和同理心的冲击："作为一个女生，我是很有代入感的。我试图从建山昌子的角度来思考发生的这一切。首先，爱情给了我力量……其次，我心里十分清楚杀人是不对的，是犯罪，但是从一个深十米的黑洞中跳到深五米的黑洞中，我是愿意的。"

伦理学提供的不是唯一正确标准答案，而是更多寻求答案的途径。道德悖论的存在正表明伦理学思考有其必要，有待我和同学们一起继续这场有趣的探索。

三、不道德环境中的道德选择是否可能？

本学期法律职业伦理课最难的作业是我节选了一段基层税务人员写给我的信，请同学们给她回信谈谈自己的看法。

"当周围的部分同事都和管理对象由公务关系过渡到私人关系，重重压力下是随波逐流还是坚守本心。说实话，我的内心是惧怕的，怕在工作中被设计陷害而不得不屈服，更怕因比较、不平衡进而迷失本心。我需要心理疏导和技能培训来克服这种困难。……我希望可以通过法律伦理课程来找到解决这种困境的方法，让自己可以更加理性地在岗位上履职尽责，坚守住自己职业伦理道德的底线，拥有积极乐观的心态，自在面对工作和生活。"

这份作业之所以难，是因为它关乎在一个不道德的环境中是否可能选择做一个有道德的人。一经认真思考便会了解这个问题难以轻易回答。这也使得我在为同学们分析此次作业情况时更加谨慎。

不少同学认为来信真实反映了现实情况，并设想过自己以后如果面临这样的情

况要怎么办。"公私关系混淆、官场倾轧斗争、压力如山重、方向感信念感迷失，诸如此类的情况，在我这样一个尚在象牙塔中的大学生听来，虽是有些骇人听闻，但我也不得不承认，这便是现实，而且这或许会是我的前路。"

有些同学乐观而坚定，但现状也让有些同学担忧和害怕。"这次作业的主题和书的内容让我对未知的环境充满了担忧，害怕'维护法律的尊严'被社会的潜规则摒弃。"恐惧未知和不确信自己的力量，这种心情是可以理解的，也更让我感受到法律职业伦理课程的重要与艰难。

同学们的回信可以分成三个主题。

首先是了解她的处境：人情社会与潜规则。

"我们常说中国是一个人情社会……"同学们显然很熟悉这个社会环境，一方面看到人情对社会关系的维系作用，甚至是一种"竞争方式"，另一方面也指出如果因为混杂公私关系损坏公平原则违法乱纪是不允许的。

可是问题在于，以人情来交换公权力的巨大收益使得潜规则普遍化。"不听领导的'特别命令'可能会被领导恶意刁难，导致升职无望……"进而质疑："职业伦理道德本来就是理想化的东西，理想化往往也就意味着与现实脱节、是虚化的，是不切实际的。"

我则希望说明，现实不尽如人意是客观存在的，但至少也有一些例子（如陈行甲等）表明，坚持做正确的事是可能的。

其次，同学们通过各种方式表达共情。"首先我很敬佩您。敬佩的是您对职业的热爱和对初心的坚守。……我也很感动。我能从您的语句中感受到您的心情。……我还很感谢您。……您的做法让我更多了一份坚定和信心。"的确，能够坦率自我反省并表达自己困惑的人起码还有敬畏之心，如此共情有利于进一步的沟通。

最后，同学们提供了各种建议。在课堂讲授的区分道德层次基础上，同学们又额外查了不少资料。其一，最常见的建议是坚守底线、保持初心/本心。看起来这一建议难度系数最高，以至于被形容为"是一场内心的殊死搏斗"。"最重要的初心我认为是一颗理想主义的公平正义、除暴安良之心。"同学们认为，它"很难但也很酷"，能带来长远利益、更大成就感与幸福感。其二，同学们还收集了许多心理学知识和技巧来提供调适心情的方法。如自我警醒、正向思维、积极乐观、坚持自我、平衡心态等等。其三，同学们认为提高自身能力才是硬道理。"这样的晋升道

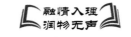

路注定是艰苦且漫长的，因为自我的提升本来就不是一蹴而就的。但是相对于'私人关系'的捷径来说，这条道路确实更加持久。……让你在职场中累积起越来越强的竞争力，将命运把握在手中。"其四，如果环境过于恶劣而个人不足以对抗，妥协转变也是同学们提出的一个建议。"同流但不合污，随波而不逐流，我不指望自己可以成为一个道德圣人，只望内心最深处那份良知不要被黑暗所泯灭。""达则兼济天下，穷则独善其身。"其五，实在不行就换个环境。"如果你对金钱和社会地位有很强的欲望，希望能在短时间内靠着自己的能力走上一个较高的位置，积累很多的财富，那我觉得你大可以脱离这个工作，去寻找一个更适合你的，以工作能力为指标评定职位的工作。如果是我，我可能会选择这一道路。毛泽东同志说过：'打得赢就打，打不赢就走'，这是一个明智的决定，并非懦弱。"

为了写这封信，同学们运用了很多素材：儒释道、文史哲、古今中外等；使用了很多写作手法：文学修辞、学术研讨、哲学思辨等。今天，这只是为了完成一份作业。将来，我希望在遇到困难的时候，同学们至少在知识与思想上能有所准备。蔚为大观的文明是人类在构建社会过程中积累下来的经验。有了多个维度的思考，也许人就不容易被单一的利益困扰，人生会有更多出口。人生从来都不是容易的，即便不面临职业伦理的拷问，也要应对其他诸种难题。杨绛在《走到人生边上》中说，人生的磨砺是为了在灵魂离开时比以前更好。人间值不值得，最终要看自己怎么想。

上这门课前我曾有很多纠结：我是一个普通人，并非道德楷模，要以什么样的方式与同学们一起学习？我应该怎么把握法律职业伦理的教学尺度，既面对现实又保有希望？……最后我决定以探索的心态开启课堂，我并不确定同学们会给我什么样的作业与反馈，因而这三次作业分析也让我收获了额外的惊喜。

思政教育、国际视野、学科知识相辅相成背景下的德才兼备高层次法学人才培养

法学院　姚　莹

　　国际经济法是经济全球化时代的一门新兴的交叉学科，也是中国外向型经济发展的重要支柱学科，更是现代法学人才必备知识。它不仅涉及法律知识，还涉及涉外经济知识，是法学的14门核心课程之一，也是法律体系中不可缺少的一部分。国际经济法作为一门专业性、应用性极强、学习难度较大的学科，由我和团队的其他老师共同协作完成这门课程的教学工作。在执教的十余年间，我和国际法教研部的刘亚军老师、张艳梅老师一同商讨并开拓了新型的授课模式，采用线上线下相结合、课内课外相衔接的多元化培养方式，极大地增强了学生们的课堂积极性和学习国际经济法的热情。

　　在夯实同学们的专业知识，开阔国际视野的同时，把思政教育融入课程的每一个环节，在课程中体现了"家国情怀、法治信仰、职业道德、专业素养"四大德育元素，收到良好反响。根据网上评教系统信息，在2021年春季学期，国际经济法I选课人数268人，满意度为100%，总评结果优秀。相较于以往授课效果，"课程思政"的授课效果优势明显。我们始终以培养人格健全、心性善良、宽容厚道、具有公共责任意识的合格公民；培养具有民族自豪感、历史使命感、社会责任感、政治立场坚定、政治智慧与法律智慧兼具的法律精英；培养具备坚实的国际法律知识和过硬的国际法律操作能力，面向经济与法律全球化的时代需求、适应我国对外开放事业和国际法治需要的，具有严谨科学学风和良好职业道德的高层次法治人才作为努力的方向与奋斗目标。

一、拓展授课内容，使家国情怀作为学生学习国际经济法的内驱力

国际经济法作为我国高校法学课程的专业主干课，在人才培养方案中处于重要地位，但是相比更加贴近生活的国内民商事法律，在学生的眼里国际经济法显得更加的高深莫测。在从教的十余年间，通过来自前几届学生的反馈，同学们对国际经济法的学习一开始就承担了一定的心理压力，不论是对涉外知识的不熟悉，还是专业名词的晦涩生硬，都使他们产生了不小的学习恐惧。因此我意识到在教学过程中，讲好专业知识固然重要，但是激发同学们的对国际经济法的学习热情才是重中之重。

为了打消同学们在学习国际经济法之前就产生一些不必要的心理障碍，我试图从学生们的课外生活中铺垫一些相关的理论，来引起同学们的好奇心，鼓励他们主动参与教学。学生们作为5G时代下的网上冲浪的积极分子，获取了很多新鲜的国内国外的消息舆论，因此我便从此作为突破口，主动询问同学们所了解到的近期的国内外信息和对国际事件的看法。我发现学生们都是从我国的角度出发，做出一定的评述，不仅激发了他们的爱国情怀，而且对学习国际经济法也产生了很大的帮助。为此，我在教学的过程中，加大了中国实践和国际经济法知识结合的探讨。在讲述国际货物运输法（国际经济法的分支）中对"提单"概念的理解时，我让同学们提前对比了《海牙规则》《海牙-维斯比规则》《汉堡规则》《鹿特丹规则》以及我国《海商法》对"提单"概念的阐述，使得同学们对我国《海商法》中确定的有关"提单"的概念理解更加深入和透彻，并能进一步体会到其他相关概念和规则的中国决策。除此之外，我鼓励同学们观看《红海行动》等蕴含国际法元素的优秀电影，课后不少同学对影片中提及的国际法知识自发进行讨论并进一步巩固了课堂中所学过的国际法知识。

此种教学模式，激发了同学们的主人翁意识，从中国的角度出发，理解涉外专业知识，家国情怀就成了学生们一直学习国际经济法的内在驱动力。这让我坚信，即使课堂的课时有限，但学生们学习的热情无限，也满足了我在讲授国际经济法学的过程中渗透思政教育的初心和理念。

二、引入国际案例，在教学的过程中培养学生的法治信仰

国际经济法理论的学习是基础，但理论始终是为实践服务的，因此我在讲授国

际经济法理论的过程中，也重视到了实践的重要性。为了确保理论和实践衔接的紧密性，在讲授国际经济法理论知识的过程中，我引入了与理论相关的国际案例，旨在对传统的大陆法"概念法学"的教学模式进行调整，引入普通法系重视裁判的教学方法，建立覆盖面广泛的课程案例库。

案例教学是法学类课程中较为常见的教学方式，我在讲授每一章理论知识之前，以一个小案例开启每一章的理论知识讲授，用来介绍本章课程中所涉及的概念、原理、术语等。通过小案例的讲解，不仅激发了学生们对本章知识学习的好奇心，而且相关的概念原理也贯穿了本章的核心内容，打通了同学们学习本章节的知识的"任督二脉"。小案例的讲解起到的仅仅是抛砖引玉的作用，在每一章节知识之后，我通过一个大案例来对本章节重点内容进行回顾和重现，注重知识点的穿插和融通。如果把知识点比作是一粒粒珍珠，大案例就是一根丝线，最终将知识点穿成一条珠链。

在案例学习过程中同时使用模拟教学法。提前将课上需要讨论的大案例发给学生，并要求学生自行分组，对案例进行预习与讨论，形成小组意见。在对案例有一个初步了解之后，要求各小组同学分成原告、被告、法官（仲裁员）三个角色对争议焦点、事实理由做出符合自身角色的预判，最后将真实案件中的法官或仲裁员的法律解释和推理和盘托出。在面对逻辑严密、环环相扣的案例时，学生们自行分析往往难以深入，此时我主导对该案例的推理，引出分析的重点，掌握教学的进度和节奏。让学生在真实的案例或者情景中学习，从而拉近理论与实践的距离。

案例的学习研究不仅仅提高了学生们的实践能力，而且通过几次案例的讨论，树立了同学们的法治信仰，教会学生们运用法律手段解决实际生活中的问题。在案例教学的过程中，以习近平新时代中国特色社会主义法治思想为指导，为国家和社会培养立德树人、德法兼修的高素质的法治人才贡献力量。

三、读书双向互动，带领同学们体验规则背后的人文情怀，进一步完善职业道德教育

课堂书本的教学呈现的是充分完备的理论知识体系，但缺乏了主动性和灵活性。在课堂书本教学的过程中，不少同学的提问使我陷入思考，也让我意识到更多的同学在关注规则背后的法理情理的交融。为了让同学们更加深刻地体会到法学作为一门人文社会科学的魅力，我带领同学们创办了有关国际经济法的读书会，旨在引发同学们更多的思考，吸引他们感受规则背后所体现的人文情怀，这对于同学们提高法律职业道德也大有裨益。

经典的书籍能够带给人思考和升华，在寻找可供同学们阅读的书籍时，我不仅注重书籍对法学专业知识的帮助，而且着重选取了能够体现马克思主义精神和理念的书籍。在阅读书籍之前，我会对同学们提出和书籍相关的问题，引发他们的思考，也希望树立学生的问题意识。在读书会开展的过程中，线下将同学们聚集在一起的时间非常有限，为此我充分运用了现代化的教学手段。移动互联网的发展与智能手机的普及给传统教学方式注入了活力，"腾讯会议""蓝墨云班课""雨课堂""学习通"等智慧教学工具为教学提供了助力。

同学们通过阅读书籍做出展示报告，通过ppt演讲的形式展示给大家，提高了学生们的自主性，也激发了同学们对规则背后人文气息的探索，加大了教师和学生之间的双向互动。使得同学们在以后从事法律职业岗位时对法律职业道德的理解更加深入，增强了法律职业的神圣感和使命感。

四、开展双语教学，培养学生创新研究能力和法律专业素养

国际经济法是一门具有国际元素的法学专业课程，其中涉及的很多条约和原理的初始版本语种并不是中文，因此带领同学们阅读国际经济法律规则的初始文本对于理解国际经济法规则是至关重要的。为此，我在讲授国际经济法的过程中，采用了双语教学，以期培养同学们听、说方面的专业能力。除此之外，吉林大学法学院也开设了法律英语课程，在国际经济法的课堂上开展双语教学不仅仅是对法律英语的应用，而且也极大地提高了同学们对专业术语的理解和把握。

双语教学一开始导致了同学们的不适应，但最后的效果是显著可观的，同学们对初始文本的阅读不再抵触，相反更多的同学愿意阅读初始文本来体会国际规则，对国际经济法规则的把握更加精确。双语教学是培养高素质的涉外法律人才最为关键的教学模式。通过双语教学，提高了学生的法律专业素养和创新研究能力。

在将思政教育和学科知识相结合的过程中，我渐渐意识到二者不可分割的关系，开展思政教育能够更好地掌握学科知识，而学科知识的精确把握也离不开思政教育。思政课程不仅仅是思政教师的职责，更是每一名教育工作者肩上沉甸甸的责任和使命。专业教师更应该成为学校思政教育当中不可或缺的力量。"如何培养德法兼修的高素质法治人才？"这是党和人民布置给我们每一位法学教育工作者的问

卷，也是我们每一个法学教育工作者毕生奋斗的目标和使命。"国际经济法"课程改革，是我和我的学生们在法学专业课程思政路上的一次勇敢尝试，是法学专业教学和思政教育相结合的一次探索。希望我和我的学生们能够一起努力，在这条道路上坚定不移地走下去。

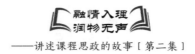

从案例入手深入挖掘课程思政元素

商学与管理学院 曲 然

　　从两年前了解到"课程思政"这个概念，到将我的创业管理课程建设成为一门具有充分课程思政元素的课程，我在教学中经历了从"不可能"，到"尝试挖掘"，再到"深度融合"的过程。

　　开始的时候我觉得作为一个工商管理专业的教师，我不是专业的思政教师，去讲授思政的内容并不是我能够完成的任务。后来随着我的学习，也参加了学校教务处和教发中心举办的一些相关活动，我发现"创业管理"这门课程，过去我虽然没有把它当作课程思政的内容去讲，但事实上这门课程天生就带着课程思政的基因。这门课本身就带有着一些这样的知识点，比如：团队精神、社会责任、创业伦理。不仅如此我在平时教学的时候，一直关注对于学生价值观和人生观引导，去引导他们积极向上地去面对问题，树立正确的价值观，这些内容在没有课程思政建设以前，也一直是我教学的一部分。在理解了课程思政与创业管理课程的关系后，我就开始去挖掘课程中的思政元素，我开始在课程中大量的积累思政内容。在经过了一个学年的教学和整理后，现在这些课程思政的元素跟课程的理论内容已经能够很融洽地结合在一起，而课程思政元素的挖掘也对课程理论的教学起到了积极的促进作用。

　　在这里我想讲一个案例的深入挖掘过程。

　　在课程第三章创业机会的开始部分，讲解"创业机会的定义"时，有一个案例是关于福耀玻璃的创始人曹德旺如何发现创业机会、开始创业并成为行业顶尖企业的。这个案例的作用最开始只是解释创业机会的定义，随着对思政元素的挖掘，这个案例在创业精神、创业者特质、中国经济发展、企业社会责任等知识点的教学中都展现出了非常好的效果。

曹德旺是福耀玻璃的创始人，也是创业者中非常可圈可点的一个人物，从创办企业到发展壮大，到通过慈善来回馈社会，在这些方面他的行为都是可圈可点的。在这门课里，我使用了一个他2000年左右接受采访的视频片段，曹德旺在采访中讲了一个故事：1985年的时候，他买了一个拐杖，带着拐杖上了车。然后驾驶员就告诉他说："你要小心你的拐杖，你不要碰碎了我的玻璃，这玻璃一片就好几千块（钱）。"曹德旺说："那不可能，我是做玻璃的，我还不知道吗？一片玻璃不可能这么贵。"但是他后来去了解了一下，发现确实几千块。这个时候他发现了商机，就去找了上海耀华玻璃厂技术员，让他们来帮助自己来解决技术的问题，生产出来汽车玻璃。

这段视频在课程教学中最初的功能就是用来讲述一个创业者是如何发现了创业机会，并引入创业机会的定义。教学的点包括：（1）为什么说机会是留给有准备的人？曹德旺当时是一个乡镇玻璃厂的采购员，他们厂的产品是水表盖的玻璃，他作为一个具备相关的知识的有准备的人，才能够发现这个创业机会。（2）在发现了市场空间之后，如果没有能力找到相关的资源去实践它，那么这个市场空间也不可能成为一个能为你赚钱的创业机会。在课堂上这个时候我就会引入创业机会的概念。什么叫创业机会？它是一个具有吸引力的、较为持久的、有利于创业的商业活动空间；它同时也是一个能够产生价值的、拥有清晰的目的和手段的组合。然后还会继续引申出发现创业机会的4个条件：有敏锐的观察力；具备相关知识技能；能够组织资源完成创业机会的商业实践；保持发现新机会的敏感性。

随着我开始挖掘课程思政元素的过程，这个案例开始变得越来越丰满。曹德旺作为改革开放的第一代创业者，他身上有非常多可以挖掘的点。

第一个点：为什么这一片汽车风挡玻璃在当时会卖到几千块？这里有一个重要的时间点1985年，是我们国家改革开放初期，我们的汽车工业发展的早期，大量的车是进口的，所有的零部件也都是进口的，这导致了一片玻璃几千块，而当时我们的人均月收入只有几百块钱。但是随着改革开放的这些年，我国汽车工业整体上得到了大的发展，汽车的国产化和国内车企都得到了长足的发展，而这背后是我们整体机械制造业和工业的快速发展。在讲解这个点过程中，我会引导学生去了解我们从改革开放开始到现在天翻地覆的变化。我们现在教的学生是Z世代（又称"互

73

联网世代"），他们对20世纪70年代、80年代的生产和生活没有感性认识，对于他们来说网络、电脑、汽车、飞机都是天经地义存在的事物，通过这种对于改革开放初期和今天的比较，对于他们来了解我们在过去40多年改革开放中的巨大变化和发展，感受我们劳动人民的拼劲儿和创造力，是很有益的。而且在教学过程中，我还会给学生介绍相关书籍，让学生通过阅读去了解前辈的创业经历，看到他们经历困难、解决问题、艰难发展、成功或者挫败，对于年轻的学生们来说是很有教育意义的。

第二个点：关于社会责任，在教学过程中我会给同学们介绍曹德旺作为一个创业者是如何回馈社会的，讲解他的福耀集团在过去的这几十年里是如何通过慈善事业承担社会责任的。因为"创业管理"课程最后一章是关于公益创业的，教学内容是关于创业者和企业如何承担社会责任的问题，在这里就相当于为未来的课程留一个引子。

2019年，案例又有了新发展。"创业管理"课程的特点之一就是"变化"，因为课程的对象是创业企业，企业是不断发展变化的，课程的案例、理论都要不断地发展变化，对于课程的思政元素挖掘也需要随之不断地进行。2019年8月上映了一步美国Netflix公司出品的纪录片——《美国工厂》，这部纪录片由史蒂文·博格纳尔、朱莉娅·赖克特执导，后来获得了包括"奥斯卡金像奖"在内的一系列奖项。这部纪录片以2008年美国金融危机，通用汽车公司在俄亥俄州的代顿工厂倒闭，整个社区陷入萧条为背景。讲述了福耀玻璃2015年接手代顿工厂，将其改为汽车玻璃生产基地，雇佣上千位蓝领美国员工。这部纪录片记录了福耀玻璃在2015年建立工厂、开业经营、面临文化冲突、解决问题，并于2018年开始实现营利的故事。在这段教学内容的结尾我会介绍学生去观看这个纪录片，并跟学生做一些分享。第一，作为一个创业者，我们可以看到曹德旺在美国开设工厂以及遇到困难的时候，所表现出的坚韧和自信，同时也能看到他作为一个创业者对企业经营的财务问题精明的一面，比如他算过一笔账："美国人力成本是中国的3倍，但美国天然气价格只有中国的1/5，电费是中国的1/3，水费更少，在美国开厂，运输成本低，赋税轻，总体算下来，赚得比在中国多。而且，代顿招商引资的条件也很诱人，福耀只要雇1500个当地人，就能得到1500万美元的补贴，还能免去办公楼800万美元的产权税。刨去各种补贴，福耀开这个厂，纯开支并不多。"第二，在纪录片中反映出的福耀代顿工厂经营中当然有文化差异导致的种种问题，但核心问题的焦点是

"UWA"——"全美汽车工业联合会"，也就是在纪录片中反复提到的"工会"。美国汽车工业的工会制度在20世纪的四五十年代非常好地保证了工人的利益，但是在几十年的发展下来之后，UAW已经从纯公益组织变为商业机构。一方面，UAW会为工人争取更高的工资，另一方面，它也会从中抽成。工人赚得越多，它抽成越多，这在客观上造成了整个汽车行业非常差的效率。这个纪录片中同时展现了美国工人和中国工人的工作状态，跟我们中国的工人相比，美国的工人所表现出来的是过惯了好日子的那种傲慢，而我们中国的劳动者则非常的勤劳。片中有一个很有意思的情节，在福耀代顿工厂成立以后，在年底的时候奖励一些业绩比较好的人到中国旅行参观。在福耀的总部工厂，他们看到在美国工厂他们要两三个人才能干的活儿，我们总厂的中国工人一个人就可以干，而且效率很高，干起活来特别流畅，他们从来没不敢想象生产的效率可以如此之高。通过这种比较，我们可以看到我们中国人民这种勤劳、坚忍、愿意为了更好的生活而付出更多努力的工作态度，这对于我们的学生来说也是非常有感染力的。

经过了这个持续的挖掘过程，曹德旺系列的案例在"创业管理"课程中的应用就变得越来越充实了，而我相信随着福耀玻璃的发展还会有更多更好的课程思政元素涌现出来。而我相信，课程中其他的案例和知识点也可以有更多更好的元素值得挖掘，我会继续为之努力。

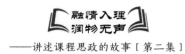

润物于无声，心备而行之，方显成风化人之效

商学与管理学院　王洪鑫

习近平总书记在全国高校思想政治工作会议上强调指出："要用好课堂教学这个主渠道，……，其他各门课都要守好一段渠、种好责任田，使各类课程与思想政治理论课同向同行，形成协同效应。"

习总书记的重要论述，充分阐明了课堂教学在思政工作中的重要地位，明确了高校各类课程在思政工作中的任务，尤其强调了课堂教学的主渠道作用。教师作为课堂教学的第一责任人、知识传授者，理应承担起思想政治教育的重任。

作为专业课教学，教授的内容偏重于专业知识，如何自然、有效地开展课程思政工作值得探索。在课程思政的开展方式上，要做到润物于无声，春风化雨，不着痕迹；通过给学生心灵埋下真善美的种子，达到心能备而行之；最后，风化于成自然也会水到渠成。这是自己专业课教学实践的一点心得。既是对自己思政工作的思考，也是通过征文与其他老师的交流。

依《礼记·大学》所述，从"格物""致知"到"诚意""正心"，再到"修齐治平"，均可作为我们课程思政的设计主题。思政内容的宽泛性，给我们春风化雨的工作提供了基础和可能。结合最近一轮课程的讲授情况，谈一谈自己的心得，如何在课程思政工作中润物无声，不着痕迹。

一、造势而起——着眼课程内容，设计固定的思政主题

现有专业课程内容，是开展思政工作的主阵地。依托现有专业课程教材，以立德树人为根本，充分挖掘蕴含在教材专业知识中的思政元素和德育功能，实现专业

知识与思政内容的有机融合。这是教师依托专业内容，主动造势的过程，是课程思政得以开展的基础。

在思政与专业融合内容的选择上，需要教师渊博的学识和巧妙设计。上面谈及的从"格物"到"修齐治平"的内容，都是可以与专业知识结合的设计主题。以本门专业课程的内容为例，略谈一二。

本课程是物流管理专业的专业必修课之一，其中在讲解"物流系统"时，需要让大家了解有关"系统科学"的基础知识。系统科学在我国的发展，离不开著名科学家钱学森先生的大力推动。于是，自然而然地对钱学森先生冲破重重阻力回国建设新中国的事迹进行了讲解。并由此延伸到同期的其他两个人：一个是林烨，原清华大学的高才生，也是美国"民兵"洲际弹道导弹的设计师；一个是梁思礼，日后成为我国的火箭控制专家，也是航天事业奠基人之一。他们的事迹生动地诠释了一句话"科学无国界，但科学家却是有祖国的"，并由此激发同学们的爱国情怀。

在系统思想溯源内容的学习上，大胆地借用我国传统经典《易经》来进行讲解。让同学们了解到：它用独特的系统语言，即爻和卦，来描述宇宙，表征天地和万物；它用特殊的推理演绎世界。并以"乾"卦为例，讲了事物的发生、发展，以及由盛极转衰的演变过程：

初九：潜龙，勿用；九二：见龙在田，利见大人；九三：君子终日乾乾，夕惕若，厉，无咎；九四：或跃在渊，无咎；九五：飞龙在天，利见大人；上九：亢龙有悔。

结合六个爻辞内容的讲解，让学生加深对人生的理解，对大学生活的珍惜。同时，还将我们中华民族的一些生活习惯与之相关联，并做出合理解释。既从系统论的角度来认识我国的传统经典，同时又破除了同学们头脑中对于传统经典"因循守旧"的固有印象，利于培养同学们的文化自信。

我国中医理论体系也具有鲜明的系统性和辩证性，在系统思想的讲解中，也有所涉猎，讲到如何参与新冠疫情防治，如何健康地生活，如何正确看待中医的系统思想等等。中国模式和中医的哲学智慧是相通的，都主张统筹思考，辩证认知，标本兼治。通过学习，让学生们了解中华传统的瑰宝，增强民族自豪感，增强系统和辩证思维。

通过这部分思政内容的教学设计，围绕价值塑造、能力培养、知识传授三位一体，在课程内容中寻找相关的落脚点，以润物无声的方式将正确的价值追求有效地传递给学生。

各门专业课程都可以根据自身的教学内容，做出如上的思政教学设计。尤其是社科类专业的教学内容，因之大多都与人和社会有所关联，故而具有较多的价值判断问题，所以很多内容都可以与思政工作实现水乳交融，无缝衔接，做到润物细无声。

二、顺势而为——从生活点滴入手，进行经常性思政工作

师生日常的学习生活，便是思政工作最为广泛的场景。感悟学习生活中的点点滴滴，是最易触动心弦、让人深受教育的情境。这类经常性思政工作，通常要顺势而为，在教学中最为常见；这类内容通常是信手拈来，对教师自身的知识积累要求较高，也最为难以把握。

刚过去的这轮专业课程，是开在学期之初的春季里。我校南岭校区有条校内知名的杏花大道，每年的杏花节也办得红红火火，吸引着一众青年学子徜徉在春的气息里。在杏花节的前几日，看到含苞待放的杏花，在当天课堂上随手扩展了一段有关花的故事。讲到花期相近的玉兰花、杏花、桃花等，讲到南北方花期的差异，以及花在古人生活中的作用：

在中原地区，玉兰花是种名贵的观赏植物，通常在早春三月开放。玉兰花含有挥发油，具有一定的药用价值。其性味辛温，具有祛风散寒通窍、宣肺通鼻的功效。古人把成熟的花瓣晾干后制成香囊，带在身上，既优雅又健康。

从同学们随处可见的杏花，讲到古人优雅的生活态度，引导学生对美好生活的追求，对大自然的热爱，培育他们健康向上、阳光开朗的心理状态。

春三月，乍暖还寒，天气忽冷忽热。有些学生过早地脱去了冬装，容易引发感冒，影响学业。于是，很自然地以民谚"二八乱穿衣"展开，讲到了春天气候随不同节气的变化；讲到了"夜卧早起，广步于庭"；讲到了人应与天相应，"逆之则伤肝"的道理。这既是对学生的一种关爱，培养他们正确的健康观和审美观；也让他们了解中国传统文化中有关生命科学的知识，培养学生的文化自信。

本轮课程上课时间安排在晚上，同学们间或有精力不集中、思绪飘忽的现象。于是，课间引导学生做一些类似"八段锦"的运动，或坐或站，方便易做，且有效果。借此机会，向同学们宣传传统文化的相关知识，让大家有兴趣走近传统，了解传统，更好地建立文化自信。

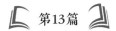
通过日常生活的点点滴滴入手，一天天一件件，日积月累，久久为功。相信种在学生们心中的种子，总有一天，在春风化雨般的熏陶下，生根发芽，最终会成长为参天大树的。这就是小处着手，顺势而为的力量。

三、借势而进——借时政热点之势，提升思政工作效果

高校思想政治工作，事关培养合格接班人的问题，兹事体大，不容有失。除在课堂上、日常中开展思政工作之外，还要站在国家和社会的高度关注时政热点。习总书记也对高校教师提出"潜心问道和关注社会相统一"的要求。教师们要善于把"关注社会"的行动，转化为课程思政的有机组成部分。借社会时政热点之势，协同社会主流舆论，提升对学生思政工作的成效。

在本轮课程教学的第一周周末，国内主流媒体报道了有关"中美安克雷奇对话"的新闻。第二天，即周一，正是课程排课时间，结合中美间的这次对话，对学生展开了一次思政教育。相隔120年的两个辛丑年的谈判照片，即1901年和2021年，并列一起，形成强烈的视觉冲击，让大家群情激昂、热血沸腾。

再配合几个短视频，尤其是中国外事工作委员会办公室主任杨洁篪所说的，"中国人不吃这一套""你们没有资格在中国的面前说，你们从实力的地位出发同中国谈话"；还有，国务委员兼外交部部长王毅指责美国干涉内政的"这个老毛病要改一改了"等讲话，极大地激发和鼓舞了同学们的爱国热情和民族自豪感。

紧接着，教学第二周，台湾长荣集团旗下巴拿马籍货轮"长赐轮"在苏伊士运河搁浅，导致欧亚之间最重要的航道苏伊士运河被切断。货轮、运输、通道等，与本专业高度相关的词汇，让我意识到又是一次进行思政教育的大好时机。于是，调整部分教学计划，把原计划后面学习的有关运输方式的内容，借本次热点事件提前讲解。从水运到管道运输，从货物到石油，由此扩展到我国石油安全战略。让同学们了解到了我国实施新能源战略的原委以及石油战略通道的建设情况，增强了学生们的危机意识、大局意识，能更好地理解和支持国家的相关政策。

一波未平，一波又起。2021年三月末，国外许多知名服饰品牌深陷原材料问题中。这些知名品牌都会拥有很多年轻的消费群体，学生从内心深处可能会对它们有一定的亲近感。尽管国内主流媒体已从正面进行了报道，但本次新冠疫情得来的经验告诉我，敌对势力对群众的影响也颇有成效。于是搜集了一段视频资料，一位FBI的前翻译人员西贝尔·埃德蒙兹在采访中说到美国干涉中国的计划和手段，从

而让同学们从更深的层面，认识到某些势力对我国崛起的不甘和敌视，增强对新闻舆论的辨识力。

学校不是真空地代，加之现代社会信息泛滥，各种社会思潮、时事、热点，总会通过不同渠道进入校园，环绕于学生周围。我们要做的，不是要隔绝学生与社会的信息交流，而是借势于时政热点事件，并乘势而起，展开针对性的思政工作，有效化解问题隐患。

此外，要用好课堂教学这个主渠道，提升思想政治教育的亲和力和针对性，切实有效地开展工作，作为课程第一责任人——教师，就要做到"心能备而行之"，也就是自己心中要清楚思政应该有的样子。这对教师提出了很高的要求，道德品质高，专业学识强之外，还要有渊博的知识，对各个领域都略通一二。

同样，对于学生而言，只有种下一颗种子，投下一个正确的影像，以后的他们才能走在正确的路上，才能生根发芽，才能枝叶葳蕤，终成家国栋梁。

润物无声，需要教师高度的责任感、敏锐的洞察力和渊博的知识积累。心备而行之，对老师是要求，对学生是期望，均需循之而行。此两项若能得偿所愿，则成风化人的效果即可水到渠成。希望大家都可以沉下心，耐住气，能有所悟，有所得。

课程思政视角下的经管类教学设计创新

商学与管理学院　赵静杰　赵　纯　丛　阳

2020年5月，教育部颁布印发了《高等学校课程思政建设指导纲要》（下文中简称《纲要》）。《纲要》要求高校结合专业特点分类推进课程思政建设，明确课程思政建设目标要求和内容重点，为高校开展课程思政指明了建设方向。2016年年末至今，我国高校陆续开展课程思政建设活动已有五年的时间，这期间取得了一定的成绩，同时也存在一些问题。本科经管类专业人才培养目标是培养直接服务于社会各行业的经济、金融、贸易、制造等管理相关人才。开展本科经管类的"课程思政"教学就是要把社会主义核心价值观贯穿教学育人的全过程，真正做到立德树人，全过程树人，树"全人"。

一、本科经管类培养特点和课程思政建设现状

经管类专业是人类活动与经济社会运行联系紧密的学科。管理学下设9个专业大类，46种专业；经济学下设4个专业大类，17种专业。其特点是同时具有自然科学和社会科学的双重性，很多涉及政治、人文、历史、经济、方面的内容。经管类的经典思想以及理论绝大多数起源于西方经济学家或者管理学家，因此结合其学科自身特点，与其他学科相比较，经管类专业课程思政应该着重于学会客观传授西方资本主义国家经济管理理论知识，尤其是对西方资本主义经济发展道路的认识，甄辨性地吸收西方资本主义经济管理理论知识背后精华与糟粕。同时应从中国国情出发，构建中国特色哲学社会科学学科体系。经管类专业学科的边缘性决定了其与其他学科的交叠性，很多专业基础课作为其他学科的公选课或者通识课与其他学科相

比较，可以作为思政教育的辅助阵地。因此经管类的课程思政建设要坚持以马克思主义为指导，构建中国特色的学术体系。从目前已经开展课程思政的经管类专业课的实际情况来看，存在以下三类问题：

一是专业课教师对"课程思政"建设认知局限性，即对课程思政内涵理解的偏差。在进行课程思政建设的过程中，基本上能够接受和认可相关学校对于专业课课程思政的要求，能够去挖掘思政元素，并结合到授课中去。但是由于一些教师本人对思政内容理解的深度和广度不够，因此在建设过程中出现了"强制融入"的现象，他们认为每节课必须融入思政内容，生硬强行植入思政元素，一方面破坏了原有专业课的完整授课体系，另外一方面加大了自己备课负担。还有一部分教师出现了"重输入、轻输出"将教与学隔离的现象，即讲课中可以将课程思想很好地融入授课内容，但是在教学思考和指导学生日常实践中，不会用马克思主义的辩证的思维和方法去解决教学中现实存在的问题、满足学生的现实需求，没有能够引领学生从专业知识到专业能力的转化、没有实现从能力转化到价值引领。

二是"课程思政"建设缺乏系统性，即对课程思政没有系统研究、学习和规划。专业课教师对马克思主义理论体系、党的理论，以及科学社会主义缺乏科学系统的学习。导致授课过程中出现的观点错误和思想理解偏差。以"微观经济学"课程为例，在授课过程中会出现当今时事政治相关联的内容，如何融合和衔接、在哪个章节嵌入、在什么时候讲授，都是需要认真研究的。而因为处于课程思政初探期，教师授课随意性大、规划性弱、原则性弱。因此要将课程思政的研究规范化，如规范出现的形式和内容以及与课程的衔接等问题。

三是教学手段和教学方法单一。专业课教师"以教为主，注重输入"的教学方法通常以口述、演示文稿讲述为主的授课方式进行思政教育。而对于自我意识突出的"00后"大学生，这种说教式教学难以激发他们的兴趣和探索欲，难以提高他们的课堂参与度，更难以使他们信服，达不到浸润灵魂的效果。再者，当代大学生成长于网络时代，若对他们采用完全脱离信息化技术的教学方式，不符合事物发展的一般规律，只会事倍功半。教师需要巧用网络媒体工具来辅助教学，实现高校教学模式的升级。

二、本科经管类"课程思政"建设教学创新的关键要素

《纲要》中明确指出，要寓价值观引导于知识传授和能力培养之中，全面推

进课程思政建设，就是建设好专业课教师队伍的"主力军"、守好课程建设"主战场"、把握好课题教学"主渠道"。通过创新课程思政的教学方法帮助学生重新塑造世界观、人生观、价值观。

一是"主力军"教师队伍：课程思政的实施能否成功，教师是关键。首先专业课教师要有系统性、思政教师要有大局观，通过分工和协作才能够完成专业内部的大思政体系。课程思政建设不是单打独斗的建设，而是相互协作相互指导相互影响的一个大思政生态的建设。首先，专业教师要从本质上理解课程思政建设的深刻内涵，加强自我德育意识的培养和德育能力的提升，这一部分除了靠专业课教师自身的学习，还要靠思政教师的指导和引领。其次，思政教师同时要了解和研究所服务专业的课程体系，能够在深度、广度以及高度上为专业课老师提供持续性的、周期性的、动态政治理论的引领，协助专业课教师为课程思政建设做出全面化、科学化的指导与规划。而后专业课教师要注重研究学生的学习需求，通过把握需求，找准学术的突破口。在课堂教学中，弱化教师输出，着重培养学生的主导能力，同时激发学生主动学习热情。在重视学生的学术获得感同时，要培养学生的价值认同感，将主动权和话语权分享给学生。最后，经管类的专业教师鉴于学科特点，在进行课程思政建设时一定坚持立足国内，以社会主义核心价值观作为引领，学会用中国话语权阐述和解读中国现实。挖掘课程中蕴含的中国智慧，在学习西方经管理论的时候，要以中国大脑进行思考，按照纵向思维善于从历史与现实角度对比、按照横向思维善于从国内与国外对比、按照理论和实际两个角度去讲授问题。总之，学校在课程思政的建设，要为专业课教师、思政教师以及学生之间搭建共建、共惠、共享的教与学的平台。

二是"主战场"课程建设：课程思政的建设重点在于专业课程与思政元素"破"与"立"的融合，要结合专业特点分类推进课程思政建设。高校课程主要有三大类型，分别是公共基础课程、专业教育课程、实践类课程。就一般综合性大学而言，公共基础课中的大部分课是由所在专属分院授课，例如吉林大学管理学院中的英语授课，就是由吉林大学公共外语教育学院负责。因此这部分思政课程建设，主要做好公共基础课和专业教育课的衔接，共同发现学科之间的融合点，形成"大思政"的生态圈。学生学习时间的80%用于专业课的学习，因此专业教育课程是课程思政的"主战场"，高校课程的80%是专业课程，因此专业课的课程思政是也是高校"三全育人"德育的最大载体。对于课程思政背景下的课程建设，我们要明确我国高校经管类专业培养的教育课程目标：即《纲要》中明确提出的经管法类专业课程要帮助学生了解相关专业和行业领域的国家战略、法律法规和相关政策，引导学生关注时事、关注中国的现实问题，激发其深入社会实践的热情、道术兼修的职业道德和素养。在明确了经管类课程思政建设下课程目标后，依据学科特点，把握课程思政建设的科学规律。在明确目标内涵后，将经管类教育对象的价值观基因式地融入课程中，落实到教学中。实践类的课程很容易去检验学生的知行合一。对于本科经管类专业学生，毕业后从事岗位很多是管理岗，相对于其他专业的学生，特别要求培养创业能力、创新精神和创造意识。而创新、创造和创业这三点又有着密切的关系。因此实践类的课程要注重培养学生"敢闯会创"，社会实践类课程要注重教育和引导学生弘扬劳动精神。在此类课程设计中，应以产学研联动、建立企业创业孵化"创新创业与教学互促、项目与课程融合、导师与学生互动"的创新创业实践平台体系。

三是"主渠道"课堂教学：我国高校经管类培养的社会应用型人才需要依托于课堂教学的创新。教师要引导学生从被动式学习转向主动式学习；要由学习理解和应用知识的传统教学目标向对知识掌握理解后的辨析、批判和创新转变；传统式单纯讲授模式将不作为唯一的形式，混合式课上课下教学模式将成为主流。首先要求课程思政下高校经管类课堂的教学理念要以学生为中心、学生自主探究学习配合教师引导为手段进行转变。其次课程思政背景下的课堂教学目标强调在课堂中学生的知识内化，而教师则需要依据学生发展的实际需求，将教学目标分解为知识目标、能力目标和价值引领目标三个组成环节。其中知识目标要求学生在教师的知识赋能和价值引领下，改变学习的思维方式；能力目标要求学生以实践性课堂学习任务为导向，实现自主学习及创新创业各方面能力的提升；价值引领目标要求将思想政治元素和思想政治教育融入课堂教学的每一个环节，强化全过程中的素质培养。再次构建以"课程思政+互联网"的经管类课堂教学模式，二者互为基础相互融合。课前，教师可以利用互联网挖掘可将思政教育和专业知识相融合的现实经济现象和实际案例，这种与现实的结合使得经管类的教学显得生动且高阶，特别在西方经济思潮涌入的时代背景下，显得尤为重要。课后基于互联网的线上线下教学要凸显互联网教育的优势，即不仅能够随时随地进行教学讨论、还能够进行模拟仿真实训，更重要的是通过跟学生的无缝沟通，一方面教师可以补充传统课堂上有限时间和空间造成教学局限，另一方面是这种沟通是"00后"高校学生乐意接受的一种方式，加强了教师与学生之间、学生与学生之间的深度持续性对话。教师可以利用互联网这一思想政治阵地掌握学生思想状态，因人而异地激发学习专业课学习的积极性，进一步促进专业知识教育和思想政治教育的协同性。

三、构建基于"四融合模式"经管类课程思政教学创新

根据经管类专业的学科特点及本科经管类培养特点和课程思政建设现状，基于"课程思政"背景下课程建设的目标和内涵，构建教师、学生、课程、课堂"四融合模式"下的经管类课程思政教学创新。

一是师资队伍双融合：建立大思政格局下的专业课教师团队和思政专业课教师分工与协作团队。在整个思政教育体系中，思想政治理论课和专业课的课程思政决定了思政教师和专业课教师的关系，值得明确的是，思政教师需要扮演支持者和引导者的角色，参与专业课程思政的规划、设计以及教材的二次开发，密切关注整个思想政治教育的状态，对其中的偏离及时做出调整，帮助专业课教师进行教学反思，并为其提供理论支持以及实践层面的答疑解惑。而专业课教师则应立足自身的专业优势和与学生专业合作平台，对思想政治教育具体内容进行深化，讲深讲透。同时，专业课教师在专业领域的优势往往是思想政治理论课教师所不具备的，这种功能和作用也是思想政治教育走向深入、跳出说教的窠臼所最需要的。专业课教师的教学经验、实践智慧，能够为思想政治理论课教师提供素材支持、智慧支持。因此，在实践层面，基于二者的定位，实现互补互通和高度协作。

二是课程内容双融合：建立专业课程思政和思想政治课互动融合，建立良好的合作关系。作为大学生思想政治教育的重要组成部分，专业课程思政与思想政治理论课的关系本身就是相辅相成和合作互补的关系。因此，二者的合作是应有之义。具体而言，第一，二者的合作不仅包括课程规划与设计、思想政治教育内容的深度开发等，还包括思想政治教育资源的联合开发等方面。就课程的规划与开发而言，二者的合作不仅对于专业课程思政具有重要作用，同时对思想政治理论课体系的重构与创新也具有积极作用。与此同时，二者的合作也有利于校本教材开发、专业课程思政专题材料开发、思想政治教育实践平台与基地开发等。第二，基于教学活动效果的提升，建立互动与合作模式。思想政治理论课教师和专业课教师基于教学活动设计、教学活动实施（过程监控、方法、评价）等方面的合作，不仅有利于专业课程思政活动的更好开展，同时也能够丰富思想政治理论课教学的方法体系。而基于教学的合作反思，对于

双方改进后续教学，优化课程体系和内容，都具有重要意义。

三是师生双融合：以价值引领、以教师为主导、以学生为主体实现专业能力和思想价值的融合。以学生为主体，就是通过挖掘专业课中蕴含的思政教育资源，让学生在丰富学识的同时，通晓内在蕴含的道理和中国哲学，促进学生思考人生，建立对成为什么样的人、塑造什么样的品格、过什么样的生活等幸福人生的思考与追求。用理想信念、用社会主义核心价值观引导当代大学生建立对真善美的需求，使其成为中国特色社会主义合格的建设者和接班人，确保学生在未来生活中获得实质性成功。教师要对学生的专业课教育融入理想信念，引导学生树立中国特色的社会主义远大理想，提高学生的文化自信和复兴民族文化的责任感。在进行教学设计时，教师可以采用案例教学的方式进行教学，可以采用讲授或者学生讨论交流的模式，将其放在课程的初始阶段，或者结合当下的时事政治进行讨论，如世界互联网大会、"一带一路"等事例。专业课教学融入爱国主义情怀，培养学生听党话、跟党走、热爱国家。因此在进行教学设计时，可以以案例为载体，采用多媒体和一体化模式进行教学，可以向学生播放视频和理实相结合等方式进行教学。根据教学内容，选用事例。融入品德修养建设，有助于培养学生正确的思想观念，践行社会主义核心价值观，增强思政意识和文化修养。在进行教学设计时，一是要结合具体的教学内容选择案例。二是要根据课程内容，特别是实操类课程。要做到把某一品行的养成训练贯穿始终。

四是课上课下、线上线下双融合："课上课下"联动融合价值观教育的特点决定了专业课程融入思政理念需要做好课上课下联动，教师除了在课堂上讲授专业知识的同时融入思政元素，更不可忽视学生专业实训、调研等课下的实践活动。要在指导学生参加"互联网+"创新创业比赛、职业技能比赛等强化学习良好品质的养成训练。"线上线下"联动线上与线下的联动，就专业课的教学来说，要充分设计并利用线上教学资源与线下教学活动的功能，如线上的MOOC除了专业知识外，更多融入家国情怀、专业伦理、文化等层面的知识，线下的教学中注重养成训练等。专业课程思政理念和思政元素的融入，不仅让学生学到了专业知识和技能，还将思想政治潜移默化地教育传授给学生，让学生在润物无声中提高自我思想意识和境界，实现思政教育向全程全员的转变，"四融模式"的教学创新，为高校经管类业课课程思政建设提供了可供参考的范式。

四、探索设计确保课程思政建设质量的重要保障

探索开展课程思政建设评价，是确保全面推进课程思政建设规范化，推动创新发展的客观要求；也是确保全面推进课程思政建设高质量，提升人才培养效果的客观要求。

一是聚焦评价实效确定评价原则。确定课程思政建设评价的基本原则是有效开展评价工作，确保评价实效性的重要前提。首先，要坚持以育人为根本导向，紧紧围绕培养德智体美劳全面发展的社会主义建设者和接班人这一根本任务，把确立人才培养效果这一首要标准作为基本遵循，贯穿课程思政建设评价全过程各方面。其次，要坚持以工作评价为重点，牢牢把握育人工作的基本规律和育人效果具有整体性、潜在性和长期性的特点，把重点放在工作评价上，通过规范化建设形成课程思政建设的基本范式，推动均衡发展，提升育人成效。最后，要坚持以融入为重要方式，把课程思政要求纳入"双一流"建设监测与成效评价、学科评估、本科教学评估、一流专业和一流课程建设、专业认证、绩效考核等重要内容，推动形成系统化落实立德树人的体制机制。

二是聚焦建设主体探索评价范式。全面推进课程思政建设作为学校落实立德树人根本任务的基础性和全面性工作，其涉及的关键主体主要包括学校、校职能部门、学院、系（部、教研室）、教师等五个方面。学校是课程思政建设的总体设计者，要着力聚焦学校党政作用发挥、顶层设计完善、理论与实践同步推进、立德树人氛围营造等方面的情况进行评价。学校职能部门是课程思政建设在学校层面的重要推动者，要着力聚焦各部门在三全育人工作格局中，对课程思政建设任务全方位落实是否到位，持续推进是否到位，成果固化是否到位。学院是课程思政建设的重要推动者，要着力聚焦学院党政同责、推进落实机制、特色凝练等方面的情况进行评价。系（部、教研室）是课程思政建设的直接组织者和落实者，要着力聚焦党组织和行政部门合力推进、专业思政与课程思政一体化建设情况进行评价，同时，要特别注重对教师党支部在推动课程思政建设方面的作用发挥情况以及课程思政建设在推进教师党支部自身建设和师德师风建设等方面的"溢出效应"进行评价。教师是开展课程思政建设的直接主体，要着力聚焦对教师"挖掘课程的思政元素、有机融入课堂教学、教育者先受教育"这"三项基本功"和课程思政建设的意识和能力状况进行评价。

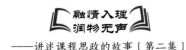
三是聚焦可操作性确定评价方法。评价工作的目的是验证既定的目标是否已经达成，为了更好地推动工作改进，提升工作效率和效益。在探索开展课程思政建设评价时，要立足推动工作规范化编制评价标准，为开展评价提供基本依据。组织实施评价工作时，要聚焦简便易行有效的基本原则，紧密结合教育教学，选择适用自我评价和外部评价、定性评价和定量评价、整体评价与特色评价等多元方法相结合的方式，确保实现预期的评价目的。

参考文献：

［1］习近平.思政课是落实立德树人根本任务的关键课程［J］.求是，2020（17）.

［2］习近平在全国教育大会上强调：坚持中国特色社会主义教育发展道路　培养德智体美劳全面发展的社会主义建设者和接班人［N］.人民日报，2018-9-11（1）

机械设计课程思政设计与混合教学模式实践
——以吉林大学机械与航空航天工程学院为例

机械与航空航天工程学院　柴博森[1,2]　王　顺[1]　贾艳辉[1]　罗艳茹[1]　陈炳坤[1]　冯　超[1]

（1.吉林大学 机械与航空航天工程学院；2.中机试验装备股份有限公司）

一、引言

"机械设计课程设计"是高等学校机械类、近机械类专业本科生必修的一门主干技术基础课程，是学生在校期间接触的第一次较全面的设计能力的综合性与实践性教学环节[1]。在新工科背景下实现高等工程教育培养目标中占有重要地位。课程以齿轮减速器技术产品为设计对象，通过传动方案设计、电机合理选择、考虑制造工艺的机械零部件结构设计、典型零件强度和刚度计算与分析、规范化的图纸绘制、技术文档撰写和答辩等环节，培养学生综合考虑多种因素下的机械零部件创新设计能力，初步建立以考虑全生命周期机械产品设计为核心思想的工程意识，锻炼学生基于现代机械设计理论与方法开展机械产品设计计算、优化分析、规范绘图和撰写技术文档的独立设计能力。但是，目前大多数高校机械设计课程设计环节中存在的问题使其不能很好地锻炼学生应用专业基础知识解决实际工程设计的能力。随着我国工业建设的迅猛发展，急需创新性技术人才投身到国家的各项建设事业中。

创新驱动"思政课程"与"课程思政"协同育人是解决当前高等院校工程教育和人才培养问题的关键[2]。当今高等工程教育的首要问题是"培养什么样的人"，关键问题是"怎样培养人"。就此关键核心问题，习近平总书记在全国高校思想政治工作会议上为"课程思政"指明了方向，强调要以"德育"为抓手，坚持把"立德树人"作为中心环节，把思想政治工作贯穿教育教学的全过程，实现全程育人、全方位育人，要用好课堂教学主渠道，不断坚持改进并加强课程思政的时效性和亲和力，培养学生正确的世界观、人生观和价值观，推动"思政课程"与"课程思政"同向同行，创新协同育人的新模式[3-6]。"机械设计课程设计"的授课对象主要是机械类及近机械类专业大三本科生，这些学生的特点是数理、力学基础好，认知能力强，对国家战略需求和科技发展等领域的关注度高，但是由于课程体系和学科设置的要求，平时学生侧重于自然科学原理和方法的学习，除学校安排的思政必修课外，能选修人文社科类课程学习的时间少之又少，导致绝大多数学生缺少对社会时事政治的关注和思政文化的认知，忽略对国家大政方针的学习。现今"刷手机"是学生学习之余，接受外界信息最主要的方式，网络时代海量信息冲击着学生的思想，如果没有正确的引导，很容易造成学生人生观和价值观的偏离，甚至导致极少数学生是非不明、思想偏激、步入歧途、误己误人。因此，以课程为载体，开展"课程思政"教育任重而道远，且势在必行！

为了使学生在今后的发展过程中能够较好地适应社会需求并具有较大的潜力，培养学生专业精神和精湛的业务素质，文中针对机械设计课程设计实践教学环节进行教学内容、教学方法、教学设计等改革，同时在教学过程中有机融入"课程思政"元素，经过几轮教学实践检验，取得了较好的教学效果。

二、课程概况

"机械设计课程设计"是我校为机械类及近机械类大三年级学生开设的学科基础课，涵盖机械工程、车辆工程、材料工程、能源与动力工程、交通运输、汽车服务工程、农机和包装工程专业等机械类及近机械类专业本科生，每年都有近1400名学生学习该课程。在我校新修订的2018版培养方案中，"机械设计课程设计"在第5或6学期开课，1.5学分。采用2周课堂集中和2周课下分散的方式开展教学，其中配套了2学时的课内减速器样机拆装实验教学。根据2018版学生培养计划以及教学大纲的要求，课程教学实施以课堂理论教学为主，网络在线课程（慕课）教学为辅的教学手段。首先，通过课堂集中的教学方式，让学生尽快明确设计对象、设计内容；然后，采用近两周课下分散的教学方式，由学生课下查阅搜集资料，进行初步的方案设计，基于学生网络在线学堂学习（慕课）和课下教师答疑解惑的方式，强化学生对主要概念、基本原理、设计方法的理解与认识；最后，回归课堂集中教学方式，利用近两周的时间完成零部件运动学与动力学参数计算，绘制草图、装配图与零件图，撰写设计说明书，完成答辩环节。

课程的教学目标是培养学生分析和解决复杂机械设计问题的能力，具备机械系统创新设计和工程实践的能力，具体包括：

（1）能够根据设计要求，基于先修课程储备知识和前期调研资料，独立或团队协作提出多种机械传动系统方案，经过分析优化，确定最终传动方案。

（2）能够利用力学基础知识、理论设计方法和现代设计手段解决机械传动系统中机械零部件的结构设计问题。

（3）在齿轮减速器全生命周期设计理念下，培养学生树立充分考虑材料、制造、安装、使用、维护等环节的工程设计意识，掌握产品全流程的设计方法和技术。

（4）在产品设计过程中，不仅要充分考虑技术层面的问题，还能充分考虑社会、文化、法律法规、技术标准、知识产权、产业政策、健康安全、环境等制约因素，针对特定需求完成创新设计，确定多方案并能通过原理、结构类比等提出优化的解决方案。

（5）能够正确表达齿轮减速器传动系统设计方案，规范绘制装配图与零件图并标注尺寸精度，制定合理的工艺流程并进行技术经济分析。掌握专业规范的语言表达，撰写设计说明书等技术文件。

在早期传统教学过程中，"机械设计课程设计"教学环节存在设计题目单一、设计内容程序化、设计手段与方法滞后产业发展现状等问题，导致学生学以致用的能力锻炼不足、未能培养学生独立开展一般机械产品设计的基本能力、难以实现课程本身承载的教学目标。在这个过程中学生从未考虑过为什么要学习这门课程，从未思考过该课程学习在专业培养体系中所处的重要位置，只是机械被动地去学习，甚至以完成任务的心态进行课程设计训练，因此，课程对于学生的实际培养目标难以实现。这对于学生工程设计能力培养以及工程师品质的形成是极其不利的，在学生形成正确世界观、人生观和价值观的关键时刻，以往课程本身未能起到积极的引领作用。

三、课程体现的德育元素

2020年6月，教育部印发的《高等学校课程思政建设指导纲要》中明确指出要根据不同学科专业的特色和优势，深入研究不同专业育人目标，深度挖掘提炼课程体系中所蕴含的思想价值和德育元素，要注重加强学生工程伦理教育，培养学生精益求精的大国工匠精神，激发学生科技报国的家国情怀和使命担当。

1.理论与实践相结合

"机械设计课程设计"课程是机械类及近机械类专业本科生在校期间重要的实践环节，是基于先修理论课程完成实际机械产品设计的工程实践训练过程。理论与实践相结合的思想贯穿课程教学的始终，而这种思想恰恰是马克思主义基本原理"理论结合实践"的重要体现。理论既然来源于实践、依赖实践，它就必然要回到实践中，要和实践相结合，即实践是理论的归宿。理论只有联系实际，并运用于改造客观实际的实践过程中才有用武之地，才有实际意义。伟大领袖毛泽东同志曾特别强调："马克思主义看重理论，正是，也仅仅是，因为它能够指导行动，如果有了正确的理论，只是把它空谈一阵，束之高阁，并不实行，那末，这种理论再好也是没有意义的。"坚持理论结合实践的精神是马克思主义的灵魂，也是中国共产党先进思想路线的精髓。"机械设计课程设计"课程教学过程全面彰显了马克思主义基本原理和中国共产党先进思想的突出体现。

2.个人与共同体的关系

"机械设计课程设计"课程的主要设计对象为齿轮减速器，包括螺栓、带轮、齿轮、阶梯轴、轴承、联轴器、箱体等通用机械零部件的设计与选用原则。这些基本原则蕴含着丰富的哲理，可以经过巧妙的教学设计环节将这些基本原则渗透到学生个人成长、人格发展、个人与他人关系等问题的讲授上。如：齿轮的设计准则是基于齿轮失效的薄弱环节进行安全性设计的过程，可以将这种思想引入学生德育教学中，人都是有弱点和不足的，如果经常进行自我反省和自我批评教育，就能够及时地发现自身的缺点和思想薄弱点，进而采用修正的手段对自身状态和不足之处进行及时调整和矫正，使个人成长顺利、人格发展完善，避免出现人生路线上出现"失效"问题，时刻使自己保持一定的思想政治教育"强度"。再如：在齿轮传动系统中，一个齿轮如果存在强度不足、时变啮合刚度差、制造精度和装配精度不达标等问题，将会导致整个传动系统不能可靠的工作，可以将这种思想引入课堂教学中，体现个人成长与集体发展的关系。齿轮代表个人，传动系统代表集体。当一个思想出现偏差，基本能力不达标，不能很好地与集体共融时，不仅会影响个人自身的发展，而且会导致集体发展的滞后，其结果必然会导致个人的淘汰和集体的消亡。因此，为了集体高效地发展，不仅个人要完善自身能力，还要处理好个人与他人、个人与集体的关系，充分贡献个人能力谋求集体发展，当集体高效运转、快速前进，也必将带动并激发个人自身的发展。这里所提到的两个案例，充分体现了马克思主义中个人与共同体共生关系的思想和价值观。个人与共同体的关系问题是马克思主义致力于破解的重要理论问题和现实问题，在个人主义膨胀导致个人与共同体关系分裂的今天，回归马克思个人与共同体关系思想的视域，在课程教学过程中充分体现个人与共同体关系的思想理论内涵，积极构建学生个人与共同体的理想关系具有重要的德育价值。

3.爱国主义情怀和大国工匠精神

"机械设计课程设计"课程涉及很多机械基础零部件的设计问题，如：螺栓、轴承等。这些基础零部件的发展源远流长、历史悠久，其漫长的发展史记载了很多不畏艰难、不怕牺牲、勇于探索的科学家和工程师的伟大事迹，他们卓越的付出为时代的变迁和社会的发展做出了杰出的贡献。将这些英雄人物的先进事迹以及基础零部件的发展历史引入课程教学环节，不仅能塑造学生艰苦奋斗、积极探索、大胆实践的职业精神和职业操守、提高专业素养和职业认同感，而且能够坚定学生勇于拼搏和追求真理的决心和意志，同时能弘扬学生深厚的爱国主义情怀和大国工匠的精神。艰苦奋斗的精神是中华民族的传统美德，更是中国共产党人重要的精神特质。通过在课程教学过程中点滴渗透机械零部件历史发展背景的教学内容，以"润物细无声"的育人教育培养学生勤学善思、爱岗敬业、求真务实、勇于担当、不怕困难的优良品质，鼓励学生只有坚持艰苦奋斗的精神，才能实现自我价值，书写人生华章，实现中华民族伟大复兴的"中国梦"。

四、改革措施

1.引导创新题目进入设计题库，改革传统设计题目内容

基于学生的专业背景和教学大纲的指导原则，甄选创新性的设计题目进入设计题库，这些新设置的设计题目源于工程项目和实际生活所需，每年提供的设计题目供三分之一左右的学生自愿选择，邀请企业工程师或具备丰富工程经验的教师直接参与指导学生进行创新性设计。做创新题目设计的学生成绩倾向评定良好以上。为了取得更好的成绩，学生在课程设计前期分散教学阶段必然需要查阅大量设计资料，并需要积极主动与企业导师或学校导师紧密沟通，在这样的训练过程中，将潜

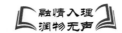

移默化地培养学生艰苦奋斗、勤思好问、不懈拼搏的精神和职业素养，同时也会激发学生对专业的热爱、职业的归属感和工业报国的雄心壮志。针对传统的设计题目，增加更多的约束设计内容（如：特别强调在哪种工况条件下、采用哪种材料、空间结构有哪些特殊要求等）开展设计，改变以往设计题目单一、陈旧、程序化设计内容导致思维定式，解决网上可直接下载详细设计资料的问题，让学生真正动脑主动思考问题，积极投入设计环节，完成产品设计。在整个设计环节教学过程中，通过理论与实践结合，重点锻炼学生运用知识解决工程实际问题的能力，培养学生创造性思维和创新设计能力。

2.加强教学环节中"教"与"学"的互动，强化师生沟通力度

强化从系统的角度思考机械设计环节的各项内容，解决学生缺乏对先修课程知识内容的系统性认识问题，将先修课程与机械设计综合实践环节有机融为一体，形成整体的设计思路。通过对设计内容和过程的优化重组，明确并强调先修课程理论知识的重要性，基于师生、学生之间的理论探讨，加强教学环节中"教"与"学"的互动，提高理论设计水平，夯实理论设计基础。使学生能够基于基础理论开展设计题目的分析与讨论，培养学生提出问题的能力，建立学生群体相互指正错误，解决问题的有效动态互动机制。强化师生、学生之间的讨论交流，使学生体会到个人与共同体关系的思想内涵，认识到团结协作、共同进步的重要性，培养学生团结奋进共谋集体、民族、国家发展的优良品质。

3.全方位多角度优化课程设计进度安排

"机械设计课程设计"课程本身课时量相对较大，为了保证学生实践环节的教学效果，将整体课程时间分成两大部分，分别为前期分散调研阶段和后期集中设计阶段。在前期调研阶段，基于吉林大学课堂在线、课程中心等网络平台建立课程网络教学资源，采用大型开放式网络课程（Massive Open Online Courses，简称MOOC）教学方式开展实践教学，要求学生在此阶段查阅调研相关设计资料，观看机械工业发展史及与齿轮减速器关键零部件历史发展相关的影视资料，在前期阶段加强学生对设计题目的深刻认识、明确设计目标和要求、强化爱国主义教育。在后期集中设计阶段，严格要求学生的设计计算过程，强化学生理论计算能力的培养和现代设计手段与方法的应用，加强对学生实践能力的锻炼，培养学生认真负责的工匠精神和工程师专业素养，树立失之毫厘谬以千里的责任担当意识。

4.建立基于师生评价相结合的考评机制

在"机械设计课程设计"课程集中设计阶段，将班级学生分成若干小组，建立小组内部组长和组员之间的考勤制度，每位学生的平时表现由所在小组的其他成员给予初评成绩，与任课指导教师对每位学生评定的平时成绩分别占比按比例换算后作为学生的平时成绩。对学生的设计过程及设计成果采取小组答辩的方式进行综合性考核，指导教师为答辩提问方，小组成员旁听并基于答辩效果给予答辩学生评定答辩阶段的初评成绩，小组所有成员全部答辩后，根据教师评定的成绩和学生互评的成绩以不同比例计算作为答辩成绩。最后，将平时成绩和答辩成绩按照一定比例汇总形成课程整体实践环节的最终成绩。建立师生互评确定成绩的评价机制，有利于培养学生客观、公平、公正看待事物的素养和实事求是的精神。

五、改革成效

基于课程改革的总体思路，调整知识传授和价值引领的教学途径与方法。在改变以往传统教学模式和方法的基础上，探索"前期分散自学+课堂集中教学+课下师生互动教学"的新型教学模式，尝试采用"MOOC+SPOC（Small Private Online Course，小规模限制性在线课程，简称SPOC）"的混合式教学方法开展课程整体教学，全程有效地监控学生每个环节的教学效果，实时督促学生的学习进度。

（1）在前期分散自学环节中，根据学生个人意愿选择课程设计题目和内容，实行学生自由组队及指导教师部分调整的人员组合方式，形成教学小组，课下以小组为单位进行前期理论内容和技术资料的调研，在这样的训练过程中通过MOOC的教学模式组织学生观看世界机械发展史、伟大工程事件、优秀工程师代表先进事迹和机械零部件多领域下的工程应用案例，在熟悉设计题目和了解设计内容的前提下，潜移默化地渗透了课程思政，引领学生树立正确的价值观，加强学生大国工匠精神和专业素养的培养，强化学生对于自己所学专业的认可度和归属感。

（2）基于吉林大学课程中心、学堂在线等网络平台开展MOOC教学，通过机械工程史、优秀工程设计案例和伟大工程师成长经历，加强学生对学科基础知识的学习和应用，培养学生艰苦奋斗的优良传统，增强民族自豪感和爱国意识，强化对专业的认同感、归属感、责任感和荣誉感。通过了解国家、行业、企业发展的政策和方向，坚持不懈地努力学习，做好自己对未来职业的长远规划，从而更好地实现自己的人生价值。

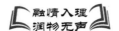
（3）以课堂集中教学为主战场，基于"SPOC+课堂小组讨论"的新型教学模式针对理论计算和结构设计等问题开展课堂集中讨论，培养学生提出问题的能力，有的放矢地解决学生在设计过程中出现的共性和个性问题，通过这样的训练过程，促进学生个人进步与班级整体发展，让学生认识到团结协作的重要性，树立学生的大局意识和责任担当意识。同时新型教学模式也将大大加强师生之间的教学互动，强化师生之间和谐的感情纽带，巩固专业基础知识的学习，并构建"教学相长"积极的师生关系和工程道德伦理。作为教师要以德立身、以德立学、以德施教，用知识去启发学生，用学术去吸引学生，用道德去感召学生，用人格去塑造学生，在教学过程中促成感情的融洽和精神的升华。作为学生要尊师重教、志存高远、脚踏实地、遵守纪律，在学习过程中锻炼心性、提高修养、培育正确的工程道德伦理，树立正确的人生观和价值观。

（4）在课下师生互动教学环节中，强化师生、学生之间的讨论交流，充分贯彻理论结合实践的思想，通过指导教师切身的工程经验，以解析实际工程案例的方式加强学生解决工程问题的能力，在师生互动的环节中加入实验教学，更加形象生动地阐明机械设计的逻辑思路，不断激发学生的好奇心和自学的积极性，以指导教师言传身教的方式，为学生展现职业前景和希望，并引领远大职业目标，切实增强高校大学生的创业意识、创新精神和创造能力。

打破了传统的完全基于课堂理论教学的陈旧模式，将整体教学过程分成三大环节，分别为前期分散自学、课堂集中教学、课下师生互动教学，三个教学环节环环相扣，共同推进。通过引入以具体工程需求为导向的创新型设计题目、优化整体教学环节、建立设计人员小组制管理机制、强化师生交流及学生主动学习的思想，开展课程教学模式和教学方法的改革、探索和实践。在课程整体教学过程中，基于教学内容的逐步展开，深入挖掘课程所蕴含的思政和德育元素。采用学生自由组队和指导教师协调人员的组合方式，对授课班级学生实行小组制管理，建立小组内部组长和组员之间的考勤制度，采用小组预答辩方式和教师答辩方式综合评价成绩。思想政治教育是课程教学的首要目标，在开展课程设计过程的各个环节，巧妙地融入思政德育元素，实现教育价值的理性回归，将育人功能"润物无声"地融入课程教学全过程，引导学生正确做人、做事、成长、成才。

基于教学整体环节的有效掌控，潜移默化地渗透课程思政，深挖马克思主义哲学原理和方法论在课程教学环节中的具体体现和应用。基于系统的角度思考机械零部件设计及选用的问题，在设计环节针对易出现的技术问题（如：齿轮强度计算、联轴器选用、轴承润滑方式等），教师不仅仅在知识传授层面给学生予以答疑解惑，而且更为重要的是要联系马克思主义哲学原理，把握现象与本质、原因与结果、对立与统一的关系，站在更高的哲学层面思考问题、解决问题，为学生指明思考的方向和探究式的学习方法。引导学生以宏观的角度、全局的意识去看待工程技术问题，做到知识的活学活用。

目前，在开展课程教学的各个环节中，巧妙地融入了思想政治元素，有意识地引入了思政德育教育，已经取得了很好的成效。学生的综合素质已有了明显的提升，个人的诚信度和自学能力也在提高，学生的自信心明显有加强，并激发了浓厚的爱国情怀，对自身职业规划具有了比较明确的目标。在今后的课程改革进程中，还应进一步深入地挖掘思政元素，多角度地收集素材并不断优化调整教学方法，引入合理、公平、公正的动态考核机制，建立更加完善的课程知识教学与思政德育教学有机融合的系统化新模式，实现教育价值的理性回归，将育人功能"润物无声"地融入"机械设计课程设计"课程教学的全过程。

参考文献

［1］谭庆昌，贾艳辉.机械设计（第三版）［M］.高等教育出版社，2013.

［2］高德毅，宗爱东.从思政课程到课程思政：从战略高度构建高校思想政治教育课程体系［J］.中国高等教育，2017（1）：43-46.

［3］习近平.思政课是落实立德树人根本任务的关键课程［N］.人民日报，2020-8-31.

［4］习近平.把思想政治工作贯穿教育教学全过程　开创我国高等教育事业发展新局面［N］.人民日报，2016-12-9.

［5］陆道坤.课程思政推行中若干核心问题及解决思路——基于专业课程思政的探讨［J］.思想理论教育，2018（3）：64-69.

［6］韩宪洲.以课程思政推动立德树人的实践创新［J］.中国高等教育，2019（23）：12-14.

春风化雨　润物无声：
机械制造技术基础课程思政教学设计

机械与航空航天工程学院　呼　咏　程丽丽　刘　欣　张　富　曲兴田　许蓬子　贺秋伟　王荣奇

　　新时代开启了中国特色高等教育的新征程，吹响了"学生思政、教师思政、课程思政、学科思政、环境思政"的育人号角。围绕"培养什么人、怎样培养人、为谁培养人"这一根本问题，面对新的时代命题，"机械制造技术基础"课程组认真落实学校总体部署与要求，牢固把握"课程思政，铸魂育人"这一根本任务，不断在实践中摸索，在摸索中思考，在思考中前行。课程组教师数年如一日，用春风化雨般的细致工作，探索如何将思政教育渗入专业基础课的教学过程中，将思政内容融入自身和学生的血脉，为社会培养了一批批新时代的奋进者和追梦人。

　　告别校园，踏入社会，是每一个大学生都必将面临的选择，"何去何从"需要正确的思想指导。落实"课程思政"，帮助学生们把信仰写进选择，让他们以更加阳光积极的心态融入社会，更加自觉地投身于社会实践，顺利成长成才，是课程组教师一直思索并致力于推进的一件大事。

　　"机械制造技术基础"是机械学科一门重要的学科基础必修课程，在2018年被确立为吉林大学首批"学科育人示范课程"，2021年被确立为吉林省本科高校思政课程建设项目，《机械制造技术基础（双语）》2021年被确立为吉林大学课程思政"学科育人示范课程"。该课程具有很强的实践性，蕴含着丰富的课程思政元素。在授课过程中可以有效地培养学生正确的世界观、人生观和价值观。课程组教师以课程教学为主渠道，将马克思主义基本原理和优秀传统文化融入专业知识的传授中，努力实现协同育人，全方位育人。课程组教师从课程知识所对应的就业岗位特点出发，结合大学生思想政治理论来挖掘课程所蕴含的思想道德精神和价值追求哲理，探寻社会主义核心价值观教育的生动素材，把知识导向和价值引领有机地结合起来，实现在专业知识传授和能力培养的基础上，提高学生的思想道德水平，增强文化自信。

制造业是国民经济的支柱产业，是国家创造力、竞争力和综合国力的重要体现。它不仅为现代工业提供物质基础，为信息与知识社会提供先进装备和技术水平，也是国家国防安全的重要保障。制造业是国民经济的主体，是立国之本、兴国之器、强国之基。"机械制造技术基础"课程内容面向制造业的各个岗位，迫切需要把思想政治教育贯穿于课堂教学的全过程，将与课程紧密相连的思想政治元素融入教学内容，将学生的职业素养培养与课程思政教学以切碎并糅合在一起的方式架构课程内容体系，提升学生的就业能力和职业生长力。学生的职业素养培养需要依托系统化的课程思政体系，描摹出世界、国家与个体的关联性，传播爱党、爱国的理念，传播积极向上的正能量，弘扬社会主义核心价值观。引领学生塑造正确的世界观、价值观、人生观、审美观；指导学生树立崇高的职业理想；指引学生使用客观而辩证的思维方式学习专业知识和技能、判断行业形势；培养学生具备高尚的职业道德、健康的职业态度、良好的职业操守、坚韧的职业精神、较强的情绪调节能力和灵活的职业迁移能力。采用思政故事讲述、课堂小组讨论、翻转课堂、主题发言、提交报告等形式，形成"教–学"相长的课程思政新格局。

通过深入研究和分析"机械制造技术基础"课程各章节的知识要点，经过充分研讨，发掘各章节所蕴含的思政元素与融入点见表16-1所示。

表16-1　各章节教学内容与课程思政元素

序号	课程章节	教学内容	主要课程思政元素
1	绪论	机械制造的发展过程；本课程的主要内容、特点与学习方法	结合历史、德国工业4.0、中国制造业发展，介绍机械制造业和机械制造技术的发展，引导学生关注本学科的发展和行业的动态，强调制造业是国家综合实力的重要体现，激发学生学习本课程的热情。指出振兴祖国制造工业需要几代人的努力奋斗和拼搏，鼓励学生们为"中国智造"而努力学习。强调我国工业出口总额的94%来自制造业，激发学生爱国主义情怀，体现人文精神

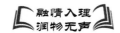
续表

序号	课程章节	教学内容	主要课程思政元素
2	切削过程及其控制	刀具的结构，刀具材料，金属切削过程及其物理现象，切削力与切削功率，切削热和切削温度，刀具磨损与刀具寿命，切削用量的选择及工件材料可加工性，高速切削及刀具	通过刀具五个基本角度的相互制约关系，引入唯物辩证法，指出在事物的发展过程中存在着主要矛盾与次要矛盾，二者在一定的条件下可以相互转换，在解决问题的时候一定要抓住主要矛盾，同时不忽略次要矛盾。培养学生辩证思考问题的思想。通过刀具几何角度测量实验，初步培养学生严谨的工作态度，认真的工作作风，在教学中逐渐渗透工匠精神和团队精神。引入职业规范意识，树立学生遵守职业规范的精神。通过讲授每一种刀具材料性能的优缺点，使学生认识到任何事物都有其优缺点，在分析事物的时候应全面，不能以偏概全
3	机械制造中的加工方法及装备	零件的成形原理和机械加工方法	介绍国内外先进的加工方法，引入并比较国内外设备性能，指出我国制造业仍与世界先进水平存在差距，激发爱国情怀，强化责任担当；强调中国制造业发展的重要性是首次站在国家战略层次提出了弘扬"工匠精神"。学习2017年的政府工作报告内容："质量之魂，存于匠心。要大力弘扬工匠精神，厚植工匠文化，恪尽职业操守，崇尚精益求精，培育众多'中国工匠'，打造更多享誉世界的'中国品牌'，推动中国经济发展进入质量时代"。再次强调了"工匠精神"的重要性，并且提出努力成为中国工匠、打造中国品牌是工科专业大学生的职责担当
4	机械加工质量及其控制	机械加工精度的基本概念，影响加工精度的因素及其分析，加工误差的综合分析，机械加工表面质量，机械加工过程中振动	推荐学生观看《大国工匠》纪录片，使学生产生工匠精神共鸣，引入零件尺寸精度对生产成本及产品质量的影响，强调机械加工工艺在产品生产过程中的重要性，培养成本质量意识，凝练大国工匠精神。指出工匠精神的内涵是工匠对自己的产品精雕细琢，追求产品质量和品质的完美和极致，是对精品执着的坚持、追求、精益求精的精神理念。工匠精神的目标是打造本行业最优质的产品，其他同行无法匹敌的卓越产品。工匠精神，正是追求精益求精，专业专注、一丝不苟且孜孜不倦的体现
5	工艺规程设计	机械加工工艺规程设计，加工余量及工序尺寸，工艺尺寸链，机械加工工艺过程的技术经济分析及工艺规程的制订，机器装配工艺规程设计	工艺规程方案设计是逐渐提高加工精度、保证产品质量的过程，不能省略。此部分内容可引入量变引起质变的哲学思想，强调做任何事都要循序渐进，脚踏实地。分析零件加工工艺方案适用的场合及各自优缺点，引入多角度全面认识分析问题的哲学思想；分析零件与机器装备的关系，引入整体与个体关系、国家与个人关系，融入爱国意识。

续表

序号	课程章节	教学内容	主要课程思政元素
6	机床夹具设计	工件在夹具中的定位，定位误差分析，工件在夹具中的夹紧，各类机床夹具，现代机床夹具，机床夹具设计的基本步骤	讲授专用夹具设计，培养学生创新创业精神，讲授专用夹具的规定画法及特殊表达，强调按规范画图的重要性，培养守法意识；强调标准件的选用，突出遵守行业规范的重要性，夹具图的绘制体现大国工匠严谨的精神
7	机械制造技术的新发展	快速成型制造术，精密超精密加工技术，微机械及其微细加工技术	结合大国重器研发案例开展思政教育，例如高铁、大型驱逐舰、国产航母、国产大飞机、天眼。这些装备或用于国防，保护祖国和人民安全；或用于提升社会服务，改善人民生活；或用于探索未知世界，提高国家科研实力。这些大国重器中包含了很多先进加工方法的例子，都可融入课堂中

　　"机械制造技术基础"课程中所蕴含的传统文化基因和道德价值观，是社会主义核心价值观具体化、生动化的有效教学载体。在教学过程中，学生深刻体会到了课程中蕴含的思想政治理论，并与自身的思想状况、认知特点结合起来，深刻理解了自己肩负的历史使命和责任担当。表16-2是课程思政教学过程中，同学们讲述的思政故事与感悟分享。

表16-2　思政故事与学生感悟

学生感悟（一）——大国重器之工匠精神	
思政故事	大国工匠方文墨，自制改进工具数百件，加工精度逼近零公差，工匠追求亦无止境。方文墨的工作是为歼-15舰载机加工高精度零件，加工精度挑战着世界级水平。身高一米八八的方文墨在一米高的操作台上，稳稳站定，不靠眼睛，全凭借手感加工一块原材料，教科书上手工锉削精度的极限是10‰毫米，而方文墨的加工精度达到了3‰毫米，相当于头发丝的二十五分之一，这是数控机床都很难达到的精度，中航工业将这一精度命名为文墨精度。在工业化时代，尽管大多数的零件可以实现自动化生产，但是有的战机零件，因为数量少，加工精度高，难度大，还需要手工打磨，所以精湛的磋磨手艺仍是钳工的必备功夫。飞速进步的时代，总会给先驱者不断提出新的挑战，歼-15舰载机加工高精度核心零件的重担交给了文墨班组。一个看起来并不起眼的电缆铜接头，需要打出一个1.4毫米的小孔，加工时的产生的铜屑有飞溅残留的概率，这就可能引发电路短路，甚至导致机毁人亡，如何消除铜屑残留成了关系工作成败的大事。方文墨反复研究后发现徒弟们的加工方法没有错，出现铜屑残留是模具的设计和工艺存在问题，他一遍遍的琢磨，对铜接头的工艺流程和生产模具进行深度改进，最终不仅解决了铜屑残留的问题，还将工作效率提高了四倍。几天之后，文墨班组按时按量交出了100%合格的铜接头零件

续表

学生感悟	在人类的探索之路上，工匠是迈步的前驱，是操作的手指，是奠基的厚土，是铺路的石子；也是灵光接引的灯光，劈山开隧的斧凿，跨越河山的桥梁。他们奉献于国家建设和人民生活中的劳动成果，就是最好的史册记载。工匠精神是一丝不苟、精益求精的精神，代代中国工匠在勤学苦练中，成就自己的技艺，以中国制造来共同制造中国；同时，以永不懈怠的跨越精神，超越自己的创新视野，既追随时代也推进时代，以新意永续的中国创造来创造锐意进取的中国。这就是我们要学习的工匠精神
学生感悟（二）——潜心钻研造就技术专家	
思政故事	中车长春轨道客车股份有限公司转向架制造中心焊接一车间电焊工李万君，从一名普通焊工成长为中国高铁焊接专家，是"中国第一代高铁工人"中的杰出代表，是高铁战线的"杰出工匠"，被誉为"工人院士""高铁焊接大师"。如何在外国对中国高铁技术封锁面前实现"技术突围"，他凭着一股不服输的钻劲儿、韧劲儿，积极参与填补国内空白的几十种高速车、铁路客车、城铁车转向架焊接规范及操作方法，先后进行技术攻关100余项，其中21项获国家专利。《氩弧半自动管管焊操作法》填补了中国氩弧焊焊接转向架环口的空白。专家组以他的试验数据为重要参考编制了《超高速转向架焊接规范》。他研究探索出的"环口焊接七步操作法"成为公司技术标准。依托"李万君大师工作室"，先后组织培训近160场，为公司培训焊工1万多人次，创造了400余名新工提前半年全部考取国际焊工资质证书的"培训奇迹"，培养带动出一批技艺精湛、职业操守优良的技能人才，为打造"大国工匠"储备了坚实的新生力量
学生感悟	李万君完成了从普通焊工到大国工匠的"人生逆袭"，也让我们看到了大国工匠的精神。正如别人问李万君，从职高生到全国劳模、大国工匠，最大的感悟是什么?他说："一个人无论做什么，只要真正做到干一行、精一行，人生一定会出彩。"我们当代大学生也是一样，或许有的人说现在计算机、金融有前途，我们制造业，传统工科已经没什么前途了。但我觉得，只要我们能在这一行做精，做到最顶尖，我们就都有着光明的未来。就像李万君，他最开始也只是一名普通的焊工，他本可以像其他焊工一样过着十年如一日的生活，但他却不愿安于现状，不断钻研技术，最终成了大国工匠。我们不论在哪个行业，哪个学校，从事什么职业，我们每个人有了自己的人生目标后，都可以让自己活得精彩。有了人生目标之后，要想做得出彩，那就离不开勤苦练与钻研精神。在李万君的故事中，30年来，他一直待在一个地方：焊接车间；只做一件事：电焊。每天中午，大家都在午休，他却在独自琢磨；下班后，大家回家了，他仍蹲在车间练个不停。别人每月焊100个水箱，他自愿焊接120个⋯⋯练习时没有料，李万君就自己到处捡废铁；把本厂名师拜了个遍，还向其他厂的师傅学。但他不是机械性地重复做一件事，而是进行创新性的总结，不断研究新的方法。所以，我们要想在一个领域取得不菲的成就，必须勤加苦练，不断钻研。只谈理想不谈行动，只会让你的才华配不上你的野心

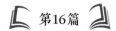
续表

学生感悟（三）——时代楷模之无私奉献精神	
思政故事	南仁东先生是我国著名天文学家，是FAST工程的发起者和奠基人。南老用23年时间，只做一件事：建造中国人自己的"天眼"——500米口径球面的世界最大射电望远镜。缅怀南老，致敬南老，更为重要的是让南老的精神激励一代又一代科研人开拓创新，争创一流。他的这种驰而不息、久久为功的精神是为工匠精神，也正是我们实现"两个一百年"奋斗目标和中华民族伟大复兴的"中国梦"所不可或缺的强大助力。
学生感悟	当下，很多年轻人缺乏的就是这种持之以恒，锲而不舍的精神，在职业发展中遇到困难就放弃目标，改道易辙，工作条件稍有不足，就踟蹰不前，抱怨连天。南老的事迹，就是我们的一面镜子。当缅怀南老的时候，作为大学生的我们应该向南老学习什么呢?学习南老，首屈一指的当为他锲而不舍，执着追求的精神；学习南老开拓创新，争创一流的精神；第三，学习南老淡泊名利，甘于奉献的精神；第四，学习南老那种敢于仰望星空的精神。在我踏入工科之门，并深深被工学严谨的魅力所折服的时候，我就立下了工程师之志。我认为一个具有大国工匠精神的工程师应当具有以下几点职业素养。首先作为一名工程师要具有严谨的工作态度，应当本着实事求是、精益求精的态度对待图纸的设计，一丝不苟地进行数据的计算。第二，工程师应具有向南仁东老先生一样的敢想敢做、锲而不舍的精神，认定一个目标，在理论和方向正确的前提下，不达目的绝不罢休是我们的口号。第三，优秀的工程师应具有敢于创新、争做一流的精神，科技发展日益迅速的今天，创新是科技进步的驱动力，是我国由制造大国变为制造强国所需的关键能力，是我们国家不再受到别国高精尖技术卡脖子的金钥匙，为此，工程师需要培养创新能力，为国家强盛提供力量！

　　通过"机械制造技术基础"课程思政教学，获得了非常好的教学效果。建立了有助于培养学生的跨文化交流能力、学习能力、独立分析问题能力、工程实践能力和国际竞争能力的混合式教学与思政教育同向同行的教学模式。使学生获得了切削原理和刀具、工艺规程设计、夹具设计、装配方法等方面的专业知识、测量技能和手段。培养了学生树立正确的三观、实事求是的科学素养、工匠精神、团队协作精神、创新精神，使他们成为自信爱国的综合型人才。

用双语讲好中国故事
——"机械原理（双语）"的课程思政研究

机械与航空航天工程学院　李晓韬

　　从2018年起，外国就开始全面遏制中国科技产业，面对技术的壁垒，如何在工业转型的过程中使中国从中国制造转化为中国创造？"机械原理"课程是研究机械基础理论的一门学科，是高等学校机械类各专业的一门主干技术基础课程，在创造新机械所需的知识结构中占有核心地位，课程主要对已有机械机构（包括齿轮机构、连杆机构、凸轮机构）进行结构分析、运动分析和动力学分析，根据运动和动力性能方面的要求，探索设计机械装置的途径和方法。机械工程领域的创新要求对现有的"机械原理"教学模式进行改革，课程必须解决对学生的创新能力、工程实践能力及工程意识的培养进行提升问题。

　　在"机械原理（双语）"教学中引入双语教学就是一种有益的教育改革尝试，使学生能在学习中具有国际视野，更快地吸收国外的先进工程技术，更直接地掌握国外机械工程领域创新的思路和方法，实施双语教学进一步适应社会发展和国际化发展的需求，帮助学生逐步用英文进行专业知识学习和技术交流的目标，并在此基础上进一步提升学生的创新能力、工程实践能力及工程意识。

　　2019年9月10日，习近平总书记在北京人民大会堂会见庆祝2019年教师节暨全国教育系统先进集体和先进个人表彰大会受表彰代表时讲道："为学须先立志。志既立，则学问可次第着力。立志不定，终不济事。"要成为社会主义建设者和接班人，必须树立正确的世界观、人生观、价值观，把实现个人价值同党和国家前途命

运紧紧联系在一起。可见"立德树人"是我国教育的根本任务，"机械原理（双语）"课既要吸收好国外的先进技术、先进知识和设计理念，又要带领、引导学生实现高尚的个人价值，也就是要将"机械原理（双语）"课程思政的显性教育与隐性教育有机地结合起来，从而实现用双语讲好中国故事，对"机械原理（双语）"课程改革建设起到关键的推动作用。

一、课程体现的德育元素

机械工程专业"机械原理（双语）"课程，不但是机械工程类专业本科生的专业基础课和必修课程，也为毕业生走上工作岗位的培养重要的设计、创新能力，课程中蕴含着"家国情怀、科学精神、工匠精神、创新理念和职业素养"五大德育元素。引导大学生深入理解掌握习近平新时代中国特色社会主义思想，牢固树立科学的世界观、人生观和价值观，弘扬和践行社会主义核心价值观，提升自觉运用马克思主义立场观点方法分析解决实际问题的能力。

1.家国情怀

机械制造业代表了中国制造力量，机械制造业对内是国家经济社会建设的基石，对外是中国国力和形象的体现，"机械原理（双语）"这门专业基础课是机械工程类本科生的专业基础课和必修课，必须把专业素养上升到家国情怀的层面上，使学生牢固树立"今天的学习是为明天更好地建设中国"的情怀。

2.科学精神

世界上广泛应用的机器设计与制造无不是大量知识与实践结合的产物，其中体现了不屈不挠的探索精神，也有短暂的迷茫与弯路，只有富有科学精神的人才能掌握设计和制造机器的能力。必须在教学中培养学生对待实际问题的科学态度和面对未知情况的科学精神。

3.工匠精神

党的十九大报告提出"弘扬劳模精神和工匠精神"。党的十九届四中全会《决定》提出"弘扬科学精神和工匠精神"。在新时代大力弘扬工匠精神，对于推动经济高质量发展、实现"两个一百年"奋斗目标具有重要意义。新中国成立以来，我们党在带领人民进行社会主义现代化建设的进程中，始终坚持弘扬工匠精神。无论是"两弹一星"、载人航天工程取得的辉煌成就，还是高铁、大飞机等的设计与制造，都离不开工匠精神，都展现出我们对工匠精神的继承与发扬。在学生阶段就全面弘扬精益求精的工匠精神，激励广大学生走技能成才、技能报国之路。

4.创新理念

科技创新乃立国之本，创新的前提是对现状的不满足，引领学生在扎实掌握基础知识的前提下，打破常规，突破现状，敢为人先，敢于挑战未来，打破思维定式，谋求新境界。在专业课的教学中，把创新理念根植于学生的潜意识里，注重培养学生的创新能力，鼓励他们热爱科学、热爱创新。

5.职业素养

机械设计和制造既枯燥寂寞又责任重大，只有在本科阶段的教学中，通过德育教育把树立坚定的执业信仰渗透到每一名本科生的内心里，根植于个人追求的意识里，才能为国家培养合格的建设者。

二、教学案例

第二章第三节 平面机构自由度的计算

§ 2.3 Degree of Freedom of a Planar Mechanism（DOF）

1.问题导入

以日常生活熟悉的用品为先导，提出为什么雨伞会有确定的运动的问题。

（1）情感目标

在已有知识基础上，结合生活实例，引导学生回顾机构简图绘制方法，唤起学生回忆，结合日常生活、工程实例及飞机领域机构的应用来激发学生兴趣，培养学生通过机构的自由度的计算来分析机构可动与确定运动的成就感。

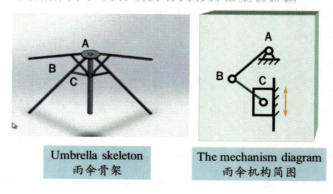

图17-1 以雨伞机构为例的问题导入环节

（2）教师引导

雨伞的操作看起来非常简单，推动这个黑色的部件就可以轻松地实现雨伞的开合，我们用一个动画表示了伞架的运动，通过上节课机构运动简图的知识，我们可以绘制出伞架机构的机构运动简图，黑色部件就是滑块，滑块往复运动带动摇杆来进行往复摆动从而实现雨伞的开合。我们日常当中可以通过观察来了解这些机构的运动情况，对于一些陌生的机构或者是设计出来的全新机构，我们如何去判断其运动呢？

（3）教学方法

演示法，通过对实际生活中的典型机构的演示，引起学生注意，提高他们的学习兴趣。课程开始时给学生演示日常生活中使用的雨伞，并操作雨伞——先打开雨伞然后关闭雨伞，使学生注意通过观察法了解机构的运动情况，从而可绘制出雨伞的简图并简述绘制过程，借此回顾简图测绘方法并提出问题，从而引发学生对机构运动分析的思考。

2.说课

简明扼要的说课，明确教学目标，并渗入工匠精神。

图17-2　思政环节-工匠精神的渗入

（1）教师引导

随着智能制造技术的飞速发展，工匠精神成为机械设计创新设计的重要支撑，机构设计作为重要一环，如何判断是否合理呢？可遵循以下步骤：绘制机构的运动简图，可以通过机构自由度计算去判断机构是否能动，是否具有确定的运动，这就是我们这节课所要解决的问题。

3.翻转课堂

前测–机构自由度概念及平面机构自由度计算公式，回顾并总结线上教学内容。

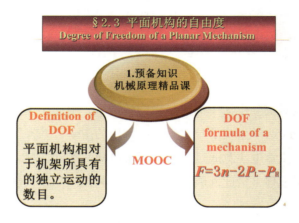

图17-3 头脑风暴式回顾总结基础知识

（1）教师引导

课前通过吉林大学国家精品课机械原理的慕课平台，大家已经进行了学习机构自由度概念及其计算公式，机构自由度，是机构相对于机架所具有的独立运动的数目。平面机构自由度就是指平面机构相对于机架所具有的独立运动的数目。机构自由度为F，注意n为活动构件总数，由于机架是不动的，其自由度为0，因此n不包括机架在内，因为机架自由度为0。P_L为低副总数，P_H为高副总数。通过自由度计算公式就可以计算出机构的自由度数，那么机构的自由度数与机构的自由度有什么关系呢？如何利用机构自由度数来判断机构的运动情况呢？

4.课堂留白

进行雨伞机构自由度计算，让学生判断其运动情况。

（1）教师引导

结合雨伞机构自由度计算公式，对四杆机构进行自由度分析，显然四杆机构活动构$n=3$，低副包括转动副和移动副，机构中只有ABC三个转动副，一个移动副，因此低副$P_L=4$，点线接触的高副为0，所以$F=1$，而我们根据雨伞机构的实际运动情况知道，雨伞机构可动并且具有确定的运动。那么，机构满足什么条件可动，又在什么情况下具有确定的运动呢？

Calculations of DOF for the mechanism

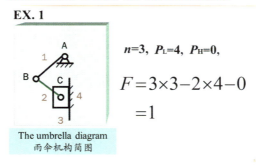

EX. 1

$n=3$, $P_L=4$, $P_H=0$,

$$F=3\times3-2\times4-0$$
$$=1$$

The umbrella diagram
雨伞机构简图

图17-4 雨伞机构的自由度与运动关系的讨论

5.教师讲解

机构产生运动的条件。

2. Conditions for motion

If $F=0$, the mechanism is equivalent to a rigid truss and does not move.

If $F>0$, the number of independent movements of this mechanism is greater than zero and it is movable.

Conditions for motion is：

$F>0$

图17-5 平面机构的可动条件

（1）教师引导

首先设计机构要能产生运动，因此我们首先来分析机构的可动的条件。根据机构的自由度概念可知，如果自由度为零，则机构的独立运动数为0，机构不动，相当于刚性桁架；如果机构自由度大于0，则机构的独立运动数大于0，机构可动，因此机构的可动条件是$F>0$。

6.教师讲解

在机构可动的前提下，分析机构的具有确定运动条件。

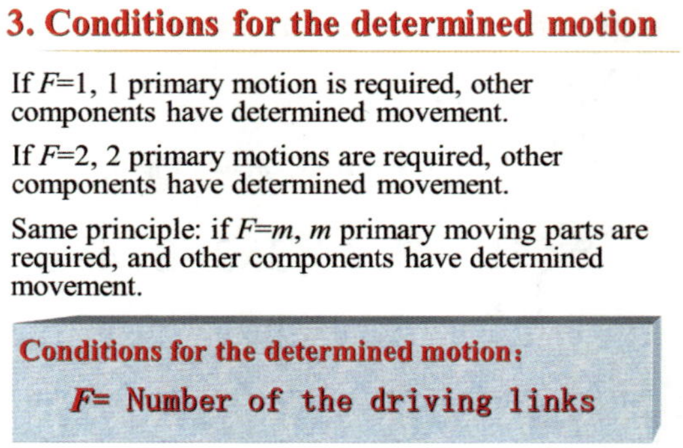

3. Conditions for the determined motion
If F=1, 1 primary motion is required, other components have determined movement.
If F=2, 2 primary motions are required, other components have determined movement.
Same principle: if F=m, m primary moving parts are required, and other components have determined movement.
Conditions for the determined motion:
F= Number of the driving links

图17-6 平面机构的确定运动条件

（1）教师引导

若$F>m$，则不是每个自由度都有约束，机构乱动；$F<m$，则约束数多于自由度数，各构件运动是相互干涉的，保持静止，如果外力足够大的时候，则机构就可能发生破坏。

因此，机构具有确定运动的条件是机构的自由度数=机构的原动件数。

（2）知识目标

熟练掌握平面机构的自由度计算及机构确定运动的条件。

7.课堂留白

根据雨伞所对应的四杆机构自由度计算结果判断其运动是否确定。

Calculations of DOF for the mechanism
EX. 1
A
1
B
C
2
4
3
The umbrella diagram
雨伞机构简图
F=1>0
Movable
F=1=m
Determined motion

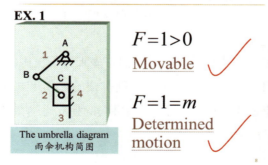

图17-7 雨伞机构的自由度与运动关系

（1）教师引导

雨伞机构自由度等于1，显然大于0，因此雨伞机构可动；并且雨伞机构自由度

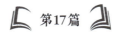
等于1，等于雨伞机构的原动件数，因此雨伞机构具有确定运动。

（2）能力目标

能够利用平面机构的自由度公式计算机构自由度，并根据机构的可动条件及确定运动条件判断机构的运动情况。

8.后测

给出C919大型客机起落架照片及动画，请同学们以小组为单位绘制飞机起落架简图、计算飞机起落架的自由度并分析其运动情况。

（1）情感目标

通过作业的形式进一步拓宽课程深度和难度，并借此引入思政环节，激发学生为国家振兴而学习的精神。

（2）能力目标

要求以小组为单位进行问题的讨论并进行汇报，锻炼学生领导组织能力及团结协作能力。使本课程的情感目标、价值目标与知识目标、能力目标实现有机的结合。

Discussion：

Aircraft landing mechanism
飞机起落架

以小组为单位，绘制飞机起落架简图、计算自由度并判断其运动是否确定。

Please draw the diagram of the aircraft landing mechanism and calculate the freedom and judge whether it has determined motion in groups.

图17-8　C919大型客机机构分析

（3）教师引导

机构在航天领域也得到了大量的应用，经过了几代人的努力，我国在2017年成功制造了拥有自主知识产权的大飞机C919大型客机，飞机起落架照片及动画如图所示，请同学们以小组为单位绘制飞机起落架简图、计算飞机起落架的自由度并分析其运动情况。

（4）思政教育环节

激发学生为国家振兴而学习的精神。我国经过了几代人的努力实现了的"大飞机梦"，给出飞机局部照片，并提供飞机起落架降落机构运动动画，引导学生了解机构在航天领域中的应用；培养学生探索精神和合作能力。课后，要求学生以小组为单位进行问题的讨论并进行汇报，组长锻炼领导组织能力及组员的团结协作能力。

三、教学案例的设计与思考

以上通过"机械原理（双语）"第二章第三节平面机构自由度的计算，结合生活和工程实例，重点阐述了平面机构的自由度计算的作用以及如何根据自由度计算结果判断机构的运动。课上用时十分钟，十分钟内实现了两次思政环节的渗入，使学生们认识到：学好"机械原理（双语）"课程，是实现现代创新性机械设计工作的重要基础，一丝不苟地进行机构的运动分析，是弘扬科学精神和工匠精神的重要组成部分；另外，以作业的形式引入C919大型客机机构分析实例，并以小组讨论的形式完成作业，通过作业，提升了学生分析工程实际问题、解决问题的自信心，并潜移默化地引入了思政元素，我国经过了几代人奋斗才实现的"C919大飞机梦"，其事关飞机安全着陆的关键机构"起落架"为典型平面连杆机构–双摇杆机构，学生领会到所学的机械设计知识在航空航天领域所起到的关键作用和重要性，同时引导学生讨论其组成原理并分析其自由度进而判断其运动是否确定等问题，在巩固了知识点的同时，把专业素养上升到家国情怀的层面上，使学生牢固树立"今天的学习是为明天更好地建设中国"的情怀。

在课后进行了深入反思，重点进行以下问题的思考：

①课程导入是否做到了既回顾上节课知识，又吸引学生目光，自然地使学生进入课程的学习当中；

②多样化教学手段运用是否恰当、合理；

③对机构自由度分析的过程介绍是否透彻和明晰，是否有助于学生理解；

④思政环节是否做到了与课程内容的有机结合，是否做到知识及能力目标与情感目标、价值目标的有机结合。

四、价值引领的初见成效

吉林大学南岭校区工学部从1954年的长春汽车拖拉机学院成立至今68年来，"机械原理"课程作为重要的专业基础课，为机械工程及机械工程相关专业培养了大批的

优秀机械类毕业生人才，就业率高，毕业生都逐渐成为各行各业的领军人物。

"机械原理（双语）"课程作为国家级精品课"机械原理"的重要组成部分，在教学中将对"思政进课堂"和"德育人文教育进专业课"进行了前期尝试。在课堂教学中注意专业知识与德育元素进行统合，结合大学生身心特点和成长规律，有的放矢设计教学程序、选择教学方法、制定评价标准，让课程建设回归育人本位，更好地服务于学生全面发展，取得了一定的效果。

青春成就大国梦，工匠铸造新时代：
课程思政教学设计

机械与航空航天工程学院　刘　鹏

当前，我国正处在由"制造大国"向"质造大国"转变的关键时期，而高层次人才正是国家发展中不可或缺的资源。高层次人才不仅要具有专业化的技术水平，更需要有较高的思想政治意识，二者缺一不可。但是，现阶段我国的大部分理工学科的教学重点更偏向于学生对专业化水平的掌握，而对于国家方针政策和学生个人政治思想与道德品质的培养较为忽视，使得现今理工教学出现了极端化发展的趋势。习近平总书记在全国高校思想政治工作会议上强调，要用好课堂教学这个主渠道，各类课程都要与思想政治理论课同向同行，形成协同效应。[1]专业性课程本身作为"课程思政"建设的基础，要在培养方案、教学大纲等制定过程中，考虑"知识传授、能力提升和价值引领"的同步实现，因此，应充分运用课程思政这一教学模式对学生进行思想政治水平的提升。

工作研究是一门专业较强的学科，介绍了大量工程类专业的基础知识，综合性比较强，学科内可供挖掘的课程思政元素也比较丰富。在进行教学时，从工业工程学科建立的大背景出发，综合了实际案例和思政元素对学生进行启示教学。其中比较有代表性的案例包括泰勒和鹿新弟的工匠精神内涵。

弗雷德里克·温斯洛·泰勒是美国古典管理学家、工业工程创始人之一，也为工作研究这门课程的建立做出了重要的贡献，被管理界誉为科学管理之父。在米德维尔工厂，他从一名学徒工开始，先后被提拔为车间管理员，技师，小组长，工长，设计室主任和总工程师。这段深入基层的经历培育了泰勒从实践中来、到实践中去的工匠精神。他深刻地意识到，一名好的技术工人除要具备高超的技巧之外，还需要运用科学的管理手段才能有效地提高生产率。为此，泰勒开始探索科学的管理方法和理论。也正是因此，泰勒与科学管理结缘，并终身为之奋斗。

泰勒从"车床前的工人"开始，重点研究企业内部具体工作的效率。在他的管理生涯中，他不断在工厂实地进行试验，系统地研究和分析工人的操作方法和动作所花费的时间，逐渐形成其管理体系——科学管理。

在米德维尔公司时，为了解决工人的怠工问题，泰勒进行了金属切削实验。他自己具备一些金属切削的作业知识，于是他对车床的效率问题进行了研究，开始了预期6个月的实验。在用车床、钻床、刨床等工作时，要决定用什么样的刀具、多大的速度等来获得最佳的加工效率。这项实验非常复杂和困难，原来预定为6个月实际却用了26个年头，花费了巨额资金，耗费了80多万吨钢材，最后在巴斯和怀特等十几名专家的帮助下，才终于取得了重大的进展。这项实验还获得了一个重要的副产品——高速钢的发明，并取得了专利。

1906年，他向美国机械师协会递交了题为《金属切割艺术》的论文，这是他进行了26年实验的成果。他的实验用工具将重达80万磅的钢和生铁切割成片，实验纪录为3万～5万次，写出报告300多份。

泰勒的金属切削实验取得了很大的成功，这种开拓创新、精益求精的工匠精神也同样在他的另外几次实验中体现了出来。通过一次次重复搬运生铁的试验，泰勒研究了工人的日合理工作量，从而为实行定额管理奠定了基础；通过挖掘实验，探索出不是选择铁锹提高劳动效率，而是对铁锹的标准化可以提高劳动效率。泰勒将这些实验进行整理总结，出版了《计件工资制》《工场管理》《效率的福音》和《科学管理原理》等一系列著作，从而给管理学科带来了真正的革新。

泰勒的科学实验为他的科学管理思想奠定了坚实的基础，使管理成了一门真正的科学，这对以后管理学理论的成熟和发展起到了非常大的推动作用。泰勒相信，即使是用铁锹铲煤粉、搬运铁块这样的工作也是一门科学，需要用科学的方法来管理；也因此，泰勒被社会主义伟大导师列宁推崇备至。泰勒的科学管理方法经过吉尔布雷斯夫妇的改进，最终发展为了工业工程学科。

泰勒的工匠精神内涵，也正是我们在工作研究课程中最应该领悟到的精神。实现中华民族伟大复兴的中国梦的新时代，呼唤并迫切需要工匠精神。而国内也有这样一批大国工匠们，继承发展了传统的民族工匠精神，以舍我其谁的信念，从我做起，脚踏实地，追求完美，不仅将生命化作绝技，而且打破传统观念，不把技能当资本，而把绝活儿当作国家、民族的财富，千方百计开辟传承发展之路，成为一颗颗大国崛起的种子，倡导、实践国家兴亡，匹夫有责的责任担当精神。[2]其中，就有很多案例体现出了工作研究的课程内涵。

　　工作研究课程分为方法研究和工作测量两大部分，其目的就是实现更高的生产力。而在一汽解放大连柴油机有限公司，就有一个人的工作研究的课程内涵在实践中运用到了极致。这个人就是有"发动机医生"美誉的高级工程师鹿新弟。[3]很多年前，中国的柴油机研制技术还相对比较落后；一汽解放公司引进了世界一流产品——道依茨柴油机，目标是与国际先进技术接轨。鹿新弟凭借过硬的柴油机调试技术，被率先调到新组建的生产车间。面对全新复杂的设备和技术，他一头扎进资料堆里，仅记录的笔记就有几十万字。他克服柴油机发出的100多分贝隆隆噪声，历时3年，经过上千次试验，整理出上万组试验数据，率先在国内外内燃机行业建立《道依茨柴油机试验方法》，使我国拥有了自主知识产权的柴油机调试技术，填补了国内空白。

　　鹿新弟攻克了柴油机性能调试困难的技术难题，成功实现柴油机试验质量"零缺陷"的目标，极大地缩短了柴油机试验时间。这项成果不仅完全适用于内燃机行业，还可广泛应用于军工及船舶业，对中国乃至世界范围内的节能减排起到积极作用。像这样的事迹还有很多，30多年来，鹿新弟获得了中华技能大奖、4块国家发明展览会金牌、6次省部级科技进步奖、20个国家专利……荣誉的背后，是夜以继日的科研坚守。

　　党的十九大报告指出："青年兴则国家兴，青年强则国家强，青年一代有理想、有本领、有担当，国家就有前途，民族就有希望。"[4]新时代急切呼唤工匠精神的回归，泰勒和鹿新弟的事迹，体现出了工匠精神的内涵：精益求精、严谨、耐心、专注、坚持、专业、敬业。加快制造业转型升级，实现制造大国向制造强国转变，需要培养大批拥有工匠精神的技能人才。深刻认识大国工匠精神，人民对工匠精神的敬仰、崇尚已经融入血液中，成为一种民族文化自觉和习惯，一技一品，精益求精，几百年风尚不变，造就了国家的竞争力。换言之，要想真正成为世界大国、强国，必须着力培养青年学生的大国工匠精神，使工匠精神植根全体国民的思想里，落实在行动上。[5]

在"工作研究"课程中，通过理论教学和思政教学的结合，不仅使学生了解了基础工业工程的一般原理和基础知识，掌握分析、设计和使用工作系统的基本技能，获得工程师必备的知识储备和技能训练，同时培育了学生干一行、爱一行、钻一行，把握规律，追求卓越，心无旁骛，默默奉献，不甘落后，开拓创新的工匠精神。通过了解行业发展状况和国家政策方针进行价值引领，形成科学、理性的思维模式，培养具有家国情怀和职业素养的新时期工程技术和管理人才。

创新是一个民族的灵魂，一个国家兴旺发达的不竭动力。让工匠精神成为一种文化，要从年轻一代开始抓起，不能仅仅是一句口号，应是实实在在的行动。这既需要制度机制的保障、政府部门的引导，更需要高等教育参与其中，打破传统理工类学科的教学观念，将专业课程与思政教学进行融合，千方百计开辟传承发展之路，让青年学生成为一颗颗大国工匠的种子，倡导、实践国家兴亡，匹夫有责的责任担当精神。[6]这样学生才会对工匠精神多一份敬重敬畏、多一份纯粹、多一份脚踏实地、多一份专注持久，才能从坐论工匠精神到自觉践行工匠精神，才能让工匠精神支撑"中国制造"转型升级"中国智造"，才能让工匠精神内化为我们的民族气质和精神气质。

参考文献：

［1］卢黎歌，耶旭妍，王世娟，李梁，刘翔宇，万美容，陈迪明，隋牧蓉，张康军，訾艳阳. 统筹推进大中小学思政课一体化建设研究——学习习近平总书记在学校思想政治理论课教师座谈会上的重要讲话精神笔谈［J］. 北京工业大学学报（社会科学版），2020，20（01）：9-25.

［2］李进. 工匠精神的当代价值及培育路径研究［J］. 中国职业技术教育，2016（27）：27-30.

［3］李满春. 鹿新弟——了不起的"柴油机医生"［J］. 共产党员，2018（02）：14.

［4］决胜全面建成小康社会　夺取新时代中国特色社会主义伟大胜利［N］. 人民日报，2017-10-19（002）. DOI：10.28655/n.cnki.nrmrb.2017.008953.

［5］乔彩，史志鹏. 大国工匠：把青春梦融入中国梦［J］. 时代邮刊，2021（20）：20-22.

［6］高冰. 高校思想政治理论课教师课堂教学能力研究［D］. 沈阳航空航天大学，2018.

热流体工程学课程思政建设

机械与航空航天工程学院　姚宗伟

热流体工程学是研究热量传递规律的基础学科，涉及能源、冶金、机械制造、航空航天等多个领域，在提高产品质量和产量等方面起着关键作用，是一门为主干学科打基础的重要课程。因其涉及范围广、课程内容深，使得在高等教育中修习该课程的学生群体十分广泛。根据习近平总书记"各门课都要守好一段渠、种好责任田，使各类课程与思想政治理论课同向同行，形成协同效应"的指示，开展热流体工程学的思政建设是践行立德树人、全方位育人的重要手段。本文针对热流体工程学课程内容，结合课程思政建设实施方法，对这一问题进行探讨。

一、开展课程思政的途径

根据以往经验和热流体工程学的特色，开展其课程思政建设的途径主要包括两方面，分别是价值引领和知识传播。

1.价值引领

本途径主要体现在对知识的正确运用。知识不分好坏，但人有千奇百怪，如何正确应用所学知识为人类社会做出积极贡献，需要教师在课程中融入正确的国家观、民族观、历史观、文化观。

科学无国界，但科学家有国界。本门课程中的核心定律、定理，如傅里叶定律、牛顿冷却公式、雷诺准则、普朗特准则、努塞尔准则、斯特藩–玻尔兹曼定律、维恩位移定律等均为外国科学家发现，虽然这些知识是属于全人类的，但却是以这些主要贡献者的名字来命名的。如果不深入思考，会认为我国科学家对热流体工程学的贡献微乎其微，可能会使学生对国外科研领域盲目崇拜，进而产生妄自菲薄或崇洋媚外的情绪。实际上，热流体工程学的起源和发展集中在18世纪中叶到19世纪中叶，此时的中国正处于清朝中后期，统治者以"天朝上国"自居而施行严厉的"闭关锁国"政策，导致科技发展近乎停滞，进而国力被西方赶超而遭受了百年国耻，影响至今犹存。新中国成立后，国家大力推动科技发展，涌现出了杨世铭、陶文铨、郑平、王补宣等一大批国际顶尖学者，为本学科的发展做出了巨大贡献。由此可见，我国实施的"科教兴国""创新驱动发展"等战略，无论从国家层面还是历史层面，都具有重大意义。

与此同时，还可以通过课程中涉及的科学家事迹，展示刻苦钻研的可贵精神，倡导同学们投身科研工作，承担科技兴国的重任。不过，要警惕过度甚至错误引导，切勿盲目鼓励：讲述钻研精神可贵的同时也要阐明科研工作中存在的重重困难，并非所有人都适合做科研工作，让同学们对自己有明确的定位。同样的知识，可以解决实际问题，也可以用于科学探索，启发同学们确定自己的精神追求，找到最适合自己的发展方向，在各行各业中发挥所长、百花齐放。

总而言之，要利用知识讲授的过程，旁征博引、以微见著，潜移默化地引领学生价值观走向。

2.知识传播

一门课程的开展最重要的部分在于知识内容的有效传播。作为教师，授课的本质目标在于让学生准确吸收本课程的内容。枯燥地讲解生涩的理论性内容会增大知识的理解难度，势必会使学生失去对课堂的兴趣。当课堂失去了学生的注意力，不止思政内容，连知识本身都会被学生的思想意识拒之门外。各大短视频平台的兴起，使当今大学生在学习知识时更"功利"，他们会本能地选择把注意力集中在短、平、快这类更容易理解的知识上。因此结合时下流行热点话题，融入热流体工程学知识，对复杂知识合理拆解并进行有效类比，有利于吸引同学们的注意力。同时，生动有趣的案例会促使同学之间互相分享，更有利于知识传授和传播。例如，利用学生在冬夏之间的不同穿衣习惯来讲解傅里叶定律，利用秋天树叶上结的霜讲述辐射换热的特点，利用暖气片的工作模式分析对流换热的影响因素。

简言之，不能自恃身份而守着陈旧的授课模式，对于严肃科学和流行文化存有过高的偏见，要合理利用先进的教学手段和传播媒介，将成熟的教学改革方法和理论引入思政教育的推进中。

二、具体实施案例

每位授课教师可根据自身理解选择角度切入，笔者根据自身经验，结合热流体工程学特点，分别选取以下几方面进行举例说明，以期抛砖引玉。

1.从知识体系整体出发

第一，正如前文所述，纵观整个热流体工程学知识体系，其重要基础理论均为外国科学家建立，教师在讲授过程可以此为切入点，引出科技兴国、创新强国的重要性。习近平总书记强调：创新是一个民族进步的灵魂，是一个国家兴旺发达的不竭动力。在教学过程中应以此为契机，唤起学生心底的民族自豪感，在学生心中埋下创新的火种，鼓励同学们努力进行科技创新，未来或可成燎原之势。

第二，热流体工程学的知识大多是基于实践总结而来，科学家们将实践总结成理论，又用理论进一步指导实践，整个过程实事求是、不断推进。"实事求是做学问，秉笔直书著文章"的思想在本学科的发展中体现得淋漓尽致。可引入如安作璋先生的事迹，使同学们领略脚踏实地、稳扎稳打的高尚品德和大家风范，正如严陆光勉励青年学子所言："既敢于好高骛远，又善于实事求是。"

2.从具体知识点切入

傅里叶定律在本课程中的地位无可置疑，然而为此做出大量实验工作的毕渥却没能出现在定律的命名中。主要原因在于，毕渥总结出的公式停留在数据表面，没有对多维度和非线性展开，导致毕渥公式的局限性较大；傅里叶虽然不是发起者，但是在对一维线性实验结果深入地归纳和总结后，将导热规律推广到三维空间和非线性温度场中，最终得到了导热的基本定律。由此可见，在实事求是的基础上，进行理论研究是十分必要的，生动地体现了"理论与实际相结合"对科学技术的推动作用。

航空航天是本课程的一个重要应用领域。火箭发射过程中发射台下的蓄水池内几千吨水短时间内化为蒸汽，在底部喷出庞大白色气团；火箭在上升过程中产生了巨大热量，而机舱内部却可以保持正常温度，这些可以结合实验课程，用导热相关理论来解释。由此，可以将我国的航天事业发展简介引入课堂，借"嫦娥工程"和火星计划讲述新中国在航空航天方面取得的不凡成就，培养学生的民族和国家自豪感。

在讲授热辐射时，可结合由我国提出的国家级顶层合作倡议——"一带一路"

进行讲解，热辐射要经过吸收、反射和透射，这与"一带一路"中政治互信、经济融合、文化包容十分贴合，各沿线国家之间的合作伙伴关系中并非单向输入和输出，把有利因素比作热辐射的能量，在输入一个国家后，一部分直接作用于该国被吸收，一部分作为与其他国家合作的基础产生反射利好，另一部分通过该国作用于其他合作国家实现透射。而辐射能力与温度有关，综合实力越强的国家则辐射能力越强。在此过程中，可结合我国为"一带一路"做出的重要贡献，和在打造利益共同体、命运共同体和责任共同体过程中发挥的重要作用，畅谈近年来我国从大国走向强国的振奋历程。

三、教师自身修为的提升

上述实施方法仅为参考，教师可根据自身情况和所处地域特点进行更深度的融合。而要做好热流体工程学的课程思政建设，身为一名教师，应如何准备呢？笔者认为可以从以下三点入手。

首先，多关注时事新闻和科技热点，挖掘结合点。在科技飞速发展的今天，知识要常备常新，备一次课上几年的做法早已不适合当今的高等教育——曾被比作"乌云"的量子力学和相对论都有拨云见日的一天，由此可见一斑。

其次，加强思政理论学习，提升自身德育素养。课程思政建设非一朝一夕之功，很难建立短期的完善的评价体系，这对于处在快节奏中的教师是一个不小的挑战，要从思想上扎根，对教书育人保持敬畏之心，立德树人。

最后，要调整知识结构，合理拆分知识点。根据注意力曲线，人的注意力在持续15分钟左右时降到最低，如不能有效拆分讲解，将有一部分同学会因注意力下降而失去对该部分知识的连续感知。因此，合理搭配知识点的讲述，循循善诱，在关键节点结合思政内容将会使同学有耳目一新的感觉，对提升授课效果大有助益。

课程思政建设的难点在于将思政内容与热流体工程学知识进行有效结合渗透，这对授课教师提出了更高要求。但在提升自身素养并形成融合后，将会打造出一个引人入胜、精彩纷呈的课堂，能在潜移默化中将家国大义、民族情怀根植在学生头脑中，使其树立正确的国家观、民族观、历史观、文化观。笔者结合自身经验，认为应从价值引导和知识传播两方面入手，采用立体多元的知识结构，显隐结合的培养方法，将中华民族伟大复兴的"盐"融入本学科的知识之"水"中，为国家培养全面发展的人才，为中国特色社会主义事业培养合格的建设者和可靠的接班人。

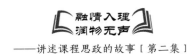

系统工程课程思政探索

机械与航空航天工程学院　张英芝　郑玉彬　刘津彤

2020年5月，教育部发布的《高等学校课程思政建设指导纲要》（简称《纲要》）提出，课程思政建设要结合各专业各学科的特点分类推进，这一要求明确了高校课程思政建设的方向。采取课堂教学的方式推进"课程思政"，使各类课程与思想政治理论课深入融合，相互配合，是立德树人根本任务的战略性举措，也是培养高质量人才的重要保障。[1]

工业工程是一门技术与管理交叉学科，通过系统要素优化提升企业核心竞争力及创造能力，是系统工程方法、技术在工程实际中的具体应用；该专业的工程师不仅能满足未来社会与科学发展需要，同时他们也具备社会责任感、团队合作和创新精神、职业道德、环境保护和可持续发展等方面的意识，视野更加开阔。个人专业素养、能力、担当等因素与其在成长各阶段中的课程教育、政治思想教育紧密相关，因此，在学校课程教学中融入德育元素是必要的。

"系统工程"是工业工程专业的专业课，为此从教学目标、教学内容及教学考核等方面进行"系统工程"课程思政元素的挖掘，结合教学过程进行课程思政研究探索。

一、教学过程中思政元素的挖掘

1.教学目标中思政元素挖掘

在知识目标、技能目标等人才培养目标中挖掘思政元素，并将其融入教学目标中；培养遵章守法、维护职业尊严和名誉及公平公正处理人际关系、诚实守信的个人素养。[2]

对照教育部《纲要》，结合工业工程系统优化与创新能力培养目标，制定"系统工程"课程思政目标为注重系统思维方法的训练和科学伦理的教育，培养学生敢于寻求真理、勇于探索未知、时刻怀有勇攀科学高峰的责任感和使命感，提高学生认识问题、分析问题和解决问题的能力。

2.教学过程中思政元素挖掘

"课程思政"的基本途径是对课程中有关内容的有机重组。因此，教师在课程内容的规划方面要结合习近平总书记关于教育工作方面的重要论述，在深入分析理解课程思政当代价值的基础上加强研究其育人功能，"系统工程"课程内容包括系统思想、系统工程理论与方法和工程技术，故通过对系统工程课程内容的梳理，挖掘思政元素，进行精准思政教学。

（1）系统思想部分，可讲述春秋战国时期著名军事家孙武及其《孙子兵法》。《孙子兵法》中明确指出，人们信奉的鬼神说不能决定一场战争的胜败，胜败而是由一个国家的政治、经济甚至自然等多种因素相结合影响的，要从道、天、地、将、法五个方面来分析战争全局，主张内修德政得到人民支持；注意天时、地利等客观条件；关注将领才智威信，士兵训练、纪律、赏罚及后勤保障等主观条件，才能取得胜利。[3]

授课过程中通过真实案例彰显的整体、全局、优化的系统思想影响学生，通过"个体与整体的关系""理论、实践与能力获得的关系"等问题，培养学生学习的整体观、系统的优化观，引导学生在掌握专业知识的基础上，加强自身修养，尊重客观实际，批判性、选择性地继承，不可千篇一律。

（2）系统工程理论与方法部分，可介绍灰色理论与WSR方法论。灰色理论是一门研究信息部分清楚、部分不清楚并带有不确定性现象的应用数学学科。1982年，中国学者邓聚龙的"灰色系统的控制问题"在《系统与控制通讯》杂志刊载，并获得当时该杂志主编布洛基的高度评价："该文章所有内容都是新颖的，并首创了灰色系统一词。"灰色理论是"外延明确，内涵不明确"的"小样本""贫信息"问题，通过对原始数据的处理挖掘系统变动规律，建立相应微分方程，从而预测事物未来发展状况。目前，"灰色系统"已被收录在百科全书、系统科学词典之中。同时，广泛应用于众多领域，其中黄河三角洲灰色预测可获益30亿元。[4]

WSR〔物理（Wuli）—事理（Shili）—人理（Renli）〕是1994年由中国系统科

学家顾基发教授和朱志昌博士提出的，是通过定性和定量分析解决复杂问题的东方系统思想方法。[5]

通过中国系统工程学者的人物真实故事开展人生观、价值观教育，培养和促进学生爱国主义情怀，增加学生民族自信、文化自信。

（3）在系统工程技术部分，可以结合智能制造展开。智能制造是具有信息收集、分析、优化、决策、执行、控制功能的制造系统，是一种更加柔性化、智能化和高度集成化的制造模式，该制造模式是新一代信息技术与先进制造技术的深度融合。[6]

智能制造中的自动化柔性制造系统是一个常见的基础性系统，该系统由机床加工设备、工装夹具、刀具、物流运输辅助设备以及相应模块化构件等物理单元组成，通过控制系统、调度、信息及管理系统等软件构件建立设备间关联的计划、传输系统与物理单元间联系，物理单元与软件构件相互统一、相互联系，相辅相成实现制造系统应有的生产能力和功能。核心是大规模定制下的可重构制造规划、多品种变批量模式的生产计划与控制、基于过程质量控制的SPS集成、信息物理系统（CPS）集成控制、智能优化排产与动态调度等多学科技术。[7]

由此可知，智能制造功能实现的关键技术与工业工程专业的制造系统工程、生产计划与控制、物流工程与设施规划、质量管理与可靠性、系统工程、运筹学、工作研究、系统建模与仿真等课程内容及研究方向密切相关。通过核心技术与课程知识点的衔接激发学生学习兴趣，塑造学生脚踏实地的精神；通过我国智能制造发展现状分析，使学生意识到我国机械制造业的不足之处，激发学生的民族使命感、责任感；以培养高素质人才为根本任务，在知识传授和能力培养之中形成良好的人生观价值观。

3.教学考核中思政元素挖掘

党的十九大对当前及未来高等教育发展提出了新的目标："实现高等教育内涵式发展"。高等教育内涵式发展，关键在于将教育"数量增长"引导到"质量和效益"上来，将对教育质量的考量指标从单纯的"分数论""一刀切"提升至考查学生综合素质及思想政治是否满足工业工程行业中高素质人才的实际需求。

为此，从"思想道德、专业能力、创新能力、人格品质"等方面对学生全面培养，丰富课程内涵，考核内容将理论知识与实践过程相结合；要从实践应用角度构建立多视角、多维度、多元综合评价机制，引导学生对课程知识做出深入且具有创

新性的理解等方面进行课程思政。

二、课程思政教学改革实践

遵循教书育人的规律，从学生需求及新形势下培养目标由知识培养向知识运用及能力培养转化。引入案例教学、情景教学、翻转课堂、微课堂等多种教学模式，促使大学生通过参与与思考，实现认知、情感、理性和行为认同，通过"课程思政"潜移默化的教育，实现社会主义核心价值观的培养。

1.多模式融合的课堂教学

在课堂中采取情景设定的模式，激发学生对问题的探索和研究，通过启发引导的教学方式，调动学生发现问题的积极性，同时说明在此领域的国内外技术和产品差距，激发学生的爱国精神、研究兴趣和完成任务的决心。学生通过探讨交流，积极主动寻求解决问题的方法，并从中不断获取知识，以学生乐于接受的逻辑和形式把枯燥内容和思想政治教育植根到学生的脑海中，培养学生的创造性思维能力。并在此过程中，逐渐明确未来的职业目标。

在课程概述中，应用案例教学开展华罗庚的泡茶问题研究，使学生学习发现问题、描述问题，形成以问题为导向的思维模式，在自主分析、解决问题过程中形成系统思维，在资源需求分析、资源组织利用过程中进行工程伦理教育，使其自觉养成尊重别人、珍惜成果、节约资源、杜绝浪费的习惯。在方案形成和优选过程中，通过工序流程图绘制及系统分析过程展示，促使多学科知识的融合和运用，促使学生成长为高素质复合型人才。

课程理论，在如系统工程的基本概念及系统工程发展的最新动态和前沿问题探讨和总结中采用翻转课题的教学模式，通过五轴机床、磁悬浮列车等高精尖产品功能实现及国内研究现状的了解，不仅使学生掌握系统工程的基本知识，加深对学科知识融合的理解，避免因单一视角下研究问题带来的局部最优及单一思维模式下扭曲现实，得出错误的结论，培养学生具有较强的社会责任感、团队合作和创新精神，形成集体观念和民族责任感。通过国内外前沿问题分析培养学生辩证看待事物的系统思想，探索未知、追求真理、勇攀科学高峰的责任感和使命感。

2.项目驱动式实践教学

采用项目研究模式进行课后实践教学。由教师或教师与学生研讨设计研究课题，学生在教师指导下自主问题分析及探索，制订并实施研究计划，按时完成课题研究。在沟通、交流过程中，扩大知识面，融入德育教育因素，实现以目标和兴趣为导向的专业课教育和"课程思政"的目的。

根据工业工程专业特点及知识掌握规律和学生心理特点，将"系统工程"课程思政教学过程分为引导阶段、指导阶段、评价三个阶段。

在引导阶段，通过接触实际真实的课题，使学生从心底油然而生自豪感，同时产生完成任务的使命感和自主学习的热情；在指导阶段，教师通过言传身教、耐心倾听、悉心指导，拉近与学生的距离，提升学生对教师的认同感，培养学生对课程、专业及学校的热爱，增强荣誉感、责任感，并形成坚定的理想信念，爱校、爱党、爱国家；在评价阶段，通过互评认识差距，通过教师点评明确优点，学会客观辩证看待问题，由认同中获得成就感，以学促研，形成良性循环。

3.多维度多视角的课程考核

课程思政的教学改革评价是一个长期的过程，不仅包括课内教师评价和课后学生评价，学生的德育考核也是重要的因素。

评价方法的选择既要完全展现学生的专业能力，又要体现学生对价值引领的掌握程度。根据评价结果能够追根溯源，具体指导课程教学改革实施过程的改进。

课程思政下的课程考评内容在原有知识、能力目标基础上，按照思政目标进行一定比例的内容扩展，增加思政考评，既考核学生的专业能力，又体现学生对价值引领的掌握程度。课程成绩评定既包括教师视角下的出勤、课后作业、试卷评定，也包括学生视角下的实践大作业评定；将课堂表现、课后作业、课程实践及期末考核贯穿于全过程；本着既保护、关爱学生，又保持教学评价的公正和客观，既注重考核课程理论知识点、方法技术的具体应用，也兼顾课程思政对于学生诚实守信、团队合作、公正客观等思想政治素养的灵活考察，达到育人效果。[8]

作者通过对工业工程专业"系统工程""课程思政"的课程教学改革，进行思想元素的挖掘及教学方式的改革，增进师生关系，提升学生对教师的认同感，提高学生对课程学习的积极性、主动性；通过国内外技术对比，既增强文化自信，也认识到差距，学会在辩证客观认识问题的同时增强学生的紧迫感、责任感和使命感，最终形成具有良性互动的价值引领，达到知识、能力、德育教育协同发展的效果；通过中国系统工程学者的人物真实故事开展人生观、价值观教育，培养和促进学生爱国主义情怀，增强民族自信与文化自信。

通过近年本校工业工程专业学生在"机械创新""智能制造""IE亮剑"等大

赛中取得的喜人成绩，使学生体会科学研究的幸福感、成就感，树立探索未知、追求真理、勇攀高峰的信心。

目前，开展的有意识的课程教育思政已收到初步成效，学生的诚信度、满意度在提高，大类招生下学生在专业分流中选择工业工程专业的人数明显增多，成绩也显著提高，学生的选择更理智、客观。

参考文献：

［1］闵杰，李璐，欧剑.《数值分析》课程思政教学改革研究与实践［J］.大学数学，2020，36（06）：40-45.

［2］阎慧臻，刘燕，刘超，等.将思政教育融入高等数学教学模式初探［J］.科技视界，2020（16）：101-103.

［3］王众托.系统工程［M］.北京：北京大学出版社，2015.

［4］中国科学引文数据库显示：邓聚龙的灰色系统理论被引用次数居全国第一［J］.华中理工大学学报，1998（02）：48.

［5］赵国杰，王海峰.物理事理人理方法论的综合集成研究［J］.科学学与科学技术管理，2016，37（03）：50-57.

［6］王爱民，葛艳，刘志兵，马树元.面向机械制造专业智能制造导向的制造系统工程课程改革［J］.科教发展评论，2017（00）：82-89.

［7］钟志华，臧冀原，延建林，苗仲桢，杨晓迎，古依莎娜.智能制造推动我国制造业全面创新升级［J］.中国工程科学，2020，22（06）：136-142.

［8］赵玲，江小华.安全系统工程课程思政教学探索［J］.教育教学论坛，2020（49）：65-66.

工程制图课程思政探索与实践

机械与航空航天工程学院　张云辉　张秀芝　刘思远

一、工程制图课程基本情况介绍

工程制图系列课程主要介绍绘制和阅读工程图样的相关投影理论、国家标准、图样画法、三维软件辅助设计方法等知识，是面向机械、汽车、材料、交通、生物与农业工程、通信工程、电子等工科专业开设的基础必修课，是后续专业课和设计的基础。课程主要安排在大一学年学习，课程辐射面广、涉及学生人数众多。

在工程制图系统课程的课程目标中，通过本课程除需培养学生绘制、识读工程图样的基本能力外，还应培养学生的责任意识、团队协作意识、工程意识和法律意识等，进而培养具有家国情怀和职业素养的工程人才。

经过多年在教学改革和实践中的积累，本课程于2020年获批国家级线上线下混合式一流课程。

二、工程制图"课程思政"建设具体措施

2018年5月2日习近平总书记在北大师生座谈会上提出了"要把立德树人的成效作为检验学校一切工作的根本标准"[1]。《高等学校课程思政建设指导纲要》也指出"工学类专业课程，要注重强化学生工程伦理教育，培养学生精益求精的大国工匠精神，激发学生科技报国的家国情怀和使命担当。"[2]

在此思想指导下，工程制图课程于2019年立项吉林大学"课程思政"建设项目。在项目执行期间，本课程借助授课对象是大学一年级学生，工程制图是学生接

触的第一门专业基础课，授课方式为小班授课等优势，将夯实学生工程技术必备基础、建立学生工科意识、培养学生专业兴趣、树立远大理想和家国情怀作为主要目标，主要从以下几方面开展了课程思政探索与尝试。

（一）加强课程情感、价值观目标的达成

1. 加强工程意识培养

一张规范的工程图样，包含多种国家标准，从图幅、线型、字体、比例，到三维物体规范的视图表达，再到标准零部件结构的规定画法及规格系列的选用，零件精度的标准查阅及其在图样上的注写等等，而作为工程技术人员，能够规范地绘制工程图样是与同行有效交流的前提条件。因此，在课程的教学全过程中都包含着标准化意识的培养。

2. 加强法律意识、责任意识的培养

工程图样是指导生产的技术图样，小的疏忽可能造成重大损失。工程图样同时也是法律文件，代表着设计者的劳动成果，同时也代表着要为所做的设计负责任，在保护自己的知识产权的同时，也要注意尊重别人的知识产权和劳动成果。工程制图系列课程能够帮助学生树立坚定的责任意识，充分地将责任感、讲诚信和大国工匠意识等融入工程图学的教学当中。

3. 加强严谨的工作作风的养成

通过符合国家标准的学习，帮助学生养成严谨、认真、守则的习惯。在教学过程中，为学生介绍由于图纸出错给生产带来严重损失的案例，帮助学生养成严肃认真，一线一字都不能马虎的习惯。

（二）挖掘课程内涵的思政元素

根据课程内容，组织教学团队人员深入挖掘课程中所蕴含的思政内容、思政故事、思政元素，设计融入日常教学，讲好课程的思政故事。

案例1：我为祖国建设描"蓝图"

作为中国学生，从小应该就听到过"蓝图"一词，心中都有"描绘社会主义建设伟大蓝图"的梦想。而"蓝图"这个词与工程图样是密切相关的，其本意是特指施工用图纸。它是用打印在硫酸纸的图，经晒图机"晒"到用铁氰化和铁盐敏化的纸或布上，曝光后用清水冲洗显影成蓝底白图的相纸，由于定影后呈蓝颜色而得名。蓝图具有复制方便、防虫、易保存、不易模糊和掉色等特点，特别是蓝图完全与底图一致，任何人都不能随意更改，具有追溯性。因此，它包含工程的技术要求、工程质量等信息具有严肃性，图纸上盖有设计单位、各负责人的印章，有法律效力。

有人说：没规划的人生叫拼图，有规划的人生才叫蓝图。每个人自己的人生蓝图要靠自己用实践去描绘，而我们每个人的人生蓝图也都应该是我们国家建设伟大蓝图的一部分。

案例2：由螺纹的起源、发展、标准的制定论科技、创新的重要性

螺纹零部件具有安装迅速、拆卸方便、连接可靠、制造容易、生产高效等特点，因此被广泛应用于机械制造行业的各个领域。螺纹是机械行业的最基本要素，也是人类古代最早发明的几种简单机械之一。

1841年，英国人惠沃斯提出了世界上第一份螺纹国家标准。1905年，英国人泰勒发明了螺纹量规设计原理（泰勒原则），使英国成为世界上第一个全面掌握螺纹加工和检验技术的国家，英制螺纹标准最早得到了世界范围的认可，继而得到广泛推广和应用。

美国的管螺纹标准是美国人独立研制出来的，它与英制管螺纹共同构成了当今世界管螺纹标准领域的两大支柱，延用至今。

由这个案例我们看到，技术的领先、标准的制定影响十分深远，当下各国之间科技竞争日趋激烈，当代学生应该有勇于领先和创新的科研精神，为我们国家科技的发展贡献自己的力量！

案例3：螺丝钉与雷锋的故事

一个人的作用，对于革命事业来说，就如一架机器上的一颗螺丝钉。机器由于有许许多多的螺丝钉的联接和固定，才成了一个坚实的整体，才能够运转自如，发挥它巨大的工作能力。螺丝钉虽小，其作用是不可估量的。我愿永远做一个螺丝钉。螺丝钉要经常保养和清洗，才不会生锈。人的思想也是这样，要经常检查，才不会出毛病。

——雷锋1962年4月17日日记摘抄

雷锋在这里说到的螺丝钉是机器设备中应用最广泛的螺纹紧固件之一。由于螺纹结构简单，连接便于拆卸，可以反复使用，因此，螺纹连接是机械结构中最常用也是最简单的连接方式之一。据统计，一部汽车上有大约500种、4000个、50kg螺纹紧固件，装配的工时占到整车装配的70%。"螺丝钉虽小，其作用是不可估量的。"

我们每个人在社会中，都如同机器设备中的一个个螺钉、螺栓、螺母，可能各自所在岗位不同，但是每个岗位对于整个企业乃至国家都是非常重要的，只有每个人对自己岗位尽心尽责，才能保证个体所在的整体正常运转。2018年习总书记参观雷锋纪念馆时说："雷锋是一个时代的楷模，雷锋精神是永恒的。实现中华民族的伟大复兴，要不断闯关夺隘，也需要更多的时代楷模。学习雷锋精神，就要把崇高的理想信念和道德品质追求融入日常的工作生活，在自己岗位上做一颗永不生锈的螺丝钉。"

（三）通过课程实践环节，锻炼学生意志品质，培养良好的工作作风

图纸是承载产品信息的载体，产品加工以图纸为依据，图样中一线一字都不能马虎，出错有可能会带来巨大损失，结合实践环节中手工绘图与计算机绘图技能的训练，培养学生认真负责、踏实敬业的工作态度和严谨认真、精益求精的工作作风。在课程实践的部分环节以分组进行，通过分工合作，培养学生团队合作精神和服务意识。

（四）通过人文关怀与激励引领学生

1.建立良好的师生关系

根据以往教学经历，讲一门好课，好好讲一门课，学生会因为喜欢一位老师而喜欢一门课，也会进而喜欢所学专业。增加对学生的情感投入，给学生以关心和帮助，形成学生改变的内因动力。

工程图学课程组具有优良的传统，对于学生的关心从上第一堂课开始，关注学生的学习状态，对于学习吃力的同学给予特别的关心和帮助，并且很多同学在大学期间一直和制图老师保持着良好的沟通，还会回来找自己的制图老师交流思想。

课程团队中的多位成员都担任本科班主任、本科生导师等工作，把课程教学、思政工作、专业培养结合起来。

2.借助榜样的力量

工程图学课程教师连续多年带领学生参加全国大学生先进成图技术与创新设计大赛，多次获奖，邀请往届优秀获奖学生介绍学习经验，分享学习心得。通过与身边成功的同龄人交流，引导学生树立远大理想和爱国主义情怀。

三、总结与期望

通过课程思政项目的实施，坚定了任课教师课程思政建设、学科育人的决心；

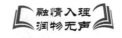
明确了课程思政内容建设的方向，为后续更好地践行课程思政打下了良好基础。"春风化雨，润物无声"，后续课程组会继续完善本课程思政元素与课程内容的融合设计，以"立德树人"为根本理念并不断践行。

参考文献

［1］习近平.在北京大学师生座谈会上的讲话［EB/OL］.2018年5月2日.

［2］教育部.高等学校课程思政建设指导纲要［EB/OL］.2020年5月28日.

工者　巧心劳力造器物: 汽车设计课程思政教学实践

汽车工程学院　王建华

　　"汽车设计"是面向车辆工程大四本科生开设的一门专业必修核心课程，是通过对汽车设计通用方法和基本流程的讲授，使学生掌握分析和评价汽车结构与性能的基本方法与专业知识，具备一定的综合运用所学知识分析和解决与汽车设计相关的复杂工程问题的能力，为今后继续深造或在车辆工程及相关领域从事设计、制造、实验、管理、科研和教学等工作打下坚实的理论基础。该课程具有以下特点。

　　一是专业基础复杂。伴随着汽车科技的日新月异，"汽车设计"已成为一门基础理论雄厚的专业课程，涉及对机械原理、机械设计、汽车构造、汽车理论、汽车电子技术、人机工程学等课程的综合运用。

　　二是教学内容繁多。"汽车设计"包括总体设计、总成设计及零部件设计等环节，涵盖汽车总布置、构型分析及性能评价、主要参数的选择及设计计算、材料选择、工艺及实验研究方法以及关键零部件的刚度与强度的分析等多项内容。

　　三是后续影响深远。学生在毕业之前所开展的毕业设计，是对大学所学专业课程的系统运用，而"汽车设计"尤其至关重要。同时毕业之后，大多同学都会从事汽车相关行业，就必然会运用汽车设计的基础理论和基本方法。"汽车设计"课程教育将对学生的整个职业生涯产生重要而深远的影响。

　　因此，在"汽车设计"课程教学中进行思政教育，对培育爱国主义情怀，强化工程伦理教育和思辨精神，培养精益求精的大国工匠精神，激发科技报国的家国情怀和使命担当，具有极端重要的作用。

　　2020年，我组织申报的课程思政教学改革"汽车设计""学科育人示范课程"

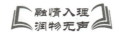
项目成功获批，以此为契机开始从课堂教学角度，挖掘梳理"汽车设计"课程中的思政元素，系统探索课程思政在专业课程中的有效实施方式。在实施过程中，我深刻认识到课程思政并不是课程与思政的简单拼合，而是全课程、全方位、全员育人的高度融合，是构建知识传授和价值养成相统一、知识育人和立德树人相统一、知识本位和人格本位相统一的现代课程设想。下面我把在"汽车设计"中探索和实践课程思政的体会与认识向大家汇报如下。

一、穿插传统文化元素激发学生民族自豪感

结合课程相关章节，穿插讲解中华优秀传统文化，以帮助学生树立文化自信，激发民族自豪感。如在总体设计章节中，引入中国古车设计元素，推荐阅读《周礼·冬官考工记》中的"轮人""舆人""辀人""车人"等篇章，使学生了解古车的设计与制造精美工艺；在变速器章节中，引入鼓车元素，将古车多级齿轮传动与现代变速技术进行对比分析；在万向传动章节中，引入古炮车和跑马灯元素，将万向传动与我国古人生活关联起来；在驱动桥设计章节中，引入指南车元素，通过对指南车结构分析，使学生认识到离合、差速等功能在古车中是如何实现的；在悬架章节，引入伏兔、蒲车等元素，将古车减振方式与现代汽车减振进行有效衔接。

图22-1　小组研讨

二、突出优秀科技成果激活学生创新实践

一方面结合汽车典型零部件结构与技术演变历程，如在总体设计章节中，从标准化、系列化和通用化的大批量生产老三化要求，逐步形成集成化、平台化和模块化的精益化生产新三化要求；如在离合器章节中，分析锥盘式、多片湿式圆盘式、多片干式圆盘式、单片干式圆盘式等离合器结构进化之路等，阐释人类螺旋式上升认识迭代和从量变到质变的演变规律。另一方面充分结合科教融合，将主讲教师、课程组及所在专业所开展科技研究和技术攻关所形成的成果介绍给同学，如电流变离合器、重型商用车机械自动变速器、摩擦片式限滑差速器、电驱动桥、可调阻尼减振器、高机动性越野悬架、电动转向装置、电动制动系统等，激发学生创新实践。同时，还积极将学生创新成果引入课程，如"吉速"大学生方程式赛车的造型设计、性能分析、新型结构等，激发学生的专业认同与创新热情。

图22-2 师生互动

三、宣传代表人物事迹激昂学生奋斗之心

在世界汽车发展的历史长河中，有无数的汽车大师熠熠闪光：卡尔·本茨，他的第一辆三轮汽车获得世界上首次汽车专利，昭示着汽车时代的到来；戴姆勒和迈巴赫，他们的梅赛德斯构建了现代四轮汽车的结构形式；汽车大王亨利·福特，他第一次采用流水线生产方式，开创汽车标准化和批量化生产的新时代；米其林兄弟的创新设计让便于更换的充气轮胎风靡于世；凯特灵的电子起动机让汽车驾驶变得相对容易上手，为汽车行业带来飞跃发展；约翰·赫特里特的汽车缓冲安全装置，将汽车安全提升到新的高度；辛普森的三档行星齿轮变速系统，让自动换挡成为现代汽车的鲜明特征。在我国汽车工业高歌猛进的进程中，也有无数的仁人志士不懈探索：最早提车构建我国汽车工业的孙中山；我国第一辆汽车"民生"牌货车的创始人李宜春；我国木炭代油车的优秀探索者和实践者汤仲明；一汽首任厂长、我校

汽车学科前身长春汽车拖拉机学院首任院长饶斌；一汽首任总工、清华大学教授中第一位共产党员的红色教授孟少农；近代中国机械工业奠基人之一，我国内燃机研制的先驱支秉渊；最早创办汽车专业、我校汽车专业主要筹建和建设者之一的黄叔培；我国第一位汽车院士、我校汽车学院的杰出代表郭孔辉。

这些汽车行业的风云人物，传递着榜样力量，激励汽车学子们不懈奋斗。但也要告诉学生们，在汽车发明和建设发展道路上也有不少无名英雄，告诫他们不想当元帅的士兵不是好士兵，但只想当元帅，而又不想全身心付出的士兵只能是痴心妄想。

图22-3　激昂斗志

四、讲解典型行业故事激励学生报国之志

在课程教学中，适度讲解典型行业故事：如袁世凯于1902年所购入的美国杜里埃牌汽车导致我国第一起酒驾事故的故事，将落后腐朽的封建统治清晰展现；民生工厂在1931年成功研制了中国第一辆民生牌75型2.5吨国产载货汽车，给中国汽车工业的诞生带来了曙光，然而"九一八"事变的爆发致使创办民族汽车工业的雄心壮志前功尽弃，毁于一旦；1936年创办中国汽车制造公司，并与德国奔驰汽车公司签订技术转让合同，准备进口7000辆载重2.5吨的柴油机汽车散件，在中国组装整车。然而全面抗日战争很快爆发，生产汽车的梦想再次名存实亡。1949年10月新中国成立伊始，党中央便开始了汽车工业的策划工作。经过数年筹备，1953年6月9日，毛泽东主席亲自签发了《中共中央关于力争三年建设长春汽车厂的指示》（简称《指示》），《指示》通告全国全力支持一汽的建厂，动用一切可动用的资源投入汽车工业建设的举国体制已开始初步形成。1956年7月13日，第一辆解放牌汽车顺利下线，

一汽初步建设胜利完成！在百废待兴的中国，以三年的时间建成这样一座中国从未有过的汽车厂，堪称壮举！

由此可见，建立自主汽车工业这一伟大理想，在国民党的腐朽统治下只能停留在纸面上和幻梦中，唯有中国共产党有能力、有办法将其变为现实！

图22-4　网络反馈

通过上述课程思政的探索和实践，课程气氛活跃，学习热情高涨，学生抬头率和参与度显著提升，学生高度认同主讲教师的课程思政尝试：学生发言、提问、讨论积极主动，互动更加频繁有效。与此同时，教师团队对互动研讨式教学方法有更多的经验，并形成独具一格的教学风格，让学生在不同的教学情境收获丰硕的教学成果。如以选修学生为主体的"吉速"车队先后荣获2020年中国大学生方程式汽车大赛总冠军、2020年中国大学生电动方程式汽车大赛二等奖、2020年世界大学生虚拟方程式大赛燃油组冠军/电动组冠军等荣誉，很好地展现了吉大汽车学子的精神风采和创新能力。

图22-5　学生科技竞赛获奖证书（部分）

我最欣赏《考工记》中的一句话：

工者，巧心、劳力、造器物。巧心指要有巧妙的心思；劳力指要出力气，出体力；有了巧心、有了劳力、目的是做什么呢？就是造器物。对于学生而言，就是通过巧心、劳力，掌握设计汽车的方法与技术，实现造"汽车"的目标；对于教师而言，则是通过巧心、劳力，培育汽车专业学生的知识、能力和价值观，实现造"汽车专业人才"的目标，为社会主义建设提供优秀建设者和可靠接班人。

路漫漫其修远兮，吾将上下而求索！

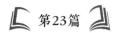

"汽车运用工程"课程思政的探索研究

交通学院　刘宏飞

在新工科建设背景下，加强高校"汽车运用工程"课程的思政化建设，更有利于拓展学生的知识层面，从而达到从各个维度全面提升人才培养质量的目的。"汽车运用工程"课程现阶段建议提出"三维度一主体"的课程目标定位，即以学生为中心主体，以思政育人目标为"德育"导向维度，以专业知识体系目标为"智力"教育维度，以能力养成目标为"创新"思维维度，进而形成多元化培养目标。因此，我们在未来的教学中将不断地探索与总结，提升课堂的思政价值，加强学生的专业兴趣及家国情怀等。

在"汽车运用工程"课程教学过程中，应根据汽车运用工程专业特点，有针对性地设计教学内容，在课堂教学中不失时机地将思政教育融入课程当中，使学生既能很好地学习专业课知识，又能提高学生的学习兴趣和学习的积极性，提升爱国情怀。

一、教学目标设计

基于"汽车运用工程"已建立的线上和线下的教学平台，通过专业课教学实现以"立德树人、专业育人"为目标的教学体系。要求学生能够在分析汽车使用规律和性能认知的基础上，以理论分析和试验研究密切结合的方法，理解汽车的动力性、燃料经济性、制动性、通过性等，并能使用测试工具及软件分析各种影响汽车主要使用性能的有关因素，从而掌握正确设计、合理使用汽车以及科学有效进行汽车试验的基本途径。

重构融合思政元素的教案，让教材讲义和教案成为分析该课程思政的重要载体，充分发挥讲义教材铸魂育人、关键支撑、文化交流的功能和作用。另外，教师在上课时，如能将枯燥的理论知识结合思政元素，那么知识点就会变得生动形象，这不光可以提高学生的专业水平，而且还能够加强学生的思想觉悟、科学世界观以及工匠精神，进一步夯实该课程的思政育人基础。

二、教学方法创新

注重点、线、面三个层面，将教与学环节均在点、线、面三个层面展开。

1.点设计

针对重要知识点，深入挖掘思政元素，突出思想内涵。把基本要求和课程实际结合起来，把突出知识重点和全面覆盖结合起来，注重落细落小落实，强化教育引导做到润物无声。丰富和优化课程资源，开发短视频、微课等教学资源，进一步增强，课程内容吸引力感染力。发挥学生主体作用，采取互动式、启发式、交流式教学，增强思想性、理论性和亲和力，在教育灌输和潜移默化中，引导学生树立主人翁意识、增进爱国情感。

2.线设计

教师是课堂的"穿针引线"人，将由"知识传递者"向"价值引领者"转变。

（1）以"知识传递者"为角色定位的教师，往往会全面地控制教学活动的组织与开展，将书本、考试中要考的知识一点点地灌输给学生。学生只是被动接受和记忆教师传递过来的那些所谓重要的知识。在这一过程中，学生没有发言权，缺少积极、主动的学习体验，成了等待知识填充的"容器"。这种教学法严重忽视了对其过程与方法、情感态度与价值观诸方面的培养。

（2）将知识穿线，形成一条符合学习规律的知识线条，在线条上融入思政元素，从宏观（家国情怀）、中观（职业规范）及微观上（个人操守）进行递进设计，如图23-1所示。

3.面设计

将多种教学手段模式融合，充分利用短视频、模块化网上课堂将专业知识、思政元素，由点到线，由线及面，加强学生的课内外融合，如图23-2所示。引导教学从知识课堂向能力课堂转变、从重学轻思向学思结合转变。由教师设计教学项目，将学生团队导入一个仿真或真实的情景，再引导、启发、鼓励学生通过团队协作完

成教学项目，并在此过程中掌握知识和能力。

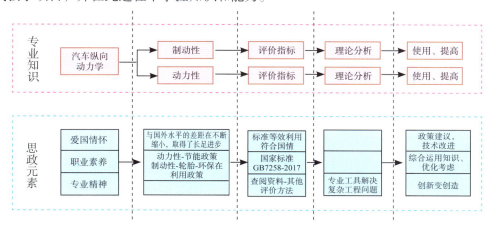

图23-1 线设计的课堂专业知识与思政元素

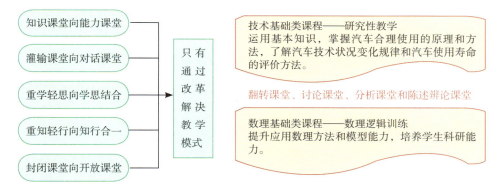

图23-2 点线面设计的课堂转变及创新

三、课程思政融入课堂教学方法

1.加强思政教育对课堂的引领

在课堂教学中，可以通过课堂引入的方式，将思想政治教育中有关红色基因、经典传承、励志案例等有关内容分享给学生，强化学生对这些宝贵精神和思想的理解。同时还要结合"汽车运用工程"课程特点，深入挖掘该课程的德育元素，与课程内容很好地融合在一起，将其转化为生动的课程教学实践。另外，在课程的教学中，当介绍汽车使用、保养要求的可靠性等质量问题时，要强调学生在更换汽车机油时应诚实守信、不弄虚作假，不能以次充好，做人做事脚踏实地；在讲授交通事故鉴定错误更正时，要让学生认识到犯错不要紧，但不能隐瞒逃避错误，而是要勇于承认错误并及时改正，培养学生的责任担当；当教师讲授"汽车安全性"时，可以和汽车设计相联系，从一个关键部件材料选择的变化和由此引发的事故后果，启发学生对设计、制造和生产成本间矛盾与平衡的思考，引导学生形成批判性思维，从而体会到汽车设计师的职业责任。通过一些类似的课程内容与思政元素结合的实例，提高学生的思想政治精神，增强学生专业知识的严谨性，进而为日后的科研工作打下良好的基础。

2.结合现代教育技术手段，构建课程思政网络化平台

教师在课堂教学过程中，可利用新媒体网络平台，直观地为学生展现教学内容，提高学生学习专业知识的积极性。"汽车运用工程"属于工科课程，理论性较强，比较枯燥，容易让学生丧失学习兴趣。因此，在教学方法上，应积极进行教学改革，采用更丰富的教学手段和方法激发学生的兴趣。课堂上可通过小视频等案例教学，或者利用手机终端App发布问题。例如"毒驾、酒驾对驾驶汽车有哪些影响？"让学生在线上进行回答，形成互动。一方面调节了课堂气氛，另一方面通过案例教学引导学生自主思考学习。学生通过新闻报道中的酒驾、毒驾的交通事故反面教材案例，让学生能够时时自省，强化道德观和法治观。也可利用"互联网+"技术，采用学生喜闻乐见的微课等方式，改革教学方式方法，让学生在快乐地学习专业知识技能的同时，树立正确的世界观、价值观、人生观。

除了理论知识的学习，还需加强学生动手能力培养，如增加实验课程的教学，在实习过程中循序渐进地引入思政元素。例如在"汽车操纵稳定性"的实习课堂上，在学生操作车辆、协作配合、记录数据和计算分析等环节中，会向学生强调对实验设备使用要细心，避免丢三落四，做事要认真细致，不能粗心大意。

针对同学间分工合作等工作内容，给学生强调与人沟通时需有耐心、善于交流，提高学生的沟通能力。在讲授"汽车安全性"章节，结合亲身经历，融入以人为本的设计理念，唤起学生的同理心；从汽车复杂系统由3万多个零部件组成，诸要素协同生产配合工作，让学生感受到各国协作和合作的意义，培养学生的共情能力和人文精神。

高校课程与思想元素的融合至关重要。一方面教师需要深入挖掘课程中的思政元素，然后循序渐进地引入课堂中，真正地形成"价值引领、能力培养、知识传授"的育人导向。另一方面要遵循教育教学规律，将显性专业知识传授与隐性思政教育有机融合。通过隐性渗透、寓道德教育于汽车运用工程专业课程之中，达到润

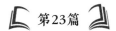
物无声、水滴石穿的效果，使得教学内容更加生动丰富。实践结果表明学生对于这种授课方式十分喜欢，学习的积极性也提高了，学习成绩也有明显的提升；学生专业思想更加稳固。

将课程教学内容与思政联系到一起的教学理念逐渐得到各个领域教师的认可，这一举措有助于提升学生专业能力和对自己所学专业的认同感，让每位学生更加热爱自己的专业，树立正确的社会主义价值观，为培养社会主义"四有"人才而努力践行好课程思政这个新时代的使命。

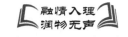

试验设计课程思政教学思考

生物与农业工程学院　田为军

　　试验设计课程所涉及的试验优化技术是创新性地解决科学研究、工程设计、生产管理以及其他实际问题的一种现代优化技术，是一种全程优化与多目标优化技术，能够有效地提高获取信息的效率，占领创新的制高点，并且其适用面广、通用性强，对于提升我国创新能力起到重要的作用。因此在试验设计课程讲授过程中挖掘思政元素，激发学生的爱国情怀，有利于引导学生形成正确的历史使命感和责任感。

一、挖掘思政元素，寻找德育融入点

　　进行试验设计课程思政教学改革的首要问题是挖掘出具有课程特色的德育元素。我校试验设计课程采用混合式教学，分为线上教学与见面课两部分。基于此，对线上教学内容和线下教学内容分别进行思政元素的挖掘与设计。

　　线上教学内容遵循创新与实践人才发展的个性与共性，满足不同层次学生的创新需求，为每种试验设计方法和回归优化配备科研、生产和管理中成功应用实例，共设置11个案例专题（如图24-1所示），通过案例专题将最新创新科研成果和应用实例及时向教学转化，实现科研和实践资源向教学资源转化，并引入教学体系中，丰富课程内容，提高课程质量。通过教学内容的动态更新，把学生有目的地引入创新发展的前沿，为创新做好理论和实践的准备。案例专题形式的教学内容有助于培养学生的创新兴趣和创新意识，适应学生进一步深造学习的高、精、深的创新要求。同时，成功案例也能够提升学生对于试验设计技术的信心，激发其学好该技术的热情。

图24-1 试验设计线上案例专题

线下内容主要是以见面课形式给学生介绍试验设计的基本概述以及相关的设计方法与结果处理方法，分为四次见面课进行。

在讲解试验设计基本概述时，主要介绍试验设计的发展史，以我国和我校试验设计的发展与地位为切入点，弘扬爱国主义的民族精神，培育学生的自豪感和自信心（如图24-2所示）。以试验设计应用情况（如图24-3所示），从应用的全（方法多、设计程式全）、广（适用面广、应用面广）和实（实用、适用）来提升学生对课程的兴趣与动力。

图24-2 我国以及我校试验设计发展

图24-3 试验设计应用情况

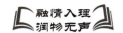

在线下讲授试验设计基本方法与试验结果处理时，在理论知识背景下，自然导入成功应用的案例，从案例背后的故事切入，融入科研生产工作者求实创新、克服困难、开拓进取的人文情怀和对科学、事业的追求精神以及对专业发展的奉献精神，激发学生学习试验设计的热情和投身本专业领域发展的情感。通过试验设计的设计表格化、公式规范化和分析程式化的流程培养学生规范的行为习惯和严谨的科学素养。简单化的计算过程以及正交试验设计有效解决了尽可能少的试验点与全面的试验信息之间的矛盾，体现正交试验设计在试验结果处理方面的优势，激发学生学习正交试验设计的热情。借助方差分析案例，理论联系实际，在让学生掌握知识的同时，提升学生的逻辑思维，着重培养学生分析问题、解决问题、思考问题的能力，激发学生的开拓精神和创新精神。

同时，在每次见面课中增加学生案例讨论环节，采用讨论法进行开放式教学，该环节首先按照专业对学生进行分组，并要求学生在课前完成自主选题，寻找各自专业的创新应用实例，小组协作完成案例PPT，并在见面课讨论环节进行试验设计分析与讨论（如图24-4、图24-5所示），激活和唤醒学生的主体意识，提高学生的自我组织能力和表达能力，最重要的是让学生从案例背景中感受本专业意义以及国家历史与现在的伟大，例如学生在阐述"正交试验法优化郁金香总生物碱提取工艺"案例时，从我国中医在世界医学中的重要作用与地位角度激发了同学们的民族自豪感和爱国热情（如图24-6所示）。

图24-4　学生案例专题报告

图24-5　案例陈述同学在解答

图24-6　正交试验法优化郁金香总生物碱提取工艺

二、结合社会热点融入思政元素

试验设计课程是与社会生产生活实践密切相关的一门实用性课程，因此在课程讲授过程中，将学生关注的社会热点问题及时导入课程中，采用广义试验设计方法剖析热点问题，既解决了理论知识讲授枯燥的教学问题，又紧贴时代，引导学生形成正确的世界观、人生观和价值观，同时提高学生的学习兴趣，强化学生的实践意识，在增加同学们对知识点的直观感受与理解的同时，培养学生的科学精神、试验优化意识等核心素质，提高育人效率和质量。

当前新型冠状病毒肺炎在全球出现大规模流行，选择合理的治疗方案是抗击疫情的有效措施。因此，在授课过程，以选择清肺排毒合剂（新冠1号）制备工艺研发为案例，选用正交试验优选清肺排毒合剂（新冠1号）制备工艺作为案例（见图24-6），为清肺排毒合剂的生产提供重要的参考。结合案例，讲授试验设计的全程优化过程，包括试验背景、试验目的、试验方案设计以及试验结果分析。该试验选择4个因素，每个因素水平为3，如果做全面试验，需要进行$3^4=81$次试验，试验以黄芩苷的含量为检测指标，还需要一系列的溶液制备和工艺过程，需要耗费大量时间和经费，而采用正交试验设计只需要采用L₉（3⁴）的正交表即可以完成试验，获得最佳的水提条件与工艺参数，方便了新冠肺炎患者携带以及服用，保证了质量。因此，试验设计方法在治疗方案研究中的应用为当前新型冠状病毒肺炎的控制提供了很好的借鉴和工具，使得学生的学习动力更加充足。在案例讲授中，通过中国人民在新冠病毒疫情防控中的表现，弘扬万众一心的中华民族精神；以我国中医在世界医学中发挥的重要作用与地位角度激发学生的民族自豪感和爱国热情。受此启发，学生在进行案例分析时，也对相关研究工作与实事动态进行了关注，并做了题为"正交试验设计优化流感病毒纯化工艺"的报告（如图24-8所示），引发了学生们的积极讨论。

图24-7　试验设计优化新冠1号工艺

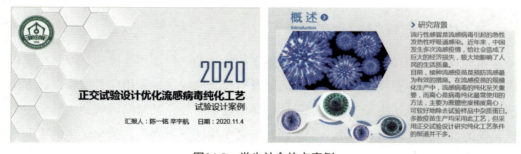

图24-8　学生社会热点案例

试验设计课程的思政改革与实践的总体目标是以育人为要，以学生为本，以学生需求为中心，将学生所思所想、社会热点、现实问题和实际问题等巧妙植入教学内容中，灌输历史责任感、家国情怀和科学人文精神，加大实践育人力度，引导学生运用所学理论知识分析与解决实际问题，做到学以致用，知行合一。

通过课程的思政实践，培养学生扎实试验优化理论功底，使学生能够以饱满的热情和强烈的责任感，运用科学的数学方法针对专业相关的新技术和新工艺研发以及生产进行试验方案的设计与优化，并通过试验数据的科学分析获得全面而有效的信息，以此提高效率与质量，促进我国社会经济的高效、快速、健康发展。

专业课程融入思政教育的探索与实践

仿生科学与工程学院　任丽丽　郭　丽　王超飞　周　江　李　默

思政教育与专业知识的交融，贯穿在整个专业课教学过程中，培养具有正确政治观、思想观的专业人才是目前高校教学改革中的重要因素。本文以"农产品加工"课程为例，将思政元素和专业知识有机结合，在课程教学中通过对教学目标、教学内容、教学方法和授课载体等环节的有效设计和实施，发挥专业课程的价值渗透作用及对大学生的思想引领作用，为"课程思政"融入高校专业基础课程的改革提供经验。

2021年是"十四五"开局之年，是建党100周年，面对复杂的国际局势，高校培养德智体全面发展人才具有紧迫意义。在全国高校思想政治工作会议上，习近平总书记的重要讲话指出："用好课堂教学这个主渠道，思想政治理论课坚持在改进中加强，提升思想政治教育的亲和力和针对性，其他各门课都要守好一段渠、种好责任田，使各类课程与思想政治理论课同向同行，形成协同效应。"这是党中央对教学内容和过程提出的新要求。为响应党中央号召，在高校专业课程教学中引入"思政"已是目前新形势下教育教学改革的重点内容。将"思政"元素融入课程、专业、学科的整体教学中，形成知识和思想的"同向同行"，"课程思政""专业思政"的协同效应重要性不言而喻，任何专业、学科的学习都需建立在先懂得做人的道理上，将立德树人贯穿整个教学过程，培养学生正确的世界观、人生观、价值观。同时，"课程思政"是回应习总书记提出的"培养什么人，怎样培养人，为谁培养人"这三个根本问题的有效方法，需要落实在整个教学过程中。本文以农业机械化及其自动化本科专业课程"农产品加工"为例，探索专业知识与德育元素相融，实现"显性教育"与"隐性教育"的结合，发挥专业课程的价值渗透作用及对大学生价值的引领作用。

一、专业课中思政教育与专业知识融合方案设计

1.课程体现的德育元素

在当前现代高等教育中，学生优良品德的养成，正确价值观的树立以及学生品质的培养，主要依靠高校思想政治理论专业课，受限于课时和课程安排，对学生品德培养具有一定的局限性，而其他的专业课程在培养学生思想认知方面明显缺失。通过学习习总书记的讲话精神，作者领会学习到，在专业课各门课程教学中均可具有育人的功能。因此，为区分传统教学，现将在专业课程教学中专业知识的传授定义为"显性教育"，融合在专业课程教育的思政课程为"隐性教育"[1]，而融合在专业课程中的"课程思政"可以贯穿学生学习的整个过程，能自然地引导学生思想水平的提高、正确人格的树立，教学效果显著优于单一课程的培养。本文通过"农产品加工"课程教学实践，在教学中"守好""农产品加工"这段渠，"种好""农产品加工"这块田，课程思政引导农业机械化及其自动化专业的学生思想，使其明白专业知识的学习可以在服务农产品加工中起关键作用，做新时代农产品加工从业者、科技农产品加工从业者，提高我国农产品的附加值的现实意义，这是"思政教育"在专业课中优势的体现。

因此，在"农产品加工"课程中融入"思政元素"对促进农业转型升级、提高农产品附加值和竞争力、提升我国农业现代化水平具有特别重要的现实意义。我国现阶段农产品加工虽然呈现了良好的发展势头，但农产品附加值低，还存在整体规划缺乏、对农产品科技投入和信息化水平不高、加工技术短板明显，从业者中复合型高素质人才不足、从事农产品加工的意愿不高、农产品加工发展受要素资源影响大、农产品加工创新性商业模式匮乏等诸多问题。为此，在"农产品加工"教学中培养学生的大局观，从国家战略、行业发展水平、科技研发投入、业内人才需求、政策体系构建等方面着手了解农产品加工现状，为成为社会主义新农村建设发展和农业现代化高素质人才而努力。

2."农产品加工"课程的特点

"农产品加工"是以农业产品为原料，按照一定的工艺要求，进行的处理、加工和制造过程。现代农业的本质是把农村人变成城里人、把农民变成产业工人、把

农村变成城镇、把农业变成现代工业，因此，现代农业的本质就是发展农产品加工业。我国是农业大国，农产品加工业是国民经济中的重要支柱产业之一。从2014年起，《中国乡镇企业及农产品加工业年鉴》更名为《中国农产品加工业年鉴》，它是一部综合反映中国农产品加工业发展进程和成就的资料性工具书，此年鉴分析了我国农产品加工业发展现状，提供了农产品加工业12个行业的规模以上工业企业统计数据。农产品加工业持续快速发展，但在工业中地位略有下降，农产品加工企业由2000年60753个增至2014年129367个，增长112.94%，年均增长5.55%，同期工业企业数量年均增长6.20%，增速略快于农产品加工企业；农产品加工业在轻工业中比重及与农业产值的比值不断上升；农产品加工出口呈增长态势，但出口所占比重大幅下降；农产品加工企业规模逐步扩大，但仍小于工业企业平均规模；农产品加工业仍呈空间集聚态势，但行业和空间分布差异明显，农产品加工业区域分布不均衡，各行业地理集聚主要在东部地区。

与发达国家相比，我国农产品加工业存在的主要问题是：仍是欠发达产业，加工产品种类单一，整体水平仍以初加工为主；加工企业规模小，资源综合利用率不高；产品标准不健全，质量控制体系有待完善。与发达国家相比，我国在农产品加工机械方面存在的主要问题是单机多，成套设备少；粗加工设备多，精深加工设备少；低技术含量设备多，高技术含量、高附加值产品的设备少。因此，我国农产品加工业的发展趋势是向高附加值和高技术含量方向发展，向精深加工方向发展，加工能力越来越强，向综合开发利用农业资源的方向发展，实现零排放，产品质量标准体系日趋完善。

3."农产品加工"课程思政目标

专业的设置是为了培养相关领域内的高端专业人才，专业课是传授学生专业知识，让学生在专业技术、知识等方面具备相应素养的课程。只有专业人才的道德水平高，才能造福人类，反之，则会给人类带来灾难，专业人才学业有成后，服务于谁，是否是为我国农产品加工而奋斗，这都是我们需要关注的重点，"思政元素"是"农产品加工"专业课程中的隐性课程，其根本目的就是立德树人，把培育和践行社会主义核心价值观融入农产品加工教学育人全过程。

在农产品加工课程教学过程中，结合课程教学内容，培养学生具备坚定正确的价值观和较高的思想素质，具有强烈的社会责任感和工作责任心，以及良好的社会道德、个人品德和职业道德，在教学过程中具体通过以下几个方面来体现。

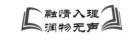

（1）社会主义核心价值观："农产品加工"专业课程中的"思政教育"是课程改革中的"隐性课程"，其根本目的是立德树人，把社会主义核心价值观自然地融入教学的整个过程。在农产品加工课程教学过程中，可以从国家意识、法治意识和社会责任意识等多个层面，培养学生的社会公德、职业道德和个人品德，并在潜移默化中使学生树立正确的社会主义核心价值观。

（2）严谨的科学态度：农业机械化及其自动化专业旨在培养具有科学思维、创新精神、实践能力和国际视野，具备自然科学、人文科学知识基础和高度社会责任感，较系统地掌握机械学、农业工程基础知识、基本理论、工程技能和技术知识，具备农业工程装备设计、制造、试验、系统集成等方面能力的高素质专门人才。在农产品加工实验教学过程中，通过科学方法论教育，引导学生修好品德、求知好学、创新上进、尊重实验事实，培养严谨的科学态度。

（3）为农业服务的职业素养和工作责任心：发展现代农业要全面认识现代科技的重要作用。在农产品加工教学过程中把职业素养教育同课程教学内容紧密结合起来，重点围绕职业道德和职业伦理等方面，加强科学精神和工匠精神教育，引领学生关注时政热点话题，关注农业对国计民生的影响，培养学生为国家农业发展做贡献的责任意识，以严谨的科学态度思考"三农"问题。[2]该课程理论与实践结合紧密，通过农产品加工案例分析培养学生相关的职业道德，教育学生只有积极的人生态度和工作责任心才能正确面对、理解社会竞争。

这些都可以在潜移默化中帮助学生树立正确的社会主义核心价值观，也就是回答习总书记提到的"培养什么人，怎样培养人，为谁培养人"三个根本问题的最好答案。

二、实施课程思政融入教学的方法

在专业课教学中融入"思政元素"，就要关注学生的发展需求和求知兴趣所在，在此基础上选取思想政治元素与专业知识融合的黄金结合点，实现专业知识和正确思想价值的有机结合。就"农产品加工"而言，笔者从以下几方面介绍在教学过程中的实践内容：

（1）在教学过程中融入农产品典型案例激发学生学习热情：在设计思政教育方案之前，对大学生的相关思想状况进行认真的调查和分析，搞清楚学生在专业课程学习的过程中真正关心的实际问题，学生思想和行为所处的状态。从学生的实际状况入手，增加对专业知识和农产品加工案例的阐释力，例如，从20世纪90年代开始，美国政府每年拨款10多亿美元建设农业信息网络，进行技术推广和在线应用推广，经历了机械化、杂交种化、化学化、生物技术化后，正走向智慧农业，现有大量的结合物联网、AI的高精尖技术，包括智能机器人、温度和湿度传感器、航拍和GPS技术等，大幅度提升了美国农产品的运营效率；法国经过多年发展，农业发展及相关技术也已十分完备，涵盖种植、渔业、畜牧、农产品加工等整个农业领域。法国政府主导农业生产整个过程，形成集高新技术研发、商业市场咨询、法律政策保障以及互联网应用等为一体的"大农业"农产品加工流程；英国政府为了应对气候变化和全球农业竞争加剧等问题，启动了"农业技术战略"，利用大数据和信息技术提升农业生产效率，建立了英国国家精准农业研究中心（The National Centre for Precision Farming，NCPF），在欧盟FP7（7th Framework Programme）计划的支持下，实施未来农场（Future Farm）农业项目，研发相关农业设备，实现从播种到收获、产品加工全过程的机器人化农业。由此结合我国目前农业和农产品加工发展现状，激发学生为我国现代农业发展奉献自我的精神，以"润物细无声"的方式发挥专业课程中思政教育的作用，提高专业课教育树人立德的成效。

（2）创新教学方法和知识载体：在课堂教学中创设和强化主题情境认知，充分体现课堂教学"育人"的主渠道、主阵地地位，承担"守好一段渠"的教学责任。在课堂教学中，充分利用多媒体、虚拟现实等先进技术的优势，营造生动逼真的教学情境，课前倡导学生自主关注和思考当前国际国内农产品加工发展趋势；在课堂上，通过创设情境和教学互动，使教学内容变得更为直观和生动，激发和强化学生的认知动力，展示国家在此方面的发展，并要持之以恒加强农业科技社会化服务体系建设，提高农机装备自主研制能力，正面引导学生的价值观；同时加强课后实践指导，进一步完善对学生农机专业知识和思想政治的教育。

（3）以实践为导向的教学理念：本科教学中的实验教学是必不可少的组成部分，是理论教学的重要补充，而本科教学实验室和工厂实习则是实践教学的基础条件与保障。借鉴美国麻省理工学院经验，采用"实践"导向的教学理念和改革工程训练教学方法，开展一系列以学生参与实践为主的课程改革。例如，在食品深加工教学中，以玉米为例讲解玉米深加工的过程，而后到大成玉米公司参观玉米深加工的过程，学生可以直观对比课堂中玉米深加工"玉米树"和工厂实际加工中"玉米树"的差异点；到皓月公司参观牛肉制品的加工过程和附加值的产生。

通过教学实践，在农产品加工专业课程思政环境中让学生愉悦地、潜移默化地获取有益于个体身心健康和个性全面发展的教育信息，树立了社会主义核心价值观；了解到我国农业正处于由传统农业向现代农业转变的重要阶段，创新驱动发展，农业现代化的实现关键在科技进步和创新，意识到专业知识和科学态度对于今后农业发展的重要性。通过调查问卷的方式了解到71.3%的学生开始主动了解关心我国农业发展政策，积极学习"十四五"规划和2035年远景目标纲要草案，了解粮食生产能力基础，对粮、棉、油、糖、肉、奶等重要农产品供给安全给予关注。这表明，"课堂思政"能有效激发和强化学生的学习和认知动力，引导学生形成正确的价值观。

三、课程思政教育效果

1.以身作则，身正为范的教师精神引导作用

好老师应该以身作则、见贤思齐，不断提高个人道德修养，提升人格品质，并言传身教把正确的道德观传授给学生。日前，教育部制定了《新时代高校教师职业行为十项准则》（简称《准则》），对教师的职业行为提出了基本行为规范。《准则》提出，教师应该是有理想信念、有道德情操、有扎实学识、有仁爱之心的好老师。在教学活动中，应该做到坚定政治方向、自觉爱国守法、传播优秀文化、潜心教书育人、关心爱护学生、坚持言行雅正、遵守学术规范、秉持公平诚信、坚守廉洁自律、积极奉献社会。[3]

作为"农产品加工"专业课教师，首先，要通过自己的举止言行为学生树立榜样，在授课的同时，以自己的思想品格和人格修养赢得学生的尊重，进而潜移默化地影响学生的人生观；在知识传授融合思政教育方面，专业课教师和思政课教师沟通交流，共同设计专业课教学方案，形成交叉学科，共同开发案例库，做到内容互相印证。在课堂上，教师应始终报以积极的心态传播正能量，教师是教学过程的引导者，是学生学习和模仿的榜样，教师自身的道德修养和品德在培养学生的过程中无时无刻不在对学生的品行、学识和人格产生影响，甚至专业的思政课程都无发起到这样的作用。因而，教师自身只有树立正确的科学的世界观、乐观积极的人生观，并以科学知识服务学生、服务国家的价值理念，才能将这些道德意识、责任意识的精神思想传递给学生，让更多优秀青年学子茁壮成长、早日成才。

2."思政元素"对学生人生规划的引领作用

高校学生作为马上要参加工作的高级预备人员，应该在学习中时刻做好准备，提升自我，做好职业规划，为将来工作打好基础。为此，在专业课中加入的思政教

育中有意识地引导学生，尽力从以下几个方面提升学生。

（1）培养学生的职业道德：在专业课教学过程中，融入农业相关法规、职业道德、社会公德的教育。农产品加工从业人员要自觉遵守行业内法律法规，做到知法、守法、敬法，并与违法的事情作斗争；把为人民提供安全、营养、绿色的农产品作为人生信仰，树立并形成优良的职业品德、职业纪律及职业责任心。架起农业相关技术服务与农民的连心桥，想农民之所想，急农民之所急，思想上时时追随党的步伐，与时俱进。

（2）培养学生科学的择业观：农业机械化及其自动化专业大学生具有成为国家急需的农业从业者，成为新型职业农民的潜质和优势。要使大学生愿意从事农业工作，把农产品加工作为一种可供选择的职业，首先要使大学生对农业工作了解认可。当前，"新型农业工作者"和"大学生就业"是我国关注的两个重要问题，引导大学生服务农业，有利于提升国家农业的科技水平，保障国家粮食安全。同时也是人才的合理利用，优化了我国农业从业者的主体结构，有利于解决我国当前农业劳动人员整体素质较低及后继乏人的现实问题。"新型农业工作者"有利于转变我国农业生产方式，推动农业现代化进程。在传授农业知识和技能的同时，也应让学生对"新型农业工作者"多一些了解，为学生就业后作为农业技术、科研人员或从业者与农民打交道做好情感铺垫。

"课程思政"作为党中央对高校教学内容和过程提出的育人新理念，目前正处于探索发展期，可以遵循和学习的案例非常少，这就要求身处一线的教学工作者结合专业课堂，并与思政同行从业教师探索"课堂思政"的内容、授课方式、方法等，并融合在一起。本文在农产品加工专业课程教学中通过对教学目标、教学内容、教学方法和载体等环节的有效设计和实施，融入课程思政内涵，实现"显性教育"与"隐性教育"的结合，坚决在教学中践行习近平总书记提出的"课程与思想政治理论课同向同行"教学革新，发挥专业课程可以连续起到对学生的价值渗透作用及对大学生的价值引领作用。

参考文献

［1］谷金清，陈姜庆.隐性思政教育在专业课中的运用［J］.教育教学论坛，2018，07：51-52.

［2］侯启瑞，吴萍，陈涛.隐性思政教育在农学专业课程中的运用［J］.课程教育研究，2018，

［3］新时代高校教师职业行为十项准则［Z］.2018.

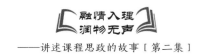

食品生物化学课程思政与"战疫"教育

食品科学与工程学院　潘凤光

　　食品生物化学是食品专业必修的基础核心课，蕴含着马克思主义哲学思想、爱国主义精神、理想信念教育、中华优秀传统文化、社会主义核心价值观、科学精神和生命健康等思政元素，是开展"课程思政"的天然载体，具有重要的专业引导和价值引领作用。

　　通过本课程的学习，学生能了解食品生物化学的产生、发展过程及其研究对象、方法和内容；掌握组成生命结构的生物大分子的结构和功能，及其在生命机体中的新陈代谢途径和最终的代谢产物；初步具备食品专业基础实验技能和实践动手操作的能力；具有综合运用所掌握食品组分的营养与代谢、理论知识和技能，进行安全与质量检测和质量控制的毕业要求。

　　针对食品专业特点，提出了食品生物化学课程思政教学改革的具体措施。通过完善教学大纲、提出结构式、润物无声式和新闻式教学设计，创新课程思政教学方法；结合工程认证教学目标达成度，探索课程思政评价方法，初步探讨了如何完善评价方法和评价体系。

一、完善教学大纲，凝练课程思政教学目标

　　在教学目标中，增加课程思政要求"使学生了解中国科学工作者在新中国生物化学学科发展过程中所做出的杰出贡献，熟悉中国科研工作者深厚的爱国情怀、严谨的科学作风，要突出培育科学精神、探索创新精神，注重把辩证唯物主义、历史唯物主义贯穿渗透到教学中，引导学生增强人与自然环境和谐共生意识，使其明确

人类共同发展进步的历史担当"。

在能力培养要求中，增加课程思政要求"使学生了解中国科学工作者在生物化学学科发展过程中所作的杰出贡献，熟悉中国科研工作者深厚的爱国情怀，培养学生的爱国奉献精神、科学严谨精神、探索创新精神和历史担当意识"。

二、创新教学方法，设计课程思政教学方案

1.结构式教学设计

结构式教学设计指在教学设计中有意识地加入思政教育的环节，如课前三分钟演讲或课后五分钟讲形势与政策等。

例如在绪论部分，直接引入屠呦呦、施一公等杰出科研工作者的典型事例，激发学生学习兴趣，提高学习生物化学的认识。另外使同学们认识到要敬畏自然，通过学习科学知识来武装自己，为国所用，近年由于新冠疫情的影响，即使不能返校也要在家坚持网课学习才是最好的抗疫做法，同时做到不信谣、不传谣。再如学习糖、脂和蛋白质等生物大分子生物氧化时，一方面需要通过各种分解代谢和电子传递链将电子传递给氧气以产生ATP（腺嘌呤核苷三磷酸），另一方面，如果氧气不被完全还原，则易产生活性氧而导致各种疾病发生，这体现了马克思主义哲学的"对立统一规律"；蛋白质变性体现了"量变与质变规律"；对酶的化学本质的逐步认识过程体现了"否定之否定规律"，以上这些则体现了要用辩证的发展的眼光看问题。

2.润物无声式教学设计

润物无声式教学设计通过教育者的言传身教达到润物细无声的教育目的。在蛋白质化学分类中，融入1965年中国科学家团队在世界上首次人工合成结晶有活性的牛胰岛素，培养学生的爱国奉献精神；邹承鲁在国际上最早尝试用蛋白水解酶部分水解的方法研究蛋白质结构与功能的关系，从而引出蛋白质结构的知识点，同时培养学生科学严谨精神。在脂类化学部分，让同学们能够正确认识胆固醇对人体的营养功用，从而避免学生们谈胆固醇色变，同时也可以让同学为家长或身边朋友做一定的宣传引导，让知识能够引导大家更好地生活。在讲解酶化学与营养代谢部分中，引入王应睐事迹；王应睐成功地组织了在世界上首次完成具有生物活力的人工合成牛胰岛素和酵母丙氨酸转移核糖核酸两项重大基础性工作。这样便可激发学生爱国主义精神。在能量代谢部分，通过讲解体内能量生成与线粒体的关系，来引导

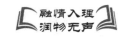

同学们要做多做有氧运动，以提高自身的能量代谢水平和免疫力水平，使自己更加健康，增强战胜疫情的信心。在核酸化学部分，引入中国杂交水稻之父袁隆平、中国遗传学家、农业发展战略专家、小麦遗传育种学家，中国小麦远缘杂交育种奠基人李振声，能够很大程度上激发学生的自豪感，从而信心百倍投入学习中。

3.新闻式教学设计

新闻式教学设计将近期世界上发生的与课程知识相关的新闻融入课程。在基因信息的传递与表达调控中，引入钟南山院士已84岁高龄仍然奔赴武汉抗击新型冠状病毒疫情的事迹，激发学生勇于担当的精神；列举了我党和政府抗击新冠肺炎的英勇战绩和方法，理论结合实践让同学们学有所用、学有所思。

三、探索评价方法，完善课程思政评价体系

在自学内容和预习内容布置过程中融入思政元素，以课堂自主发言和提问形式考查学生思政教育教学效果。

在过程考核中融入思政元素的相关内容，以事例分析形式综合考查学生思政教育教学结果。按照工程认证教学目标达成度要求，在学生问卷调查中加入思政教育反馈调查。

具体来说，课程思政的考核标准，主要考虑授课目标达成度、学习获得感、思政元素挖掘和融合三个方面，且应侧重定性评价而非定量评价。其中，授课目标达成度由教师自评，主要考虑教学目标、教学内容和教学方法的达成度；学习获得感由学生自评，主要考虑教学知识点、思政元素挖掘与融合点、德育能力提升；思政元素挖掘和融合由同行和督导共同评价，主要考虑目标体现、思政元素融合、成效展示等。考核方式应注重过程性考核，最终构建教师自评、学生评价、同行和督导评价的多元评价模式。对学生评价、督导和同行评价结果，应及时反馈给教师，以便教师及时反思并进一步改进教学工作，提升课程"育德"成效。

四、课程思政实践

1.教师要先接受教育，是开展食品生物化学课程思政的首要条件

（1）教师要有正确的政治立场和坚定的政治意识

正确的政治立场和坚定的政治意识是教师开展课堂教学的第一要求。教师要始终坚持社会主义办学方向，落实好党的教育方针政策，坚守"学术研究无禁区，课

堂教学有纪律"的教学原则，紧扣"培养什么人、怎样培养人、为谁培养人"这一根本问题，努力实现生物化学课程思政的价值引领作用。

（2）教师要有强烈的育德意识和育德能力

习近平总书记指出："人才培养一定是育人和育才相统一的过程，而育人是本，人无德不立，育人的根本在于立德，这是人才培养的辩证法。"教师要不断加强自身的人文、哲学社会科学素养，加大与思想政治教师沟通交流，积极参与专题研讨，争做一个会放盐的"好厨师"。在各项教学活动中，除知识传播和能力培养外，教师要有意识抓住育德机会，塑造学生的灵魂、品行和人格，积极引导学生坚定"四个自信"和做到"四个正确认识"。

2.深度挖掘和有机融合思政元素，是开展食品生物化学课程思政的关键

生物化学课程蕴含着丰富的马克思主义哲学思想、爱国主义精神、理想信念、科学精神和社会主义核心价值观等思政元素，如何有效挖掘并有机融入课堂教学中，是"课程思政"引领学生价值取向的关键。在教学内容上，教师要及时将课程热点问题、学生困惑问题、日常生活现象等引入课堂；在教学方法上，积极采用启发式、讨论式、探究式、体验式和基于费曼技巧的"以教为学"教学模式，努力做到春风化雨，润物无声。

3.建立科学的评价体系和制度意识，是建立课程思政长效机制的重要保障

（1）建立多元化评价体系

传统的生物化学课程，主要采用平时成绩、期末考试等终结性考核手段，且侧重对知识、能力考核，未充分考虑学生的认知、情感、价值观等德育指标。在新时代"课程思政"建设大背景下，如不考核上述德育指标，则无法保证"课程思政"的长效育人成效。但考核方式可通过多元化、精细化和系统化的过程性考核指标，加强教师对知识传授、能力培养与价值引领的契合性。

（2）强化制度意识

习近平总书记指出："要增强制度意识，善于在制度的轨道上推进各项事业。"食品生物化学课程思政建设也同样需要制度保障。一方面，学校层面要建立制度导向的引导机制，特别是在教学激励和职称评聘制度方面，同时要建立常态化的教师培训制度。另一方面，课程团队通过将教师党支部与教研活动相结合、实行"双带头人"、开展专题研讨、集体备课、相互听课等手段，不断强化教师的育德意识和育德能力。在有条件的情况下，学校还可通过大思政互动机制、课程思政教

材开发制度等措施予以保障。

　　总之，针对课程思政的要求、食品专业特点并结合食品生化课程特点，教学团队提出食品生物化学课程思政教学改革。通过完善教学大纲，提出思政要求；提出结构式、润物无声式和新闻式教学设计，创新课程思政教学方法；结合工程认证教学目标达成度，探索课程思政评价方法。通过教学改革，尝试为食品生物化学课程思政提供新思路。

电工学学科育人小故事

通信工程学院　詹迪铌

　　研究课程思政的过程就是教师接受思想政治再教育的过程，每位教师都从中受益匪浅，将这些内容搜集整理出来并在教学中予以应用是很好的育人素材。在挖掘电子技术部分思政素材时，已故信息与通信工程学科创建人之一戴逸松教授的事迹感动了大家，在课堂上学生们真正地接受到人生洗礼，也接受了科学教育。

　　1998年，航天一院十三（简称"航天十三所"）所给原吉林工业大学信息科学与工程学院寄来了一封感谢信。信中一段话是这样写的："在我国航天事业取得的成绩中，凝聚着贵校领导和同志们的智慧和辛劳，对此，请再次接受我所党委领导和全体职工对贵校的崇高敬意和诚挚的感谢，并希望在今后的工作中继续得到贵校的支持与帮助，共同为我国航天事业的发展做出更大的贡献。"这封信就是对戴老师的肯定与感谢！

图27-1　2003年11月17日，中国航天科技集团公司，颁发给吉林大学
通信工程学院的纪念文框和荣誉证书

戴逸松（1936.11—2001.1），出生于上海，中共党员，原吉林工业大学电子工程系主任、教授、博士生导师。1953年，17岁的戴逸松从家乡考入哈尔滨工业大学，1956年，因成绩优秀，被保送到清华大学无线电系学习，1958年从清华毕业后回哈工大任教，1961年奉命调入原吉林工业大学电子工程系。戴逸松教授一生从事微弱信号检测技术及传感技术、噪声理论及低噪声技术的研究，是该领域国内知名专家。

我们将戴老师的成就与中国航天技术的发展整理成故事，融入半导体器件（光电耦合）的讲解过程中。

从"嫦娥"探月到"天问"探火，再到"羲和"逐日。中国的航天科技实现跨越式发展，中国向着航天强国建设迈出坚实步伐。但是科学研究从来都不是一帆风顺的，失败是每一个科研工作者必须要学会面对的。在课堂上我们给学生讲了长征三号乙火箭首飞失利的事故。

长征三号乙是一枚三级大型液体捆绑式运载火箭，它以长征三号甲为芯级，再捆绑4个助推器，是当时中国推力最大的运载火箭，该火箭主要用于发射地球同步轨道卫星，是中国用于商业发射的主力箭型。

当时的航天发射远没有现在密集，加上"长三乙"又是一枚新型火箭，并且首发就承担了商业发射的重任，这些因素都注定了任务被高度关注。1996年2月12日发射前最后一次协调动员会，时任火箭总师龙乐豪说了这样一句话："这次任务，成功了了不得，不成功不得了。"

卫星发射前十分钟，发射场司令员从另一个指挥大厅打来电话："祝'长三乙'发射好运！"

1996年2月15日凌晨3点，随着"点火！"一声令下，熊熊烈焰托举巨大的箭体冉冉升起。然而，一个意外出现了，火箭飞行姿态突然出现异常，原本笔直的箭体倾斜而去，彻底偏离了发射方向。紧接着，屏幕上出现一团橘红色的火球，几乎同时，轰的一声响，像是闷雷在不远处落地。立刻，指挥部里感到一阵震颤，悬挂在前面的大屏幕摇晃了几下，照明灯全部熄灭了。一片沉寂。每个人都清楚地意识到，发生了意外，火箭爆炸了。

中国负责国际空间技术合作的长城公司用这样的记录将这次事故写入了大事记："这次失利导致国际用户、保险界对长征火箭的信心产生动摇，中国商业发射经受严重挫折。面对困境，中国航天进一步强化长征运载火箭的质量管理，采取了一系列严格的改进措施，并依靠自己的力量完成了'长三乙'故障调查，使'长三乙'在18个月后恢复发射并一举成功。"

那么依靠自己的力量，这力量在哪里呢？为了查找失败原因，许多专家对火箭各个部位、零件进行仔细排查，联合分析后认为是火箭的光电耦合器的器件可靠性出了问题。当时的航天十三所经专家推荐，找到了戴逸松教授，经过戴逸松教授对器件进行检测，并反复研究，确认是光电耦合器的低频噪声过大，对火箭发射造成了影响。随后，戴逸松教授又为航天部测试了火箭所使用的合肥四十三所的电子组件，针对其工作不稳定问题，检测出某电容器内部引线接触不良，使得测试工作取得了巨大进展。尽管当时的戴教授年事已高、视力也已经严重下降，但他依然亲自对测试结果数据进行逐一检查，最终帮助航天部解决了难题。

我国"中卫一号"及"鑫诺一号"卫星的成功发射，以及1999年我国重要型号火箭的成功发射，都倾注了戴逸松教授和科研组同事们的心血，他们的工作得到了航天部运载火箭技术研究院的肯定，并专门请戴逸松教授执笔制定了"器件筛选和复验标准"，该标准成了元器件装机前必要的质量保证措施。能为航天部制定这样的标准，他对此感到无上的荣幸。

航天十三所为什么能找到远在长春的戴逸松教授来解决这个问呢？当时国内进行弱信号检测研究的人很少，因为这是一条艰难而又不容易出成果的科研之路，有多少人在这条路上走着走着，为了经济利益就改变了研究方向，而戴老师却始终坚持，并在弱信号检测领域有所突破。在对戴老师遗孀的走访中，我们了解到戴老师最大的爱好就是看书，就连跟家里人去旅游，他都要在包里装上一本书，有空就拿出来看。具备这种钻研精神的人怎么可能不成功！

这是一个发生在身边的故事，上课时学生们都饶有兴趣地听老师讲述整个故事，对事故的震惊、对事故原因的好奇、对找到原因的期待，一环接一环，牢牢抓住了学生的心。

学生们在感慨，一枚小小的元件居然会给火箭带来毁灭性的影响，在科学研究当中，真是一点马虎、一丝偏差都不能存在，严谨的科学态度是今后工作中不可或缺的品格，同时也要有承受失败的能力。学生们在感动，为身边能有这样一位为国解忧的教师而感到骄傲，为一个科研人的钻研精神而感动，在科学研究中要耐得住寂寞，经得住诱惑。学生们在立志，为祖国贡献力量，不是一句口号，每个人在自己岗位做好准备，当祖国需要你时，要有及时顶上的能力，机会总是留给有准备的人。

我们的课程思政育人方法是一堂课、一个故事，一个道理，在课程思政的路上，学生们一边受教、一边传授、一边成长。

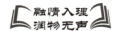

师德榜样　薪火相传：讲述地学学科育人故事

地球科学学院　张彦龙

在吉林大学地球科学学院建设发展的70年中，涌现出一大批值得我们学习的榜样，本文主要介绍三位师德榜样，他们分别是陈曼云老师、李才老师和吴福元老师。将发生在这三位老师身上的故事讲述给"00后"的大学生，无疑是最好的专业宣传和课程思政素材。

一、春风化雨教学、潜移默化育人——陈曼云教授

陈曼云老师是岩石教研室的一位知名教师，先生在岩石鉴定界是出了名的"陈三转"。在我学生时期就已经认识了这位白发苍苍的长者，那时候先生已经退休。

陈先生退休后没有选择安逸闲适的退休生活，而是将所有的精力投入了《透明矿物鉴定手册》和《变质岩鉴定手册》两部地质工具书的编纂和图像采集工作。那段时间鸽子楼从早至晚都有陈先生工作的身影。岩矿综合鉴定实验室是陈先生退休后的主要工作地点。

图28-1　退休后的陈曼云老师为中石油勘探开发研究院实验中心岩矿提高班讲课

图28-2　陈老师在工作室翻找岩石薄片

　　陈先生对待老师同学都很和善，大家有薄片方面的问题都喜欢去问陈先生。虽然写书的时间被占去了很多，但她总是耐心解答大家的各种问题。听过先生讲解的学生都受益匪浅。先生讲问题总是由点及面，由表及里。在讲矿物的时候，更是如数家珍。她会将相似的矿物都列出来加以对比，怎样区分，是根据矿物的突起、延性、干涉色还是光性，条理清晰，重点突出。如果有不认识的矿物询问先生，她还会反问你矿物的各项特征是什么，慢慢地你自己可以根据矿物的特征把矿物确定下来。先生不但解答问题，还会延伸讲一些相关的知识点。比如告诉你矿物形成在什么环境，共生矿物组合有哪些等等，这都是陈先生几十年的经验累积。

　　虽然我们不曾上过陈先生的课，但是在教学档案整理中，有一段这样的评价："有坚实的专业基础和较高的理论水平，教学中责任心强，备课认真，热心教学改革和教学基本建设，对教学工作精益求精，教学效果很好。"

　　陈先生对待问题精益求精，在书稿编著过程中，先生听到有老师提出的关于矿物延性的问题，及时调整了关于矿物延长方向和矿物长切面的描述，让读者更容易理解。陈先生生活很节俭，手册的书稿是先生用钢笔一字一句写完，之后再用红笔进行反复修改，稿纸正面用过的，背面还会继续用，一直到都写满为止。

图28-3　陈曼云薄片的原始鉴定记录、优选记录和工作日记

　　陈先生以古稀之年，不但完成两部编著，还在繁忙的编写过程中指导了大量的学生的薄片鉴定工作。陈先生治学态度严谨、工作积极热忱，是值得我们永远学习的楷模。

二、做研究要站在巨人肩膀上——吴福元院士

　　吴福元于1980年进入长春地质学院地质系学习，先后获得学士、硕士和博士学位；1992年博士毕业后留校在岩石教研室任教；1995年至1996年在法国雷恩第一大

学进修；2003年3月调至中国科学院地质与地球物理研究所岩石圈演化国家重点实验室工作，任研究员；2012年当选美国地质学会会士；2015年当选为中国科学院院士；2017年出任中国科学院地质与地球物理研究所所长。

吴福元主要从事火成岩岩石学方面的教学和科研工作，其研究方向是花岗岩成因和大陆动力学研究。其研究成果主要有：在花岗岩成因类型划分、区域地质过程及大陆地壳增生机制等方面取得了系统性创新成果；提出东北大面积花岗岩主体形成于中生代并受古太平洋板块俯冲控制、华北中生代花岗岩是克拉通破坏的岩石学标志等诸多认识；构建了利用花岗岩制约印度–亚洲大陆初始碰撞时间的新手段；主持建设了以Hf同位素为特色的激光矿物微区同位素分析与研究实验室，开拓新的实验技术与方法，为岩石学研究提供了重要技术平台。其成果在国内外主要刊物上发表学术论文200余篇，其中80余篇被SCI收录，SCI引用20000余次。

吴福元在和学生交流中经常鼓励学生：（1）在研一完成从大学到研究生的转变，提高学习能力；（2）有目标，设定一个明确、喜欢却不功利的目标，往往事半功倍、乐在其中；（3）勤奋，把自以为是的聪明搁置起来，把干扰因素放在一边，把各种诱惑看淡一些，心无旁骛地去做；（4）处理好同学和导师的关系，和同学相处互帮互助，共同进步，和导师多沟通交流，利用好平台；（5）读书，做科研少不了读书，它是逐句琢磨，而不是浏览或消遣。尽力去做到这些，就会有更大的可能体验到攀登科学高峰带来的喜悦。

图28-4　吴福元院士给学生上课

作者2006年攻读硕士研究生时和吴老师接触，吴老师经常会讲他年轻时候的故事，他常教导我们："搞地质、不能怕苦""做研究，文献要读透"。

吴福元生于安徽农村，父母都是地道的农民。童年时期，常靠乞讨来充填饥肠辘辘的肚子。"那个年代，无论是肉体还是精神上，苦啊！"伤痛与苦难过后，留下的不仅有记忆，还有他坚强而隐忍的性格。所以，在他的老师们看来，"吴福元是个听话的学生。"1978年初中毕业时，他极不情愿地、也只能听话地去上高中。也正是因为"听话"，才有了现在的吴老师。搞地质研究需要进行野外实地考察。大多数时候，这项工作不仅劳顿奔波、风餐露宿，甚至还有生命危险。可吴福元觉得，这比他小时候在田地里干活儿强太多了。他说："搞地质，不能怕苦。"

大学生活令他向往。看到图书馆满架的书，他如饥似渴，整天沉醉其中，似乎要将不识字的父母和3个哥哥未读过的书全部读完。也就是那时，他养成了每天读文献的习惯。30多年了，没有间断过，包括春节等各种节假日。如今，他的办公室里整齐地摆放着各类装订成册的文献。他给自己的规定是，易懂、明晰的文献要在白天解决，难懂的、需要深入思考的留到晚上集中研究。遇到了疑惑的、感兴趣的地方，他会将其做成PPT，把问题的来龙去脉、前因后果统统整理清楚，发现了新的进展，或有了新的思路，随时加进去。到现在，看文献时整理的PPT已经有好几百个了，这些点滴的积累像是大树上的小枝杈，从吴福元的脑袋里生长出来，靠他不断地栽培着，虽然这个过程会很漫长，但正是这种坚持，使他对自己所从事的研究工作了如指掌，包括问题的来龙去脉、实时状况、解决办法等。

待到他动笔去撰写论文时，甚至不需要查阅文献，因为所有需要参考的资料早已经烂熟于心，只是在写完后要花点时间整理一下。"做研究，看文献十分重要，因为你只有真正站在巨人的肩膀上，才有可能对相关问题有清晰的了解和把握。"

图28-5　野外考察中的吴福元老师

吴老师有个"缺点"，他经常说"太专注了，这是我的毛病"。在长春时，他的办公室是鸽子楼113-3室，早上他一到这儿就开始工作，其余的任何事物都好像不存在了。干扰到了他这儿，似乎被自动屏蔽掉了，一坐就是一上午，"这是我的一个毛病，得提醒自己起来走走，不然对身体很不好。"偶尔有哪天，他发现没有人找他，也没有电话和短信，会很高兴这难得的清静。可忙完到了下班才发现，手机根本就没开机。直到现在，吴老师没有微信，甚至连手机也想丢掉。身边的人劝他："你不看手机，不了解时势，会少知道很多事儿啊。"他回答，"我即使看了，知道得也多不到哪儿去，因为不知道的远远多于我知道的。"他把所有的时间和精力都花在了科研方面，在花岗岩成因类型划分、区域地质过程及大陆地壳增生机制等方面取得了系统性创新成果；在开拓岩石学实验技术与方法方面，成绩显著。

在他取得了一项项的学术成就之后，经常有媒体记者请求采访，他都婉言拒绝。"我不愿意曝光在公众视野中，会干扰我的研究。"所以几乎找不到关于吴福元的报道，可身边知道他的人，没有不佩服的。

三、情系高原育桃李——李才教授

"要做好一件事，就要有打破砂锅问到底的精神，就是要一条路走到黑。只有这样，才能走在领域的前沿。"

"我们地质行业走到哪里都是艰苦的事，艰苦的职业，要是想把这件事做好，就要做好一辈子艰苦的准备。"

——取自李才老师2019年6月采访

李才，男，中共党员，吉林大学地球科学学院教授，博士生导师。1953年10月生于吉林省蛟河市。1972年，李才步入大学校门，从此与地质结缘。1975年，他在长春地质学院地质系（现吉林大学地球科学学院）读书时，查阅了很多有关青藏高原的地质资料。正是通过这段时间的学习和研究，他开始对青藏高原有了较为深入的了解。他发现有关青藏高原的科研成果一直由国外的地质学家主导得出，而我国的研究成果却十分稀少。"去西藏！"从这时起，这一念头就像一颗种子开始在心中萌发。

青藏高原是中国最大的高原，也是世界海拔最高的高原，被誉为"世界屋脊"和"第三极"，是地球上正在进行地质作用的实物标本，被地质学家称为"打开地球动力学大门的金钥匙"。毕业后的李才为了自己"发展高原地质"的理想主动请愿赶赴西藏，成了第一批援藏大学生中的一员。西藏高原环境恶劣，长期在平均海拔5000米的藏北羌塘无人区工作，高寒缺氧的工作条件使得李才落下了"慢性病"，李才割舍不下自己心中那份对西藏的热爱，他都坚持每年赴藏北开展野外地

质调查工作。

图28-6　李才老师进西藏　　　　　　　　图28-7　李才老师在野外工作

　　李才老师的足迹遍布青藏高原，从喜马拉雅山到昆仑山，从横断三江到阿里高原，李才将自己的青春年华都奉献给了青藏高原，为我国青藏高原地质研究的进步做出了卓越贡献。1987年，李才原创性提出"龙木错–双湖–澜沧江板块缝合带与石炭–二叠纪冈瓦纳北界"的学术观点，并在此后几十年的地质调查和研究工作中不断用新的地质事实和数据进一步深入论证和完善这一观点。1997年任纪舜院士主编的《中国及邻区大地构造图》全面接受这一学术观点，并将其运用到青藏高原大地构造划分上。2011年，李才老师荣获了"国家科技进步特等奖"。2012年，李才主持完成的"1：25万玛依岗日幅地质调查"被中国地质调查局评为"全国区域地质调查优秀图幅展评一等奖"。2016年荣获吉林大学"'十二五'科技工作突出贡献奖"。

图28-8　李才在人民大会堂参加国家科学技术　　　图28-9　李才与团队在鸽子楼前合影
　　　　　奖励大会（2012年12月14日）　　　　　　　　　　（2011年）

　　1988年，李才在西藏工作了13年后，调回长春地质学院（现吉林大学地球科学学院）开始了他传道、授业、解惑的教师生涯。德无形，而行有形。李才注重师德，学风严谨，一丝不苟，把教书育人贯穿于教学和科研工作中，他的一言一行都在潜移默化中影响着一届又一届的吉大学子。李才以渊博的学识引导学生，以严谨的态度影响学生，以博大的胸怀爱护学生，以高尚的人格感染学生。李才十分重视对学生独立科研能力的培养，并能做到因材施教。针对学生感兴趣的研究方向，会予以最大限度的支持和鼓励，并对其进行充分的指导。此外，他还注重培养团队的敬业精神、奉献精神。告诫学生们在科研工作中严格要求自己，勇于探索，推陈出新，积极参加各项课题的研究。正是出于这样的高标准、严要求，李才团队中众多的中青年学术骨干和优秀研究生在该领域崭露头角。近10年来，李才老师培养了11名博士研究生，26名硕士研究生和50多名本科生。他们中的很多人仍然在地质研究领域孜孜不倦地努力着，为我国的地质研究事业不断添砖加瓦。

　　"我们这个团队在羌塘地区开展区域地质调查和科学研究工作几十个春秋，是什么精神支撑我们？是科技人员对祖国的忠诚和奉献、是对科学与真理的追求。""多吃苦是财富，多积累好建筑。"作为我校青藏高原地学研究的领路人，在治学上，勤勤恳恳，百折不回，积跬步以成千里，于千丈高原间指点江山；在教书育人上，他兢兢业业，呕心沥血，三尺讲台挥斥方遒。李老师向我们诠释了一位当代地质学者为人师表的真正含义。

图28-10　李才团队登上藏北无人区海拔5917米的长梁山主峰（2012年）

地理信息科学专业多元分析方法
与应用课程思政建设研究

地球探测科学与技术学院　潘　军　蒋立军　李远华　路　鹏

2014年，习近平总书记在第二十三次全国高等学校党的建设工作会议上强调："办好中国特色社会主义大学，要坚持立德树人，把培育和践行社会主义核心价值观融入教书育人全过程。"2016年12月召开的全国高校思想政治工作会议上，习近平总书记再次强调："要用好课堂教学这个主渠道，思想政治理论课要坚持在改进中加强，提升思想政治教育亲和力和针对性，满足学生成长发展需求和期待，其他门课都要守好一段渠、种好责任田，使各类课程与思想政治理论课同向同行，形成协同效应。"充分发掘党的十八大以来党中央进行治国理政、推进中国特色社会主义进入新时代的过程中的大量精彩故事的思想政治教育功能，打造丰富多彩的"思政故事"，建设"思政故事库"，用故事来阐述道理，用身边来激活天边，是深入推进习近平新时代中国特色社会主义思想进课堂、全面提升思想政治理论课教学效果的重要途径和方法。

地理信息科学专业主要培养地理信息科学与遥感信息科学人才。目前，地理信息科学与遥感技术被广泛重视，智慧城市的建设、深空探测的开启都是地理信息科学专业的应用方向。该专业是国家发展战略中重要的技术学科。培养适应现代化建设和未来社会与科技发展需要，具有创新意识、实践技能、良好的科学与人文素养，能持续获取知识并具有广阔国际视野的地理信息科学与遥感信息科学人才，是地理信息科学专业人才培养的首要目标。

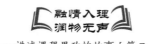

一、"多元分析方法与应用"课程概况

1. 课程基本信息

"多元分析方法与应用"（课程编码：621072）为面向地理信息科学专业本科生三年级所开设的专业教育课程，32学时（理论学时32学时），2学分，授课方式为课堂板书讲解，考核方式为开卷考试，其前导课包括高等数学、线性代数、概率与数理统计、遥感原理与应用、遥感数字图像处理等。

多元分析（多元统计分析）是统计学的一个重要分支，其研究对象是多个变量（样品）的统计总体（样本），多元分析基于多维空间重点研究变量、样品、变量–样品之间的关联，其目的在于实现对变量、样品的分类乃至规律认识与知识发现。多元统计分析起源于20世纪初的心理学研究，众多学者的研究工作已使得其理论得到了迅速发展并取得了卓有成效的实际应用成果，该分析法已广泛应用于经济学、生物学、教育学、医学、地质学、生态学、体育学、社会学、考古学、工业、农业等自然科学和社会科学的诸多领域。

多元统计分析是对遥感数据、地理空间数据等地学多维数据进行处理与专题信息提取的核心方法，课程重点讲授和引导学生理解多元统计分析理论模型、方法原理的"几何意义"，同时侧重于理论方法的实际应用。

2. 课程教学目标

通过课程学习，使得学生能够掌握典型多元分析方法的数学模型、方法原理，培养从"多维空间"与"几何意义"角度进行变量、样品分类的科学思维方式，基本具备遥感、地质、地球化学、地球物理等专题数据处理、信息提取乃至规律认识与知识发现的数学建模素质与方法应用能力。

3. 多元统计分析在遥感与地理信息系统中的应用

自20世纪50年代以来，多元统计的理论、方法及其应用受到了越来越广泛的关注。国内多元统计方向的研究始于20世纪30年代末至40年代初许宝騄在西南联合大学时期。现代大数据分析的需要使得古典多元统计方法不能完全有效地解决当前的实际问题，古典多元统计理论从20世纪70年代以来已经得到了快速发展。

二、多元分析方法与"课程思政"元素挖掘

在大数据的时代，多元统计分析的方法也被广泛用于大数据的分析。现在网

络发达及自媒体盛行，同学们通过各种渠道可以获取国内外相关信息。信息种类丰富、来源错综复杂，不乏一些左右青年价值观及人生观的不良信息输入，需要同学们有一定的辨别能力及坚定的意志加以区分对抗。这就需要思想政治元素的加入，对学生加以正确的良性引导。多元统计分析是大数据分析的主要手段。多元统计分析课程偏重数理分析，原理性教授较多，在以往的教学中学生理解难度较高，上课积极性不高，教学效果不理想。思政要素的加入可以通过典型案例分析的方法，让同学们在对理论理解的同时，加强对形成正确三观及爱国主义情怀的引导。

三、多元分析方法与应用"课程思政"建设方案

1.课程思政建设总体目标

坚持以教师"立德树人"为课程德育元素之根本以及专业教育与思政教育并重原则，挖掘构建培养学生良好行为习惯、科学思维方式、正确三观素养的课程思政元素，开展学生人群特质分析研究，并通过课堂讲授、课堂讨论、作业练习、课下答疑交流等方式融入专业教学活动之中，实现对学生良好行为习惯、科学思维方式、正确三观素养的潜移默化良性引导。

2.课程思政建设方案设计与重点工作

以学生人群特质现状问卷调查分析为基础，进行思政元素理论构成要素分析，结合学生人群特征开展课程思政要素分类挖掘与案例建设研究，并从教师立德树人与思政引导、课程思政教学方法研究两个角度进行思政教学实践，借此积累思政教学方法经验，评测课程思政教学效果。

（1）课程思政学生人群特质问卷调查

工作目的：掌握授课对象人群特征，针对性开展思政元素分类与挖掘。

工作内容：学生人群特质现状调查问卷设计、问卷调查、问卷分析。

（2）课程思政元素分类挖掘与案例建设

工作目的：构建思政教学经典案例，良性引导学生形成良好行为习惯、科学思维方式、正确三观素养。

工作内容：思政元素理论要素构成分析、课程思政要素分类研究、课程思政要素挖掘——良好行为习惯启示（培养）思政要素、科学思维方式启发（训练）思政要素、正确三观素养启迪（引导）思政要素。

（3）课程思政实践与评价

工作目的：将教师品行修养作为最直接的思政元素进行思政引导，同步开展思政案例教学方法研究，积累课程思政教学经验与深化课程思政认知。

工作内容：教师立德树人与思政引导研究、课程思政教学方法研究。

四、课程思政学生人群特质现状问卷调查

思政教育当与专业知识教育同理，需准确掌握授课对象人群特征，针对性开展思政元素分类与挖掘，并应在深入分析不同学生特质的基础上进行针对性的适宜引导。基于这一宗旨，项目负责人与教学团队深入开展了学生人群特质现状调查问卷设计、问卷调查、问卷分析工作，以问卷调查结果作为课程思政元素挖掘与实践教学的指导。

1.学生人群特质现状调查问卷设计

调查问卷设计以发现学生行为习惯、思维方式、三观素养方面问题为宗旨，设计了行为习惯、思维方式、三观素养、多元分析方法与应用课程思政教学效果共4个单元模块，内含51道问题（必答题50道、选答题1道）。

其中，行为习惯单元模块主要包括专业学习习惯、在校生活习惯、沟通习惯、心理问题、决策行为习惯、长期行为习惯等问题；思维方式模块单元主要包括对学习的认识、学习内容喜好、学习方式方法、自我提升意识、团队协作意识等问题；三观素养单元模块包括对金钱、朋友的态度、同理心、人生价值认知、向往生活状态、未来工作规划、最希望自己能拥有的能力或素质等问题；课程思政教学效果单元模块包括对思政内容的印象、最感兴趣的思政元素形式、课程学习与课程思政对自身的影响等问题（见表29-1）。

3.学生人群特质现状问卷调查

（1）问卷调查时间：2020—2021学年1、2学期。

（2）问卷调查对象：地理信息科学专业231822班、231922班。

（3）问卷发放形式：微信小程序问卷星。

（4）问卷回收格式：Word、Excel文档。

（5）问卷总回收率：89%。

（6）问卷有效率：100%

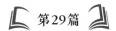

3.学生人群特质现状调查问卷分析

对行为习惯、思维方式、三观素养三个单元模块重点问题的单项分析结果显示，相当一部分学生缺少主动学习热情，对专业学习存在一定程度的恐惧心理或抵触情绪，缺乏科学思维方式训练和自我提升意识，思政元素挖掘需重点解决此方面问题（见表29-1）。

表29-1　课程思政调查问卷结果分析

问卷单元模块	调研方向	项目内容	问卷调查结果分析
行为习惯	专业学习习惯	预习、听讲、复习；学习方式	基本无预习、复习占比50%～60%、基本无课堂笔记占比37% 喜欢独立学习占比52%、集体学习占比21%、被迫学习占比27%
	在校生活习惯	作息、消费	作息习惯晚睡晚起或不固定占比29%；月均消费1000~2000元占比73%
	与人沟通习惯	家人沟通	每周1次以上者占比80%；极少数者很少沟通/每学期1次
	心理问题	学习恐惧/抵触心理、拖延	学习感兴趣29%、轻度恐惧/抵触53%、不感兴趣18%、无拖延症7%、轻度拖延症61%、重度拖延症32%
	决策行为习惯	父母做主、自己做主、他人建议	听从父母意见并自己决策84%、父母做主8%（接受与反感各4%）
	长期行为习惯	长期坚持做某件事情	健身锻炼20%、阅读写作/日记25%、外语计算机27%、技能13%、手机/游戏66%、无坚持16%
思维方式	对学习的认识	学习动机；好奇心/兴趣	课后作业：独立认真46%、上网搜答案43%；对多数专业课感兴趣48%、对重要专业课感兴趣43%
	学习内容喜好	理论推导/实践操作	侧重理论知识18%、侧重实践动手54%、二者并重23%、均不侧重5%
	学习方式方法	课后作业、课余学习、工具利用	课余图书馆/网络工具的利用：善于利用52%、不会利用38%、不利用10%
	自我提升意识	参与实践意识、总结/写作训练意识	参与科研：想参与32%、有点想61% 学习总结：定期11%、不定期52%、很少37% 写作训练：经常4%、定期14%、很少70%、无12%
	团队协作意识	个人、领导、协作	侧重个人能力21%、侧重团队协作63%、侧重领导者地位16%

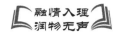
续表

问卷单元模块	调研方向	项目内容	问卷调查结果分析
三观素养	价值观	对学习、朋友、金钱的态度	大学学习目的：找工作46%、学习阶段27%、理想与价值23%、无所谓4% 大学期间最重要的事情：专业学习61%、外语/计算机13%、组织能力18%、其他技能4%、玩乐5% 朋友：重在数量11%、重在质量86%、一个人也很好3% 金钱：很重要32%、重要50%、还好18% 购物：注重是否需要95%、只买好看的5%
		同理心	对他人的不便影响：总是考虑66%、有时考虑32%、不太考虑2% 扶起摔倒的老人：主动30%、跟随43%、不敢25%，不知如何做2%
		人生价值	大学生的价值倾向：功利化27%、实用化9%、二者兼有61%、崇美尚真3% 人生价值标准：社会贡献93%、财富5%、名誉地位2% 快乐的事情：朋友82%、健康91%、认同感73%、学习12%、亲人平安93%、财富66%、爱人59%
	人生观	向往的生活状态、今后学习工作规划	向往的生活状态：位高权重12%、追求个性63%、自我奋斗11%、平淡稳定14% 今后规划：读硕士博士21%、先读硕士再说59%、工作11%、出国4%、无规划5%
		最希望自己能拥有的能力或素质	自信77%、情商45%、创新38%、赚钱38%、勤奋29%、逻辑20%、坚持14%、乐观14%、编程13%、智商13%、正确的三观9%
	世界观	方法论：全局/全方位理解事物	对三观素养影响最深的因素：家长/老师62%、同学朋友4%、生活阅历34%

五、课程思政元素分类挖掘与案例建设

在思政元素理论要素构成分析的基础上，从课程建设及课堂授课操作层面进行了课程思政要素分类研究、课程思政要素挖掘与案例建设工作，将多元分析方法与应用课程思政要素归纳为良好行为习惯启示/培养思政要素、科学思维方式启发/训练思政要素、正确三观素养启迪/引导思政要素共三种类型，挖掘建设课程思政教学案例共计33个。课程思政教学案例绝大多数为三种类型思政要素的融合载体，符合

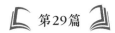

思政元素理论要素构成要求，形成了对学生良好行为习惯、科学思维方式、正确三观素养的良性引导。

1.思政元素理论构成要素分析

思政教育的目标重在启发、引导、训练和教育学生形成良好的行为习惯、科学的思维方式、正确的三观素养，众多教学研究成果对思政元素的理论构成要素进行了深入研究与探讨，课程教学团队通过学习与对比分析，参照主流教学研究成果，将理论构成要素划分为：政治教育、思想教育、法制教育、文化教育、心理教育、道德教育、劳动教育、创新教育共8种类型，累计包括56个理论构成要素（见表29-2），课程负责人及教学团队认为，具备上述要素之一，能够对学生行为习惯、思维方式、三观素养具有良性引导的专业课程内容均能够作为思政元素与教学案例。

表29-2　思政元素的理论类型及构成要素

思政元素理论类型	思政元素理论构成要素
政治教育	政治认同、思想认同、情感认同
	道路自信、理论自信、制度自信
	文化自信
思想教育	个人：爱国、敬业、诚信、友善
	社会：自由、平等、公正、法治
	国家：富强、民主、文明、和谐
法制教育	依法治国、法治理念
	法治原则、法律概念
	法治思维、法治方式
	国家安全意识
文化教育	中华优秀传统文化
	革命文化
	社会主义先进文化
	文化素养、人文素质
	科学精神、美育精神

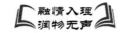
续表

思政元素理论类型	思政元素理论构成要素
心理教育	健全人格、健康心理
	生存训练、挫折教育
道德教育	职业精神、职业规范
	职业品格、行为规范
	职业素养、职业操守
	道德观念、道德规范
	经世济民、诚信服务
	德法兼修
	科技伦理、工程伦理
劳动教育	大国三农情怀、大国工匠精神
创新教育	创新精神、创造意识
	实践能力、创业能力

2.课程思政要素分类挖掘与案例建设研究

在思政元素理论构成要素分析的基础上，依托课程教学内容与教学任务，结合课程思政教学目标，将多元分析方法与应用课程的思政要素从操作层面归纳划分为三个功能类型：良好行为习惯启示/培养思政要素、科学思维方式启发/训练思政要素、正确三观素养启迪/引导思政要素。

思政要素基本为多元分析方法理论模型与基本原理、代表性人物故事、生活常识的数学解释等形式，重在引导学生对仪式感、守时、持之以恒、时间与耐心的投入、形象思维、全局思维、发散思维、批判性思维、创新思维、公平公正、诚信、道德规范、职业规范、科学精神、奉献精神等方面问题进行思考，发现自身问题并进行改进。

在思政元素分类与挖掘的基础上，基于课程授课内容进行思政教学内容整合与系统梳理，开展教学方式选择与教学方法设计，最终建设课程思政案例33个（见表29-3）。主要工作包括：系统收集整理文献、网络资料中的历史人物、历史事件素材，梳理其思政元素；梳理多元分析基本原理及其几何意义中隐含的数学原理、人生哲理、生活常识的科学解释等思政元素；结合影视作品、故事以及教学团队构思

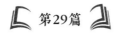

创作的假想示例进行思政元素汇总整理。丰富的课程思政案例使学生意识到多元分析等数学知识时刻应用于生活与科学领域各个层面，由此激发其专业学习兴趣与热情，潜移默化引导其对自身的行为习惯、思维方式、三观素养进行思考与改进。

表29-3　多元分析方法与应用课程思政案例

思政案例序号	课程章节序号	专业授课内容	思政教育内容
1	绪论	"几何"一词的由来（徐光启对《几何原本》的翻译）（瞿太素对《几何原本》第一卷的翻译，目的为学习炼金术，终获失败）	行为习惯启示（凡事贵在持之以恒）价值观启迪（学习不可心术不正）人生观启迪（人生总要做些有意义的事情）
2	绪论	几何意义-示例（基本函数：圆、球、超球；三角函数；导数；启发：概率论、线性代数中重要知识点的几何意义）	思维方式启发（数学——数与形，形象思维）
3	绪论	几何意义：名言录（笛卡儿、希尔伯特、拉格朗日、柏拉图、欧几里得、徐利治）	思维方式启发（数与形，形象思维）三观素养—价值观—创新精神、文化自信（数学思维与专业成就）—徐利治，1920年生，1945年毕业于西南联大，后于英国亚贝丁大学、剑桥大学学习，1951年回国，历任清华大学副教授、吉林大学教授、华中工学院教授、大连工学院教授，在渐进分析、逼近论方面有重要成果，该成果被学界誉为"徐氏渐进公式""徐氏逼近"。
4	绪论	多维空间（多维空间构成要素）	思维方式启发和训练（形象思维；全局思维——全面把握事物全貌/整体性，避免盲人摸象的片面性）三观素养—世界观启迪—同理心——理解人与人之间的认知差异：基因、专业学习、生活经历等不同而导致认知空间不同（视角不同、维度不同）

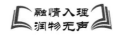

续表

思政案例序号	课程章节序号	专业授课内容	思政教育内容
5	第一章　多元分析基础 第一节　基本概念与基本参数	多元分析基本概念（总体、样本、样品）	思维方式启发（统计分析基本思想——以样本研究总体；科学实验观测的统计思想——中心极限定理）
6	第一章　多元分析基础 第一节　基本概念与基本参数	正态分布（最大熵原理）	行为习惯启示（房间、知识在自然状态下会趋于熵增/混乱，需付出时间与能量时时进行整理/梳理） 价值观启迪（尊重他人劳动/岁月静好来之不易） 思维方式启发（发散思维——从不同角度理解正态分布、熵/混乱程度/信息量）
7	第一章　多元分析基础 第一节　基本概念与基本参数	正态分布（高尔顿钉板）	思维方式启发（形象思维、创新思维——高尔顿钉板是对正态分布的可视化表达方法，具有重要的几何意义和思维方式启发意义；启发学生自行进行实体制作或编程开发模拟） 行为习惯启示（高尔顿钉板中小球在每个钉子位置处的下落方向具有随机性，而人应在每一天、每一件事上均需时时向好努力） 价值观启迪（高尔顿钉板中的小球下落方向具有随机性，但人生可以自我选择，需时时自省与纠错，不可轻言放弃）
8	第一章　多元分析基础 第一节　基本概念与基本参数	原始数据矩阵及其理解（变量空间、样品空间、因子空间）	思维方式启发［原始数据矩阵的行/列剖面分析（变量空间/样品空间）——如何从不同角度看待/分析同一事物］
9	第一章　多元分析基础 第一节　基本概念与基本参数	协方差（几何意义）	思维方式启发（数与形，形象思维）
10	第一章　多元分析基础 第一节　基本概念与基本参数	相关系数（几何意义）	行为习惯启示（学习成绩与哪些变量相关/受何种因素制约——需养成投入专业学习时间与耐心的行为习惯） 思维方式启发（数与形，形象思维）

思政案例序号	课程章节序号	专业授课内容	思政教育内容
11	第一章　多元分析基础 第一节　基本概念与基本参数	相关系数-显著性检验、区间估计 （几何意义）	思维方式启发（统计分析基本思想——利用样本数据挖掘隐含的总体信息；科学实验观测需避免偶然因素影响/误差风险）
12	第一章　多元分析基础 第一节　基本概念与基本参数	马氏距离 （几何意义）	思维方式启发（如何公平与公正地看待各类事物或变量） 价值观、人生观启迪（如何衡量事物价值、人生意义）
13	第一章　多元分析基础 第一节　基本概念与基本参数	多元函数条件极值问题 （几何意义）	价值观、道德规范启迪（如同函数条件极值，人不可做精致利己主义者，需在一定的规则/道德规范条件下取得物质与精神的最大收获）
14	第一章　多元分析基础 第一节　基本概念与基本参数	矩阵与线性变换 （几何意义）	思维方式启发（如何以形象的几何意义去理解抽象的定理/公式）
15	第一章　多元分析基础 第一节　基本概念与基本参数	矩阵的特征值、特征向量 （几何意义）	思维方式启发（如何以形象的几何意义去理解抽象的定理/公式；如何以几何意义理解事物的本质）
16	第一章　多元分析基础 第二节　多元正态总体的基本结构与应用	多元正态总体的基本结构 （几何意义）	思维方式启发（如何以形象的几何意义去理解抽象的定理/公式）
17	第一章　多元分析基础 第四节　多元异点的识别	马氏距离异点识别（异点的几何意义、专业意义）	思维方式启发［异点的几何意义，异点的专业意义（科学态度与科学方法）］
18	第一章　多元分析基础 第四节　多元异点的识别	马氏距离异点识别［假设检验（实际推断原理）］	行为习惯启示（应具有良好行为习惯，如着装仪式感、守时、诚信等，以给他人良好的第一印象，尊重自己与他人） 思维方式启发（科学认知方法：科学定义分类尺度标准） 价值观启迪（勿期待自己不努力还会有收获的小概率事件，时时努力、日积月累是成功的必要条件）

续表

思政案例序号	课程章节序号	专业授课内容	思政教育内容
19	第二章　因子分析引言	因子分析（几何意义理解、地学/生物学意义理解）	思维方式启发（如何分析事物发展变化的本质因素） 价值观启示（变量只是因子的外在表现，人应该注重内在素养的修炼）
20	第二章　因子分析第二节　R型因子分析	因子分析（R型因子分析）	思维方式启发（通过因子的数学意义、几何意义、专业意义分析与理解，启发学生如何分析事物发展变化的本质因素——变量的控制因素）
21	第二章　因子分析第二节　R型因子分析	因子分析（Q型因子分析）	思维方式启发（通过因子的数学意义、几何意义、专业意义分析与理解，启发学生如何分析事物发展变化的本质因素——样品的控制因素）
22	第三章　对应分析第一节　R-Q型因子分析　第二节　对应分析	对应分析（对偶性的几何意义）	思维方式启发（对应分析之对偶性——反映了不同视角下客观事物认知的辩证统一）
23	第四章　判别分析第一节　费歇尔（Fisher）两类判别	判别分析：费歇尔两类判别（几何意义）	思维方式启发（几何意义—新的投影方向—化繁为简，全局分析/综合分析）（启发学生结合"遥感解译与制图"课程实验数据进行判别分析）
24	第四章　判别分析第二节　马氏距离多类判别	判别分析：马氏距离多类判别（几何意义）	思维方式启发（如何公平与公正地看待各类事物或变量） 价值观、人生观启迪（如何衡量事物价值、人生意义）
25	第四章　判别分析第三节　贝叶斯（Bayes）多类判别简介	判别分析：贝叶斯判别（几何意义）	思维方式启发［形象思维；批判性思维——数学的抽象客观与主观性/先验概率（认为先验概率存在主观性应该是当时人们对其概念与意义的认知偏见）］
26	第四章　判别分析第三节　贝叶斯（Bayes）多类判别简介	判别分析：贝叶斯判别示例：三门问题［三扇门其一之后藏汽车一辆，由游戏参与者任选一门，之后主持人打开另两扇门之一（无汽车者），问游戏参与者如何选择可最大概率选中有车之门］	思维方式启发（理性思维——不可仅依靠直觉） （答案：改选后选中概率最大）

续表

思政案例序号	课程章节序号	专业授课内容	思政教育内容
27	第四章 判别分析 第三节 贝叶斯（Bayes）多类判别简介	判别分析：贝叶斯判别示例：看病问题（患某种病的概率为1/10000，检查出症状的准确率为999/1000，问：当某人被查出相应症状时的患病概率）	思维方式启发（理性思维——不可仅依靠直觉）（答案：患病概率9.1%，无病概率90.9%）
28	第四章 判别分析 第三节 贝叶斯（Bayes）多类判别简介	判别分析：贝叶斯判别示例：狼来了问题（回顾第一章中的多元异点识别中的第一印象问题——着装仪式感）	价值观启迪（诚信）行为习惯启示（应具有良好行为习惯，如着装仪式感、守时、诚信等，以给他人以良好的第一印象，尊重自己与他人）
29	第四章 判别分析 第三节 贝叶斯（Bayes）多类判别简介	判别分析：贝叶斯判别示例：幸存者偏差问题 天蝎号核潜艇搜救问题 联邦党人文集作者公案问题 迟到问题、工作能力认知问题 天气预报问题、医生诊断病型问题 炮兵试炮问题、人咬狗问题 遥感影像分类问题（最大似然法）	行为习惯启示（行为规范：仪式感、守时）思维方式启发［形象思维；理性思维——不可仅依靠直觉；批判性思维——数学的抽象客观与主观性/先验概率（认为先验概率存在主观性应该是当时人们对其概念与意义的认识偏见）、发散思维——不同视角剖析问题/幸存者偏差］价值观启迪（诚信、道德规范、职业规范）
30	第五章 聚类分析 引言	聚类分析（分类的意义）	思维方式启发（林奈、牛顿；分类是人类管理事物、认识世界的有效方式）
31	第五章 聚类分析 引言	聚类分析：分类的意义（宇宙认知的发展历程）	三观素养启示（科学精神、奉献精神——哥白尼、布鲁诺、伽利略、开普勒、牛顿等前人对科学真理的执着追求乃至付出生命的精神）

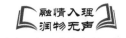

续表

思政案例序号	课程章节序号	专业授课内容	思政教育内容
32	第五章　聚类分析 第三节　谱系聚类法（系统聚类法）	聚类分析：谱系聚类（谱系聚类的几何意义）	思维方式启发（几何意义：形象思维）
33	第五章　聚类分析 第四节　动态聚类分析 第五节　对应聚类分析简介	聚类分析：动态聚类、对应聚类（几何意义）	思维方式启发（形象思维、创新思维——发现问题、分析问题、解决问题，全局分析与总结提升）

六、课程思政实践与教育效果评价

课程思政案例的实践效果，不仅取决于思政元素质量，亦取决于教师品行修养对学生的直接影响以及相应的教学方式与方法。教学团队从教师立德树人与思政引导、课程思政教学方法研究两个角度进行了思政教学实践，积累了较丰富的课程思政教学经验，取得了良好的教学效果。

1.教师立德树人与思政引导实践

教师自身的主观意识与外在表现等在思政教育中发挥着至关重要的作用，具体表现为：教师知识储备决定了授业质量；授课方式与方法影响学生的学习兴趣、学习热情与学习行为；教师行为习惯为学生所日常注视；教学公平公正为学生所关注；教师价值观与言行直接影响学生三观等等。

教师自身的品格素质与行为修养是思政教育中的最基础、最直接、最生动的核心元素，教学团队坚持以教师"立德树人"为课程德育元素之根本以及专业教育与思政教育并重的原则，认真备课，坚持手写板书授课形式，引导学生学习，确保课堂教学（含新冠疫情期间线上授课）正常有序进行；同时通过课堂讲授、设问讨论、课堂笔记检查、课后作业练习、课下答疑等多种形式，并配合班主任、辅导员，深入了解学生学习动机、学习心理、学习行为特征、思维方式特点、价值观取向等多方面问题，加强师生交流与实时反馈。使学生在学习过程中深切体会教师所投入的时间与耐心以及专业素养，形成对学生行为习惯、思维方式、三观素养的潜移默化积极引导。

2.知识传授和价值引领的教学方法实践

针对当下部分学生所存在的缺少专业学习兴趣、不主动学习、缺乏科学思维方式训练等问题，教学团队通过集体备课、教学方法研讨、学生调查等方式，深入研究学生自学能力引导、课堂讲授、课堂提问与讨论、作业练习等教学方法，启发和引导学生养成良好的学习行为习惯，培养学习兴趣、树立专业学习信心，培养科学的思维方式，正确引导三观形成。

（1）专业教学内容的系统梳理与持续改进

多年来，课程负责人及教学团队对概率论与数理统计、线性代数、遥感数字图像处理、遥感解译与制图、教学实习等课程中有关多元分析的教学案例一直进行系统梳理与持续改进，将其作为课堂讲授的生动形象案例素材，并通过课堂讲授法、课堂讨论法、作业练习法等手段调动学生的专业学习兴趣，完善课程资源建设、提升专业教学质量。

（2）课程思政教学方法研究与实践

①课堂讲授法

通过课堂板书、图示、举例等形式讲授多元分析理论模型、方法原理等核心内容，并引导学生思考其中隐含的数学原理、人生哲理、生活常识的科学解释等思政元素，同时结合影视作品、人物故事以及教学团队构思创作的假想示例进行思政教学。

②问答—启发法

对课程重点内容进行课堂提问，要求学生集体回答或单独回答；启发学生对重点内容进行数学原理、几何意义、专业应用目标方面的思考，并完成相应内容的课前预习及课后复习。

③课堂讨论法

以小组或集体为单位，对课程重点内容、学生预习、作业等可能存在问题之处进行讨论，引导学生思考并给出开放性答案，训练其形象思维、发散思维、创新思维能力。

④作业练习法

对课程重点内容设置课后作业，要求学生独立完成，对有疑问之处可随时与教师沟通答疑，要求学生对教师课堂讲授知识进行回顾与理解，引导学生形成良好的学习行为习惯。

⑤引导自学法

任课教师提前发布课前预习资料（参考书目、网址、预习提示文档、教案等），引导学生进行课前预习，培养和训练学生自主学习的行为方式；对课程部分内容（回归分析等）要求学生自学，疑问之处由主讲教师进行课下答疑讨论。

⑥课下答疑法

主讲教师与学生商议指定时间进行课下/课后答疑，对学生在课程内容、学习方法等方面的疑问之处进行辅导讲解，并对可能存在的学习心理等问题进行交流指导。

⑦考试方式改革

课程考核形式为开卷考试，题库试题均为考核学生对多元分析有关理论与模型方法的几何意义理解等题型，要求学生以图示、举例的方式进行回答，部分问题需综合多个章节知识点进行系统归纳方可解答，避免死记硬背，训练和培养学生科学的思维方式与学习方法。

3.课程思政实践效果评价

课程思政问卷调查结果（见表29-4）显示，经过一个学期后，学生对课程的专业教学内容、课程思政教学内容仍保有较深刻的记忆，半数学生最感兴趣的是教师言行这一思政元素，并普遍认为课程思政对自身行为习惯、思维方式、三观素养均产生了良性影响与帮助。

表29-4　多元分析方法与应用课程思政实践效果问卷调查分析

调研方向	项目内容	问卷调查结果
对课程内容的印象	教学大纲重点内容	经过一个学期后的记忆印象平均分数65 （几何意义、多维空间、矩阵-线性变换、多元总体基本结构、因子分析、判别分析、聚类分析）
对思政内容的印象	课程思政代表性内容	60%~65%（正态分布/高尔顿钉板） 50%~60%(多维空间、正态分布/最大熵、相关系数、马氏距离) 40%~50%（几何由来、特征值/特征向量、假设检验、因子分析、判别分析） 30%~40%（条件极值、分类的意义：科学探索精神）
最感兴趣的思政元素形式	书中案例、身边人物、教师言行、亲人朋友	书中案例13%、身边人物30%、教师言行46%、朋友同学4%、长辈亲人7%
对学习的帮助/价值	学习心理 学习方式方法	帮助很大28%、有一些帮助63%、没什么帮助9%

续表

调研方向	项目内容	问卷调查结果
对自身的影响	行为习惯 思维方式 三观素养	行为习惯影响28%、思维方式影响53%、三观素养影响13%、无影响6%
最大收获	基础知识（数学、专业课程）、几何意义	对专业学习收获31%、数学知识及思维方式收获78%、不再恐惧数学学习16%、收获不大6%

多元分析方法与应用课程强调理论模型、数学方法的"几何意义"学习与理解，有助于学生对抽象的定理、公式、模型进行形象生动的掌握与认知；在课堂讲授过程中的提问、讨论可在一定程度上帮助学生集中注意力；课后作业练习有助于督促学生进行课后复习、课后讨论；课下答疑讨论有助于教师及时获取学生反馈并解决其专业学习方面的困扰；开卷考试有助于督促学生勤记笔记并避免死记硬背，有助于学生综合多个知识点、全面总结分析问题以及形象深入理解专业知识。

课程思政元素挖掘、案例建设及教学实践，能够在行为习惯、思维方式、三观素养方面对学生形成正确的引导，有助于学生树立坚持专业学习的信心与耐心，逐渐自行训练养成良好的学习行为习惯并进而养成良好的生活、待人接物、理解自己、尊重与包容他人的意识与行为习惯；循序渐进地训练和掌握科学的学习方法，形成较为丰富的专业知识积累，培养科学的思维方式，掌握从记住、理解至应用、创造/创新的学习进阶能力；拥有摒弃精致利己主义、以专业知识实现自我人生价值的勇气乃至回报社会的家国情怀。

将思政教育融入课程教学大纲、融入评价考核、构建三全育人格局、情怀和信念做好教书育人工作，培养德智体美全面发展的社会主义建设者和接班人。继续深入开展多元分析方法的遥感、GIS应用案例、趣味数理统计问题、日常生活实例以及人物传记、历史事件等多种形式的课程思政素材挖掘与案例建设工作，将思政教育（包括劳动教育）融入课程教学大纲、融入实验实习教学环节、构建三全育人格局，将是今后课程思政工作的发展方向与工作重点。

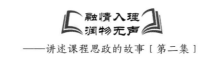

数字信号处理基础B课程思政建设探索

地球探测科学与技术学院　王　典

2020年6月，教育部印发《高等学校课程思政建设指导纲要》的通知，指出：全面推进课程思政建设是落实立德树人根本任务的战略举措，课程思政建设是全面提高人才培养质量的重要任务。课程思政建设内容要紧紧围绕坚定学生理想信念，以爱党、爱国、爱社会主义、爱人民、爱集体为主线，围绕政治认同、家国情怀、文化素养、宪法法治意识、道德修养等重点优化课程思政内容供给，系统进行中国特色社会主义和中国梦教育、社会主义核心价值观教育、法治教育、劳动教育、心理健康教育、中华优秀传统文化教育。[1]课程思政教学体系建设已经在公共基础课程、专业教学课程、实践类课程等门类全面开展。

2020年初，受新冠肺炎疫情影响，吉林大学地球物理学和勘查技术与工程专业的专业基础课程数字信号处理基础B开始了首轮的网络授课，新形势下的课程思政和专业基础课同向同行地在网络中如火如荼地开展起来。

一、课程介绍

课程共计48学时，其中理论讲授42学时，实验课程6学时，包括3个实验，辅以课堂讨论、课后作业，以及主题报告等。基本内容包括离散时间信号与系统的时域分析、离散时间信号与系统的频域分析、离散傅里叶变换、快速傅里叶变换、无限脉冲响应数字滤波器和有限脉冲响应数字滤波器以及数字信号处理的实现。

通过本课程的教学，学生应建立离散时间信号与系统分析与综合的基本概念，切实掌握一些常用的数字信号处理算法，为进一步学习有关随机信号分析和地球物

理数据处理等方面的课程打下良好的理论基础。

二、课程思政建设与实践

1.爱国主义教育润物在绪论教学中

数字信号处理学科起源于1965年，经过几十年的发展，基本上形成了一套独立完整的理论体系，其中也包括各种快速的和优良的算法。随着各种电子技术及计算机技术的飞速发展，数字信号处理的理论和技术还在不断丰富和完善，新的理论和新技术层出不穷。可以说，数字信号处理是发展最快、应用最广泛、成效最显著的新学科之一，目前已广泛地应用在语音、雷达、声呐、地震、图像、通信、控制、生物医学、遥感遥测、地质勘探、航空航天、故障检测、自动化仪表等领域（数字信号处理，高西全，2016）。

在教学中，列举了数字信号处理技术在生产和生活中的广泛应用，特别是在高精尖的技术行业，如：世界首台光量子计算机在中国诞生；首台全部使用国产处理器构建的"神威·太湖之光"超级计算机落户无锡；我国自行研制的"神舟七号"载人飞船发射升空；我国第一颗绕月探测卫星"嫦娥一号"发射成功；国产大型客机C919首飞成功；国产水下滑翔机下潜6329米刷新世界纪录等。每一项国产新技术的成功都离不开数字信号处理的理论和方法；每一项拥有自主知识产权的国产新技术都是我们的骄傲和自豪，由此激励的爱国主义情结润物在绪论章节的教学中。

在生活中，我们同样离不开数字信号处理的理论和技术，如：美颜相机里面的美颜功能，淘宝购物的大数据搜索功能，百度地图里的语音导航功能，支付宝的面部识别功能，股票交易K线分析等。

2.理想信念教育深埋在点滴积累中

在讲解数字信号处理基础的核心问题傅里叶变换时，介绍了傅里叶与拉格朗日、拉普拉斯等学术界泰斗之间的故事，讲述了傅里叶于1807年在法国科学学会上提出：任何连续周期信号可以由一组适当的正弦曲线组合而成。在面对拉格朗日的强烈反对下，傅里叶没有放弃对该观点的证明。直到20多年后，该理论才正式发表。对科学的执着、对学术的追求，是每一个科学工作者深植内心的理想与信念。

我们身边的优秀共产党员黄大年教授就是始终坚持科技报国理想的典型代表。2009年，黄大年毅然放弃国外优越条件回到祖国，出任吉林大学地球探测科学与技术学院教授。多年来，他刻苦钻研、勇于创新，取得了一系列重大科技成果，填补了多项国内技术空白，正是他对科学的执着、对事业的奉献，点亮了地质宫不灭的灯火，照耀了我们。黄大年教授的故事和黄大年团队研制的无人机，是我们这门课程中必不可少的讲授环节。

3.诚信自律教育规范在日常管理中

疫情下的网络授课对本门课程来说是一种新的授课形式，教师不能像在教室里那样时刻观察到学生的学习状态：学生是否溜号、是否在电脑前学习，作业是否按时完成等；教师也无法实时了解学生接受知识的程度：是否已经理解、还有哪些疑点、是否需要重点强调等。

新的形势给学生提出了新的要求：如何按时上课？如何保证课堂听课质量？如何解决课程中的疑点？如何保证作业不抄袭？在课程讲授中，教师要时刻将诚信和自律教育渗透到课程教学中，渗透到日常管理中，渗透到学生的行为规范中。

4.创新教育提升在课程总结中

以往的数字信号处理课程的考核多通过试卷的形式，利用简答题、综合题、选择题等考查学生对基础知识以及综合运用的能力。基于当前网络教育的特殊性，在课程结束的考核中，设计了具有个性化、创新性、可操作性的综合题目，如：用手机录一段自己的语音信号，然后运用所学的知识进行傅里叶变换，分析信号的时域和频域特征等。该方法既能体现学生的整体逻辑思维和创造性，又能展现学生对知识的综合分析和运用能力。

在讲解傅里叶变换时，播放了傅里叶变化绘制世界名画《戴珍珠耳环的女孩》的视频，从"万物皆可傅里叶"的角度，鼓励学生学会运用知识和技能改变生活、丰富生活，实现科学及艺术的完美结合。

数字信号信号处理的"课程思政"是传统科学教学思维方式的转变，将思政元素、故事引入课堂讲授，通过名人故事、发展历史、性质、应用等的讲授，将爱国主义教育、三观教育、工程思维教育、科研精神、自身修养等问题，融入知识传授中。建立思政内容研讨，以小组讨论的形式，强化学生意识，拓宽学生视野。同时培养小组成员的合作精神、增加同学之间的互相尊重。组织思政主题的实践活动，比如参观黄大年的无人机库，讲解数字信号处理理论在无人机数据处理上的应用等。增加实验的互动性和学习的主动性。

辅助案例式教学、互动式教学，在传授知识的同时，贯彻价值引领、能力培养等教育教学理念，坚持教书与育人的和谐统一。"课程思政"体现了专业课的育人

价值，实现了科学与哲学的融会贯通，让学生在学习专业知识的同时，思考知识的内涵、感受知识的温度、提升创新的能力。

参考文献：

［1］教育部.高等学校课程思政建设指导纲要［EB/OL］.教高〔2020〕3号.2020.06.01.

［2］徐艳，朱孔伟."数字信号处理"课程思政教学的融入点探索［J］.教育教学论坛，2021（7）：117-120.

［3］饶羣，袁俊泉，刘振.数字信号处理课程思政设计的探索与实践［J］.空军预警学院学报，2021，35（3）：225-227，231.

［4］顾相平."数字信号处理"课程思政教学改革实践［J］.创新创业理论研究与实践，2020（23）：19-20，26.

许国不复为身谋：放射性勘探课程思政

地球探测科学与技术学院　　王祝文　　刘菁华

　　"放射性勘探"是一门专业课，是高等院校勘查技术与工程、地球物理学、采矿、环境辐射评价、地热资源勘查等专业本科生的必修课。"放射性勘探"课程的基本理论和方法可以直接应用于工程实际，很多矿产资源勘查、隧道、路桥等工程都需要"放射性勘探"课程的基本理论。因此，"放射性勘探"在学生专业素质的培养中占有重要位置。如何将放射性勘探课程中蕴含的大量的思政元素融入教学中，达到习近平总书记在全国高校思想政治工作会议上对教师和学生都提出的明确要求，要求教师要正确引导学生的世界观、人生观和价值观，要求学生树立共产主义理想，认清时代的责任和历史使命。[1]将专业课程教学内容与思政教育有机结合，实现二者的统一是实现这一要求最好的方法。但如何打破长期以来思想政治教育与专业教育相互隔绝的"孤岛效应"，将立德树人贯彻到高校课堂教学全过程、全方位、全员之中，推动思政课程与课程思政协同前行、相得益彰，构筑育人大格局，是新时代中国高校面临的重要任务之一。习总书记指出："要用好课堂教学这个主渠道，思想政治理论课要坚持在改进中加强，提升思想政治教育亲和力和针对性，满足学生成长发展需求和期待，其他各门课都要守好一段渠、种好责任田，使各类课程与思想政治理论课同向同行，形成协同效应。"[1]所以在放射性勘探的教学工作中，将围绕价值塑造、能力培养、知识传授三位一体的课程建设目标，在课程内容中寻找与社会主义核心价值观、专业伦理、家国情怀、国际视野、创新思维、工匠精神、人文情怀等相关的德育元素，通过典型案例等教学素材的设计运用，以"润物细无声"的方式将正确的价值追求、理想信念和"许国不复为身谋"

的家国情怀有效地传递给学生。[2，3]

一、课程思政元素的挖掘

以立德树人为目标，提取课程中的德育元素，达到育人的作用，挖掘出课程中的思政元素是关键。根据放射性勘探课程在学科发展历史，以及在国民经济中的应用实例挖掘思政元素。表31-1列出课程各章节教学内容、挖掘的思政素材以及提取出的德育元素，在他们之间建立好切入点，既要使思政元素的代入自然，又必须以切实相关的课程内容为载体。如放射性现象的发现，X射线的发现过程，居里夫人与放射性贡献，放射性测量方法的发展历史，我国铀矿事业发展的前世今缘，中国铀矿资源储量数据等等。这些内容将通过课程的讲解自然阐述给学生，将思政的元素提炼出来，导入学生的思想意识中。将放射性勘探在两弹一星中发挥的作用的故事，通过邓稼先、于敏等两弹一星功勋科学家与"放射性勘探"课程联系在一起，以此来激发学生们的政治信仰、理想信念、价值理念、道德情操和精神追求。

表31-1 思政素材与课程章节的融入

章节	教学内容	思政素材融入	德育元素
绪言	1）放射性勘探的研究内容 2）学科发展历史 3）应用领域 4）未来发展方向	1）放射性勘探学科的发展 2）核工业的发展 3）开业之石的故事与原子弹的研制成功 4）居里夫人的故事及元素的发现，粒子发现的故事 5）黄大年对于地质工作的热爱	1）爱国情怀 2）艰苦奋斗，不怕牺牲的精神 3）科学技术发展的责任感、使命感 4）对所学专业的自豪感 5）激发学生对科学世界的探索欲，求知欲
第一章 天然放射性核素的分布与迁移	1）放射性 2）天然放射性 3）放射性核素及射线谱特征核素的衰变和积累规律 4）天然放射性核素在自然界中的分布 5）放射性元素的迁移与富集	1）X、γ射线的发现故事——伦琴，贝可勒尔 2）科学家卢瑟福人物短视频 3）放射性射线测量实验的短视频 4）放射线元素在自然界岩石中存在的故事——地震与氡、居室氡，镭的教学视频	1）科学家科学研究精神 2）科学研究方法的探索精神 3）科学研究的工作态度 4）环境保护及核安全的意识 5）开拓视野，养成挑战意识

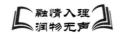
续表

章节	教学内容	思政素材融入	德育元素
第二章 地面γ测量方法	1）天然放射性核素的γ射线谱 2）γ射线在物质中的衰减及谱成分的变化 3）γ射线探测器及仪器、放射源与辐射防护 4）γ辐射场基本理论 5）地面γ测量	1）康普顿-吴有训效应知识点的讲解 2）嫦娥二号对全月表进行了γ能谱测量的新闻视频 3）天空二号天极望远镜的γ探测器介绍并附有一段新闻报道 4）放射源的安全使用与操作规范 5）地面γ测量规范 6）γ测量在铀矿勘探的实例分析	1）榜样的精神与力量，中国人的骄傲 2）激发学生的责任感，民族感 3）家国情怀 4）自主品牌意识，不能让人卡脖子，核探测方法就是在苏联撤走专家后自力更生发展起来的，让原子弹研发成功 5）激发学生学习热情 6）职业伦理操守教育
第三章 氡气及子体的测量	1）天然α辐射 2）α射线探测器、氡气测量仪器及单位 3）氡在土壤中的迁移 4）氡射气场的理论计算 5）氡气测量方法	1）居室氡气与环境监测视频 2）氡气测量仪器的发展，仪器的对比分析 3）氡迁移理论的假说，分析理论学说为什么是假说。 4）氡气场计算的不确定的启发 5）氡气子体测量的启发 6）氡气测量的运用实例分析	1）对人类环境存在危险的认识，提升社会关爱 2）责任感，危机意识 3）批判、思考的学术研究态度 4）激发学生对学科问题的钻研的兴趣 5）开拓视野，励志创新
第四章 能量色散X荧光方法	1）特征X射线的产生及探测器 2）能量色散X荧光测量的方法原理 3）能量色散X荧光测量装置 4）基体效应及校正 5）野外现场X射线荧光测量 6）应用实例分析	1）X射线的发现及伦琴 2）莫塞莱定律及莫塞莱公式的存在的问题探讨 3）野外仪器讲解与对比国内外仪器 4）野外数据采集的规范操作及真实的野外数据造假的反面实例 5）嫦娥3号月表X荧光测量谱线分析 6）X荧光在水泥含量在线分析视频与思考	1）科学研究的精神，一丝不苟，精益求精 2）探索精神与挑战精神 3）家国情怀 4）责任与担当 5）职业伦理操守和职业道德教育 6）拓宽视野，激发兴趣，开拓创新
第五章 中子活化分析	1）中子与物质相互作用及中子源 2）中子活化分析的原理 3）中子活化分析的工作方法 4）应用实例分析	1）切尔诺贝利反应堆为什么出问题？ 2）我国自主知识产权的第四代核电站的成功与输出 3）中子活化在考古中的应用	1）科学研究的严谨态度，科学精神 2）爱国情怀，自豪感 3）拓宽视野，激发兴趣，开拓创新

二、教师应做引路人，做思政教育的实践者

教师是课程思政的建设的实践者、推动者。将课程思政元素融入课程中的关键是要增强授课教师课程思政的意识。对"课程思政"如何体现在专业课教学过程中要进行不断思考，要不断丰富、不断完善"课程思政"的内容，不断提升思想政治教育亲和力和针对性，才能满足时代的进步和学生成长发展的需求和期待，才能更好地达到习总书记要求的"其他各门课都要守好一段渠、种好责任田，使各类课程与思想政治理论课同向同行，形成协同效应"的目标。因此，对于"放射性勘探"的课程思政不能生拉硬扯，应当以润物细无声的形式给学生传递正确的思政理念。

"放射性勘探"有着较丰富的德育元素教学资源，教学组教师用心体会、理解如何将丰富的教学德育元素整合到课程中，教学上使用多种教学手段，如视频、多媒体课件；对教学的方法进行改革，引入新的教学方式，如课堂讨论式教学、案例式教学、互动式教学，让课堂活跃起来，拉近教师与同学们的距离，让思政元素更容易被同学们接受，而不是用说教引起同学们的反感，使其产生抵触情绪，要将"三全育人"的思想贯彻教学过程的始终。

教学中深深体会到高素质的教师队伍是办好教育的基础与前提，授课教师应当把教书育人和自我修养结合起来，做到以德立身、以德立学、以德施教。[4-8]授课教师的工作态度本身就是课程思政的一部分，所以，严谨治学的科学研究态度和深厚的学识修养可以为学生树立良好的榜样，对待教学工作的各个环节做到严肃认真，课前认真准备教案，及时对教学内容进行更新，引入更多不同的案例，在课堂教学中饱含激情，真正从学生能力培养方面调整自身的教学方法，以颂扬先辈们的"许国不复为身谋"的家国情怀的激情进行教学工作，使学生在学习"放射性勘探"课程的同时从教师身上得到积极向上的世界观、人生观、价值观的引导。

一个合格的教师应该同时是学生的"引路人"，引领学生形成正确的世界观、人生观、价值观，在传道授业的同时，充分发挥教师工作的"示范性"和学生的"向师性"作用，言传身教，做到师德引领；提高自身的责任感、使命感，善于捕捉学生在课堂中的思想动态与语言信息，引导学生"亲其师，信其道"，增强学生对思政教育和德育培育的理论认知、情感共鸣、价值认同，促使"课程思政"育人取得事半功倍的效果。

三、课程思政元素融入的教学分享

高等工科院校大学生的培养目标主要是培养具有潜力的"发展型"和"创新型"工程师[6, 7, 8]，所以要着重培养学生的研究能力和创造能力。因为，无论在校学生将来是从事科学研究还是工程技术工作，都需要具备基本的科学研究能力和端正的工作态度，因此在"放射性勘探"课程教学中除了传授科学研究方法外，还需要宣传先辈们的科学研究精神。学生在进入大学之初，都怀着成才的梦想，但是进入大学后，各种游戏、社团活动、体育活动、社会活动、社会交往等都融入了大学生的生活，这些虽然丰富了学生的生活，锻炼了学生的能力，但也分散了学生的精力。学生的学习生活受到扰动，因此需要始终保持不变的初心，不沉迷、不彷徨、坚持梦想，方能成就理想。当学习到放射性系列内容时引入"不忘初心，坚持信念和理想"的思政元素，在课堂上介绍放射性元素钋和镭的发现过程[9]，让学生了解"坚持梦想方能成就理想"的理念。故事是从1896年开始，贝可勒尔发现了铀盐的放射性现象，引起居里夫妇的极大兴趣，居里夫人决心研究这一不寻常现象的实质。她先检验了当时已知的所有化学元素，发现了钍和钍的化合物也具有放射性。她进一步检验了各种复杂的矿物的放射性，意外地发现沥青铀矿的放射性比纯粹的氧化铀强四倍多。她断定，铀矿石除了铀之外，显然还含有一种放射性更强的元素。其丈夫皮埃尔·居里以他作为物理学家的经验，立即意识到这一研究成果的重要性，放下自己正在从事的晶体研究，和居里夫人一起投入寻找新元素的工作中。不久之后，他们就确定，在铀矿石里不是含有一种，而是含有两种未被发现的元素。1898年7月，他们先把其中一种元素命名为钋（Polonium），以纪念居里夫人的祖国波兰。没过多久，1898年12月，他们又把另一种元素命名为镭（Radium）。为了得到纯净的钋和镭，他们进行了艰苦的劳动。在一个破棚子里，夜以继日地工作了四年。自己用铁棍搅拌锅里沸腾的沥青铀矿渣，眼睛和喉咙忍受着锅里冒出的烟气的刺激，经过一次又一次的提炼，经过三年又九个月，才从几吨沥青铀矿渣中得到十分之一克的氯化镭（$RaCl_2$），测得镭原子量为225，后来得到的精确数为226。由于他们的"不忘初心，坚持信念和理想"，发现了新的放射性元素钋和镭，居里夫妇和贝可勒尔共同获得了1903年诺贝尔物理学奖。从居里夫妇身上还可提炼出爱国主义情怀，为科学的奉献精神，创新、发现的科学研究的工作素养，以及对科学研究的执着精神，以此激发学生对从事科研工作报效国家的热情与对科学研究的工作态度，达到课程思政的目的。

四、思政教学效果

通过有针对性地在课程中潜移默化加入思政元素，润物细无声地引导学生的人生观和价值观，调动了学生的学习热情以及"位卑未敢忘忧国，许国不复为身谋"的情操。同学们在读书报告写下如下感言。

感言节选之一：

国是千万个家的集合，是无数个体的放大，当更多人把成功果实挂在祖国这颗大树上，这棵大树会枝繁叶茂。站在新时代的起点上，正因拥有大批为中华崛起而奋斗的爱国者、实干家，我们不断刷新纪录、创造奇迹、取得了探月工程、深潜、超级计算机、高铁、航母等重大突破。

感言节选之二：

从"先天下之忧而忧，后天下之乐而乐"的精神到"天下兴亡，匹夫有责"的担当，从"苟利国家生死以，岂因祸福避趋之"的忧国忧民到"未惜头颅兴故国，甘将热血沃中华"的死而后已。自古以来，无数仁人志士俱将国家的祸福皆系于心，实现完善自身与贡献社会的统一，用自己的行动深切地诠释了"许国不复为身谋"这七个字。以身许国却从未想过为自身谋取利益，在我们的专业领域中也有许多这样的人物。

感言节选之三：

放射性方法的快速发展与先辈们的努力是密不可分的，先辈们秉承着家国理想攻坚克难，有很好的凝聚力，他们把为祖国富强、民族振兴、人民幸福作为毕生追求，为我国的放射性勘探事业做出了突出贡献。他们的先进事迹感人肺腑，我们要以先辈们为榜样，学习他们心有大我、至诚报国的爱国情怀，学习他们淡泊名利、甘于奉献的高尚情操，把爱国之情、报国之志融入祖国改革发展的伟大事业中，我们要学习他们的精神，以他们为榜样，我们也一定要为祖国奉献出自己的一份力量。

感言节选之四：

在当代，更是有越来越多的人彰显无私奉献的家国情怀。舍身为国，这种传承了五千多年的中华民族的家国情怀历久弥新，依旧在激励着我们，虽然对于我们大多数人来说，无须像先辈们那样舍弃家庭、抛弃生命，但这种情怀一直在引导着我们，在中华儿女之间薪火相传。

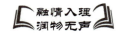
感言节选之五：

家，是每个人的依靠；而国，是所有人的依靠。自古以来，都是由一个个伟大的人联手，才能撑起一个伟大的国家。我们今天的美好生活来之不易，是无数先辈用"许国不复为身谋"的力量创造的，我辈当谨记于心，用自己的行动践行"为天地立心，为生民立命，为往圣继绝学，为万世开太平"的志向和时代使命。

感言节选之六：

让我们抓住机会，投身于国家如火如荼的建设之中去，即便我们可能没有超凡的才华、天才的头脑，可能就是一个平平凡凡的普通人，但平凡并不意味着平庸，只要能为祖国做出自己的贡献，献出自己的那一份力量，那就是尽到了自己的责任。国家之所以称之为国家，是因为国由许多的家组成，是由民族中的每一个人组成，我们每个人为国献力，这股力量足以让中国更加强大。

图31-1　部分学生的读书报告感言

五、结语

"放射性勘探"作为一门专业课，蕴含着丰富的思政元素。无论是历史素材还是现代的核工业领域的各种成就和实例，只要上课教师用心揣摩，一定可以挖掘出恰当的思政元素，使"放射性勘探"课程在学生综合素质和道德情操等方面的培养中起到恰当的作用。

参考文献

［1］习近平.把思想政治工作贯穿教育教学全过程　开创我国高等教育事业发展新局面［N］.人民日报，2016-12-09.

［2］虞丽娟.从"思政课程"走向"课程思政"［N］，光明日报，2017-07-21

［3］习近平.用新时代中国特色社会主义思想铸魂育人，贯彻党的教育方针落实立德树人根本任务［N］.人民日报，2019-03-19（01）.

［4］彭亚萍，胡大柱，苟小泉，张小懿.土木工程概论课程思政教育改革与实践［J］，高教学刊，2019（2）：128-130

［5］陈宁华，鲍雨欣，程晓敢，王苑，谭超.新时代地学野外实践课程思政育人模式思考［J］，中国地质教育，2018（4）：28-31

［6］宋伟.高校"课程思政"实施策略研究［J］，中共济南市委党校学报，2018（5）：104-106ia

［7］高德毅，宗爱东.课程思政：有效发挥课堂育人主渠道作用的必然选择［J］.思想理论教育导刊，2017（1）：31-34

［8］陆道坤.课程思政推行中若干核心问题及解决思路—基于专业课程思政的探讨［J］.思想理论教育，2018（3）：64-69

［9］玛丽·居里，百度百科，https：//baike.baidu.com/item/玛丽·居里/3675053?fromtitle=居里夫人&fromid=49701&fr=aladdin

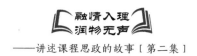

让学生成为主角：新生研讨课课程思政研究与实践

建设工程学院　郭　威　陈宝义　刘宝昌　王如生　王　元

　　思想政治教育是高校立德树人的主要阵地，2016年习近平总书记在全国高校思想政治工作会议上首次提出了"课程思政"的概念，并强调指出："做好高校思想政治工作，要因事而化、因时而进、因势而新。""要用好课堂教学这个主渠道，各类课程与思想政治理论课同向同行，形成协同效应。"[1]2017年"课程思政"这一概念被写入中央《关于深化教育体制机制改革的意见》，"课程思政"正式成为国家战略；教育部先后于2018年和2020年印发《高校思想政治工作质量提升工程实施纲要》《教育部关于加强新时代高校"形势与政策"课建设的若干意见》《教育部高等司2020年工作要点》，至此高校课程思政建设得到全面推进。[2, 3]要求高校教师要寓价值观引导于知识传授和能力培养之中，帮助学生塑造正确的世界观、人生观、价值观，将传授知识与价值引领、智育与德育相结合，将"课程思政"融入各类基础课、专业课程当中，融入学生的学习生活当中。[4]切实解决好专业教育和思政教育"两张皮"问题。回答好培养什么人、怎样培养人、为谁培养人这一教育的根本问题。[5]

　　地质工程专业是以自然科学和地球科学为理论基础，以重大工程的地质结构与地质背景涉及的工程问题为主要对象，以地质学、地球物理、数学地质方法、遥感技术、测试技术、计算机技术等为手段，为国民经济建设服务的先导性工程领域。目的是解决国民经济建设中的重大地质问题、所需各类矿产资源、水资源与环境问题等是社会稳定持续发展的条件和基础。新生研讨课是引导大一新生树立以探索和研究为基础的研究型学习理念，实现从理论学习向专业学习过渡的关键课程，是学生认识专业、认识社会，建立"四个自信"的关键阶段。从地质工程专业特色出发，以习近平新时代中国特色社会主义思想为指导，结合大一新生的群体特点，开展融入"课程思政"的新生研讨课探索与实践，探讨思政教育融入专业课教学的有效方法，以培养学生的专业职业能力和综合素养。

一、探索学科育人课程思政实践路径

新生研讨课是为大一新生开设的小班专题讨论课程，其核心目标是让学生树立以探索和研究为基础的研究型学习理念，通过高水平教师的引导，以探究式学习和师生互动为主要教学方式，让学生在入学之初，体验研究性学习的方法和过程，激发学生学习和研究的积极性和主动性，使学生具有本专业的思维方式、研究方法以及提出问题和解决问题的意识和能力。

"工程的力量——改变世界"，以学生熟知的国家重大工程为兴趣切入点，介绍技术背景、工程意义，通过大量的图片、视频、动画来激发学生的兴趣。课程以地质工程与资源、能源和环境作为讨论的主题。设置了四个课题：（1）建设改变生活，工程改变世界——地质工程的魅力；（2）地球深处的奥秘——地下信息探测；（3）冰与火的故事——可燃冰的开发；（4）南极探秘——南极冰层钻探。通过翻转课堂的形式，教师担当主持人角色，学生可作为课堂的主角。采用三人小组主题发言答辩方式，设置主持人、主讲人和提问，教师通过正能量价值观引领，课程内容根据学生具备的高中阶段知识基础，以专业兴趣度为出发点，以我国取得的重大科技进步、重大工程成果为重点核心，如：南极科考、南海可燃冰开采、地壳一号万米钻机、松科二井等。向学生传递极具正能量的中华民族伟大复兴成果，传递正能量的价值观，并让学生更加热爱我们伟大的祖国，不断增强爱国情怀。

采取师生互动的方式，以课堂讨论与辩论等教学方式作为课堂活动的主体，形成了良好的师生协同教学作用，通过互相讨论形式的课程思政交互式教学方式，让学生在研讨过程中，潜移默化地树立科学探究精神和工程环境伦理观念，让学生形成基本的提出问题、解决问题的科学思路和方法。

二、建设以民族自信精神、地学情怀精神和科学伦理精神为主体的课程思政元素资源库

将德育元素融入教师讲授中，在培养民族自信精神、地学情怀精神和科学伦理精神方面，建立课程思政元素的资源库。学生在科学观、道德观以及社会文化等方面进行探索和实践。引用习近平总书记的"向地球深部进军"重要指示，说明探测地球深部的重要性。探索解释地球深部奥秘，是解决人类能源、资源和生存空间问题的必由之路！

民族自信精神方面，在话题1"建设改变生活，工程改变世界"——地质工程的魅力中，结合我国在土木工程领域完成的大型基础建设成果，如：港珠澳大桥、三峡工程、高速铁路等，增强学生的民族自豪感，并开展爱国主义教育，让学生树立民族自信精神。

地学情怀精神方面，在话题2"地球深处的奥秘"——地下信息探测，讲授地学人的故事，向学生传递地学人胸怀天下、团结一致、不畏艰难、开朗乐观的地学情怀，通过吉林大学在地学学科取得的成绩，让学生树立地质三光荣精神，使学生们热爱地学事业。特别是结合黄大年教授在地球深部探测中取得的巨大成果，向学生们讲授"心有大有，至诚报国"的精神，并进一步开展爱国主义教育。

科技伦理精神方面，在话题3"冰与火的故事"——可燃冰的开发，向学生讲授可燃冰开发可能诱发的温室效应、海底滑坡等地质灾害，向学生讲授正确的科技伦理，通过安全开发技术，必须要考虑环境安全。在话题4"南极探秘"——南极冰层钻探，向学生讲授关于南极环境保护的《南极条约》，南极仅用于和平目的，向学生讲授正确的科技开发伦理规则。

三、以教师引导为辅，以学生讲述为主的课程思政模式

让学生在潜移默化或是不知不觉的过程中接受到课程思政的教育，这是开展课程思政的主要目标。让学生能够主动开展课程思政学习，让学生在学习的过程中，主动性地开展课程思政，让学生成为课程思政的主角，这是开展课程思政最佳的方式。通过师生协同互动式的课程思政教学方法，以建立的课程思政元素资源库为基础，通过教师讲授的引领启发，特别是翻转课堂方法使学生成了课程思政的主角，建立了以学生讲述为主的课程思政模式。学生通过主动式学习，查阅文献资料，自己来讲述学习的课程思政元素十分广泛，通过师生互动交流，来进一步引导强化学生的科学探索精神，学生主动性地感受到课程的思政感染力。

在话题1"建设改变生活，工程改变世界"——地质工程的魅力，学生通过主题答辩，学生讲述了感动中国人物重庆驻村干部带领群众，通过修路改变生活；讲

述了南水北调、西电东输等国家重大项目，学生自己感受到要通过共同的努力，实现共同的幸福和共同的富裕；讲述了中国援建非洲项目，学生感受到了祖国的强大和构建人类命运共同体的意义；学生讲述中国公路发展史，通过主动式学习，自己感受到民族自豪感和祖国的强大；学生市场讲述BIM建筑信息化，主动认识到人工智能等新兴技术，对于降低人力成本，提高人员安全性的重要性，建立起工程安全的重要意识；学生讲述建设改变生活以及物联物流技术，主动意识到工程科技是人类实现梦想的翅膀，承载着人类美好生活的向往，能够让明天充满希望、让未来更加辉煌。

在话题2"地球深处的奥秘"——地下信息探测中，学生讲述到探地雷达可以探测地下水等信息，教师引导学生查阅长春地区地下水深度和地下水量等信息，学生通过课外查阅论文，掌握了一些地下水的基本信息，使学生能够在早期进入专业领域，也达到了新生研讨课的主要教学目标；学生在讲述岩石圈物质构成时，通过查阅资料说明硅铝层在岩石圈的上部，硅镁层在岩石圈的下部，教师主动式发问，为什么硅铝层在上部，而硅镁层在下部，学生深入思考并在课后主动查阅资料，对该问题做出了全面细致解答，基本形成了探究发问式的研究型学习态度；学生讲述钻穿地球会怎么样，从物理学、生态学、材料学等多个视角，提出了一系列随着钻探深度增加而会遇到的技术问题，以及钻穿地球会发生的环境生态问题，极大地激发了学生的兴趣度和科学想象力，而科学想象力是开展科学研究最强大动力；学生讲述黄大年教授的事迹，主动提出愿化为小小浪花一朵，践行黄大年精神的崇高理想，为民族伟大复兴而奋斗。

话题3"冰与火的故事"——可燃冰的开发，学生讲述了天然气水合物的合成条件，教师主动式发问，学生思考设计在实验室如何人工合成出水合物，学生课外通过查阅资料，提出了富有科学想象力的人工合成水合物的方法，提高了学生主动式学习的兴趣；许多学生讲述了可燃冰开采面临的环境问题，并提出开采水合物，特别要关注可能遇到的环境问题，这对于刚进入专业领域的学生，在早期树立牢固的工程环境意识非常关键。

在话题4"南极探秘"——南极冰层钻探，学生讲述从国外进口的雪龙号和自主研发的雪龙二号的区别，感受到中国制造技术的强大；学生讲述南极条约，意识到南极环境保护的重要性；学生讲述南极冰下基岩钻探取样，对冰下基岩的钻探取样挑战性产生了极大的兴趣感；学生讲述南极科考的中国力量，以及中国极地科考的先行者和吉大人打开了南极之心等，感受到了中国在南极科考中的重要作用，还切切实实感受到吉林大学在中国极地科考中发挥的关键作用；学生讲述极地雪藻为什么呈现出红色，主动查证分析原因，非常富有科学探索精神；学生讲述极地研究的大功臣——冰芯的重要作用，通过刨根问底式的探究，从气候变化、地质演化、地球化学等多个角度，主动式地回答了为什么要研究冰芯，充分体现了新生研究课探究式学习的作用。

学生主动式地成为课程主角，自己成为课程思政的参与者和主角，既达到了新生研讨课主动探究式学习的教学目标，也形成了以学生讲述为主的课程思政模式。

"新生研讨课"以引导学生早期进入专业领域、激发学生的专业兴趣为主要教学内容，让学生树立以探索和研究为基础的研究型学习理念，顺利完成从中学重复性学习向大学创造性学习的过渡，为今后的专业学习奠定良好的基础。

以地质工程专业入门、体现大学学习特点的具有通识基础性的地质资源、能源开发等领域涉及的理论问题、科学问题和技术问题为兴趣切入点，引导学生深入探讨和总结，学会提出问题、解决问题的思路和方法。

通过学科育人"课程思政"教学改革，让学生成为课程思政的主角，建立了以教师引导为辅，以学生为中心的课程思政模式，在建立完善的与课程知识对应的德育元素和内涵体系架构基础上，能够在教学实践中形成完备的德育元素内容与方案设计，实现课程德育元素在全面育人功能的进一步提升。

参考文献：

［1］李伟. "环境工程原理"与思政教育融合的教学初探［J］. 安徽化工，2021，47（06）：226-228.

［2］宋红丽，刘前进，安娟，耿继彪，董彬，梁仁君. 高校地理科学导论课程思政教学改革探索［J］. 高教学刊，2021，7（34）：112-115+119. DOI：10. 19980/j. CN23-1593/G4. 2021. 34. 026.

［3］郝如斯，孙文亮. 在化工原理课程教学中引入思政教育的初步探索［J］. 山东化工，2020，49（24）：200-201+203. DOI：10. 19319/j. cnki. issn. 1008-021x. 2020. 24. 084.

［4］梁晶晶. 基于立德树人理念的思政课实践教学有效路径分析［J］. 陕西教育（高教），2021（12）：8-9. DOI：10. 16773/j. cnki. 1002-2058. 2021. 12. 003.

［5］孙利芹，林剑，姜爱莉，邢荣莲. 新工科背景下理工类学生实践教学课程思政实施路径探索［J］. 高教学刊，2021，7（34）：171-174+179. DOI：10. 19980/j. CN23-1593/G4. 2021. 34. 040.

课程思政视角下房屋建筑学课程教学设计

建设工程学院　朱　珊

　　房屋建筑学是一门综合性、实践性很强的土木工程专业的基础课，是良好的思政教育媒介。教学团队结合课程特点和以往积累的授课经验，经过反复论证，最后以四个自信、工匠精神、民族情怀、乐于奉献、科学精神、辩证唯物主义思想等作为德育目标。从以下几个方面进行了思政与课程结合的探索与实践。

一、课程思政总体设计

　　课程将马克思主义立场、观点、方法与科学精神结合，提高学生正确认识问题、分析问题和解决问题的能力，强化工程伦理教育，培养学生精益求精的新时代工匠精神，激发学生科技报国的家国情怀和使命担当。课程建设目标主要包括三个方面，在政治认同与国家意识方面，激励学生立志扎根人民，奉献国家，积极投身于新时代中国特色社会主义建设，勇于承担民族复兴的时代重任；在品德修养与专业伦理方面，培养学生高尚的品德修养与职业操守；在科学精神与文化传承方面，培养学生马克思主义的科学与创新精神，以及良好的人文情怀。课程牢牢把握"坚定学生理想信念，教育学生爱党、爱国、爱社会主义、爱人民、爱集体"主线，设置课内外实践、课程设计与毕业设计"四位一体"的教学模式，分别从课堂理论教学、经典案例解析、工程设计实践等方面进行思政教学素材挖掘和优化。结合本专业著名人物、典型工程，讲好中国故事，增强学生的大国自信，弘扬社会主义核心价值观。

二、课程思政教学实践

学校以习近平新时代中国特色社会主义思想为指导，坚持建设中国特色社会主义大学的发展方向，落实立德树人根本任务。结合学校办学定位，课程以提升学生人文素养、科学素养和工程素养为任务，以满足社会主义现代化建设和国家绿色低碳战略的人才需求为目标，强化"立德树人"要求，同时融入国家大政方针、中华优秀传统文化、建筑优秀成果实例、典型人物、建筑行业职业道德，实现以专业技能知识为载体，加强思政教育，推动课程思政建设。

课程思政目标之一体现在政治认同与国家意识方面。在授课中，突出社会主义建设成就及国家战略需求，激发学生的家国情怀与使命担当。例如：

（1）在讲授建筑发展简史中通过国内外建筑从材料、结构、造型到群体组织的演进逻辑，传播优秀传统建筑文化，让学生厚植爱国主义情怀，心中有大我，把个人的理想与价值追求，融入中国特色的社会主义建设之中。

（2）利用中西古建筑案例对比，突出中国古建筑的人本主义，在典型工程中突出中国社会主义建设成就如上海中心、火神山与雷神山医院的建设等突出了中国日新月异的科技进展；参观长春市规划馆（见图33-1），通过讲解员深入讲解使同学们深刻感受到新中国成立前后、改革开放前后长春的巨大变化，以点代面，激发学生民族自豪感与自信心，培养同学们的爱党爱国意识。

（3）结合国家绿色低碳战略，突出对新型绿色环保材料、新型绿色节能技术的迫切需求，激发学生科技报国的家国情怀与使命担当。

（4）通过杰出人物的突出事迹，传承和弘扬工匠精神，让学生时刻秉持匠心（创新之心）、铸匠魂（德技双修）、守匠情（爱岗敬业）、践匠行（精益求精）（见图33-2）。

图33-1　长春市规划馆之行　　　　图33-2　参观黄大年纪念馆
感受新中国建设速度　　　　　　体会"心有大我、至诚报国"的精神

①课程思政目标之二体现在品德修养与专业伦理方面。在授课中，强调职业道德与素养，以引导学时利用工程技术服务民生、奉献国家。例如：

第一，结合建筑与构造设计中相关规范标准的教学，使学生树立标准意识，培养职业道德，提升专业精神。

第二，结合新冠肺炎疫情对特殊建筑体系与技术的需求，介绍工业化、装配式的技术特点，激发学生利用专业知识服务人民与奉献国家的精神。

第三，在实践中利用丰富的校内资源推动学生对于社会主义核心价值观中爱国、奉献有更深层次的理解（见图33-3）。

②课程思政目标之三体现在科学精神与文化传承方面。在授课中，通过案例分析和实践教学，锻炼学生利用马克思主义立场观点分析问题与解决问题的能力，以及对传统文化的历史传承。例如：

第一，结合绿色建筑设计要求，强调技术进步可以推进建筑业的低碳减排，培养学生的科学创新精神。

第二，结合建筑立面与造型设计，学习如何在中国传统建筑文化建筑设计中融入华夏璀璨文明与悠久历史，传承大国工匠精神。

第三，身边案例（见图33-4）学习体会在保留原生态自然环境的基础上，如何最大限度尊重历史痕迹又融入当代生活方式的建筑旧改中可持续发展理念。

图33-3　宋治平体育馆（校友捐赠）
激发学生爱校精神及身为吉大人的自豪感

图33-4　国际获奖设计——长春水文化生态园
体味修旧如旧的旧改可持续发展理念

在课程建设中，我们结合建筑发展史，建筑技术发展历程、工程应用等内容从"纵向历史，横向现实"2个维度挖掘政治认同与国家意识，融入教学中；通过东西方建筑，传统技术与现代技术，土建行业与其他行业等3个方面对比，培养学生爱国主义精神、工匠精神、"干一行，爱一行，钻一行"的敬业精神；在专业知识、课程实践教学环节通过经典案例介绍、设计指导等过程，挖掘并融入思政元素。通过多种路径，寻找专业课程和课程思政的教学契合点，达到润物无声的育人效果，在培养学生专业能力的同时，逐步提高学生的思想水平、政治觉悟、道德品质、文化素养，使其成为德才兼备、全面发展的栋梁之材。

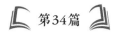

生态学"一中心二层次三结合"
课程思政教学模式实践

新能源与环境学院　包国章[1]　张　环[2]　蒋　拓[3]　张　昕[4]　张　皎[1]　张晓君[5]　丁雪梅[6]　刘　南[1]

（1.吉林大学新能源与环境学院；2.天津工业大学；3.吉林大学教务处；

4.吉林大学生物与农业工程学院；5.吉林大学教育技术中心；6.吉林大学动物科学学院）

　　课程思政一直是吉林大学"生态学""人文视野中的生态学"及"生态与人类"课程教学设计及课堂教学的重要组成部分[1]，兹事体大，关系到生态学教学培养什么人的问题，笔者基于二十多年的本科生生态学课程思政教学经验，提出了"一中心二层次三结合"的课程思政教学模式，即教学理念课程思政中心、微观宏观两个课程思政层次、个人社会国家三种课程思政结合。通过不断的探索与改革，该课程思政教学模式有效促进了教学目标的达成，促进了学生人生观、世界观及价值观的提升。

一、生态学课程内在的思政元素

　　生态学是研究生物与环境之间作用关系的一门科学，这里的"关系"可以从广义范畴上加以理解[2]，而课程思政的一个重要属性就是引导学生对各种关系的正确把握。生态学与课程思政可以从四个层面进行结合，这四个层面分别是自然界生态运行规律及法则层、自然生态规则与人类社会的耦合层、人类社会生态法则与生态理念层以及三观层。

　　基于自然界生态运行规律及法则层可以让学生了解自然界的经典生态原理及案

例，基于自然生态规则与人类社会的耦合层可以引导挖掘自然与人类社会的运行共性，包括广义适合度规则、耗散结构理论、开放系统理论、最小复杂性理论、全息论等；基于人类社会生态法则及生态理念层挖掘生态思维、共生、生态位及适者生存的法则及理念[3, 4]，识别伪科学，养成全面、整体性及非线性思维模式，理解没有最好只有最适合的生态位法则以及简单为王、少即是多、自利利他的生态理念；基于三观层可以凝练生态文明、生态道德以及生存的艺术，包括低碳生活、物种保护、绿色消费、不时不食以及慢生活。共有两条主线决定了课程思政的运行，一条是从自然界生态运行规律及法则层到三观层，这条主线是生态学影响学生三观的形成，突出了生态学专业知识对三观形成的影响；另一条是从三观层到自然界生态运行规律及法则层，这条主线是三观构建鞭策生态学教与学的深入，突出了思政指导下的教学理念走向。

二、课程思政的一中心原则

生态学课程思政的一中心原则体现为课程的教学理念，即培养什么样的人的问题。课程的教学理念表现为课程灵魂、教学美感和知识超越。

任何一门课程都应该有课程的灵魂，课程的灵魂包括信心、眼界和正能量。以通识课"人文视野中的生态学"为例，我们尝试通过主讲教师发生态学小诗和学生进行诗歌交流来展现课程的灵魂。例如，主讲教师写了一首"r对策者——蒲公英在流浪"：贫父赋我小巧/慈母赠我纤装/大地送我空旷/清风携我徜徉/拒绝森林的奢宏/蔑视苑囿的娇香/流浪，流浪/向沉寂点播生命的希望/飘摇，飘摇/在喧哗中阐释死亡的安详/赴荒原缀绿/伴斜阳神伤/落地生根/车辙碾过/那白色的乳汁/是我喜悦的泪行。针对这首诗，学生们和了一首诗"蒲公"：开始没有和你说去远方/有一天忽然梦见流浪/那天的阳光，打在你脸庞依稀旧日模样/讲述你我的年少与荒唐/醒来时我已在异乡/驻足即是家园没有彷徨/呼吸蓝天这是我的信仰/大地，你是我的滋养/山高远，水悠长/恩深绵绵不敢忘/孤星，冷月，秋霜/伤了太下醉了太上/红了春天绿了凄凉/话尽一世情伤。这首生态学小诗从蒲公英的视角表达了耐得住寂寞、守得住清贫、热爱故土、追求自由的人生理念。

教学美感在自然科学课程教学中往往被忽视，但却是课程思政的点睛或升华。教学美感应该包括逻辑之美、法则之美和协同之美。可以通过用姓名中的生态故事体现生态美学，例如，"王"姓体现了一贯三为王，即天时地利人和兼得者为王，这不仅是自然的法则，也是人类社会的运行规则。

以学生为中心的教学理念的一个主要标志是学生的知识超越，包括超越课本、超越常规及超越自我。教师可以通过热点话题讨论实现知识超越。例如，向学生发放调查问卷"你如何从生态学角度看待网络热议的躺平和内卷？""没有钱的婚姻和没有爱的婚姻哪个更不道德？"等。学生可以通过在公众号发表"r/K对策"感悟来实现知识超越，例如，学生在微信公众号上评论道："在生物界中，人类是'K对策'者，但要有容忍'r对策'者的胸怀，接纳'r对策'者的无处不在，这两者对立而统一。这正如《了不起的盖茨比》中所言：'一个人同时保有两种相反的观念，还能正常行事，这是第一流智慧的标志。'"学生在哔哩哔哩视频网站发表反思："运用各种手段让我们的生活安宁而稳定。这不仅是为了我们自身的生存，亦是为了保证种族的存续。我们不仅在与生存在这颗小小星球上的所有其他种族竞争，也是在与我们自己，过去的我们以及未来的我们竞争。这是没有办法的事情，但我们早已经习惯了。"

三、课程思政的二层次原则

生态学课程思政的二层次原则体现为微观和宏观两个层次。微观层次是指知识点自身的思政元素，包括科学的严谨性、逻辑性、规律及法则；宏观层次是指哲理反思及素质培育，包括生存法则、生态道德及三观建成。

在微观上，鉴于生态学自身学科特点，生态学课程的血液及基因里充满了和人生观、世界观及价值观紧密相连的知识点要素，可以说生态学教学无法回避这些要素。以"人文视野中的生态学"为例，213个知识点都和课程思政相关，包括生态危机、环保与发展关系、全球化、食物链生态效率、边缘效应及中度干扰、物种多样性意义、生态位与竞争、共生、集群行为、利他行为、正相互作用、负相互作用、协同演化、人口的增长、趋同适应、趋异适应、身土不二、生态与人文关系等。

在宏观上，授课教师通过媒体进行生态学反思来引导学生的三观建成。例如，课程主讲人先后在吉林大学党委、法学院公众号发表疫情生态学反思。例如，"海德格尔说过：当你无限接近死亡，才能深切体会生的意义。1962年，美国海洋生物学家卡逊出版了一部影响深远的巨著——《寂静的春天》，讲述了因杀虫剂尤其是滴滴涕（DDT）的大量使用而导致的野生生物大量死亡的生态灾难，原本鸟语花香的春天变得了无生气。半个多世纪过去了，在步入信息化社会的今天，一场席卷全球的新冠肺炎疫情让几十亿人深居简出，喧嚣的世界突然变得萧条寂寥，而这次受害方由原来的野生动物转换成了我们人类自己。无论是污染物还是病毒，对人类而言都可能是一场灾难和浩劫，寂静的春天是对人类命运的警示。有史以来，疾病与人类的文明一直如影随形，人类的发展史就是一部生态系统的病毒感染史，人类与病毒一直在协同演化，病毒与人类的竞争不从此始，不至此终，这次新冠肺炎（COVID-19）必将再次改写人类的文明史。""针对此次疫情，中日韩新等东方国家采取了形式不一的隔离措施，而欧美等西方国家却并没有实施严格的管控。从生态文化特征上看，中日韩属于大中华文化圈，中国素食性的农耕生态文化影响深远，群性生态文化是该文化的根本特征，体现为个体服从群体、个人服从国家、舍小家为大家；西方国家自古偏重渔猎游牧，肉食性的海洋生态文化根深蒂固，个性生态文化是该文化的根本特征，体现为个性张扬、大民小国。""中国和西方甚至日本不一样，我们饮食文化的主题是农耕素食文化，所以中国人体内乳糖耐受基因的表达远远不如西方，西方历史上长期以渔猎为主，已经适应了肉食甚至生食，非洲人也适应了吃野生动物。中国则不然，如果照搬西方大量吃肉大量喝奶的方式并不适合，而且有一定的风险，一方水土养一方人，不仅要牢记孔子的叮嘱：'不时不食'，也就是不要吃反季食品，还要坚持'不适不食'，不是本土长期协同演化的就尽量少吃。"

四、课程思政的三结合原则

生态学课程思政的三结合原则是指课程思政与个人生活、社会热点及大政方针相结合，扎根于生活、社会及国家的土壤。在个人生活上要明确我对世界的影响、我该怎么做，在社会热点上要关注重大生态环境问题、婚姻及就业问题，在大政方针上要关注全民防疫、碳中和、两山理论及多边主义。

针对学生，可以尝试以环保作品为切入点，进行关联式教学。例如，通过塑料瓶的再利用关联到塑料回收环保工业、清洁生产及碳中和。针对教师，可以尝试通过教师自己用废弃旧钱包做汽车钥匙皮链，引导学生关联到皮革工艺的沿革、无现金支付对环保的影响、未来无钥汽车所展现的工业4.0与生态文明的关系；通过利用亚麻面料进行旧椅翻新关联到碳中和碳排放，同时由亚麻面料关联到亚麻与人类的协同演化及亚麻的三种生态型。通过环保小制作激发了学生的生态系统式发散型思考，使学生们开阔了学术视野，养了眼、醉了心、许了愿。

综上所述，生态学"一中心二层次三结合"课程思政教学模式是通过教学实践检验的课程思政模式，该模式具有很强的生命力，能够与时俱进，有利于促进教学目标的达成，推进以学生为中心的教学理念的实施，有助于"两性一度"本科生生态学课程建设。

参考文献

［1］包国章，蒋拓，卞建民等.生态学通识课课程思政的思考与实践［C］.2019新时代高校环境教学改革与创新研讨会论文集，北京：高等教育出版社，2020，546-549.

［2］包国章，丁雪梅，张晓君等.《人文视野中的生态学》课程教学的几点体会［C］.2020新时代高校地球科学教学改革与创新研讨会论文集，北京：高等教育出版社，2021，65-68.

［3］包国章，卞建民，丁雪梅等.基于生态位理论的环境类课程教学思考［C］.2020新时代高校环境教学改革与创新研讨会论文集，北京：高等教育出版社，2021，114-117.

［4］包国章，陈薇薇，刘南等.基于人文视野中的"生态学"的混合式课程生态系统优化模式的思考与实践［C］.大学环境类课程报告论坛论文集（2018），北京：高等教育出版社，2018，230-235.

水文地质学基础课程思政教书育人案例

新能源与环境学院　冶雪艳　辛　欣　冯　波　杨青春　万玉玉

　　教学为本、育人为先。在课程教学中不断渗透育人思想，使学生不仅在课堂中学到知识，还学到做人的道理，这是我国思政课程教育改革的基本目标。在水文地质学基础教学中渗透育人理念同样具有极其重要的作用，考虑到水文地质学基础是水文水资源专业和地下水科学与工程专业本科教学的一门重要主干基础课程，这门课程也是开设后续专业系列课程的先行课程，上好这门课对于上述专业拔尖人才专业素养的培养尤为重要。充分发挥水文地质学基础思政课程的引导功能，在教学中引导学生理解并掌握相关重点及难点知识的同时，潜移默化地渗透培养学生科学素养和做人的道理，起到较好的教育效果。

　　教学为本、育人为先。教师在学科教学中要不断地渗透育人思想，使学生不仅在课堂中学到知识，还学到做人的道理，这是我国思政课程改革的基本目标。以2020年度学校课程思政"学科育人示范课程"项目为契机，深入挖掘专业课程所蕴含的思想政治教育元素和承载的思想政治教育功能，形成专业课教学与思想政治理论课教学紧密配合、同向同行的育人格局，开展2020年度课程思政"学科育人示范课程"项目建设工作。本课程教学小组也着眼于立项宗旨，注重强化小组教师的政治担当意识，把提升教学质量作为工作的重中之重，整体形成思想、政治、价值并重的高水平教学特色。考虑到水文地质学基础是水文水资源专业和地下水科学与工程专业本科教学的一门重要主干基础课程，这门课程也是开设后续专业系列课程的先行课程，上好这门课对于上述专业拔尖人才专业素养的培养尤为重要。

一、水文地质学基础课程特点

"水文地质学基础"是水文与水资源工程、地下水科学与工程的学科基础课。同时也是本校地学部相关专业的选修课程。本课程教学小组由老、中、青年龄段成员构成，教学小组通过多次会议讨论了我们学校目前"水文地质学基础"课程开展的现状，结合社会对本专业本科生的需求，明确了努力方向。但水文地质学基础课程是水文与水资源工程专业、地下水科学与工程专业的专业基础课，是学生打开专业学习的第一道门。深入理解与掌握基本概念与基本原理，并将其灵活运用于分析解决各种实际问题，显得格外重要。所以，课程除了传授课本知识，更应该探寻水文地质学科的育人价值，使学生能全面发展，更好地服务社会。

关于该课程的教改研究，很多学者关注以下几个方面：从增强课程的规范化角度去保障教学质量；从把握课程特点、深化教学艺术入手去增强课程教学的实效性，使教师授课与学生讨论相融合去保障理论教学和实践教学相一致；从教学方法角度入手去保障教师课堂的表现力和教学效果。[1-7]通过以往课程研究可见，教师对水文地质学的课堂理论教学与育人教学相结合的研究较少，具有研究价值。

二、水文地质学基础思政课教学改革的引导功能

思想政治理论课教学改革是指实施以教学方法和教学内容为主的双向改革。在教学方式方法上实施问题探究式教学模式，改进教学课堂效果；在教学内容上实施专题教学，创新教学思路，构建适合本专业学生的教学体系。问题探究式教学改革，遵循了思想政治教育规律，极大地发挥了师生"双主体"的积极性，在一定程度上改变了"满堂灌"的传统模式，对于引导大学生意识增强和能力提升、引导教师真正"走进"思政教育有重大意义。[8]

1.引导大学生增强学习意识

学生学习的过程是实现知识更新和再学习的统一的过程，围绕"问题"进行专题教学，既给了学生压力，又给了学生动力。学生围绕每个专题探究问题，通过各种渠道获取信息并对信息进行加工整理、更新，提高了学生融合知识的能力，与原有的知识结构进行了联系并构建新知识体系。同时，在学习过程中，无论是小组探究还是个人探究，围绕问题探究式教改，调动学生通过各种途径和渠道查阅资料、解决问题，整体上增强了学生的学习意识。

2.引导大学生增强合作意识

在思政课教改中引入合作学习的理念，采用合作学习的方法，教师组织与指导学生在自主学习相关教学内容的基础上围绕小组探究问题进行合作学习，在这一过程中对教学内容做进一步深入探究，从而达到改变传统的以教师教授为主的学习模式，营造了同学之间合作学习的良好氛围，让学生养成自主学习的良好学习习惯和态度，最终提升学生的人文素养和社会责任感，促进正确思想观念和良好道德品质的形成和发展。

3.引导大学生增强竞争意识

以小组为单位，展开问题的探究。为了本组成员成绩提高、自身能力提升等等，学生形成你追我赶，同班同学的点评竞争、同一问题探究优劣之争，这些都大大增强了学生的竞争意识。

4.引导大学生增强创新意识

在传统课堂教学中，学生被动地听、记，对内容理解少，提不出问题，使学生学习兴趣下降，学生的认识发展受限，缺乏创造性和自信心。通过思政课改革，充分考虑大学生思想活跃，对新事物充满好奇心的特征，引导学生主动参与到教学过程中，充分挖掘和发挥学生内在的积极因素，鼓励学生独立思考、大胆提问，对学生提出的正确观点给予分析、引导、肯定，从而增强学生的自信心，有利于增强学生的创新意识。

三、水文地质学基础课程思政改革方向

水文地质学基础是水文水资源专业和地下水科学与工程专业本科教学的一门重要主干基础课程。这门课程也是开设后续专业系列课程的先行课程。上好这门课对于上述专业拔尖人才专业素养的培养尤为重要。本次水文地质学基础课程思政改革主要从以下几方面开展：

（一）强化学科育人的核心内容

1.区域知识

"区域"视角是地质学研究独特的视角，任何水文地质现象的研究最终都会落实到具体的地域上。使学生获得区域要素与特征、区域整体与差异、区域变化与发展等地域知识，是水文地质学课程的基本目标。

2.地图技能

地图是水文地质的语言。掌握地图填注、地图判读、地图汇编以及观测、调查统计、数据运算、实验制作等技能也是水文地质学基础的基本要求。

3.综合空间思维

水文地质学所研究的地下水系统是一个多种要素相互联系、相互作用的复杂环境系统。因此综合思维成了本课程的一个基本思维，即学生在面对复杂环境问题时，要善于全面分析，捕捉关键要素，形成定性描述与判断。

同时，结合水文地质现象的地域性，强化学生空间思维。对形成空间想象力、提升空间思维有着非常重要的作用。

4.人地关系意识

人地关系是自人类起源以来就客观存在的关系，是人类认识世界的永恒命题。人地关系意识的内涵十分丰富，它包含了因地制宜、因时制宜的观点，包含了人地协调、和谐共生的观念。

（二）明晰课程显性的德育范畴

大学阶段的德育目标一般包括政治认同、国家意识、文化自信与公民人格等方面。依据水文地质学基础课程育人价值的核心内容，本学科在实施国情国策教育，培育国家主权意识，促进地域文化认同，培养可持续发展观念以及树立正确的人口、资源、环境观等方面有着独特的、不可替代的作用。具体而言，水文地质学基础在"国情观念""国际视野"与"环境健康"等方面拥有较为显性的德育优势。

（三）开展水文地质课程的育人设计

本课程易于理解但不容易深入掌握与灵活运用。在教学环节中要注意以下几个方面：第一，避免概念的死记硬背，要正确理解。比如含水层和隔水层在概念上截然分明，但在实际应用中要具体分析；第二，地下水是生态环境系统中一个敏感的因子，是诸多因素相互作用的产物，不能孤立分析各种因素对地下水的影响，要运用系统的观点去综合分析；第三，不能浮于字面上的理解，力求结合实际案例弄清物理实质。所以，课程要关注贴近学生生活的相关水文地质问题，并在生活中学习和运用水文地质学知识。教学活动中的案例都十分显著地进行了贴近生活的整体教学设计。如饮用的水的类型、新闻中热点水环境问题的引入，在激发学生的学习兴趣的同时，也促进了学科育人价值的实现。[9]

在案例教学活动中，从教学设计与教学组织层面都体现了学法的指导。如有的课例通过教学中设计"提出问题—了解现象—分析原因—归纳影响—提供措施"的学法线索，来引导学生激发过程性思维的方法。[10] 通过这样的教学形式，激发学生的学习热情，增强教师课堂教学表现力和教学效果，使研究实际问题的方法和成果与实践教学紧密结合。

1.基本概念的演化

例如"赋水介质—含水层—含水系统"。

（1）知识的讲解

在介绍该部分内容时，采用多媒体课件，运用文字和图解详细介绍水文地质的演化及基本概念的给出。

（2）教学引导

学完基本概念，问学生有何感想和认识，从中领悟到哪些和书本无关的道理呢？提问讨论的方式让学生明白社会需求对促进学科的发展的意义，总结水文地质对社会发展的重要性。

2."水均衡问题"水和环境共生问题

例如"石羊河流域孔隙水系统"。

（1）均衡案例

在天然条件下，干旱内陆盆地水资源系统存在局部及区域地下水流系统，区内的武威盆地为天然绿洲，水资源有序转化，盐分有序积累是一种理想的均衡模式，为人类提供了宝贵的生存发展空间，但后期的水资源不合理开发利用，打破了原先的平衡，地下水位迅速下降，水环境问题出现。

（2）教学引导

干旱内陆盆地水资源系统支持着脆弱而敏感的生态系统，一旦违背自然规律，不合理地开发或过度开采，将引发水资源生态危机。在介绍完案例背景后，要求学生谈谈感想。通过总结，引导学生明白作为环境因子的地下水与相关系统的相互作用，强调遵循自然规律，合理调度地下水的重要意义。另外，在讨论过程中分组开展竞赛，使学生明白只有与他人合作，发挥团队精神，才能使学习、生活、工作更好地向前发展，教育意义十分明显。

3.达西定律——锲而不舍的科学精神

（1）实验背景

在学习"达西定律"过程中，首先要了解对水资源定量评价的探索历程，再提到达西实验，达西1856年在实验室反复开展水在饱水砂柱中的渗流实验，最终发现线性渗透定律，奠定了水文地质学定量评价的基础。

（2）教学引导

通过达西定律的引入，引导学生明白成功的秘诀在于锲而不舍，持之以恒。

（四）拓展课程的学科育人实践

基础型课程的育人实践是重中之重。课程性质决定了要真正地实现学科的育人功能，课内与课外两者需兼顾，不能顾此失彼。所以本次教研活动也有意向对学生的创新实验、开放创新实验等活动进行进一步指导，拓展学生学习视野，丰富学习经历。希冀引导学生获得课程外活动育人的经历。

以课程知识与育人价值的同步展开为基本思路。通过知识进行价值灌输或者说以理树人是思政课的基本特征，知识是手段、形式，价值是目的、实质，这是使思政课与一般的专业知识教育的区别。在教学过程中，对于知识性内容的讲解要以科学的精神为基本要求，保证基本概念的准确、逻辑严谨，保证案例材料的丰富和课程思政的深度。对于价值性内容的讲解要保证把教材中显性的价值内容讲清楚，讲实在；把知识中隐性的价值内容揭示出来，并且注意价值内容和实际的统一性，避免空、泛。总之，学科育人价值的挖掘与实践是没有终点的。其核心应该是"彰显学科特质，体现育人价值"，通过项目的开展唤起身边教师对学科育人的思考与实践。因此从这层意义上讲，本项改革应作为一个稳定的、系列化的教研活动长期保持，逐渐使其常规化、常态化。

参考文献：

［1］马亚杰，常江，韩秀丽. 好"水文地质学基础"课"精小化"实践［J］. 河北联合大学学报，2012，12（4）：101-102.

［2］施小清，吴剑峰. "水文地质学基础"课程的数值模拟可视化教学探讨［J］. 中国地质教育，2014（4）：75-79.

［3］罗明明，梁杏，郭会荣等. "水文地质学基础"慕课与课堂结合的教学实践与反馈［J］. 中国地质教育，2019（4）：66-70.

［4］姜春露，郑刘根，程桦等. 地质学专业"水文地质学基础"课程教学探索与实践［J］. 大学教育，2015（11）：145-148.

［5］赵雪琼，邓钟敏. "水文地质学基础"课堂教学改革探索［J］. 课堂教学，2018（13）：94-95.

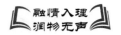
［6］赵静，李志萍，赵贵章. 水文地质学基础课程教学改革与实践研究［J］. 河南教育，2019（2）：108-113.

［7］赵玉红，孙晓庆，卞建民等. 水文地质学基础实验网络混合式教学模式改革［J］. 实验室研究与探索，2017，36（8）：217-246.

［8］杨章钦，徐章海. 思政理论课教学改革与大学生思政教育互动研究［M］. 上海：上海财经大学出版社，2017.05.

［9］唐世刚. 案例教学论［M］. 成都：西南交通大学出版社，2016.11.

［10］吴光华. 生物学科教学中渗透育人理念的教学案例［J］. 生物学教学，2012，37（10）：46-48.

多维度融入思政元素：电磁场与电磁波课程教学改革

仪器科学与电气工程学院　嵇艳鞠　林　君　栾　卉　田宝凤

为深入贯彻落实习近平总书记关于教育的重要论述和全国教育大会精神，把思想政治教育贯穿人才培养体系，全面推进高校课程思政建设，教育部印发了《高等学校课程思政建设指导纲要》（简称《纲要》），以切实发挥每门课程的育人作用，提高高校人才培养质量。[1]《纲要》指出：要紧紧抓住教师队伍"主力军"、课程建设"主战场"、课堂教学"主渠道"，让所有课程都承担好育人责任，守好一段渠、种好责任田，使得各类课程与思政课程同向同行，将显性教育和隐性教育相统一，形成协同效应，构建全员、全程、全方位育人大格局。[2]

"电磁场与电磁波"是电气工程及其自动化专业的核心基础课，该课程是电子、仪器、电气类等相关专业的许多核心课程的先导课程。[3]课程涉及范围广，相关知识在通信、雷达、遥感、测控等领域具有广泛应用，是新工科人才培养不可或缺的一门重要课程。[4]该门课程理论性强、概念抽象、公式繁多，出现教师难教、学生难学的突出矛盾。[5]通过在课程中引入思政元素，使得学生能够了解所学知识用于解决哪些复杂工程问题，架构起从理论到实际的桥梁。不仅有利于破解教学难点，而且通过多维思政元素的融入，深度挖掘提炼课程知识体系中所蕴含的思想价值和精神内涵，优化了教学设计，进一步培养学生科学的创新思维方法和分析问题、解决问题的能力[6]，树立正确的世界观、人生观和价值观，培养精益求精的大国工匠精神，激发学生科技报国的家国情怀和使命担当。

一、课程思政总体目标

"电磁场与电磁波""课程思政"教学改革的总体目标是通过不断增强教师思想政治理念，以德立身、以德立学、以德施教，成为学生健康成长的指导者和引路人；使学生在掌握基本电磁学知识的基础上，能够对工程中电磁波传播现象进行解释，能够综合利用电磁场的知识分析和处理复杂工程中的相关技术问题，具备求知欲和求真务实的科研探索精神，明确当代大学生应有的使命和社会责任，厚植爱国主义情怀。

课程思政主要通过改进教学方法和手段，实现在知识传授和教学过程中增强学生的专业兴趣、职业认同和社会责任感。在讲授本科生课程过程中，围绕着国家需求和国防安全，结合时变电磁场、电磁辐射和天线等内容，弘扬新时代楷模黄大年、南仁东、林君院士等的优秀事迹，通过专业知识培养并激发学生的家国情怀和科研兴趣，增强对民族精神、优秀的中国传统文化的认同，矢志为祖国的各个领域做贡献；通过指导本科生的实物实验和仿真实验，教育学生尊重原始实验数据，追求学术严谨，教会学生责任和担当，培养学生具有实事求是、科学严谨的科学态度，具有批判思维、创新意识学术文化，具备良好科学素养、学术诚信的新时代大学生风貌；通过向学生们介绍自主研制的电磁探测仪器、核磁共振找水仪处于国内领先，增强学生的荣誉感和自豪感，同时也教育学生要充分认识我国地质仪器和先进制造国的差距，国家每年要用大量的外汇进口地球物理仪器，让学生有危机感和紧迫感，努力学习，重点培养学生的创新奋斗意识，引导学生形成正确的认识论和方法论，提高学生自主学习的能力。最终目标是将学生培养成未来社会相应行业的领军人物，培养成为中国特色社会主义合格的建设者和可靠的接班人。

二、多维度思政教育培育科学情怀

为了将思政元素更好地融入课程，教学团队开展了培育电磁情怀的教学设计，实现多维度、全方位育人目标。

1.电磁发展中重要人物树立科学探索执着精神

首先从电磁知识层面发掘思政元素，包括：电磁传播如何实现传播、电磁场单位命名科学家的故事和研究思路，赫兹如何证明电磁波的存在，通过电磁场与电磁波的知识体系的形成过程，发掘教学内容中所蕴含的哲学思想和元素。基于上述思考，开展了在静电场中介绍拉普拉斯和高斯，在磁场中介绍特斯拉，在时变电磁场中介绍麦克斯韦在电磁场理论的贡献以及赫兹如何开展电磁波传播验证实验等电磁发展中科学家的故事讲解，阐述科学研究中质疑、评判和辩证思维，实验重要性、验证和复现性，科学严谨和执着的真理精神。

2.高端电磁探测装备研发激发学生爱国情怀与责任担当

结合习近平总书记在科学家座谈会的讲话，通过讲身边事、学身边人，培养学生科研情怀和科学志趣。在课程中分享黄大年教授作为国家"千人计划"特聘专家为我国地球物理事业所做出的贡献，尤其在航空重力梯度仪研制以及促进"地球深部探测仪器"从理论走向应用等方面的卓越成就，学习他"心有大我、至诚报国"的伟大精神。分享第一代仪电人曾孝箴老先生以及第二代仪电人林君院士的故事，讲述他们坚持带领研究生去野外做实验的勤奋敬业、求真务实的奋斗精神，鼓励学生不断传承和发扬学院在地球物理仪器领域严谨的学术科研精神，更注重人格和品质的培养，强调要做好学问首先要做好人的理念（见图36-1）。鉴于他们在基于电磁场理论研发的航空电磁、地面超导量子电磁、地空电磁探测装备等成果产出，大力弘扬科学家精神，鼓励和激发学生的爱国情怀与责任担当。

图36-1 讲高端电磁探测装备研发专家故事，激发学生爱国情怀

3.邀请院士进课堂，开启学生智慧，塑造学生品格

为引导学生成为全面发展的人才，秉承"高尚的人格魅力塑造学生品格、深厚的学术造诣开启学生智慧"的理念，邀请中国工程院院士林君教授出席本科生"电磁场与电磁波"课程交流。院士与同学们分享了自己的成长经历，从少年时期的勤学苦读到留校任教后四十三年如一日的默默坚守，再到成为"把论文写在祖国大地上"的杰出科研工作者，他强调坚持信念、不懈努力的重要性，鼓励同学们珍惜时光，不负韶华，提升自己，贡献青年力量。听林君院士讲述如何攻克SQUID传感器、研制我国自主可控高端地球物理仪器等"卡脖子"技术，在座同学深受触动，

利用宝贵的机会积极沟通交流，围绕科学研究的实际应用、未来人生发展规划提出自己的问题，林院士一一进行耐心解答，课堂氛围热烈，同学们的科研兴趣得到了进一步提升。当问及是什么理想信念支撑林君老师坚持四十三年从事地学仪器研发时，一句"简单来说就是责任"的回答充满重量。林君院士还亲切地赠予参会同学笔记本作为鼓励，激励同学们"追求卓越，勤学成才"。林君院士鼓励同学们要有所追求、勇于担当，把个人理想融入祖国的发展事业中，做具有家国情怀的新时代奋斗者（见图36-2）。

通过邀请院士与本科生进行座谈，合理嵌入育人要素，把思想政治工作贯穿教育教学全过程，激励学生成才，实现专业知识传授和价值引领的同频共振，培育学生关心国家资源能源探测、热爱地学仪器研发、勇于探索的科研精神。

图36-2 林君院士进课堂，开启学生智慧，塑造学生品格

4.优秀校友线下线上进课堂激励学习电磁场兴趣

通过采用线下或线上的方式，邀请不同层次的优秀毕业生进入课堂，分享科学研究、创新创业等不同奋斗经历，树立本科生的正确人生规划，可以行行走出精彩的人生道路。邀请我院优秀毕业生张洵先生（深圳潜行创新公司总裁）等进入课堂，给学生讲述智能通信与电磁波传播之间的关系、自主创业和奋斗经历。邀请2020年被推荐到北京大学攻读研究生的吴广栋（2018年教过的卓越工程师班）同学，分享了电磁场学习重要性和学习方法以及研究生推免复试经验。邀请在国外联合培养的吴燕琪博士，讲述电磁场的感应和极化效应的应用，以及分数阶电磁扩散方程数值计算等前沿技术，分享国外留学的经验。

三、知识传授与思政育人深度融合

1.电磁场应用学术交流培养学生家国情怀

结合电磁场理论应用特点，每年召开本科生电磁场应用学术交流会，围绕手机辐射、计算机电磁辐射、大地电磁场特征和起源、电磁炮弹、生物磁场、天线等内容，让学生通过课后查阅文献、撰写调研报告，组织专题学生的研讨会，让同学采用演示文稿汇报交流，展开讨论，激发学习兴趣，开拓学生电磁场领域视野。同时，通过课内知识延展到课外应用，不仅让学生们意识到课内基础知识的重要性，而且通过课外知识拓展，旨在培养本科生的创新意识、科学素养等德育元素，激励学生报效祖国、服务人民的家国情怀。

2.海外教授联合教学拓展国际视野

2017年以来，连续三年邀请加拿大纽芬兰纪念大学黄为民教授共同为本科生主讲"电磁场与电磁波"，主要讲授毕奥-萨伐尔定律和恒定磁场基本方程，以及围绕着海洋微波雷达探测应用开展学术报告，推荐学习麻省理工"电与磁"优秀网络教学视频（见图36-3），了解国内外电磁场应用相关领域的前沿技术，开拓学生国际视野。

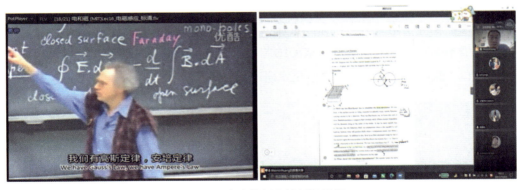

图36-3　海外教授在线授课视频

3.研究型项目教学模式塑造科学素养和品格

构建了"课内知识—项目研究—理论推导—数值仿真—实物实验—答辩汇报"的研究型项目类教学模式（见图36-4），培养学生运用电磁场理论解决实际问题的科研能力，塑造学生学术严谨、实验数据真实、团队协作等科学素养和品格。结合时变电磁场、电磁辐射和天线等内容，围绕着国家需求和国防安全、高端仪器设计和标定等设计研究型项目，注重发挥科研在创新上的引领和支撑作用，创建了"教学与科研深度融合的创新素质培养支撑体系"，面向国家战略性新兴产业领域和高端仪器装备制造业，凝练科学问题，提高课外创新实践环节的研究深度，培养创新思考和严谨治学的科研奋斗精神，培养具有良好的人文素养、较强综合素质、创新精神、实践能力的创新研究型人才。

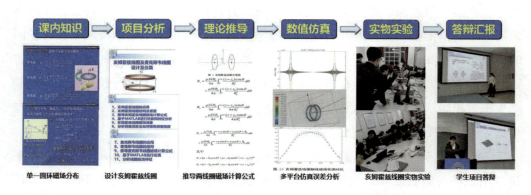

图36-4 研究型项目类教学模式塑造科学素养和品格

4.案例教学法激励学生勇担时代责任和历史使命

引入案例教学法，围绕医学与地学两个领域的相关设计开展案例教学。通过医学磁共振梯度线圈设计项目（见图36-5），让学生了解国内医疗仪器主要依赖进口，激励学生勇于担当历史使命和责任，积极投身高端仪器设备研制事业。设计电与磁偶极子电磁仿真项目，讲述SQUID芯片等高灵敏度磁场传感器和测量系统主要依赖进口，激励学生从事国际前沿技术研究。

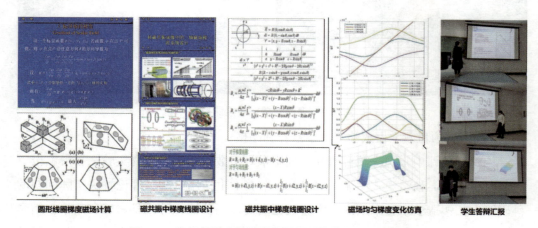

图36-5 案例教学法激励学生勇担时代责任和历史使命

四、实施效果

课程思政是春风化雨、润物无声的过程。学生是课程思政最直接的学习者、感受者、获益者，因此，"电磁场与电磁波"课程思政效果评价立足于学生，以第一视角充分检验人才培养质量展开。经过本课程培养，学生吴广栋在学期间获吉林大学"十佳大学生"荣誉称号，并被推荐到北京大学攻读硕士研究生，学生陈亦楠被推荐到英国帝国理工大学、董文宇被推荐到英国伦敦国王学院、胥铁萧被推荐到北京航空航天大学。同时，课程团队将相关教学设计和内容编著《电磁场及仿真应用》教材1部，目前已校内印刷免费提供给学生使用，发表论文1篇，编写的思政案例被推荐至仪器类教指委。伴随课程建设，课程团队内青年教师快速成长，两名老师获吉林大学青年教师讲课大赛二等奖2次、优秀奖1次。

思想的教育着力于灵魂的唤醒与培育，是教育的核心。笔者深入挖掘"电磁场与电磁波"课程中所涉及的思政元素，进行了多维度课程思政设计，从电磁发展中重要人物到高端电磁探测装备研发，从邀请院士进课堂到优秀校友进课堂，重点在于不断激发学生的爱国情怀与责任担当，开启学生智慧、塑造优秀品格，激励学习兴趣；与此同时，将知识传授与思政育人深度融合，通过采用电磁场应用学术交流、海外教授联合授课、研究型项目教学模式以及案例教学等多种方式方法，拓展并坚定学生的国际视野与勇担历史使命的决心。多层次的人才培养质量表明了该课程思政的有益效果。期望通过本课程思政育人模式的持续建设，为相关专业其他课程的思政建设提供借鉴和参考，更好地服务于立德树人根本任务。

参考文献：

［1］张大良. 课程思政：新时期立德树人的根本遵循［J］. 北京：中国高教研究，2021，（01）：5-8.

［2］宋翔，汪静，蒋慧琳等. 多维思政元素融入的"传感器"课程改革探索［J］. 南京：电气电子教学学报，2021，43（05）：73-77.

［3］甘学涛，王雷，马孝义. 电气工程及其自动化专业综合实习融入"课程思政"教育的探索与实践［J］. 哈尔滨：高教学刊，2019，122（26）：197-199.

［4］宋玲玲，黄文. 课程思政在电磁场与电磁波课堂教学中的设计与实践［J］. 北京：大学物理，2021，40（11）：36-40.

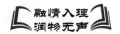

［5］梁家军，黄艳虎，马庆修. 电子信息类专业电磁场与电磁波课程的教学改革思考与探讨［J］.安徽：科教文汇，2021，31（547）：87-89.

［6］闫雷兵，牟光臣. 五星教学法在"电磁场与电磁波"课堂中的教学设计与实践［J］.黑龙江：创新创业理论研究与实践，2021，（17）：36-38，44.

工科专业课程思政教学的思考

仪器科学与电气工程学院　刘长胜

　　党的十八大以来，党中央对高校思想政治工作高度重视，要求高校落实立德树人根本任务。2016年12月，习近平总书记在全国高校思想政治工作会议上强调：把思想政治工作贯穿教育教学全过程，实现全程育人、全方位育人，开创我国高等教育事业发展新局面。2018年10月，教育部印发《关于加快建设高水平本科教育全面提高人才培养能力的意见》（简称《意见》）要求加快建设高水平本科教育，培养大批有理想、有本领、有担当的高素质专门人才，为全面建成小康社会、基本实现社会主义现代化、建成社会主义现代化强国提供强大的人才支撑和智力支持。《意见》要求加强高校思想政治工作体系建设，形成专业课教学与思想政治理论课教学紧密结合、同向同行的育人格局。2019年8月，中共中央办公厅、国务院办公厅印发《关于深化新时代学校思想政治理论课改革创新的若干意见》，要求把加强和改进思政课建设摆在突出位置，解决好各类课程与思政课相互配合的问题，发挥所有课程育人功能，构建全面覆盖、类型丰富、层次递进、相互支撑的课程体系，努力培养担当民族复兴大任的时代新人，培养德智体美劳全面发展的社会主义建设者和接班人。2020年5月，教育部印发《高等学校课程思政建设指导纲要》，明确了课程思政建设目标要求和内容重点，指出培养什么人、怎样培养人、为谁培养人是教育的根本问题，立德树人成效是检验高校一切工作的根本标准，必须将价值塑造、知识传授和能力培养三者融为一体、不可割裂。

　　当前全国高校正在加快推进专业课程思政教学研究和建设工作，形成了各具特色的实践经验和理解认知。[1-5]吉林大学仪器类专业自2018年以来，全面推进课程思政工作，要求所有专业课程积极开展课程思政。经过四年实践，初步形成一套适合工科专业的课程思政方案。

一、课程思政教学目标

关于课程思政的教学目标，作者发现有三种典型的认知：（1）注重学生思想品德教育，提升学生个人修养；（2）专注工程教育认证非技术因素教育[1]，提升学生职业素养；（3）聚焦自然辩证法、科学史、认知论、科学家精神教育[2、3]，提升学生学术潜力。加强这三个方面的教育无疑都是正确的，但都是不全面的。课程思政教学的目标，需要从课程思政提出的时代背景、国际形势和国家对课程思政工作的具体要求来理解。只做思想工作而不关心政治目标，就不能区分中国大学教育与外国大学教育的区别，不能落到培养合格的中国特色社会主义建设者和接班人这个人才培养总目标上。在2019年推出的国家工程教育认证标准解读指南里，明确要求将培养德智体美劳全面发展的社会主义建设者和接班人作为专业培养目标。这事关"培养什么人、怎样培养人、为谁培养人"的问题，是国家大事。要实现这个总目标，正确理解新时代中国对大学人才培养成效的期待，就不难发现专业课程思政教学目标应包含至少以下三个层次：（1）树立社会主义核心价值观，做合格的中国公民；（2）具有较高的职业素养和科学精神，做优秀的专业人员；（3）拥护中国特色社会主义道路，做合格的社会主义建设者。第一层次是新时代全体国民都应该具备的，大学生无疑要首先具备。第二层次是当前我国各行业领域迫切需求的，也是走向社会现代化强化国过程中大学生必须有的担当。第三层次是整个教育的出发点和落脚点，课程思政无疑要配合思政课和学生工作完成这一目标。从许多高校的课程思政实践和学者观点上看[4、5]，实际上是隐含了以上三个方面的目标的，特别是不能忽视第三层次目标[6-9]。

二、课程思政教学设计

在明确课程思政总体目标后，就可以根据专业性质和人才培养瞄准的社会职业定位，设计本专业的具体思政目标和专业课程的课程思政教学内容、教学方法和教学评价方案。针对工科专业，可在现有工程教育认证理念、标准和实践方案的基础上，融入以上课程思政目标，形成具有中国特色的工科教育新模式。

（一）课程思政重点内容

第一层次思政目标对应的重点教学内容包括：培养学生在价值目标层面上追求"富强、民主、文明、和谐"；在社会层面上遵循"自由、平等、公正、法治"；在个人行为层面上践行"爱国、敬业、诚信、友善"。

第二层次思政目标对应的重点教学内容包括：国家工程教育认证毕业要求标准中的"工程与社会、环境和可持续发展、职业规范"；以及追求卓越、勇于探索、实事求是、无私奉献的科学精神。

第三层次思政目标对应的重点教学内容包括：中国共产党领导下中国特色社会主义的优越性及其在现实生活中的体现；我国社会发展、科技强国发展历程和科研工作者的家国情怀；当前国际形势和我国工程人才的职责与使命等。

（二）课程思政教学方法

（1）系统设计，多环节互补

专业课程思政依托专业课堂教学和专业实践教学完成，与通识教育中思政类课程的教学内容密切衔接，并与贯穿整个大学时期的学生社会活动、学生工作良性互动，实现全员、全过程、全方位育人。在教学内容方面，各有侧重，相互补充，相互促进。思政类课程为专业课程思政奠定理论基础，社会活动为专业课程思政提供实践平台。专业应明确本校本专业课程思政的主要目标和元素，并有计划地分配到各教学环节，保障目标达成的最低限度教学需求（要点全覆盖、认知逐步强化），同时避免教师思政教学的随意性和各课程之间低水平重复。

（2）突出重点，分层次推进

第一层次课程思政目标，以大学一、二年级的思政课、学科基础课课程思政和学生社会活动思政设计引导为主体，贯穿大学全过程。第二层次课程思政目标，以大学三、四年级的专业课课程思政为主体，依托专业实践环节强化认知。第三层次课程思政目标，在思政类课程基础上，贯穿大学四年全部学科基础课、专业课和课内外实践环节。

（3）科学引入，载体多元化

根据认知规律、教育心理学和学生学情特点，合理引入思政元素。针对第一层次课程思政目标，可在活跃课堂气氛、增加课堂趣味性和课程知识背景或教学情境关联时事点评中，画龙点睛式地融入思政元素，避免专题说教，重在与课堂浑然一体。针对第二层次课程思政目标，通过专业课相关的复杂工程案例讲解嵌入思政元素，或结合学生查阅资料和课堂讨论深入系统分析，注重由专业问题背景引入。针对第三层次思政目标，可通过与教学情景相关联的时事点评实现思政元素引入，注重与专业的关联性。在专业实践环节包括课外培养计划中，以工程问题背景和成果应用前景为导向设计思政元素相关的学习任务，强化学生自主认知。

（4）以身示范，树榜样效应

专业教师强化自身的师德师风建设，提升专业素养和师德修养，在与学生接触过程中树立正面形象，让学生感受到课程主讲教师言行一致，汲取来自教师的榜样力量。针对一些高层次的思政目标，例如科学家精神、社会主义中流砥柱等，尽可能设置为由高层次人才主讲课程的思政元素，发挥好示范作用。

（三）课程思政教学评价

思政教育融入专业培养方案后，应在专业培养目标、毕业要求指标点和课程目标中有明确描述，专业应按照工程教育认证的要求对其进行教学设计和达成评价。其中，课程思政目标应在专业课程教学大纲中列入情感价值目标，参照工程教育认证关于课程目标达成度评价的有关做法进行教学评价。但鉴于该目标的特殊性，评价方式应多样化，可采取课内考核、关联课程考核、学生综合表现考察和毕业生跟踪调查等多元化、多角度考察形式，并根据目标达成效果改进课程思政工作。

（1）课内考核

主要针对第二层次思政目标，包括形成性考核和期末考核。形成性考核要求学生在完成的课程作业中包含有本课程思政元素相关的文献资料查阅、讨论分析等环节，教师据此给予过程成绩；期末考核要求教师出题时设计与本课程情感价值目标相关的论述题，考察学生学习成效。

（2）关联课程考核

在高年级专业课程中，专业综合性较强的课程教学或实践环节可进一步考察前期课程的思政教育成效，作为评价毕业要求指标点中相关条目达成度的重要依据。

（3）学生综合表现考察

学生在大学期间的实际表现是课程思政工作是否取得实际成效的直接体现，专业应设计与专业思政教学目标密切关联的考察点，例如学生违纪情况、作业完成质量、学生学习状态、社会活动表现、课外实践成果等。该考察可由学生工作办公室和教学工作办公室联合进行，在学生毕业前完成，作为毕业要求指标点中思政相关条目达成度的重要依据。

（4）毕业生跟踪调查

定期收集毕业生职业发展状态信息、用人单位评价，衡量专业课程思政工作的最终成效，作为专业培养目标中思政目标达成情况和课程思政教学改进的重要依据。

三、课程思政教师能力要求

为了保障课程思政教学活动的顺利实施并达到预期成效，所有参与教师要从课程思政提出背景和国内外形势、历史脉络上深入理解课程思政的必要性和内涵；要从人才培养目标的落脚点理解课程思政的重要性和合理性；要从专业的社会属性、专业人才的职业生涯和社会期待，理解专业课课程思政的要点和内容设计；要从本校本专业的人才培养定位和学生当时的实际情况（思想动态）出发把握课程思政的重点和主要攻关方向。专业负责人要从专业课程体系和课内外育人体系上规划课程思政实施方案，分层次、递进式、系统构建课程思政内容、方式和进度；课程主讲教师要从学生的心理特点和教育规律出发，科学设计课程思政元素与专业课堂教学的有机融合方案，突出课程思政的专业属性，要避免生搬硬套。

教师应了解本专业学生通识教育中思政类课程的基本内容，了解我国社会主义道路和国家发展战略，了解事国内外形势和时事政治，为开展课程思政工作奠定基础。

教师应了解仪器类专业相关研究和生产领域的国内外发展状态、未来需求，熟悉与本课程相关领域的优秀人物事迹案例，为开展课程思政工作提供支撑。

教师应精通本课程教学内容，具备一定的教学经验，能够将思政元素载体与课程教学内容有机融合，将思政教育做到恰到好处，避免生搬硬套。做到讲者有意听着无心，自然感化。

教师应具备良好的师德师风和较高的职业造诣，能够在学生面前树立起正面引导的形象，能够使思政教育在师生中引起共鸣。

教师应了解学生上课时的心理状态，开展学情分析，能够基于教育心理学和教育规律适时、合理引导学生，能够将正面激励和反面警示有机结合。

四、课程思政案例设计

以"仪器电气学科导论"课程思政教学设计为例，在课程目标上，明确要求学生能够合理设计学习计划，树立正确的学习观念和学习方法；能够认识社会对仪器、电气专业的需求，具有社会责任意识，初步认识到专业实践中需承担社会、环境和法律责任。主要课程思政目标包含如下三个层次：培养社会主义核心价值观，包括爱国、敬业等；培养职业素养和科学精神，包括社会责任意识、追求卓越等；为学生成长为合格的社会主义建设者和接班人奠定基础：努力学习、至诚报国等。

在课程思政教学方法设计上：（1）发挥主讲教师自身的示范作用，邀请具有典型代表性的优秀教师加入专题主讲行列，不仅可以实现现身说法的教学效果，更重要的是学生在日后的学习生活中总能感受到这些老师散发的正能量，持续散发课程思政效能；（2）优化设计课程思政元素教学载体，将既与学科专业相关，又与学生学习生活、未来发展密切相关的事物或可引起学生兴趣的热点问题或学生存在疑惑又迫切想知道答案的问题，引入课堂教学中，实现思政教育与教学情景浑然一体。课程共有8个专题，每个专题均设计了思政元素和实现方案。例如，邀请院士现身说法，为学生做仪器学科专题引导报告，实行高端引领，拓宽学生视野，激励学生奋发图强；通过分析仪器学科前沿技术相关案例和高端仪器装备对社会的价值意义，培养学生追求卓越的科学精神，激发其树立较高的职业目标；通过分析当前我国面临的科技"卡脖子"问题，以及我国仪器领域科研工作者和优秀校友为国贡献的事例，激发学生至诚报国的情怀；通过对本专业毕业生今后从事工作的职责与规范解读，让学生认识到只有敬业，才能胜任工作；而为了今后能够胜任工作，现在就需要学会敬业；通过分析工程行为的两面性和两起工程实践事故给社会带来严重危害的案例，让学生深刻认识到树立社会责任意识的重要性。

通过课程报告《我对学科专业的认知与大学发展规划》和针对课程目标的结课测试考察学生学习成效。在课程报告中要求学生结合学科专业认知、社会发展趋势、国家发展需求、我校人才培养特点来写个人发展规划，而且要写出实施方案，特别是针对毕业要求中的非技术指标的学习计划，由此不仅强化了学生对本课程思政要素的理解吸收，也能够反映出学生思政教育的学习成效。在结题测试中，诸如"作为测控或电气专业工程师和技术研究人员，应当承担哪些社会责任？在工作中应注意哪些事项？可结合具体案例进行分析。根据这些需求，结合自身特点，说明大学期间自己应重点培养哪些素质和能力，以便工作后能够更好履行有关责任"，也能在一定程度上测试出思政教育是否入脑入心。

总之，专业课程思政教学目标不能脱离我们当前所处的社会环境、专业背景和国家需求，不能看作单纯的思想品德教育和职业道德教育，要落实到培养合格的中国特色社会主义建设者和接班人上，高校要为中华民族伟大复兴进程贡献中坚力量。工科类专业肩负着为我国现代化强国培养大量优秀人才、领导者的重任，要充分认识到课程思政与工程教育认证非技术因素的共性和差异，将构建包含社会主义核心价值观、职业素养、科学精神和中国社会主义接班人纳入课程思政目标，借鉴工程教育认证的做法，促进课程思政目标的达成，落实立德树人根本任务。

参考文献：

［1］鱼海涛，解忧，刘伟.工程教育专业认证背景下理工科课程思政系统化设计与实施［J］.高等工程教育研究，2021（3）：100-103.

［2］富海鹰，杨成，李丹妮，张铮."三全育人"视角下工科课程思政实践探究，高等工程教育研究，2021（5）：94-99.

［3］董小龙，王若斯.理工类大学课程思政建设的路径研究［J］.中国高等教育，2021（7）：25-27.

［4］顾晓薇，胥孝川，孙雷，王青，邱景平.工科类专业课程思政教学探索与实践［J］.中国高等教育，2021：59-61.

［5］杨昆，罗小兵，冯晓东，王嘉冰.能源动力专业基础课程教学中开展"课程思政"的探索［J］.高等工程教育研究，2019（S1）：116-118.

［6］陈敏生，夏欧东，朱汉祎，李丽.高等院校推进课程思政改革的若干思考［J］.高教探索，2020（8）：77-80.

［7］杨振斌.加强高校党委对思政课建设的领导［N］.人民日报，2019-08-29.

［8］郝德永."课程思政"的问题指向、逻辑机理及建设机制［J］.高等教育研究，2021，42（7）：85-91.

［9］张晨宇，刘唯贤.课程思政的基本内核与生成逻辑［J］.中国高等教育，2021（12）：40-41.

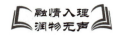
电气测量原理与方法课程思政的系统性设计实践

仪器科学与电气工程学院　张秉仁[1]　张怡然[2]

（1吉林大学，2教育部学位与研究生教育发展中心）

一、从思政课程到课程思政

从日常思想政治工作到思政课程，再到课程思政是一个完整的故事育人链条，厘清三者之间的关系、任务、分工和侧重点，避免同质化是做好课程思政育人任务的前提。课程思政具有方向性，问题在于培养什么人，为谁培养人；课程思政具有专业性，是专业化的思想政治工作；课程思政具有高阶性，需要内容创新和方法创新，但有别于前沿学术讲座；课程思政具有长效性，毕业多年的老学生，当课程内容已经遗忘之后，还能影响和驱动其站得高，并继续向上的特种资源。

图38-1　从思政课程到课程思政

图38-2　课程思政的专属性

二、创新示范课程中的思政单元

"电气测量原理与方法"是吉林大学2021年立项建设的创新示范课程。课程主要教学内容包括：电气测量概论，电力互感器与智能传感器，电工测量原理与仪器仪表，电能质量测量原理和方法，电力谐波检测与智能识别，电气绝缘测量原理与方法，电气设备状态全息感知与智能诊断，电力系统数字化转型与电气测量。

在能源互联网、电力系统数字化转型时代背景驱动下，"电气测量原理与方法"实施全链条建设方案。一流课程建立在一流"思政"基础上，"电气测量原理与方法"课程思政的系统化设计与专业化实施是"电气测量原理与方法"创新示范课程建设的重要环节。

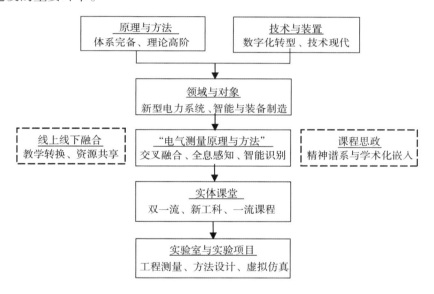

图38-3 "电气测量原理与方法"创新示范课程中的课程思政

三、学生思想状况分析及要解决的问题

课程思政的根本任务是立德树人，但落实到每门具体课程，其任务则应该是具体的和明晰的，也就是需要明确应该解决的具体问题。基于这样的理解和认识，我们首先需要从课程自身的教学目标出发分析和梳理清楚学生的思想现状。经过多年教学实践，站在"电气测量原理与方法"课程视角，学生思想现状带有普遍性的问题可以概括为如下四点。

1.国家需求问题

以自我前途为核心的小设计占主导是普遍现象，在国家战略、行业机遇驱动下责任、使命、机遇、担当的大思维不足，学习动力和发展后劲的问题没能很好解决。

2.专业方向问题

行业氛围不够浓厚和领域信息不足导致心理迷茫与目标模糊，学科专业的心理热度不足，课程思政肩负着引导学生确立研究方向问题，学真本事，做实质性贡献的价值观树立得不够。

3.精神塑造问题

科学精神、企业家精神、工匠精神培育是我国高等教育的短板，普遍性心理站位偏低，缺心少魂。

4.工程伦理问题

经济、管理、文化、法律、资源、环境、安全、责任、价值、职业道德、职业规范、可持续发展等等。

图38-4　"电气测量原理与方法"课程思政需要解决的问题

课程思政能解决什么问题不可回避，必须面对。一门课就是一个世界，课程思政就是要打开一扇门，推开一扇窗，将学生带入一个充满希望的新世界，开眼界、助修为、指点机遇、激发热情、承担责任，这就是"电气测量原理与方法"课程思政要解决的核心和关键问题。

四、"电气测量原理与方法"思政谱系的系统设计

有系统设计才可能有普遍性成效。为形成"电气测量原理与方法"的课程育人格局，基于课程性质和育人目标，结合国家战略需求和行业发展动态，在"电气测量原理与方法"课程思政建设过程中，凝练了本课程理论与技术体系中所蕴含的科

学精神内涵，挖掘和累积了一系列思政资源，构建起了一个本课程的思政谱系，旨在引导学生的奋斗方向，找到用才和用武之地，进而达到铸魂育人、价值引领、精神塑造的效果。

表38-1　"电气测量原理与方法"思政谱系

国家战略、科技革命、产业变革	价值引领、精神塑造、使命担当
能源互联网与数字化转型	能源互联是学科机遇，电气测量是数字化转型抓手，担负基础保障作用
"双碳"与"双高"局面	生态文明与绿色能源，核心技术具有国家属性，气候保护是当代电气人的光荣责任
第4次工业革命与制造强国	中国制造离不开中国测试，产业升级、技术换代、供给侧改革，质量效益转型是电气测量的着眼点
科技强国与重大战略需求	核心技术要不来、买不来，自立自强的国家意志需要电气人的自觉践行、中国特色社会主义集中力量办大事优势
百年奋斗目标与精神培养	十四五规划，2个百年奋斗目标需要专门人才具有科学精神、企业家精神、工匠精神
学科历史与电气测量思政故事	前辈的奠基，师长的奉献是电气学子的阶梯，更是电气学子的精神动力
优秀毕业生成才、成长事迹案例	个人的命运与国家的发展紧密相关，热爱是做好的老师

　　"电气测量原理与方法"列入全国电力行业十四五规划教材，该教材将课程思政有机融入课程内容之中，电气测量原理与方法课程思政将构建起教材—课堂—作业全链条的格局。

五、"电气测量原理与方法"课程思政的专业化实施方法

　　（1）课程思政旨在走心，重在感染力，因此其实施方法是一门艺术，和风细雨、润物无声是其基本原则，而不是追求轰轰烈烈，更不可指标量化。

　　（2）课程思政的实施方法需要专业化，需要从科学史、技术史到现代工程科学思维和使命感的培养。

表38-2　课程思政专业化实施方法：嵌、融、润、养

实施方法	基本要求	专业化特征
嵌	与教学内容直接相关、无缝对接，不勉强、不生硬、不跑题，不强行贴膏药	学术性
融	国家战略时代感培育学生使命感、责任感	新时代
润	亲近、生动、鲜活、信服、乐趣、感染力	案例和故事
养	思想文化和精神营养：养人、养才	思想文化

六、思政案例与思政故事

以案例方式讲好电气测量思政故事是课程思政的有效手段。

1.工程案例："5G+电力监测"服务冬奥测试活动

国家电网北京市电力公司研发的5G虚拟仪器监测系统平稳运行，为重点电力设备供电保障提供了全息电气量数据，支撑保障、指挥人员更全面、透明地感知系统的运行状态。利用5G高速通信技术，自主研制了电力监测终端和5G虚拟仪器量测系统。系统具备负荷特性、电压暂态波形、负载功率等实时数据采集、快速上传和快速解析等功能。延庆、石景山等冬奥会相关场馆安装了18台5G虚拟仪器监测终端。

2.毕业生故事

毕业生的成长历程最具说服力，电气工程专业本科毕业生王多强和硕士研究生吴正玲的成长历程具有鲜活的感染力。（见图38-5）

图38-5　毕业生故事聊天记录

3.国家战略驱动下课程的自我革命

在碳达峰、碳中和，高比例新能源接入，高比例电力电子化，电力系统数字化转型等国家战略和行业发展态势多重叠加下，促使"电气测量原理与方法"课程必须自我革命。教师与学生必须顺应时代变迁和行业发展。（见图38-6）

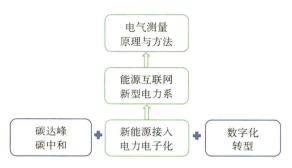

图38-6 国家战略驱动下的课程革命

课程思政建设对任课教师提出了极高的要求，具体表现在：言传身教，教师的修为、境界、火候、丰满学生感受得到，教师的功利、干瘪和焦躁学生同样感受得到；有见识才有思政，课程思政是托举与拉抬，见识比知识重要，课程思政不是简单的劝学，不是利益诱惑，讲好思政故事从"新闻联播"开始，需要有高度、有深度；甘于奉献，教学是良心活，思政更是良心活，首先要花心思，不算账，跳出功利性量化考核的负面影响，不仅要进课堂，还要进教材，更要进作业；画龙点睛，思政教育不是扯得远，是画龙点睛而非画蛇添足和长篇大论。

"电气测量原理与方法"既是学科专业课，也是学科研究方向，具有本硕博直通车的特征，而且随着学习和研究的深入，其对思政教育的要求愈加凸显，因此"电气测量原理与方法"课程思政肩负着引导学生确立研究方向，明确奋斗目标的任务，所以，"电气测量原理与方法"从本科到研究生课程思政立德树人的根本任务是一脉相承的，同时也彰显出"电气测量原理与方法"课程思政的系统性设计和专业化实施的重要性。这也是教育部学位与研究生教育发展中心大力开展和推进课程思政工作的着力点之一。

中国共产党百年风华正茂，恰逢世界百年未有之大变局，不仅需要科技发展与生产力提高，更需要世界话语权和自身的思想文化建设。从文艺复兴到中华民族伟大复兴，从西方资本主义核心价值观到社会主义核心价值观，从儒释道底色到新时代思想文化特色，从毛泽东思想到习近平新时代中国特色社会主义思想，我国正在逐步建立起一套完整的思想文化体系，课程思政在这套思想文化体系的建设过程中可以，也应该发挥基础性添砖加瓦作用。（见图38-7）

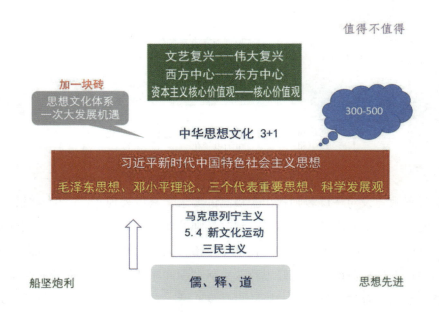

图38-7 课程思政助力思想文化建设

"电气测量原理与方法"课程思政任重而道远，理解尚不充分，体系尚未完善，素材尚不丰富，感人故事依然不足，特殊性与创新性有待进一步挖掘，要点把握尚待提高；"电气测量原理与方法"课程思政的系统性设计与专业化实施已经步入发展轨道，我们的任务是持续建设。

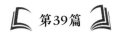

挖掘思政元素，潜心教书育人

基础医学院　葛敬岩

2016年，习近平总书记在全国高校思想政治工作会议上指出，"各门课都要守好一段渠、种好责任田，要使各类课程与思想政治理论课同向同行，形成协同效应"。课程思政的本质是为了实现立德树人，使传道授业解惑与育人育才有机统一，解决"培养什么样的人、如何培养人"的问题。

一、思政元素的挖掘

课程思政是在专业课中融入思政元素，寓价值观引导于知识传授和能力培养之中。生理学与医学有着密切的联系，是医学教育中一门重要的基础课程，是连接基础医学和临床医学的重要桥梁，其中蕴藏着丰富的思政元素。生理学教学分为理论课和实验课两部分，我们要以"立德树人"为教学目标，充分利用课堂这个教学主渠道，找准结合点，抓住切入点，不失时机地开展思想政治教育，将德育元素融入生理学的教学中。在设计生理学课程思政时，我们将生理学教学中自然地融入思想观念、道德规范、家国情怀、人文教育等思想政治教育，将"思政寓于知识"、用"知识承载思政"，丰富教学内容，提高育人质量，引导学生树立正确的世界观、人生观和价值观，实现生理学教学的知识目标、能力目标、情感价值目标相结合，教书与育人相统一。通过课程思政的设计，我们将家国情怀自然地渗入课程的方方面面，实现了润物无声的效果。

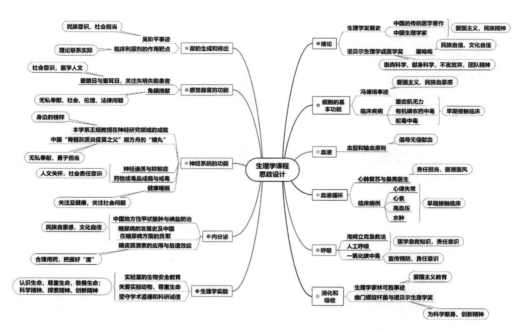

图39-1　生理学课程思政的德育元素与育人目标

二、生理学教学中的思政案例

课程思政把教师的政治态度、政治认同融入专业课程教育教学中，寓价值观引导于知识传授之中，通过知识和技能传授，使学生在渴望求知的兴奋、愉悦和暗示下接受熏陶，启发学生自觉认同，产生共鸣与升华，实现潜移默化接受影响的效果。价值引领在潜移默化中影响学生的思想意识，在教学中引入中国生理学家的事迹，更能激发学生的民族自豪感和文化自信。

（一）身边的榜样

"亲其师，则信其道；信其道，则循其步"，榜样的力量是无穷的，并且身边的榜样最容易让人感动。我们身边的榜样虽然没有惊天动地、气吞山河，但其一言一行，在潜移默化中形成一种内化力量，引领着我们不懈努力，不断创新，起到示范性作用，生理学系王绍教授就是这样一位德高望重的先生。王绍教授出生于20世纪30年代，求学于抗日战争和解放战争期间，参加过渡江战役，截至本文写作时在吉林大学基础医学院（经多次更名，最后为吉林大学基础医学院）生理学系从教58年，担任系主任35年，亲历了生理学系的建设，见证了它的成长，领导其学科建设不断发展，在国内较早建立了硕士和博士学位授予点，以及博士后流动站，培养了

大批卓有成就的研究生。王绍教授在神经科学领域的研究取得了开创性的成就，58年脑研究历程，对原来功能不清楚的缰核，做出了理论上的生理功能定位，认定缰核是中枢神经系统中的一个机能稳态调节中。这是对缰核做出的纲领性认识，2008年美国已经用刺激缰核作为治疗难治性抑郁症的刺激靶点，取得了令人满意的临床治疗效果，从理论研究阶段进入临床治疗，其中主要术者之一就是王绍教授的学生，其学位论文就是关于缰核的研究。王绍教授的学生赵华教授带领的科研组对缰核的研究进行了传承，并取得了开创性的进展。王绍教授说过："在广阔、复杂的神经科学领域，这点成就算不上是什么大事，但它对个人，是竭尽了大半生全身心的努力才获得的。个人从中体验了科学实验的艰辛，享受到了实验成功、揭示未知的欢欣和快乐，收到了难得的精神奖赏。"王绍教授将其科研经历概括为"五十八年过去，席不及暖终窥缰核全貌，半个世纪不长，征程万里仅启玄机跬步"。王绍教授在求学时不怕困难的钻研精神、在科研中的持之以恒，是很多默默无闻科研工作者的缩影，也是我们学习的榜样。

王 绍（吉大生理学系）

神经科学领域的研究——**缰核**

在广阔、复杂的神经科学领域，这点成就算不上是什么大事，但对于个人，是竭尽了大半生全身心的努力获得的；体验了科学实验的艰辛，享受了实验成功、揭示未知的欢欣和快乐，收到了难得的精神奖赏。

图39-2　王绍教授在神经科学领域的研究

（图片来自2020年秋季学期2019级临床医学专业授课PPT）

（二）学生主动参与课程思政

课程思政在本质上是一种教育，是为了实现立德树人。我们利用现代教学手段，通过网络教学平台，选择合适的切入点，让学生主动参与课程思政。例如，在讲解神经的营养作用时，我们列举临床病例脊髓灰质炎，进而引出"糖丸爷爷的故事"。课前我们在学习平台上以问题为导向，让学生主动参与到课程思政的教育中。一颗糖丸，毕生心血，护佑了几代中国人的生命健康，使中国进入无脊髓灰质炎时代。"糖丸爷爷"顾方舟"以身试药、以子试毒"的事迹，能够让我们从心底肃然起敬，敬畏之心油然而生。"为一大事来，鞠躬尽瘁；做一大事去，泽被子孙"，这是其一生真实的写照。看到学生在平台上的留言（见图39-3），也让我们感动，从他们的身上，我们看到的是满满的民族自信和爱国情怀，他们是未来的国家担当。

图39-3　学生通过网络平台讨论主动参与课程思政

（图片来自2020年春季学期2018级医学5+3一体化学习通线上讨论截图）

（三）课程思政与临床知识融合

在基础医学教育阶段，让学生早期接触临床，将医学理论融入临床医学教学中，培养学生的临床思维能力，并无缝衔接。在课堂上，我们将临床病例引入教学中，从疾病的临床表现、发病机制以及治疗方案等方面进行讨论讲解，加强对临床疾病的认识，同时加入其发病率、预后及对家庭和社会的影响等相关介绍，使学生了解某一疾病所带来的危害，有助于培养医学生人文关怀意识。在课堂外，我们在

第39篇

挖掘思政元素，潜心教书育人

网络平台上设置了与临床知识相关的问题，让学生进行讨论，激发学生学习的热情，同时也调动了学生学习的主动性。例如，在学习血液这一章节时，我们在平台上设置了如下问题：①正常情况下，血液在血管内流动时为何不发生凝固？②输血前是否有必要检查Rh血型？Rh阴性母亲怀有Rh阳性胎儿时，为何容易发生"新生儿溶血"？③临床输血时为何要进行交叉配血实验？"O型血是万能供血者，AB型血是万能受血者"是否科学？④临床上检测血沉有何意义？可作为哪些疾病的辅助诊断？同学们在网上积极回答问题，如图39-4所示。

图39-4　同学通过网络平台积极参与临床知识的线上讨论

（图片来自2020年秋季学期2019级临床医学专业学习通线上讨论截图）

课程思政以"立德树人"为根本，实现价值引领、知识传授、能力培养相统一。学生不仅要学好专业知识，更要树立远大的目标，要有强烈的使命感和责任感，树立正确的世界观、人生观和价值观。作为教师，我们有责任将专业课和课程思政有机融合，传递正能量，构建育人大格局。

课程思政，我们一直在路上……

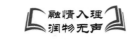

医学寄生虫学教学中融入课程思政的实践探索

基础医学院　刘利　史红艳　于慧美　李菁华

吉林大学　病原生物学系

　　立德树人是教育的根本任务。大学课程具有传播知识、培养能力的功能，如何在专业教学中将知识体系之外的思想政治教育元素有效融入专业教学过程[1]，使两者有机结合，实现教书育人的教育目标是我们教育工作者必须面对和研究的课题。

　　寄生虫学作为一门研究寄生虫与寄生虫病的"古老"学科，既包括寄生虫生物学的基础知识，也包括寄生虫病及其防治的临床知识，从对寄生虫的认识到寄生虫病的防控，其内容中蕴藏了丰富的医学人文教育素材与深刻的思想政治教育资源。作者充分利用长期教学的实践经验，经过深入挖掘、精心设计，把思政元素融入专业课教学中，取得了良好的教学效果。

一、课程思政元素的挖掘

　　人类与寄生虫共存与战争的"历史悠久"。结合医学寄生虫学特点，课前查阅大量与专业教学内容相关的资料，从中提炼出专业课程中蕴含的文化基因和价值范式，在知识传授中融入理想、信念层面的精神指引。

　　如通过新中国成立70年我国寄生虫病的防治成就，激起学生爱党爱国的信念。在疟原虫研究过程中几十年公认的理论被推翻，使学生认识到，权威并非"权威"，培养学生尊重科学、明辨是非、勇于挑战等优良品格。教学内容中的思政元素见表40-1。

表40-1　医学寄生虫学教学内容与思政育人元素

教学内容	元素挖掘	育人目标
举例	寄生虫病防治	价值观塑造
阿米巴 黑热病 毛滴虫 疟疾	1.研究过程 2.感染方式 3.诺贝尔奖 4."错误"学说 5.疫苗研制 6.媒体"新闻"	1.对科学事业无私与奉献；社会责任 2.人生观、价值观 3.踏实、勤奋；创新思维；树立远大理想 4.尊重科学、明辨是非；求实诚信的品格；批判性思维 5.创新思维 6.关注新进展
弓形虫 蛔虫 猪带绦虫 细粒棘球绦虫 广州管圆线虫 耻阴虱	7.致畸因子 8.致病作用 9.治疗（失误） 10.防治 11."福寿螺事件" 12.感染方式	7.人文关怀与社会责任 8.人文素养 9.责任感 10.德才兼备 11.关注公共健康；责任与担当 12.人生观、价值观

二、课程思政的教学设计与实施

围绕课程思政的目标，充分发挥课程思政的德育功能。在教学过程中，以学生为主体，有意、有机、有效地利用"课上课下、线上线下"、全方位多平台，通过故事叙述、病例分析、启发引导、翻转课堂等多种方式，具体化、生动化地将思政内容融入教学。[2]

（一）典型病例导入：专业知识与能力培养相结合

人体寄生虫学虽属形态学范畴，但同时具有病原学属性，因此，在教学中将临床病例导入临床课堂，培养学生理论联系实际以及分析问题与解决问题的能力。

寄生虫的致病作用与诊断方法是人体寄生虫学的重要内容。在教学过程中，教师挑选典型病例导入课堂，如讲解曼氏迭宫绦虫时，以本校在读学生感染裂头蚴病的真实典型病例导入，从临床表现到感染方式，教学内容在教师的引导和学生的思考与推理中展开，并逐渐清晰明朗。病例导入教学，不但增强了学生的学习兴趣，启发学生积极思考，充分发挥学生的主观能动性，提高教学效果，而且有助于学生将医学寄生虫学理论知识与临床应用相联系，为以后从事临床与预防工作奠定基础；同时有效地提高学生综合分析问题以及解决实际问题的能力。

（二）启发引导：专业知识与科学思维相结合

疟原虫感染人体后的发育过程，直接影响疾病的治疗。在讲述疟原虫生活史过程中，引入一个错误却延续近40年后才被推翻的"权威"观点，讲完生活史过程后，反问学生从这个"失误"的结论中受到哪些启示，使学生认识到，科学是踏踏实实的学问，权威并非"权威"，最后以坚定的语气引导学生：科学需要求真务实，也需要开拓进取；需要诚实守信，也需要批判性思维。历时数十年的"错误结论"，通过精心设计，使教学内容与思政元素自然地交织融合，在完成专业知识传授的同时，培养学生尊重科学、勇于挑战、明辨是非的能力。在"课程育人"的同时，实现"科研育人"。

在讲授蛔虫时，由蛔虫生活史过程引导学生思考蛔虫的致病作用，从蛔虫的并发症启发学生正确认识"减肥热"和片面追求减肥所带来的危害，引导学生树立正确的人生观和价值观，一味地"瘦"并不意味美，健康的体魄和阳光的心理、积极向上的生活态度才是年轻人应该追求的"美"。

（三）"故事"讲述：专业知识与家国情怀相结合

通过讲故事的形式"我讲你听"。在新中国成立前，我国寄生虫病流行猖獗，"五大寄生虫病"严重危害我国人民的健康。新中国成立70年，我国对寄生虫病的防控取得了世界瞩目的成就。2007年，我国成为全球第一个宣布消灭丝虫病的国家。此外，黑热病及疟疾等危害严重的寄生虫病也得到有效控制。从寄生虫病的防治，到今天新冠肺谈疫情的防控，这些成就，使学生深刻体会到党和国家全心全意为人民服务的宗旨，激发学生爱党爱国的家国情怀。

疟疾是危害最为严重的寄生虫病。在讲授疟疾的病原体时，从疟原虫的发现，到研究成就，再引入2015年我国科学家屠呦呦因发现抗疟药物而获得诺贝尔医学奖，以"挽救全球数以百万人生命"的巨大贡献成为我国科学工作者的典范。在讲授阿米巴致病机制及黑热病的流行时，将教学内容与研究过程中受试者的努力与付出结合在一起，在完成课程内容后，充满敬意地赞叹这些自愿"受试老师"的科学态度、敢为人先、勇于奉献的崇高精神，虽然只有短短的几句话，但能使学生与老师产生共鸣，理解和感叹这些"受试老师"的无私与伟大，"天风浩浩、恩惠人间"。通过科学家的事迹，鼓励学生树立远大理想、勇于担当，以救死扶伤、解除民众的痛苦为己任，确立正确的人生观和价值。

（四）翻转课堂：教学方式与学习能力相结合

"以学生为中心"，培养终身学习能力是教育的重要任务之一。根据寄生虫学特点，教师安排一定的自学内容，学生通过自学和查阅资料，完成演示文稿，并走上讲台"你讲我听"。如旋毛形线虫一节，学生在讲台上以学生特有的清新、别致的PPT风格，流畅的语言表达，细心搜索的病例，讲述他们的自学成果。虽然没有成熟的讲课技巧，却展现了学生的学习态度及思维逻辑。这种课堂翻转、师生互动的教学方式，极大地激发了学生的学习热情，既培养了学生自主学习以及归纳总结的能力，同时也锻炼了学生的逻辑思维及语言表达能力。通过多年的实施验证，效果良好。

（五）寓教于"有形"：教学手段与思政元素相结合

寄生虫学作为经典形态学科，在教学过程中，将传统教学方法与现代化教学手段相结合，集图片、影音于一体，使课堂教学更加直观、生动，弥补教师授课一支粉笔、一块黑板的不足。如将电视剧《长征》片段、"走进科学"等视频置于教学课件中，在生动、直观地展现寄生虫病的同时，也使学生加深理解寄生虫病与实际生活联系，坚定医学志向，坚守职业操守，增强医者救死扶伤、永不言弃的使命感与责任感。

随着网络的普及，越来越多的媒体"新闻"也涌入学生们的生活，关注与专业相关的内容，帮助、引导学生们去伪存真，也是我们教师的责任。曾经的重大公共卫生事件"福寿螺事件"，给我国公共卫生问题敲响警钟。从我国食品安全法规建设亟待完善，到临床医生缺乏专业知识培训，尤其是少见的寄生虫病容易被忽视，导致误诊误治。经典的实例激发了学生学习的积极性，引导学生关注公共健康，培养医学生的职业道德及社会责任意识，加强学生的知识储备和责任担当。[3]

此外，医学寄生虫学教学内容中还蕴含着许多有关职业道德、方法论、人文关怀等思政元素，在教师的精心设计下同样于有意与"无意"间融入教学，走进课堂。

三、课程思政的成效

寄生虫学教学虽然课时不多，但系统的课程思政已完成三个学期，经过学生座谈和问卷反馈，教师自省和总结，效果良好，主要表现在：（1）增强了学生对医学的热爱；坚定了自己的职业选择，进一步理解了医者的责任与担当。（2）开阔了学生视野，提高了学习和科学研究的兴趣。（3）惊叹于祖国在疾病防控取得的成就，激发了爱国情怀。（4）在一定程度上提高了学习与思维能力。

存在的问题主要在于：教师的表达不够精练；思政元素偶有重复。

经过认真学习、不断摸索与实践，深刻理解课程思政不是政治课，也不是将思想品德课搬入专业课程中；课程思政不是一门新的学科，也不是改变专业课程的本来属性；课程思政不是单纯的说教，不是把思政元素强行加入课堂，更不是为了完成思政"任务"而思政。课程思政，教师课前要充分准备，在专业内容中挖掘出思政元素，用心思考，精心设计，以课堂为载体，把思政元素"有意而巧妙"地融入专业教学中，使学生在学习知识的同时，"无意而自然"地接受正确的世界观、人生观、价值观的引领。

课程思政同样秉承"以学生为中心"的方式，使学生容易接受、乐于接受，实现"春风化雨，润物于无声"，这是教师的能力，也是教师的责任。"为人师者，善其道而慎其行"。作为教师，首先要不断提高自身政治思想觉悟和认识水平。其次，要从教育理念、教学内容、教学组织和教学评价等多方面、全方位入手，无论"线上、线下"，将课程思政融入专业知识的传授中。教师在教学过程中要不断摸索、不断改进、不断完善，课程思政才能达到预期的效果，实现教育立德树人、培养社会主义接班人的根本任务和服务中华民族伟大复兴的重要使命。

在以后的教学中，我会进一步提高育德意识与育德能力，继续进行"课程思政"的推进与实施，努力做到设计更精准、语言更简洁，在实践中不断积累经验，总结教训，在"自我反思与自我修正"中实现"自我完善"，不忘初心，不辱使命！教书育人。

参考文献

［1］赵明远，张春梅.以课程合力推动高校思想政治教育发展的思考［J］.锦州医科大学学报：社会科学版.2017，15（3）：115-117.

［2］付海英，袁红艳，杨巍，等.在临床专业学生中.展的医学免疫学课程思政［J］.实践探索中国免疫学杂志.2020，36（1）：103-107.

［3］王维，都建，李菲菲.人体寄生虫学课程中开展思政教育探讨［J］.广西中医药大学学报.2018，21（2）：135-137

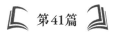

病理生理学课程思政元素与医学人文教育探索

基础医学院　苏静　沈璐妍　孟艳　康劲松　张灵　刘亚男

吉林大学　病理生理学系

　　为促进病理生理学桥梁课的衔接作用，基于长期教学实践经验，结合课程思政的总体要求，我们亟须在病理生理学教学过程中加强医学人文教育的同时，充分挖掘思想政治教育元素，通过多样化的方式与方法，将其融入专业教学的过程之中，打造高质量的医学本科教育。本文对吉林大学基础医学院病理生理学系以进行的课程思政教学的设计与实施进行简要总结，并列举课程思政元素，以期在此过程中提高教师教学水平与教学效果。

　　病理生理学是连接基础医学与临床医学的重要桥梁学科，其与基础医学及临床医学专业知识互相渗透，紧密联系，但病理生理学是从功能角度来阐述疾病发生的原因和发病机制，知识内容相对抽象，直观性不强，注重实践验证，初学者往往认为学习难度很大，短时间内难以完全理解。而以多种形式体现思政元素，充分发挥课堂教学的主渠道作用，又能提升教学效果和学生的学习兴趣。

　　病理生理学是一门理论性、实践性均很强的课程，以提高学生综合素质为核心，融知识与技能、情感态度与价值观培养为一体，既是医学生重要的专业基础课，又是培养学生人文情怀的重要学科。结合病理生理学教学内容，从爱国主义精神培养、科学精神培养、健康科普宣教、职业道德要求、医学伦理教育5个方面选取思政元素，融入课堂教学过程中。

　　1.爱国主义精神培养

　　祖国医学源远流长，在医学发展中有着深厚而持久的爱国主义传统，古往今来，许多有建树的医学家把自己的全部精力用在国家医学发展和科学事业上。在病理生理学绪论教学中，可以介绍一些我国老一辈病理生理学家推辞国外优厚的待遇毅然归国建设的事迹及他们在医学方面的贡献，让学生体会到医学家的爱国之情、强国之志，培养学生爱国主义精神。

2.科学精神培养

科学精神是科学实现其社会文化职能的重要形式，实事求是是它的核心，开拓进取是它的活力。病理生理学研究的是疾病的本质与致病机理，只有搞清这些问题才能在临床上准确诊断，针对性治疗。在探索人类疾病发生发展机制过程中，需要具备不怕困难、不辞辛劳、敢于创新、开拓进取的科学品质。在病理生理学教学中，可以结合一些疾病的发现与研究过程，向学生传递这种科学精神。例如，在休克章节中，通过休克发展史的介绍，让学生了解科学的发展是螺旋式上升的过程，体会到医学工作者不畏失败、不断探索的坚定意志，感受到医学家敢于质疑、实事求是的科学态度，从而使学生对科学精神有全面的认识。

3.健康科普宣教

推进"健康中国"建设，提高人民健康水平，是我国的重要战略部署。构建"健康中国"，要坚持以预防为主，这需要大力加强健康知识宣传。随着生活水平的提高，人们越来越关注自身健康，但在信息爆炸的时代也有很多不正确的医学信息在网络或媒体中广泛传播。宣传正确有效的疾病预防保健知识，是医务工作者的职责。在病理生理学中，有很多适合进行健康科普宣教的内容，如在缺氧这一章节中，引起血液性缺氧的原因之一是血红蛋白性质改变。造成血红蛋白性质改变的因素有一氧化碳中毒、亚硝酸盐中毒等。通过介绍日常生活中易引发一氧化碳中毒和亚硝酸盐中毒的情况，让学生认识到医学知识与日常生活密切相关，进而倡导学生在今后临床工作中对患者加强医学相关科普知识的宣传，以减少发生相关疾病的危险，使学生具有进行健康科普宣教的意识，也注意在学习、工作过程中累积案例与经验。而通过日常工作中医学知识的宣传教育，能促进患者和医护人员之间形成文明和谐的人际关系。

4.职业道德要求

《中华人民共和国医务人员医德规范及实施办法》对我国医务工作者的医德规范做出了明确规定。在病理生理学中，很多内容都可以体现出对医德医风的高度要求。如在钾代谢紊乱章节中介绍"高钾致命"时，结合临床工作中的具体事例，提出加强工作中的责任心，时刻为患者着想，严谨求实、团结协作的重要性，让学生对医生职业道德要求有更明确的认识。

5.医学伦理教育

病理生理学理论知识需要通过实验来验证，比如动物实验。在进行动物实验前，要求学生善待动物，谨慎操作，尽量减轻动物痛苦，充分考虑动物权益，尊重动物。通过动物伦理教育，延伸到对临床患者的伦理教育，培养学生对生命的尊重。在休克实验中，通过学生团结协作完成休克动物模型，由于实验动物个体差异不同，在实验过程中可能遇到很多突发情况需要学生随机应变，及时想办法解决，并最终完成对休克动物的抢救。通过实验，使学生体会到团队精神、医务人员的责任感、解决问题的能力、科学精神及对实验动物的关爱与尊重等的重要性，能够培养医学生良好的道德品质、责任意识、科学素养、人文关怀等，起到课程育人的作用。

教之以"病"而喻诸德：无声融思政，有声育英才
——病理学课程融入思政元素的路径与实践

基础医学院　王医术　李艳茹　刘静华　辛　颖　王　琳　石英爱

吕　爽　阮　洋　李美英　吴　珊　何　旭　李　伟　李一雷　李玉林　金祥雷

吉林大学基础医学院病理学系　吉林大学医学教育教学发展中心

　　2017年中共中央、国务院在《关于加强和改进新形势下高校思想政治工作的意见》中提出，要坚持全员育人、全程育人和全方位育人的"三全育人"要求。教育部《高等学校课程思政建设指导纲要》（教高〔2020〕3号）更是明确指出课程思政建设是全面提高人才培养质量的重要任务，而全面推进课程思政建设是落实立德树人根本任务的战略举措。高校作为人才培育的生力军，应当把"立德树人"当作根本任务[1]，把思想政治工作贯穿教育教学的全过程，把思想价值引领贯穿教育教学的每个环节，让专业课程与思政课程同向同行。[2-3]病理学教学团队在充分认识以学生为中心的基础上，发挥专业课的育人资源优势和教师的主体力量，从内容到方法，从显性到隐性，通过无声融思政的过程，达到有声育英才的效果。

一、课程特点及意义

　　病理学是通过研究疾病的病因、发病机制、病理变化、结局和转归，来认识和掌握疾病的本质和发生发展规律，为疾病的诊治和预防提供理论基础。在医学教育中，病理学的学习必须以解剖学、组织胚胎学、生理学、生物化学、细胞生物学、分子生物学、微生物学、寄生虫学和免疫学等学科为基础，同时其本身又是以后学习临床医学各门课程的基础，因此，病理学是一门由基础医学跨入临床医学的"桥梁"学科。在临床医疗实践中，病理学又是许多疾病诊断的"金标准"，为疾病的治疗提供可靠的依据，因此，病理学也是临床医学的重要学科之一。因而，在病理学课程的教学过程中，充分利用好课堂教学这个主渠道，有机地融入思政教育元素，能够更好地提升思想政治教育的亲和力和针对性，对于即将开始学习临床医学课程的医学生来说具有重要意义。

二、专业课程的育人资源建设

（一）教学目标与思政大纲的建立

病理学课程中的思政教育元素，必须要以教学目标为保障。教学目标是教师专业活动的灵魂，也是课堂教育教学的方向。教学目标有"三个维度"：知识目标、能力目标和情感价值观目标。这三个维度不是三个独立的教学目标，而是同一个教学过程中教学目标的三个方面。因此，在设定教学目标时，要紧密结合病理学课程的授课内容，建立知识目标，将科学价值、人文价值、社会价值等情感和价值观目标融入知识目标当中，目的是培养学生的能力与德行。在教学过程中，通过教师的价值引领，将情感价值目标和能力目标融入知识传授中，实现知识传授和价值引领的同频共振，保证教育教学目标方向的正确性。

病理学课程思政大纲的建立保证了思政元素的体系性及不重复性。在思政大纲中，我们从古今中外、宏观微观等多个维度，深度挖掘了病理学授课内容中的思政元素，并且注意将思政元素与病理学授课内容紧密结合，使思政元素具有鲜明的专业特色。比如，结合新冠疫情，我们从尸体剖检和疫苗研制的角度挖掘思政元素。尸体剖检，即对死者的遗体进行病理解剖和后续的显微镜观察，是病理学的基本研究方法之一。尸体剖检对于病理学和医学科学的发展有着极其重要的意义。在临床方面，通过尸体剖检能够确定诊断，查明死因，协助临床总结在诊断和治疗过程中的经验和教训，以提高诊治水平；在预防医学方面，尸体剖检能及时发现和确认某些传染病、地方病、流行病和新发生的疾病，为防疫部门采取防治措施提供依据。因此，对新冠肺炎死亡患者的遗体进行尸体剖检，可以明确新冠肺炎的病变特点，对于指导临床治疗和预防有着极其重要的作用。在"后疫情时期"，病理学教学团队参加完成了新冠疫苗研制中的病理学部分的研究任务。通过上述具有病理学特色的思政教育元素，从知识传授、方法过程、情感态度等方面，潜移默化地影响着学生的知、情、意、行。

（二）知识传授与价值引领的同频共振

知识传授和价值引领都是思政教育的重要目标和内容，两者之间相互联系、不可分割。在知识传授中渗透价值观教育，让价值引领植根于知识传授之中，实现知识传授和价值引领的同频共振，才能保障思政教育的有效性。因此，在病理学的教学过程中，我们积极探索教学内容与思政元素的有机结合方式，将思政教育融入专业知识中，用思政元素解读专业知识。

比如，在炎症的知识讲授中，我们以学生熟悉的新冠疫情和战争来解读炎症。炎症是机体对损伤因子所发生的复杂的防御反应，它可以消灭和局限损伤因子，清除和吸收坏死组织，并进行组织修复。这说明炎症对机体是有利的。那么为什么在炎症发生时，如感染了新冠肺炎时，还需要治疗呢？在授课过程中，我们引入抗日战争来对这一问题进行解读。日本帝国主义侵略中国，就好比炎症中的损伤因子侵入机体一样；而机体内的白细胞与炎症介质等消灭、局限损伤因子，清除吸收坏死组织，起到炎症的保护作用，就好比面对日本帝国主义的入侵，中国人民奋起反抗，保卫我们的祖国；抗日战争发生在我国的领土上，尽管我们取得了最后的胜利，但是战后的中国满目疮痍，这就好比炎症发生在哪个器官，就会对哪个器官造成损伤，如，新冠肺炎的主要病变就定位在肺脏。因此，炎症既是机体重要的保护反应，同时又会引起机体不同程度的损伤。而治疗炎症的目的是让炎症尽快痊愈，减轻对机体的损伤。在知识的传授中，以学生熟知的抗日战争与炎症做类比，既可以使学生更好地理解炎症这一抽象的病理过程，又可激发学生的勿忘国耻、奋发图强的爱国情怀。

再如，在讲授急性炎症时，融入热映的战争题材电影《八佰》来解释说明中性粒细胞的作用。在电影中，我们的战士以自我牺牲的方式去摧毁日军的工事，在舍生取义的同时也消灭了敌人。以战士的大无畏精神来解读中性粒细胞在炎症过程中的作用，一是具有吞噬消灭损伤因子的作用，二是中性粒细胞自身崩解后还会释放出细胞内的酶，再次消灭损伤因子，加深学生的理解与记忆。

三、充分发挥教师的主体力量

教师是教学活动的主要组织者和实施者，是学生的榜样，是隐性思政的执行者和表现者。全面推行课程思政，必须充分调动教师的育人积极性，全面提升教师思政育人的意识和能力，才能真正实现全员、全程、全方位的"三全育人"。

（一）教师要有扎实的基本功

教师的授课效果，决定了课堂教学的隐性思政教育是否能够有效地推行。做一名好老师，上好每一堂课，是作为老师的基本要求，也是开展课程思政的前提条件。[4]因而，要求教师注重以教学基本功、教学理念以及教学方法的全面提升为基础，利用好专业课程的育人资源，在课程思政中发挥引领作用。教师对专业内容与知识内涵的深入理解，是在教学内容中有机融入思政元素的必要条件。在教学过程中，只有教师以扎实的专业教学基本功为基础，调动起学生的学习热情，才有可能引起学生对思政教育的共鸣，于无形之中引领学生对世界观、人生观及价值观的思考。

（二）教师要有敏锐的洞察力

思政元素无处不在，教师要有敏锐的洞察力，才能够发现生活中蕴含的思政元素。例如，恶性肿瘤的生长方式为浸润性生长，侵入并破坏周围组织。教师在授课过程中发现个别学生在扔鞋套时，存在把鞋套扔在垃圾桶外面的不良行为，就把这种行为与恶性肿瘤的浸润性生长方式相联系，形象地把垃圾桶外面的鞋套比作恶性肿瘤侵入周围组织中的现象，并且指出，乱扔垃圾的行为也是一种恶性行为，应该爱护环境，杜绝乱扔垃圾。教师就是这样随时将在生活中发现的大事小情引申为课堂中的思政教育元素，引起学生的共鸣。

（三）教师要身体力行，言传身教

所谓"树人先树己"，要想做好思政教育，教师必须身体力行，通过在教学活动中的一言一行来对学生进行隐性思政教育。如：衣容整洁，语言温暖有力、充满正能量，授课准备充分、有激情，对待学生有爱心、有耐心，课后及时答疑等，让思政育人与教师的教学活动水乳交融，以达到"其身正，不令而行"的效果。

四、评价与反馈

对于病理学课程中的思政教育，学生在反馈中给予了较高的评价。学生在反馈中写道："老师们认真的教学就是对我们最好的思政""每一位老师的三观都很正，传递的知识也都是正能量""老师积极向上，对我们造成了良好影响"，说明教师的一言一行都潜移默化地影响着学生。教师在教学过程中，注重言传身教，以自身的人格魅力，正确引领学生的价值观，达到隐性思政教育的目的。

"思政教育总是与实际教学内容有效结合，既不占用过多课堂时间，又能让我们对知识有更多元的理解""对病理学知识记忆的同时增强了社会责任感，医生职业责任感与爱国情感"。学生认为"思政内容插入自然"，"既不刻意，却润物细无声"。从学生的反馈中，可以看出在病理学的课程中，思政元素与知识讲授实现了深度融合，达到了显性思政教育的目的。

五、结语

病理学课程的思政教育，以学生为中心，以教师为主体力量，充分发挥专业课的育人资源。教师在立德树人的教育理念指导下，言传身教，以敏锐的洞察力，深度挖掘能够引发学生共鸣的、具有病理学特色的思政教育元素，使知识传授与价值引领同频共振，使病理学课程有了思政之魂。教学目标与思政大纲的建立，使课程思政有了明确的目标和方向，实现了知识传授与价值引领的同频共振。病理学课程通过深入挖掘、深度融合、夯实基础、灵活运用，将隐性与显性、内容与模式相结合，教之以"病"而喻诸德，将课程思政无声融入，最终达到培养德行高尚的医学人才的有声育才的目的。

参考文献

［1］杨守金，夏家春．"课程思政"建设的几个关键问题［J］．思想政治教育研究，2019，35（5）：98-101.

［2］赵富学，陈蔚，王杰，等．"立德树人"视域下体育课程思政建设的五重维度及实践路向研究［J］．武汉体育学院学报，2020，54（4）：80-86.

［3］马兴铭，张李峰，王竞秋，等．医学免疫学"课程思政"的教学改革与探索［J］．医学教育研究与实践，2018，26（6）：1013-1015.

［4］蔡玉兴，郁松，金玉杰，等．全过程"浸润式"医用化学实验思政教学模式的构建与探索［J］．实验室研究与探索，2020，39（8）：214-217.

寓教于学　启迪人生：课程思政建设实践

基础医学院　夏长丽

按照习总书记的重要指示精神，全面贯彻党的教育方针，培养有使命、有担当、能引领未来的优秀人才，为建设强大的祖国，实现中华民族的伟大复兴储备人才，这是我们教育工作者面临的重要使命。

解剖学是一门重要的医学基础课中的基础课，从生理到病理，从病因到病机，从推理到诊断，从手术到康复，医学的一切，都以熟知人体解剖学知识为逻辑前提。解剖学历史悠久，教学内容、教学环境比较特殊，我们在教学过程中，深入挖掘思政元素，利用典型事例，教育学生有专业责任感、有职业使命感、有仁爱之心，敢于担当勇于奉献。我们主要通过以下三个方面的内容，让思政教育与专业知识融于一体。

一、回顾历史 学生"心动"

2019年是原白求恩医科大学建校80周年，解剖专业是建校初期就有的学科之一，有着光辉的历史和深厚的底蕴，在教学科研和教材建设方面都有着非常卓越的成就，值得我们学习和传承.

在开学的第一课我们都会和学生一起分享学生所用教材的编写历史，我们现在所使用的两部教材《人体解剖学》和《医用局部解剖学》都是在20世纪80年代由王根本教授主持撰写的，到目前历经几代解剖人的传承分别再版到第十一版和第十版，教材内容文字准确简洁易懂，插图精美，使用面广，深受广大教师和学生的好评，使用至今，我们将一如既往把老一辈解剖人严谨、认真的科学态度发扬光大。

在教学过程中我们使用的一些教学标本和教学模型都出自我们前辈的手中，例如：脑干传导路的模型就是由毕成武老师研究设计，由原白求恩医科大学校办工厂联合制作的；展示血管的铸型标本是由张德元老师潜心研究，由技术老师们完成制作的；通过这些模型和标本的故事，体现了老一辈解剖人的勤于钻研、勇于探索的工匠精神，有内涵有意义，我们也将继续传承下去。

由吴德昌教授带领的团队在国内最早从事断层影像解剖学研究和切割连续人体断层标本，先后主编并由科学出版社出版了《人体断层解剖学横断断层》和《人体断层解剖学矢冠斜断断层》两部专著，在我国断层影像解剖学教学和科学研究中起到重要开创和里程碑作用。荣获了卫生部一九九六年度医药卫生杰出科学进步奖二等奖，体现了勤于钻研、勇于探索的创新精神。

老师们在教学活动中讲述这些典型事例，把教材、模型和标本都赋予了栩栩如生的鲜活的生命，极大地触动学生们的心灵，学生为之"心动"，激励学生树立正确的思想观，立志争做具有职业精神的医学生，发奋学习，报效祖国。

二、言传身教 学生"情动"

历代解剖人都有着坚强隐忍，吃苦耐劳的精神，他们牺牲自己的利益，克服一切困难，坚持在教学科研一线。李幼琼教授的故事就是发生在我们身边的典型事例，让我们和学生一起分享和感受。

李幼琼老师出身三代教师世家，从教36年，秉承"传道、授业、解惑"的真谛，"满腔热忱、精益求精"的核心，坚持站在教学一线，即使身患疾病，也毅然坚守"三尺讲台"。

李幼琼授课态度严谨。在实验课上李老师常常被福尔马林呛得眼泪哗哗往下淌，李幼琼有时去窗边吹吹风，拿袖子擦擦眼泪再继续操作，咽炎严重时课堂上说不出一句完整的话，只是因为"学生都眼巴巴地看着你，那种渴望学习新知识的眼神让我必须坚持！"

手绘板书是李幼琼老师授课的"独门绝技"！而这背后又有着感人的故事，李老师有20多年痛风病史，导致他全身关节退行性病变，在发病初期右手活动受限，为了完成教学工作，他开始练习左手写字绘画，久而久之练就了双手绘画解剖图的过硬本领。"老师双手画解剖图超帅，是拿手绝活儿""手绘人体断层，乃医界一绝""跟着李老师上一堂课好累，但是每堂课的东西我都明白了！"这些都是学生们课后的真心评价。

　　工作环境特殊、条件艰苦、教学任务繁重，有的人选择离开解剖学工作岗位，但李幼琼老师三十多年来坚持朴素而崇高的教育教学理念，坚守岗位，以"匠人精神"完成教书育人的使命，用行动回应学生对知识的期待。在李幼琼教授身上这种"燃烧自己，照亮别人"热爱教学、重视教学、投入教学的爱岗敬业的职业精神，给学生树立了光辉的榜样。榜样的力量是无穷的，榜样的精神深深感染着学生们，也使学生为之"情动"，使学生树立正确的人生观，立志争做白求恩式的医学生，发奋图强，刻苦钻研，回报社会。

三、大体老师 无私奉献 付诸"行动"

　　解剖学是一门特殊的学科，在教学中会使用大体解剖。完成解剖任务对于每一位医学生来说，无论是在思想上还是在行动上都是一次严峻的考验，我们以此为契机，每年在解剖课实习操作之前，我们会安排有经验的老师，和学生畅谈生命的起源，生命的价值，给予学生人文关怀，给予博爱教育。

　　我们以遗体捐献为切入点挖掘思政元素，开展课程思政。吉林大学第一医院传染科退休专家、原传染科副主任邵德华教授于2019年3月3日因病去世，根据邵德华教授的生前遗愿，她的遗体捐献给吉林大学基础医学院人体解剖学系用于医学研究和教学。我们举行了隆重的捐献仪式，在送别邵教授的仪式活动中，老师和医学生们都接受了一次"大医精诚"的灵魂洗礼。学生们在感动的同时，把感动化作行动，敬畏生命，感恩奉献，帮助学生树立正确的价值观，立志争做白求恩式的新医科学生，认真努力，无私奉献，服务民众。

　　通过以上多个环节的逐渐渗透，使学生在掌握专业知识的同时，让"奉献"的情怀、"求实"的作风、"创新"的理念深入学生内心。将教师和标本的"教"与学生的"学"多元结合，赋予"冰冷"的标本新的故事，让解剖学专业基础课程变成"有生命温度"的课，把思政元素有机地融合到教学活动中，学生在学习专业知识的同时，得到心灵的启迪。我们在贯彻新时代教育方针的同时，力争为祖国多培养有品德高素质的医学专业人才。

图43-1　人体解剖学教材

图43-2　医用局部解剖学教材

图43-3　吴德昌教授专著（1）

图43-4　吴德昌教授专著（2）

图43-5　邵德华教授生前照片

图43-6　向邵德华教授遗体告别

图43-7　李幼琼教授在课堂绘图

图43-8　李幼琼教授给学生讲解

图43-9　神经系统模型

图43-10　脑干模型

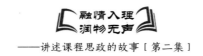

集云聚雨 滴水穿石：放射毒理学课程思政教学实践

公共卫生学院 刘晓梅

　　课程思政指将各类课程与思想政治理论课同向同行，围绕全面提高人才培养能力，围绕政治认同、家国情怀、文化素养、道德修养等内容，进行中国特色社会主义和中国梦教育、社会主义核心价值观教育、心理健康教育、中华优秀传统文化等方面的教育，坚定学生理想信念，提升立德树人的成效。

一、放射毒理学思政教学的实施

　　放射医学专业学生中的大部分是当临床医生，放射毒理学是放射医学的专业必修课程，课程思政更加重要和必要。泛泛的思政会引起学生的反感及突兀感，要结合专业及学科的特点，打造生活热度与思想深度兼具的课程思政，才能引起学生的情感共鸣、思想共振，让学生发自内心地接受认同。

　　思政不是简单的政治教育、思想教育，这就要求教师要科学设计思政教学的内容和体系，合理地运用线上线下资源，将课内外教育结合起来，将教学与学生当前的学习、生活、困惑等相联系，有意识地回应学生日常、社会交往中遇到的问题和困惑，发现问题、分析问题，进而解决问题，从而产生积极的影响。

　　放射毒理学是研究放射性核素进入机体后的作用及其机制的一门学科。挖掘思政元素，将思政理念分解、落实到一个个短小的故事中，让课堂"活"起来，让学生课后"动"起来，使其更容易被学生接受，达到潜移默化影响学生的目的。利用网络资源，推送相关的文章和资料，做到线上线下相结合，通过课程思政传达爱国家、爱专业、爱科研、爱学习、爱家人、爱自己的理念。推进学生的全面发展，实现立德树人、发挥教书育人的作用。

图图43-1　上传到学习通平台的拓展资料

二、放射毒理学思政教学的案例

1.爱国家

没有强大的祖国，就不会有个人幸福的未来。青年是祖国的未来，民族的希望。强烈的爱国热情，可以增加其民族自豪感，可以发挥自身的主动性和创造性，有助于树立崇高志向、远大理想从而成为国之栋梁。

结合"原子弹爆炸表现形式"讲解，给同学讲早在20世纪50年代，在新中国成立之初，在物质资源极度匮乏的年代，党中央和毛泽东同志审时度势，确立积极防御战略，决定自力更生研制原子弹。我国第一颗原子弹研制集中代表我国科学技术当时所能达到的新水平，爆炸成功证明了我国的实力，提高了我国的国际地位，粉碎了超级大国的核垄断和霸权主义，同时也为世界和平贡献了力量。

在原子弹研发过程中，无数有名、无名志士舍小家为大家，胸怀爱国之志默默无闻地工作，甚至献出自己的宝贵生命。建议同学自行用网络搜索"两弹一星"及青海原子城国家级爱国主义教育示范基地纪念馆相关资料，并推荐大家观看电影《我和我的祖国》，了解无数先烈为了祖国的富强，付出自己的青春甚至生命。增加同学的爱国情怀以及对职业道德素养的培养和历练。

结合"放射性核事故"讲解，告诉同学们：1996年7月29日上午9时50分，我国在新疆罗布泊成功进行了一次地下核试验。当晚，中华人民共和国政府发表声明，郑重宣布：从1996年7月30日起，中国开始暂停核试验。该声明指出：中国发展核武器是为了保卫世界和平，为了打破核讹诈和核威胁，防止核战争，最终消灭核武器。中国政府和人民愿同世界各国政府和人民一道，为实现这一崇高目标而努力奋斗！展示我国的强大以及大国担当精神。增加同学们的民族自豪感。鼓励同学们好好学习，为建设祖国添砖加瓦。

2.爱科研

知其然，知其所以然。只有不断地探索，才能发现放射性核素的新用途。随着放射性核素的应用范围愈加扩大，探讨其对机体的作用及其机制也显得更加重要，这些问题都需要通过科研来解决。知己知彼，才能百战不殆。只有了解放射性核素的特性，才可以更好地防护它、利用它。拓展和发现更多更好的核素以应用临床，最大限度地保证人们身体健康。科研是实现这些的必要手段。

结合"放射性核素发现和应用"，通过居里夫人的事迹告诉同学们，做科研需要有严谨的科研态度，脚踏实地的作风，秉承匠心精神。居里夫人是世界上第一个两获诺贝尔奖的人，她的成就包括开创了放射性理论、发明分离放射性同位素技术、发现两种新元素钋和镭。居里夫人一生简朴、淡泊名利。在她获得诺贝尔奖之后，在人们认为她会申请专利获取利益的时候，她却将提炼纯净镭的方法公布于众，从而极大地推动了放射化学和医学的发展。当有人劝她申请生产镭的专利权的时候，居里夫人说："不应该这样做，这是违背科学精神的。我们不应当借此来谋利。"

结合"放射毒理学的展望"，拓展同学们未来的科研思路。联系自己做科研的经验，告诉同学：科研，需要感兴趣；科研，需要全身心地投入和热爱。科研，需要严谨的作风和踏实的态度。对于大四即将面临考研的同学，渗透科研理念尤为重要。让同学知晓：要关注过程而不是刻意地去追求结果。当认真地走好每一步，自然就会获得最好的结果。科研需要实践、质疑、探索、求证。打牢基础，才能学得更扎实。

3.爱学习

学习，是立身之本。对于未来大多数从事临床工作的大四放射专业、即将面临考研的学生而言，不但要学好当下的每一门课，还要把之前所学的基础知识融会贯通才能让课本上的知识变成自己的知识，才能更好地输出，才能更好地实现临床诊断和救治。这不但是能力，也是医学生必备的一种德行。

放射毒理学分为总论和各论部分，总论是共性的知识，基础知识要打牢。利用自己临床医学的背景，引带同学回顾前期所学的基础知识和专业知识，更有利于同学对放射性核素致脏器损伤学习，而不是单纯的死记硬背，增加了同学学习的兴趣。各论则是把重点的放射性核素分别讲解，这就要求同学总论要学明白，各论才能学得更好。把相关的知识内容、学习方法和同学分享，从不同的角度引导同学找到适合自己的学习方法，从而达到"横看成岭侧成峰"。

终身学习的能力，决定了人生的高度。学习，不是简单地学课本上的知识，还要由点及面，通过本门课程的学习，触类旁通。发现放射性核素的优势，开发其有利一面，尽量减小其有害一面，使其更好地为人类服务。尤其是将来要从事科研工作的同学更要具备终身学习的能力。

一屋不扫何以扫天下。结合对"外源性化学物"介绍，讲述爱护环境从自身做起，从身边点滴做起。从一点一滴做起，从身边小事做起。让习惯成为自然。只有平时做好"扫一屋"，然后才能更好地"扫天下"。把热爱大自然、热爱环境的理念传输给同学。保护我们生存的环境，和大自然和谐共处。复杂的事情简单做，简单的事情重复做，重复的事情认真做。人人都做好自己，为绿水青山美丽中国贡献自己的力量。

学会热爱生活，积极乐观地对待生活。"业精于勤荒于嬉，行成于思毁于随"，当你学会学习，就会发现自己如此充实，就会更加热爱生活；从居里夫人感恩的事例，告诉同学要学会感恩，感谢父母、感谢家人，感谢曾经帮助和相遇的所有的人。

4.爱自己

一个人，只有拥有爱自己的能力，才会有去爱他人的能力。爱自己，作为未来的医生，只有自己身心健康，才有精力、有能力更好地为患者服务。要教育学生拥有积极乐观的心理，有目标、有追求，并给同学留作业，让其写下自己的理想、目标、大学四年的收获，给予阶段性的总结。可以更好地看清自己，面对未来。

治病救人，是医生的职责，神圣伟大。抢救患者的生命，更要爱惜自己。从放射性核素的优势、弊端延伸到凡事都有两面性，发挥其优势一面，规避其不利的一面。人也一样，每个人都有自己的优、缺点，学会客观地看待自己，看待别人，取

长补短，才能成为更好的自己。珍惜大家共同学习的缘分。

每一种核素都有其各自不同的理化性质及辐射特性。掌握放射性核素的作用特点、作用机制、作用效应及影响因素，才可以更好地防护和应用。大道相通，人也一样，了解每个人的脾气、秉性才会相处得更融洽，发现问题及时沟通、解决。首先要认识自己，找到自己的优势，给自己合适的定位，才能更好地发挥自己的长处，也才能更好地发展自己。

三、放射毒理学思政教学的反馈

无论生活、学习，都要有目标、有规律，才能走得更顺、更远。有理想有目标才能有前进的动力和方向。图44-2显示的是部分同学的作业情况。通过作业反馈发现：同学们都能比较积极地对待这个作业，整理自己的心境，规划自己的未来。此外，通过作业也能发现同学的共性问题和个性问题，针对共性问题统一通过QQ群或学习通平台给予解答。针对个性问题，通过QQ、微信等方式私下和学生沟通。（图片给出作业的片段）

图44-2　部分同学的作业

良好的自律性是学习的前提和保证。图44-3显示的是放射毒理学某一节某个知识点21.4分钟内容同学观看的情况，颜色越亮表示观看的时长越长，即反刍比高。从图中会看出，大部分同学能比较好地去预习和复习，对于自己不太熟悉的地方会反复观看。通过课堂练习也能说明：大部分同学能比较自律地学习、消化、理解。

集云聚雨　滴水穿石：放射毒理学课程思政教学实践

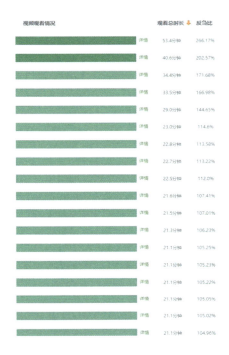

图44-3　同学观看学习视频的情况

学会归纳总结的能力。图44-4是同学利用思维导图对某章内容的总结和概况。可见：同学都能很好地掌握理解所学内容并予以总结。

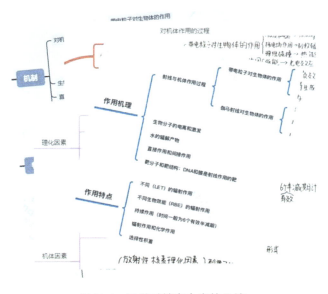

图44-4　同学对某章内容的总结

利用学习通平台的功能，搜集同学对本门课程的希望和建议。图44-5显示的是让同学们对放射毒理学课程提出的自己的希望和意见以及同学给予的反馈。从图中可以看到学生都能踊跃发言，提出自己的希望和对课程讲解的认同。

图44-5　同学对课程学习的建议（词云）

同学们克服地域时差，认真准时上课，黎明的灯光照亮求知的身影；特殊时期，在家上课，感受到父母的不容易，成为家庭的小帮手……在点点滴滴中，我们看到学生的改变和成长。

四、放射毒理学课程思政教学展望

在和平年代，放射性核素主要应用在能源开放利用及医学当中。随着放射性核素的广泛应用，放射毒理学也日益被重视。课程思政教育也需要多元化、多角度地去进行，做到寓教于乐，寓道于教、寓德于教。

德国哲学家卡尔·西奥多·雅斯贝尔斯说过："教育的本质意味着：一棵树摇动另一棵树，一朵云推动另一朵云，一个灵魂唤醒另一个灵魂。"单纯的放射毒理学也许做不成大树，那就做一朵云，让每一个点成为一抹水蒸气，或者一个凝集核，在不断输出后，聚集成云，去推动另一片云，让天空多一抹色彩，让学生的天空更加绚烂。

临床专业卫生法学课程思政模式研究与实践

公共卫生学院　杨淑娟　赫名飞　于　娟　马国强　万兵华

习近平总书记在2016年全国高校思想政治工作会议讲话中指出，坚持把立德树人作为中心环节，把思想政治工作贯穿教育教学全过程，实现全程育人、全方位育人。课程思政是在马克思主义基本立场观点方法的指导下，以课程为载体，充分挖掘蕴含在专业知识中的德育元素，自觉地把学生的专业知识、人文和思政素质恰当融合，把德育元素贯穿并渗透于专业课程教育教学活动的全过程，助力学生综合能力的全面发展。卫生法学是一门新兴的正在发展中的交叉学科。该课程是医学教育课程体系的重要组成部分，也是课程改革的重点内容。通过卫生法学教学使学生增强社会主义法治观念，了解与医药卫生有关的法律制度，明确自己在医药卫生工作中享有的权利和义务，尊重患者权利，保护患者生命健康。在卫生法学教学中思政元素的挖掘和课程思政模式的探讨具有重要的意义。

一、卫生法学课程思政的内涵

（一）卫生法学课程思政内涵

课程思政不是一门或一类特定课程，而是一种教学理念，课程具有传授知识、培养能力和思想政治教育的多重功能，课程思政是可以承载大学生世界观、价值观和人生观的教育，在教学内容设计和教学过程中，把思想政治教育的目标和内容与专业教育有机、有意、有效衔接和融合。卫生法学是面向所有学制、所有医学专业学生开设的一门公共选修课，卫生法学课程思政不是简单的"思政课程"的同义转换，其是指挖掘卫生法专业课程中所蕴含的潜在思想政治教育资源的课程，将卫生法专业课程内容与思政元素的双向融合。

卫生法具有法律的一般价值追求，如平等、自由、公平、正义、秩序等，与社会主义核心价值观倡导的"民主、自由、平等、公正、法治"理念有契合之处。卫生法保护人民健康的立法宗旨，深刻体现了"以人为本"的思想，是国家卫生管理机关管理卫生活动，司法机构惩治卫生违法犯罪行为、守护人民健康的重要武器。在卫生法学课程中融入思政教学，对医学生实现"立德树人"具有重要意义。[1]

立德树人，办好思政课，就是要全面贯彻党的教育方针，解决好培养什么人、怎样培养人、为谁培养人这个根本问题。立什么德、树什么人，从来就不是抽象的。2020年9月1日，《求是》2020年第17期刊发了习近平总书记的重要文章《思政课是落实立德树人根本任务的关键课程》，习近平总书记强调，只有打动学生，才能引导学生。教师在课堂上展现的情怀最能打动人，甚至会影响学生一生。真信才有真情，真情才能感染人。[2]因此，卫生法学课程思政的内涵需要教师"润物细无声"地传达给学生，让卫生法学课成为有温度的课程。

（二）卫生法学课程思政的目标

德是做人的根本，课程思政应将德育置于课程目标之首，倡导并践行社会主义核心价值观和爱国主义精神，强调基于省思基础上的笃信和理论自觉基础上的实践自觉。本研究开设的卫生法学主要面对临床专业学生，因此，确定了卫生法学课程思政的目标为：能够思考未来的医学发展中出现的医学科技问题带来的法律风险，能够依法依规地从事医疗实践和医学研究，能够初步学会处理患者知情同意权以及解决与之冲突的纠纷。使学生培养尊重他人生命健康权、知情同意权、提高医学生的法律意识；使学生自觉形成人文理念、保护全民健康使命感、维护法律尊严和医疗秩序的责任心。

二、卫生法课程思政的痛点

（一）传统卫生法学教学方法单一

以往的传统卫生法教学，受学时和学生对本门课程的重视程度影响，主要以理论讲授为主的方式，偶尔穿插一些案例分析、视频播放，形式单一，学生参与程度较低，因此难以开展课程思政。

（二）传统的卫生法学教学内容重点是卫生法律基础原理和制度

出于对应试的考虑，尤其是卫生法学被纳入国家执业医师考试范围，教学中多以知识点讲授、模拟医师考试试题训练为主，课堂讨论案例和问题亦主要是围绕基础知识点进行，学生学习的方式也是死记硬背，包括以背法条、背知识点为主。

（三）授课对象年龄、年级特点影响课程思政的接受效果

本门课程的授课对象为大一学生，具有典型的理科生思维，记忆能力强，理解能力较高年级同学有一定差距；情感方面具有有理想、对未来医生的职业充满向往的特点；知识结构方面，法律基础薄弱，同时尚未进入医学专业知识学习；心理特点方面表现为：单纯、热情，年龄小，易接受新鲜事物；易偏激；学习欲望强，学习能力强、好奇心强。对于这样的授课对象，采用传统的教学模式很难达到课程思政的预期目的。

（四）传统医学教育下"重医术、轻人文"思想的影响

医学不仅仅是一门自然科学，也是一门社会科学，医学人文精神是医学的核心。现代医学所指的健康并不仅仅是躯体的无病状态，更重要的是个体在躯体、精神和社会适应上的完好状态。因此作为医者，不仅要关注人的疾病，也要关注人的心理、情感。一切的医疗策略要以人为主体，以人为本，这是一种对人的健康、尊严、价值、情感的维护和关切。在科技飞速发展的今天，一些医务人员弱化了对于患者本身的情感体验。医学技术主义的兴起，使客观、冷峻的医学替代了充满人文温情的医学。重视疾病的治愈率，但是忽略了各种新兴的技术和治疗本身给患者带来的精神和心理上的创伤和负担。这样的社会现象也对医学生产生了影响，一些医学生形成了根深蒂固的"医技重于医德"的思想，因此更加需要对医学生进行课程思政教育。

三、卫生法学课程思政路径

（一）卫生法学课程思政元素的挖掘

1.思政元素融入课程内容的意义

专业课程蕴含着丰富的思政元素。一方面，专业知识本身具有明显的价值倾向、家国情怀等；另一方面，教师可以通过深度挖掘，在已有思政元素的基础上实现进一步拓展和开发。由此，专业教材和课程内容应体现时代性，教师在知识传授中应注重主流价值观引领。专业课程教师应当具有正确的政治立场和坚定的政治意识，履行好教书育人的岗位初心，主动承担起培养社会主义建设者和接班人的时代重任。

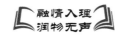

2.卫生法学课程思政元素（列表）

表45-1　卫生法学课程思政元素

章节（单元）	德育元素解读
卫生法概述	1.卫生法学的医学人文理念 2.人民健康至上 3.致敬器官捐献者
医疗法律制度	1.健康法律面前人人平等，关爱病人、人文关怀 2.尊重患者知情同意权 3.对生命的敬畏 4.勇于奉献精神
传染病防治、突发公共卫生事件应急防控	1.公众健康权益高于个人健康权 2.勇于奉献、不怕牺牲
职业病防治	1.社会主义法治根本要求 2.劳动者合法权益保护 3.劳动者劳动权利人人平等
执业医师法律制度	1.遵守医师从业准则，以先贤为榜样保持职业操守 2.增强医生职业信念感，践行社会主义核心价值观 3.增强法律意识，保护合法权益

（二）"卫生法学"课程思政教学方法探讨

1.卫生法学课程教学首先要从授课方法改革来解决课程思政的痛点问题

采用理论讲授、案例讨论、情景教学、翻转课堂、模拟教学、线上线下相结合方式等教学方法改革，将思政元素融入教学中，呈现较好的教学效果。激发学生的参与热情，改变了将以往逐渐学争议焦点问题及国家最新推出的健康政策涉及的具体民生问题作为讨论的话题和学生翻转课堂的主题，提高了学生对时事的关注度和思考程度，对卫生法学的学习从过去的死记硬背变成分析、建议和提出对策。促成了主动了解国家新出台的健康政策、卫生法律的积极性提高，在分析案例，解决实际问题的能力提高的同时，患者的生命健康意识和责任、救死扶伤的荣誉感也加强了。

2.卫生法学课程思政要考量授课对象

针对授课对象特点，在授课过程中可以充分引导和利用学生现有的优势；在授课过程中补充和普及法律基础知识，并选取医学专业方面通俗易懂的案例；有效利用线上教学平台，筛选有益的网络资源（抖音、微博、公众号、法律主播），以产生共鸣；提高翻转课堂和情景教学内容比例，增加学生的参与意识和参与度，同时

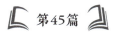
也使卫生法学课程思政元素融入了学生对知识的理解中。

（三）"卫生法学"课程思政评价

课程结束，采用无记名、自愿填写方式，对150名学生进行问卷调查，反馈教学效果。结果如下：

1.教学方法学生接纳情况调查

学生选择理论讲授的比例最高，所以在辅助其他教学方法的同时，还是要坚持以理论讲授为主要方式，同时学生对课堂讨论、翻转课堂和模拟演练接受度也很高，今后可以继续完善这些教学方法。但是，选择线上慕课资源的比例较低，提示我们今后的教学改革一方面选择优质的线上慕课资源，另一方面，合理分配线上、线下授课的比例。

表45-2　喜欢本门课程教学方法（多选题）（*N*=150）

项目	人数	构成比（%）
纯理论	116	77.3
课堂讨论	63	42.0
翻转课堂	49	33.7
模拟演练	51	34.0
其他（线上慕课）	18	12.0

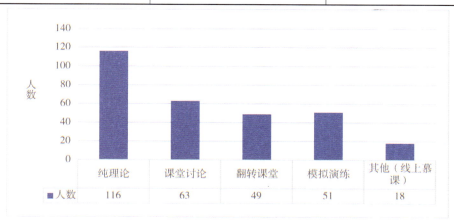

图45-1　喜欢本门课程教学方法情况

2.教学效果评价

对教学效果提升比例认知调查，学生普遍认为采用多种教学方法融合相比传统单一讲授方法大幅度（20%～50%，50%以上）提升教学效果。说明这种融合教学方法具有一定的效果。

表45-2　与传统讲授教学方式相比，教学效果提升比例（ *N* =150 ）

项目	人数	构成比（%）
10%以下	10	6.7
10%-20%	29	19.3
20%-50%	56	37.3
50%以上	55	36.7
合计	150	100.0

3.对学生发展的影响

本门课程对学生能力提升问卷结果显示，大多数同学都认为采用线上、线下融合教学方法讲授提升了学生的理论水平、案例分析能力、法律事务处理能力，尤其是对国家最新法律、政策的了解。

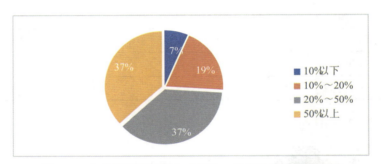

图45-2　与传统讲授教学方式相比，教学效果提提升比例

表45-3　本门课程能力提升（多选题）（ *N* =150 ）

项目	人数	构成比(%)
理论水平提升	24	16.0
最新法律动态了解提升	110	73.3
案例分析能力提升	128	85.3
法律事务能力提升	56	37.4
其他	6	4.0

4.学习本门课程的感悟

本项目目的是希望通过问卷作答了解学生思政教育的效果，是否真正地形成了

以"一切为了人民健康"为核心的完整的医学人文思想体系，是否具有救死扶伤的人文情怀和服从派遣的意识，通过调查，基本达到了课程思政的教学目标。

表45-4　学习本门课程后你的感悟（N=150）（多选）

项目	人数	百分比(%)
医生的奉献精神	142	94.67
器官捐献者的崇高	110	73.3
疫情、灾难时医生职业的使命感	128	85.3
患者健康权至上	115	76.7
关爱患者、尊重患者权利	101	67.3

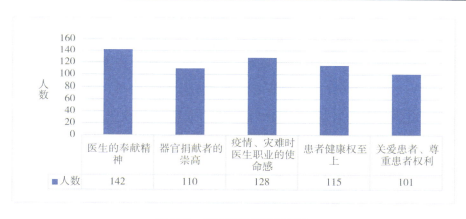

图45-3　学习课程后感悟情况

参考文献

［1］张媛.基于"立德树人"理念的高校卫生法学课程思政教学研究［J］.陕西教育（高教），2021（05）.

［2］艾四林.《思政课是落实立德树人根本任务的关键课程》导读［J］.思想教育研究，2020（09）.

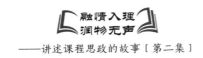

身教言传，潜心教学，坚守使命

药学院　管清香

　　我于2000年硕士研究生毕业，在吉林大学任教至今不知不觉中已走过了二十二个春秋。先后讲授了"药剂学""生物药剂学与药物动力学"和"药用高分子材料学"3门专业课程。教师是一份神圣的职业，我始终对这一职业心怀敬畏，在授课中始终秉承教书育人，不能误人子弟的初心。在第一次授课前给自己立了规矩：潜心教学，认真备课，不照本宣科，脱稿授课。尽管那是20多年前的往事了，但初为人师，曾经一脸青春稚嫩、一腔热血的自己感觉就在眼前，曾经的一切恍如昨日。

　　"药剂学"是药学专业的主干课程之一，是我第一次讲授的课程。刚刚硕士研究生毕业的我，实际年龄与学生相差无几。一想到站在神圣的讲台上讲课，心中既激动又忐忑。激动的是自己终为人师，可站在讲台上传授知识；忐忑的是我毕竟年轻没有经验，担心无法控好场，担心学生会不喜欢自己……"万事开头难，一切都会没事的，加油！"我不断给自己鼓劲加油！在备课过程中，反复阅读揣摩教材，一笔一画地书写教案和讲稿，对着镜子一遍遍地演练。功夫不负有心人，一切如我预想的那样，进展顺利，这无疑对我以后的教学给予很大的信心。我至今仍然保存着自己曾经一笔一画书写的厚厚讲稿，对我而言，那是一笔财富，也是一种职业素养的磨砺。

　　在"药剂学"教学中，我强调对概念的学习，引导学生要把概念吃透，再引导学生理解各剂型或制剂技术的特点、所用材料、制备方法等内容。提出"5W+1H"的学习方法，在讲解的同时，引导学生学习不断思考并提出问题。建议学生把所有的陈述句都变成设问句并回答。告诉学生只有自己会提问题，才能更好地理解知识、串联知识、应用知识。比如讲授乳剂，引导学生提出什么（What）是乳剂？为什么（Why）它能做乳剂？任何事情都具有两面性，它有什么（What）优点？有什么（What）不足呢？如何利用其优点？为克服其不足，谁（Who）做了哪些（What/Which）努力？哪一项努力或者研究（Which）更好？你打算如何（How）克服其不足？如何制备乳剂？普通乳剂、亚微乳、纳米乳三者的关系是什么（What），区别有哪些？最主要区别是什么（What）？制备需要哪些（What/Which）辅料？怎么（How）进行鉴别？问题之间是有逻辑的，能提出问题，思考了这些问题，知识自然也就理解、掌握了。在教学过程中，我鼓励学生要敢于质疑，积极思考，引导学生用发展的眼光看问题，可以质疑教材，鼓励学生给老师和课本挑错。此方法得到很多学生的认可。以下截图来自2020级本科研讨班赵炎和刘文馨，见图46-1。

药学导论心得体会

赵炎　28200224　药学　20级

Pharmaceutical——药学，这是我高考所报考的志愿。当时的高考，考了一定的分数，缩小了一定的范围，报考到了药学专业，真的有些许迷茫，对药学专业也是一无所知，只知道它是研究药物的一个专业，但随着为新生开的《药学导论》这一门课程的结束，让我对药学这一门专业有了更深刻的了解，也让我有了更明确的目标。

会迷茫。更重要的是，管老师不光为我们介绍了药剂学这一门学科，而且还教会我们一种学会提问的学习方法。老师说提问就代表了你在思考，而只有在思考中学习才会有所收获；提问就代表了你想要知道，也正是只有你真正想要去了解一个事物的时候，你才能学到最好，才能学到更多。管老师教会了我们很多，这个对法让我在其他科目上的学习也有了很大的帮助。

入学以来，大一的课程繁重，初入大学总会觉得有些不知所措，不知如何学习，怎么办才好，对专业课更是一无所知，而且因为大一……

除了新药研发，管清香老师讲解的药物制剂研讨课也让我有着非常深刻的印象。管清香老师从"药物制剂"这一名词的含义开始，不断鼓励我们提出内心的疑问，不断提出问题解答问题，让原本看似生疏的名字变得通俗易懂。管老师十分注重我们学习药剂学这门学科的学习方法与技巧，她告诉我们，只有主动地提出问题，才能证明自己是在真正思考，才能与老师的观点真正发生思维上的碰撞，要比被动接受老师所讲的知识收获多得多。那堂课上，我也是第一次体会到了，用提问的方式来主动获取知识，是一件多么奇妙的事情。一个小小的名词，管老师便能侃侃而谈，讲述期间，管老师不断引述自己多年工作经历的有趣事例，让原本看似难懂又生硬的知识变得容易接受容易理解。她对于药物制剂的讲述，让我明白了即使是制剂形式，也是药学科技人员一步步比对，一层层筛选获得的最利于吸收、最有利于发挥药效有绝对保证安全的结构，这让我对药学的精益求精、绝对负责的精神加深了意识。

不忘初心，不断向前
——参加"药学导论"新生研讨课心得体会
药学2班　刘文馨 28200213

初次接触"药学"这个专业，我对它的认识是狭隘而不足的，带着对药学的种种疑问，我选择了"药学导论"这门新生研讨课。而在短短16周的学习后，在每个老师教授的谆谆讲解和细心解答后，我不再是对药学这个专业只是有一个模糊的概念，而是得以快速地了解了药学领域中各个方向的研究前沿成果，更加有助于我对未来方向选择的思考，更让我深刻地意识到了我所就读的专业是如此的伟大，坚定了我刻苦努力，争取在自己从事的领域为人……

图46-1　育人反馈

我坚信只要认真、坚持，没有做不成干不好的事情。我常常怀念起1929年出生已去世的导师张恒弼教授。他未曾受过正规英语训练和学习，却通过自学能熟练阅读英文文献。他经常在办公桌前看书，一坐就是一上午或者一下午。他主编的书稿，每一章节即使我们已打印校对过很多遍，但往外送审前，他仍会逐字逐句地阅读批改。我以他为榜样，继承了他的认真精神，坚守职业操守，对学生也比较严格。比如，不仅要求学生认真对待实验操作，对实验结果进行分析讨论，而且为帮助学生端正实验学习态度，养成认真学习的好习惯。在实验教学中，采取实验态度占实验总成绩20%的方式进行督促，实验态度主要包括是否迟到，是否认真清洗仪器设备、是否做与实验无关的事情，实验结束后是否保持实验台洁净等。在学生询问实验结果时，我不会直接给出答案，而是采取了启发式的教学方式，引导学生推理与思考。虽然有些同学不太喜欢要求严格的老师，但好在大多数同学还是能够接受教学严格的老师，在毕业实习的时候，有学生会因为觉得我要求严格，能够引导思考而选择我，部分学生代表想法见图46-2。

图46-2 育人反馈

在本科生毕业论文和研究生指导过程中，我始终秉承严谨治学的态度，要求学生规范操作仪器设备。比如移液管使用在药学专业中是一项非常重要的操作，其操作规范准确与否，对样品中药物含量测定结果影响很大。为了让学生规范、熟练操作，我先给学生做演示并详细讲解，之后让学生以水代替样品溶液、标准品溶液进行反复练习。对待研究生同样严格要求，在学习中训练自己做事认真、坚持不懈的品质，希望这些优良的品质在他们身上得到传承。在我的严格要求和研究生同学的努力下，近5年指导毕业的10名研究生中，2名研究生论文获吉林省示范毕业论文，3人论文获吉林大学"研究生优秀毕业论文"，1人荣获吉林大学"十佳研究生"，6人获吉林大学"研究生优秀毕业生"，10人获得学校的多种奖学金，还有3人获国家奖学金，2人获"大熊"奖学金、3人获"苏州工业园"奖学金。

我在兼职2013级药学专业和2019级临床药学专业班主任期间，同样秉持认真负责的态度。根据学生发展需求，在不同阶段召开班会。对大一同学开展"筑理想，树目标"主题班会、"与未来自己对话"等主题班会，引导学生要多思考，少盲目，分享偏僻山村孩子渴望读书和国外大学课堂见闻，强调大学是人生"黄金期"，引导同学树立人生目标，做好大学规划和人生规划及定位，强调自信的力量。大二开展关于大学生创新创业项目申报的介绍、注意事项等。此外，组织阳光室活动、演讲赛、邀请优秀学姐分享学习经验等活动。在党团和班级建设方面，提出了班级建设目标和口号，即建设一支"勤思好学、乐观积极、友爱团结、让优秀成为一种习惯"的班集体，获全票通过，为班级建设顺利实施奠定了基础。建立学习组长及班委群了解学习情况，鼓励同学多参加讲座学习，考前做好鼓励并强调遵守考规考纪，鼓励多读课外书，开展读书分享会，开拓视野，并会将一些学术网站、药学专业内容较好的杂志公众号等向学生推送。以2018年吉林大学自强自立大学生杨川宇和吉林大学十佳大学生张子路为典型实例，鼓励同学不要虚度光阴，要坚信只要播种定有收获；强调要懂感恩，多给父母报平安。我有幸在2016年度获"白求恩十佳班主任"荣誉称号。

做事认真不仅体现在负责讲授的课程上，也体现在我的"多管闲事"上。学生们反馈学院2018版培养方案中不再有"药学导论"这门课程，而他们比较困惑大学期间会学习哪些课程，毕业后能从事哪些职业等，主动协调组织学院各个学科带头人组建教师团队为学生们开展"药学导论"新生研讨课。以下为摘自部分学生在学习"药学导论"课后的感想："药学导论新生研讨课虽然结束了，但是，老师们通过这门课向我传达的理念还回荡我心。为中国医药事业发展和世界人类健康事业贡献一分力量是未来我们新一辈医药工作者的使命，是我们的决心，是我们传承白求恩精神做新一代接班人的志向，这份伟大崇高的事业值得我们奉献余生（28200216刘晗）""药学导论正是那一门针对药学新生的引导课程，让我们对本专业有更深层次的了解，让我们对以后的发展有更进一步的规划，课堂上干货满满，无论是授课教师配置还是授课内容准备都相当良心，在药学导论这门课上可以说是找到了未来的努力方向。很感谢老师们在百忙之中分享的学科知识、学科学习方法和思维方式，这不仅仅是药学与临床药学专业新生的启蒙引导课，更是帮助大学新生完成大学和高中不同学习方式转换的一架桥梁。药学导论这门课程让我更加了解药学的学科特点、研究领域，消除了心中的迷茫感，认识了药学的发展方向，增加了对药学的兴趣。这门课让我们真实体会到老师们丰富的知识储备，也找到了今后学习的榜

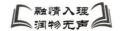

样（28200214于璐）"，等等。许多同学通过微信方式表达学习后的心声，如药学2020级2班黄和垫（学号：28200234）、刘姝含、2020级药学3班孟强超（学号：28200330）、药学2班刘文馨（学号：28200213）等（见图46-3）。一句句暖心话语是对我们教学的认可，我感觉特别幸福，感觉所做的一切都是值得的！

图46-3 育人反馈

除了严肃课堂纪律外，我结合授课知识点进行课程思政引导，努力认真上好每一堂。比如，讲授微囊化材料明胶时，根据其来源自然引入毒胶囊事件，设立研讨问题，引导剖析事件发生原因及危害，指导学生自学《药品注册管理办法》，让学生深刻理解药品安全生产和经营的重要意义，自觉提升思想境界，激励具备担当精神，自觉反对无职业道德底线、自私自利的个人主义。为强化思政育人，针对"齐二药"事件，提出"如果我是检验员，面对金钱、权力和美色，我会如何做？"也进一步启发学生，引申出社会问题，即"这些药害事件除了给人们生命安全和生活带来危害外，还带来什么社会不良影响？"这其实是社会公信力问题，教育学生严守道德底线，认真自觉地提升自我职业素养，牢记职业责任和历史使命。讲解制备微囊中可生物降解性辅料时候，引出整容、隆胸、隆鼻带来的美容纠纷和不良后果，建议同学们要坚持自信，真正的自信来自内心的充实，不是外貌。

课程思政，需要教师从加强自我修为做起。坚守教育初心，不断夯实专业知识，提高教学育人水平，"言传不如身教"，用心努力为做好一个令学生敬爱的有理想信念、有道德情操、有扎实学识、有仁爱之心的"四有"好老师而继续奋进。

康复病理生理学课程思政实践探索

护理学院　郭丽荣　赵丽晶　牛意柔　徐海艳　夏洪男　张　爽　李　扬　隋　欣　李　峰

　　在2016年的全国高校思想政治工作会议上，习近平总书记明确指出，"要用好课堂教学这个主渠道……其他各门课都要守好一段渠、种好责任田，使各类课程与思想政治理论课同向同行，形成协同效应"，"要坚持把立德树人作为中心环节，把思想政治工作贯穿教育教学全过程，实现全程育人、全方位育人"[1]。2017年，中共中央国务院印发了《关于加强和改进新形势下高校思想政治工作的意见》明确指出，把思想价值引领贯穿教育教学全过程和各环节，形成教书育人、科研育人、实践育人、管理育人、服务育人、文化育人、组织育人长效机制。[2]为充分体现课程的育人功能和价值取向，吉林大学康复治疗学专业在教学过程中对于专业基础课"康复病理生理学"进行了"课程思政"教学设计及实施，深入挖掘课程思政元素，将课程思政融于教学内容和教学设计，在培养学生专业能力的同时更加注重对学生的思想引领和道德情操的培育，期望实现康复病理生理学的思想政治教育的全方位覆盖，取得了较好的效果。

一、康复病理生理学融入课程思政的必要性

　　康复病理生理学是康复治疗学本科生的专业基础课，是基础医学与临床医学的桥梁学科，其任务是研究疾病发生的原因和条件，研究整个疾病过程中患病机体的机能、代谢的动态变化及其发生机制，从而揭示疾病发生、发展和转归的规律，阐明疾病的本质，为疾病的防治提供理论基础。由于康复病理生理学的重点在于研究疾病的发生和发展机制，本门课程逻辑性及理论性极强，因此学生在学习过程中

感到知识晦涩难懂，学习难度较大。同时，部分同学对于前一学期学过的康复生理学知识掌握不牢固，对于本门课程的理解也具有一定程度的困难。本门课程的教学内容较多，因此教师在课堂讲授过程中注重教学任务和知识点的完成，往往忽略了"育人"的环节，导致学生对本门课程的本质和意义了解不够。本门课程作为沟通基础医学与临床医学的桥梁课程，在本门课程中融入思政元素和德育教育元素，对于引导康复治疗学专业的学生树立正确的世界观、价值观、人生观，养成良好的品行有着至关重要的作用，也有利于提升培养他们的职业认同感、社会责任感和担当精神。

二、康复病理生理学课程思政的设计

（一）修订课程教学大纲，体现德育教育目标

既往康复病理生理学教学大纲中关于思政元素的教学目标较少，在修订教学大纲时融入思政元素，明确各章节教学内容和教学方法。在此过程中必须尊重康复病理生理学自身的特点，寻找思政元素与本课程的契合点，根据教学目标与德育目标，重新修订教学大纲，设计教学内容，制定合适的、系统的教学方案和计划。[3]关注学生对生命的敬畏、感恩及责任感、职业认同感的培养。此外，仍注重提升康复治疗学专业学生的职业道德和文化素养，在知识传授的同时引导学生树立正确的人生观、价值观和世界观，培养学生的人文精神、职业道德精神和爱国主义情怀。

（二）深入挖掘思政元素

本门课程中蕴含着丰富的爱国主义素材、科学精神及哲学思想，这些都可以作为思政元素。根据新修订的教学大纲，结合三全育人的教育理念，深入挖掘思政元素，尽力用好课堂教学主渠道，使思政元素自然地融入教学过程中，做到"润物细无声"，培养德才兼备的高素质康复治疗师。本门课程蕴含的思政元素包括：白求恩救死扶伤的奉献精神，抗击新冠肺炎疫情的勇于担当精神，诺贝尔医学奖获得者勇攀科学高峰的攻坚精神……通过融入这些思政元素，传统的课堂教学更加生动形象。以大众熟知的楷模作为思政案例的主要人物，将这些优秀的案例作为康复病理生理学课程思政的有利载体，以榜样的力量感召学生树立正确的世界观、人生观、价值观，增强他们的职业认同感。思政元素与课程内容的具体融合见表47-1。

表47-1　课程内容与思政元素的融合及达到的育人目标

序号	课程内容	思政元素	育人目标
1	水电解质紊乱	合理用药和输液原则	遵守法律法规意识
2	发热	退热药物的应用	合理用药
3	缺氧	诺贝尔生理学奖	科学精神
4	休克	白求恩事迹	无私奉献，医德医风
5	肺功能不全	抗击非典，抗击新冠疫情	责任担当，爱国主义
6	应激	汶川地震后儿童心理问题	人文关爱，关注自身心理健康

三、康复病理生理学课程思政的实施

（一）提高授课教师德育意识

习近平总书记在同北京师范大学师生代表座谈时曾指出："好老师应该懂得，选择当老师就选择了责任，就要尽到教书育人、立德树人的责任，并把这种责任体现到平凡、普通、细微的教学管理之中。"教师是传授专业知识的主体，要提高学生的德育素质，首先要提高授课教师的德育意识，加强教师思想政治学习，加深授课教师对课程思政内涵的理解，将德育教育贯穿于整个授课过程，实现全员育人、全程育人、全方位育人。教师自身为人师表，在课堂上注重"言传"，将思政教育融入课程；在工作和生活中注重"身教"，为学生树立敬业奉献的良好榜样。

（二）根据教学设计完善思政元素与授课内容的融合

（1）在水电解质代谢紊乱章节中，重点强调国家卫生计生委等部门联合制定的合理用药十大核心信息之一——遵循"能不用就不用，能少用就少用；能口服不肌注，能肌注不输液"的用药原则和输液基本原则。

（2）在发热章节中，引入日常生活中发烧的实例，引导同学们思考在发热的过程中如何采取退热措施，是否发热都需要使用抗生素治疗。通过对这些问题的思考与讨论强化同学们理解病理，掌握抗生素的使用原则，避免滥用抗生素。

（3）在缺氧章节中，引入2019年诺贝尔生理学奖（细胞对氧气供应的感知和适应方式）成果，在引导学生理解并掌握缺氧时组织毛细血管增生的机制，同时激励同学们勇攀科学高峰，培养他们创新的意识和坚忍的攻坚精神。

（4）在休克章节中，引入白求恩同志在抗日战争期间的真实事迹，引导学生理解并掌握休克的病因、分类及休克的分期，鼓励学生以白求恩为榜样，学习白求

恩同志的国际主义精神、毫不利己专门利人的精神。

（5）在肺功能不全章节中，通过2003年的"抗击非典"以及2020年"抗击新冠疫情"的典型事例，向同学们讲述发生在我们身边的故事。一方面使学生深入理解肺功能不全发生时机体的功能、代谢变化特点，深入理解产生各种临床表现的病理生理学机制，引导同学们从康复治疗学的角度深入思考康复治疗学在突发事件中的作用。

面对突如其来的疫情，大量患者在经过早期治疗后，如何通过康复手段使他们的身体、心理和精神得到缓解和恢复；针对目前关于呼吸康复的手段和形式，还可以进行哪些改进，增进人体的心肺功能；针对患者、医护人员、家属所遇到的心理问题，我们可以做什么？

在宣传抗击疫情事例的同时，向同学们介绍在这些英雄的身影中，就有我们身边的师长——来自吉林大学各个附属医院的白衣天使们，在疫情中勇敢逆袭，勇于担当，以生命赴使命，诠释了人间大爱，抒写了抗疫史诗。用他们榜样的力量感召同学们，增强他们的职业认同感、责任感和使命感。

（6）在应激章节中，通过一些自然灾害突发事件如汶川地震发生后，灾区人民尤其是儿童所面临的心理创伤，阐述创伤后应激障碍患者的基本表现和发病机制。强化医学生要具备高尚的仁爱精神，同时引导同学们关注自身心理健康，提升心理素质，保持积极乐观的心态。

（三）采取多样化教学方式进行教学

康复病理生理学教学以课堂讲授为主，辅以学生线上学习和自主学习；教学方式以传统教学为主，同时增加"学生微课堂"、学习通等教学手段；结合临床案例分析，采用启发式教学方法，引导学生自主学习，培养他们主动学习和创新的能力；提升他们职业胜任力及职业认同感。在专业课中加强对医学生职业道德和人文素养的教育，并与人文医学课程相辅相成，从整体上提升医学生职业道德及人文素养教育的质量。[4]

康复病理生理学课程的思政教学，自然融入的思政元素使课堂气氛更为活跃，学生的专注力有所提高，同时拓展了学科的深度和厚度，实现了学科教学回归到"育人"的本真目的。[5]在授课过程中，任课教师更加注重对学生的德育培养，更加尊重学生的主体性，通过创新的教学方法，于学生与教师的互动中实现课程思政的育人目标[6]。期望康复病理生理学课程思政的实施，能够培养符合社会发展需求的德才兼备的康复治疗师，为健康中国战略的实现，社会的和谐发展和人类健康做出贡献。

参考文献

［1］张烁.把思想政治工作贯穿教育教学全过程开创我国高等教育事业发展新局面［N］.人民日报，2016-12-09（1）

［2］刘建锋.新时期高校思想政治教育内容创新研究［J］.集美大学学报，2019，20（1）：7-14.

［3］叶紫，张宁霞，刘婵娟.生命教育视域下医学院校"课程思政"教学效果提升策略［J］.医学争鸣，2018，9（02）：72-75.

［4］张华莉，王慷慨，刘瑛，蒋碧梅，谭斯品，肖献忠.《病理生理学》慕课建设中思政教育的探索与实践［J］.2020，1（6）：100-102.

［5］陈道武.课程思政：高校全程全方位育人的有效途径［J］.齐齐哈尔大学学报，2017（12）：164-166.

［6］段丽芳，李鑫，张晓芹，张红.病理生理学教学中课程思政探讨［J］.卫生职业教育，2019，37（15）：81-82.

护理学导论课程思政案例

护理学院　李　昆

　　通过课程思政案例使护理学导论课程与思想政治理论课同向同行，实现知识传授与价值引领的有机统一。将护理学导论课程内容融入爱国主义、社会主义核心价值观、人文精神，培养学生的职业认同感和神圣感，加强追求真理的科学观及爱岗敬业责任意识的培养，弘扬救死扶伤、无私奉献的南丁格尔精神。在教学实践中，教师根据课程教学内容，深度挖掘思政元素，通过鲜活的案例实现学科育人目标。

［案例一］

　　知识点：护理学发展及基本概念

　　思政内容：南丁格尔在近代护理学发展中的贡献

　　思政元素：发扬白求恩精神，传承南丁格尔精神。关爱生命，弘扬无私奉献、救死扶伤的人道主义精神；树立正确的人生观和价值观。

　　教学方法：采用叙事教学法，课堂讲述南丁格尔为护理事业发展努力奋斗的故事，课后组织通过观看南丁格尔生平的影视作品、书写观后感表达对护理学专业的认识和感想。

　　思政故事：南丁格尔，于逆风中点一盏明灯。

　　南丁格尔出身于18世纪30年代的英国贵族家庭，与众不同的是南丁格尔并没有像同时代的贵族女子一样，把婚姻家庭作为毕生追求。成年后的南丁格尔不愿整日周旋于贵族的舞会之间，而喜欢用更多的时间去思考，她认为生活的真谛在于为人类做出一些有益的事情。在当时英国人的观念中，与各式各样的病人打交道，是非常肮脏而危险的。人们对于"医院""护理"这样的字眼一向避而不谈，认为这都是一些很可怕、很丢脸的事情。而南丁格尔不顾父母的阻拦，不受封建思想和社会影响的束缚，义无反顾投身护理工作。1844年，她从英国出发开始了欧洲大陆的旅行，足迹遍及法、德、比、意等国，对各国的医院进行了考察。1850年不顾家人的反对，她毅然前往德国的凯撒斯畏斯接受护理训练，1853年受聘担任伦敦患病妇女护理会的监督。

1853年，克里米亚战争爆发。战争是无情的，英国前线的战士，伤亡惨重，加上无人护理，死亡率高达42%。大部分的人对战争避之不及，而南丁格尔却选择主动站出来，申请担任战地护士，率领38名护士赶往前线。每天晚上，南丁格尔都会提着风灯步行几英里的路，前往巡查伤员，她如同一个真正的天使，不仅治好了战士身上的伤痛，更是温暖了前线战士冰冷的心，战士们亲切地称她为"提灯女神""提灯天使"。在南丁格尔他们细心的护理和照料下，英国士兵的死亡率大大降低，从42%降到了2.2%。在这期间，她也写下了大量的报告和论著，如《医院笔记》和《护理笔记》等。战争结束后，成为民族英雄的南丁格尔，更加积极地投入护理事业中。1895年，南丁格尔以伦敦圣托马斯医院为基地，将英国女王赐予的45000英镑投入建立了一所护士培训学校，并亲自给护士学校编写教材《护理手册》，这是历史上第一本以卫生护理为主题的著作，同时她也改变了原来护工的选择标准。由于南丁格尔的努力，让昔日地位低微的护士社会地位和形象都大为提高，成为崇高的象征。她开创了现代护理行业，并奠定了现代护理教育的基础。

[案例二]

知识点：护患关系与人际沟通

思政内容：护患沟通的常用技巧

思政元素：体现护理关怀，突出护理工作要以人为本，关爱弱势群体，弘扬无私奉献精神；在应用各种护理技术时应充分考虑护理对象权益，保护患者隐私。

教学方法：采用情景模拟教学，通过向学生展示护患沟通的错误情境，让学生寻找对话中的沟通错误及思考改善沟通的方法，总结护理工作中常见的沟通错误，培养护士的职业化态度，注重自身沟通能力的提高，尊重患者、同事及其他相关的健康工作人员，建立良好的沟通渠道，加强职业认同感培养。

思政故事：最美的拥抱。

一位下肢血管闭塞的患者在烟台山医院进行手术，和其他患者不同的是，这是一位86岁患有阿尔兹海默病的老人。在诊疗过程中，老人情绪一直不是很稳定，无法很好地配合治疗。为了保障手术的顺利进行，术中，医护人员用约束带对其进行约束，整个手术进行得较为顺利。上午10点40左右，手术结束，医生需要对患者的股动脉穿刺点进行包扎，这时候就需要解开约束带，没有束缚的患者变得更加焦躁不安，此时男护士张艺川说："包扎时，会产生一定的疼痛，而这位老人又对这种疼痛表现得极为恐惧、敏感。患者的双手开始上举，想坐起来。这样不但影响到医生对他的包扎，还可能发生坠床的危险。"与此同时，张艺川护士侧着身子，抱住了这位老人，说："患有阿尔茨海默病的老人就像是小孩儿一样，给他一个拥抱，就能给他带来一丝安慰，给予一分力量，让他不再那么害怕。"除了拥抱，张艺川还轻轻地拍了拍老人的后背，此前，老人家属曾告诉过张艺川，一旦老人紧张、害怕的时候，可以鼓励他一下，这样他的心情就会平复一些。当时，张艺川护士就立刻抱着老人，并轻轻地拍了拍他的后背，告诉他："不要害怕，不疼，马上就好了。"而这位老人似乎感受到了这份安慰与鼓励，心情逐渐好了起来，包扎也就顺利地完成了。这温情一幕被血管外科主治医师王文利用手机拍了下来，这才有了"2017年最美拥抱"的故事。

［案例三］

知识点：Orem护理理论

思政内容：Orem自理理论发展与演变过程

思政元素：遵守学术道德规范，追求真理，严谨求实；树立勇攀高峰、敢为人先的创新精神，树立终身学习的观念。

教学方法：叙事教学。通过介绍护理理论学家Orem的奋斗经历，列举在学者所出版的以自理理论为中心的六版专著，培养学生坚定的科学信念和坚韧的探究精神，端正一丝不苟的治学态度。

思政故事：奥瑞姆，自我护理理论的先驱。

多罗西娅·奥瑞姆（Dorothea Orem）1914年出生于美国马里兰州巴尔的摩市，1931年毕业于巴尔的摩市的塞顿高中。1934年获得了华盛顿普罗维登斯医院护理学院的文凭，并于1939年进入美国天主教大学获得护理教育学士学位，1945年获得护理教育硕士学位。奥瑞姆早期在华盛顿特区普罗维登斯医院和马萨诸塞州洛厄尔的

圣约翰医院从事护理工作，1945年任密歇根州底特律市普罗维登斯医院护理学院院长，并教授生物科学和护理。在1959年奥瑞姆回到美国天主教大学任教并担任助理教授、副教授和护理学院院长。

作为一名课程顾问，奥瑞姆与阿尔伯塔大学、乔治·布朗应用艺术与技术学院、南密西西比大学、乔治敦大学、圣道大学、埃尔帕索社区学院、弗吉尼亚医学院和华盛顿技术学院在内的大学和学院进行合作。1949年担任美国印第安纳州卫生局医院和机构服务部的护理负责人，1958年担任美国卫生、教育和福利部教育办公室实习护士科的护理顾问，1969年进入约翰·霍普金斯医院护理实验与发展中心，1975年任约翰·霍普金斯医院威尔默诊所护理主任。

早期，奥瑞姆认识到如果护理作为一个知识领域和一个实践领域的发展，就需要一个结构化的、有组织的护理知识体系。从20世纪50年代中期，她第一次提出护理的定义，到2007年去世前不久，她一直致力于发展一种理论结构，作为这种知识体系的组织框架。1971年，奥勒姆出版了《护理学：实践的概念》（现已出版第六版），这本书概述了她的护理理论、自我护理缺陷理论。这项工作的成功和它所提出的理论奠定了奥瑞姆作为护理实践和教育的领先理论家地位。六版专著的发展过程追求真理，严谨求实，树立勇攀高峰、敢为人先的创新精神，树立终身学习的观念。

第1版：针对个人，阐述个体的自护、自护需要和自护能力。

第2版：由个人延伸到家庭、团体和社会，阐述人群的自护概念。

第3版：将自护概念发展为自护理论、自护缺陷理论和护理系统理论。

第4版：阐明自护缺陷理论，并加强儿童、团体和社会应用的内容。

第5版：综合阐明自护理论在临床、管理、教育、科研等领域的应用。

第6版：强调对人际间的护理、心理健康的重视。

1973年，奥瑞姆担任护理发展工作组的主席和编辑，撰写了许多相关论文，并于20世纪70年代和80年代在世界各地的许多会议和研讨会上发表演讲。为促进对奥瑞姆护理理论的研究和持续发展，成立了国际奥瑞姆学会。在奥瑞姆的一生中，因其在护理领域所做出的卓越贡献而获得过诸多荣誉，包括美国华盛顿特区乔治城大学、得克萨斯圣道大学、伊利诺伊卫斯理大学的荣誉博士学位。1991年获美国护理联盟的Linda Richard奖，1992年获美国护理研究院荣誉院士，1997年获国际护理荣誉会的Edith Moore Copland杰出创新奖。

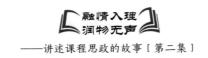

挖掘德育元素　创新教学过程

护理学院　孙　皎

　　课程思政不同于思政课程，它不是一门或一类特定课程，而是一种贯彻在教育教学过程中的理念。大学所有的课程都具有传授知识培养能力及思想政治教育双重功能，承载着培养大学生世界观、人生观、价值观的作用，作为教师，要正确理解课程思政的基本内涵。将课程思政融入教学过程中并不意味着改变原本专业课程的内容和属性，也不意味着要把专业课改造成政治课的形式，而是要将专业课程中蕴含的价值范式进行提炼后转化为社会主义核心价值观具体化、生动化的有效教学载体，然后在课程教授过程中"润物细无声"地对学生进行理想信念层面的精神指引。

　　卫生服务体系的改革使社区护理服务需求迅速增长，社区护理已成为公共卫生体系的重要组成部分。社区护理工作有一定的特殊性，医院临床护理大多以疾病治疗、恢复健康为主，而社区护理有别于医院护理，它是把人群作为整体，应用健康促进、健康维护、健康教育的方法，对社区内服务对象提供协调、连续的护理，使居民达到健康的状态。同时，医院护士的服务对象主要是患者，而社区护士服务对象是社区人群，不仅需要承担社区护理工作，还要承担与当地教育、行政、企事业单位及社区居民等联系的任务，这对社区护士交往能力和沟通能力提出了要求。在现今社会，人们对健康的关注不再只是满足于没有身体疾病，而是追求更高的生活质量，"方便和经济"作为社区护理的最大特点，允许患者有选择地进行治疗，大病上医院，小病进社区，既合理地对病人进行分流，也降低了患者的经济负担。社区护理服务的重点对象是老年人、妇女、儿童、残疾人、特困户以及一些需要重点关注的患者，因为老年人身体功能的衰退使其患病概率较大，一旦患病都是比较严重的情况；妇女生理结构特殊，需要社区工作者提供特殊支持和教育；儿童几乎没有自我保健意识，容易受到疾病和伤害侵袭；残疾人行为不便，历来是整个社会的关注对象；社区低保贫困人口，生活非常困难，其卫生健康问题应受到重视。由此可以看出，社区护理不仅仅是医院护理的延续，其出现也使护理的服务范围得以扩大。社区护理的发展在一定程度上减轻了患者的医疗负担，也有助于提高社会效益。

护理学作为一级学科，将自然科学与社会科学的理论相结合，突出对"人"的整体护理观，强调对学生人文素质的培养。社区护理学作为一门特色课程，以社区健康促进为教学目标，能够提高学生对社区护理工作的了解程度，明确护士的职责和使命。社区护理学中的德育元素十分清晰，想要将这门课与课程思政相融合，应讲究"显性教育"与"隐性教育"的结合。单纯的显性教育是指直接在课上对学生进行公开的道德教育，可能不会引起学生的共鸣；而单纯的隐性教育只是在专业教育的环境下对学生进行

图49-1　护理学生在社区实践

引导，效果也许并不显著，因此应该寓道德教育于课程之中，通过润物细无声、滴水穿石的方式，实现显性教育与隐性教育的有机结合。将思政德育融入社区护理课程，既能够达到教学目标，又能够坚定学生事事为公、处处为民的奉献精神，培养学生精益求精、刻苦钻研的工匠精神。本文以社区护理学中"社区中老年人保健与护理"部分为例，讲述社区护理与课程思政碰撞的过程。

课程通过一段视频短片进行引入，让学生了解我国老龄化的现状。目前我国老龄化程度逐渐加重，如何保障社区老年人的生活质量是一个亟待解决的问题。学习应该是能动的认知、认同、内化的过程，而不是被动的注入、移植、楔入，更不是填鸭式的宣传教育，以视频这种直观的形式将课程背景传递给学生，从纵向历史和横向现实的角度出发，将中国与国际进行比较，可以引起学生的自我思考，激发学习的兴趣，加强课程印象。视频观看结束后，向学生提出问题："在了解了我国老龄化程度之后，你认为护士在社区老年人健康管理过程中担任什么角色？"社区护理和临床护理的区别显著，想要让学生真正了解社区护理的内涵，明确社区护理的

特色和着重点，就需要让他们进行独立思考，带着疑问进行正式的课程学习。

　　课堂上采取互动教学和案例教学相结合的方式。互动教学可以使课堂气氛变得轻松活跃，拉近师生之间的距离，改变学生被动听讲的消极性，充分发挥其主观能动作用，培养学生的沟通能力和反应能力。同时，在互动型课堂上教师需要最大限度地调动学生课堂参与的积极性，这也就要求教师必须要认真钻研，精心备课，做好教学设计，这些对教师来说是一种鞭策和督促。社区护理学是一门实践性很强的学科，不仅要求学生掌握丰富的理论知识，更需要培养其理论联系实际及综合应用知识的能力。案例教学法通过引入实际的社区实例，让学生产生身临其境的学习体验，鼓励学生运用理论分析但又不拘泥于理论，既可以增强学生的学习兴趣和自信心，又有利于培养学生的创新性思维，解决实际问题的能力以及协调合作、独立自主的能力。

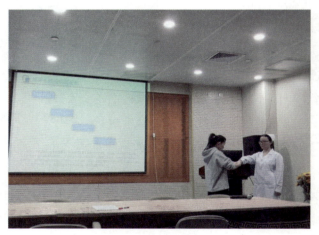

图49-2　模拟案例教学场景

　　课上引用的是一例脑梗死后遗症患者的家庭访视。案例主要内容为："76岁的李大爷是脑栓死后遗症患者，左侧偏瘫，患有轻度老年痴呆，与老伴、儿子和儿媳同住，家人十分担心疾病复发。在经过抗凝药物治疗和康复锻炼后李大爷的病情稳定，机体功能有所恢复，现在能够正确认识并接受自己的现实状况，但由于老年痴呆使得部分生活无法自理，现在李大爷每周到社区参加两次身体活动的训练。"在学生熟悉案例后进行提问，要求学生分别站在患者、患者家属和社区护士这三个不同角度进行换位思考，分析"目前这个家庭存在哪些健康护理问题？"明确家庭护理问题是社区护士作为健康指导者和直接护理服务者的主要责任，通过典型案例让学生对社区老年人的健康需求有所了解，以小组讨论和自由发言的形式让学生表达自己的观点看法，有助于提高课堂参与度，培养学生的思辨能力。同时，同理心使学生能够设身处地地考虑和理解他人在不同的境遇中所做的价值判断，感受他人的悲伤、喜悦、痛苦和激情，是值得推崇的道德原则。作为医护人员更应该具备这种优良品质，事事从患者、从照顾者的角度出发，解决实际存在的问题，才能真正做到服务人民，奉献社会。

　　学生们积极表达自己的想法，在思考和讨论后学生普遍认为现阶段需要特别关注患者的心理状况，虽然已经接受自己现在的状态，但患者遭受的打击不可忽视，无法完全自理而产生的精神压力会加速衰老和死亡；在家属方面，学生们认为家属现在最缺乏的是对疾病知识和后续护理问题解决措施的了解，需要对其儿子儿媳进行一定的心理疏导和健康教育，帮助其摆正心态；从社区护士的角度来看，学生们清晰地意识到自己的使命和任务，要定期进行服务需求评估，从多角度提供社区保健服务和精神慰藉，提高患者及其家属的生活质量。讨论过后，选出一名学生代表对大家的讨论结果进行总结，得出以下护理问题"（1）患者自我护理缺陷：与偏瘫有关；（2）有受伤的危险：与认知功能下降有关；（3）照顾者角色紧张：与长期护理疲劳有关；（4）知识缺乏：与家属缺乏服药和康复方面知识有关。"在此基础上引出下一个问题："社区护士在进行家庭访视时的目的是什么？"不同个体、不同家庭的护理问题并不相同，要意识到护理需求的多样性和复杂性，才能提供有针对性的优质护理，这体现了以人为本，全心全意为人民服务的根本宗旨。根据之前进行的讨论，学生对这个问题的反应良好，大部分学生能够按照刚刚进行换位思考的逻辑进行分析。在这个案例中社区护士家庭访视的目的很清晰，在进行基本护理、帮助患者恢复健康的同时，护士还要倾听家属的诉说，及时给予鼓励，并对家属进行健康教育，指导家属如何正确有效地对患者提供照护。社区护士需要和家属一同探讨针对李大爷的最佳护理方案，促进日常生活能力的恢复，提高幸福感。课程进行到这里，学生已经对案例有了深刻的了解，这时提出最后一个问题："针对这个家庭，社区护理的短期目标和长期目标分别有哪些？"这一问题对学生的分析和总结能力提出一定的要求，学生需要明确护理目标的含义，区分短期目标和长期目标的差别，将书本上普遍适用的理论应用到课程案例中，考验了学生将理论知识应用到实际工作中的能力。党的十八大以来，以习近平同志为核心的党中央反复强调"空谈误国、实干兴邦"，强调理论的生命在于实践，学习理论就是要活学活用，用理论来指导实践，保证任务落实。对于护理专业学生来说，理论与实际相结合的能力尤其重要。护理是一门实践性较强的学科，仅仅依靠书本上的知识并不能满足学生未来在临床一线的工作需要，必须将理论知识与临床实际有机融合，全面提高学生的综合素质。在这一阶段对学生进行提问时，发现部分学生对护理目标的描述过于烦琐，说明学生的归纳能力仍有待提高。此外，学生们对患者及家属的心理健康较为关注，但部分同学忽略了康复护理在患者社区健康保健中的重要性。随着医学的快速发展，很多重症疾病能够顺利治疗，但会遗留下不同程度的功能障碍和残疾，这就凸显了康复治疗和康复护理的重要性。考虑到社区老年人体弱多病的特点，在治疗护理和基础护理的基础上有必要进行康复护理。案例中李大爷左侧偏瘫，无法完全自理，家属和护士需要鼓励其进行力所能及的活动，注意动静结合，保持肢体良好的功能状态，通过评估和调整，逐渐恢复日常生活自理能力，提高生活质量。学生对康复角度护理目标的忽视可能是因为在看待问题时仍停留在临床护理视角，需要帮助学生进一步了解社区护理的特殊之处，培养全面、开拓的思维模式。

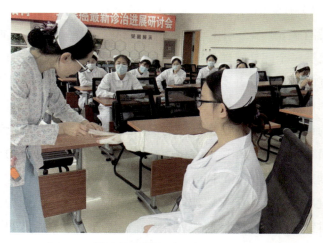

图49-3　模拟社区护士对患者进行康复训练

在课后收集学生对课程的反馈情况。学生普遍表示案例教学的方式能够把一些抽象的理论讲解得更生动透彻，具体案例能够帮助他们主动进入学习状态中。一名学生表示："以前的课堂基本都是老师讲、我们听，具体听懂多少要到最后考试时才知道，但这种案例教学的方式能够让我们在课堂上主动进行思考，和老师同学们一起学习，就算课程结束，这节课的内容和知识点我还是记得很清晰。"另一名学生认为在这节课中思政元素明显，也容易接受："之前我一直认为政治都是长篇大论，老生常谈，但在这节课中老师将思政德育因素融入课程中，在学习专业课的同时我感觉自己突然领略到'把人民的生命健康安全放在第一位''处处为人民着想，时刻为人民服务'的真正内涵。作为一个护理学生，每节专业课都是思政课。"

图49-4　教师正在听取学生反馈

身为高校教师，应始终坚持落实立德树人的根本任务，努力培养中国特色社会主义事业的合格建设者和接班人，将家国情怀、科学精神、职业素养等思政元素贯穿到教学当中，为培养卓越护理人才贡献绵薄之力。课程思政是一种思维方式，教师想要在教学过程中有意、有机、有效地对学生进行思想政治教育，体现在教学的顶层设计上就是要把思想政治培养作为课程教学的目标放在首位，并与专业课程教育相结合。以习近平新时代中国特色社会主义思想为指导，坚持知识传授与价值引领相结合，运用可以培养学生理想信念、价值取向、政治信仰、社会责任的题材与内容，全面提高大学生缘事析理、明辨是非的能力，让学生成为德才兼备、全面发展的人才。好的思想政治工作应该像盐，但不能光吃盐，最好的方式是将盐溶解在各种食物中自然而然地吸收。所以应该要想办法把思政元素自然而然地融入课程之中。对于护理学课程，思政元素的挖掘无比精准，与护理的人文内容本身是无缝连接的，可以有效实现思政元素与专业内容的有机融合。作为一名护理教育者，在培养学生精湛护理操作技术的同时，更应该引导学生始终把人民群众生命安全和身体健康放在首位，树立积极的护理职业价值观，把护理职业理想和道德追求融入国家建设，提升综合素养和人文修养，做党和人民信赖的好护士。南丁格尔的爱岗敬业、无私奉献、救死扶伤、一视同仁的精神奠定了护理学的思政基础，仅仅是最简单的操作也渗透着尊重患者、敬畏生命的信条。

习近平到清华大学考察时指出："当代中国青年是与新时代同向同行、共同前进的一代，生逢盛世，肩负重任。"当代大学生应立大志、明大德、成大才、担大任，在实学实干中成就事业，在攀登高峰中追求卓越，为民族复兴贡献青春力量要锤炼品德，自觉树立和践行社会主义核心价值观，自觉用中华优秀传统文化、革命文化、社会主义先进文化培根铸魂，加强道德修养，明辨是非曲直，增强自我定力，矢志追求更有高度、更有境界、更有品位的人生，努力成为堪当民族复兴重任的时代新人。课程思政是一个长期的过程，又是一个新事物，没有现成的可照抄照搬的经验，必须聚焦关键问题，在实践中边探索、边推进、边总结，不断取得新经验，逐步深化课程思政建设。专业思政是对专业的人才培养功能的新认识，护理学作为专业性较强的学科，与课程思政实现的完美融合体现在教学过程的各个环节，运用马克思主义方法论，积极引导学生正确做人和做事，培育和践行社会主义核心价值观。

讲好疫情故事，开展学科育人教育

护理学院　王长帅　郭丽荣　张　爽　聂文博　李　扬　徐海艳　葛宗梅　赵丽晶

面对突发的新型冠状病毒性肺炎疫情，吉林大学2020年春季学期的本科教学实行线上教学，实现了"停课不停学"。疫情是对正常教学工作的严峻挑战，同时也是开展课程思政的良好时机。如何在疫情期间针对医学相关专业特点，利用专业课课堂开展恰当的课程思政，培养学生的家国情怀，提高学生的专业素养，关注学生的心理健康，引导学生积极配合防控工作，成为线上教学的特殊任务。护理学院康复治疗学教研室对在课程思政中融入疫情防控教育进行了尝试和探索。

一、疫情期间加强课程思政的必要性

1.课程思政在全程育人中的重要地位

2016年，习近平总书记在全国高校思想政治工作会议上提出："做好高校思想政治工作，要因事而化、因时而进、因势而新，使各类课程与思想政治理论课同向同行，形成协同效应。"[1]并在学校思想政治理论课教师座谈会上再次强调："要坚持显性教育和隐性教育相统一，挖掘其他课程和教学方式中蕴含的思想政治教育资源，实现全员全程全方位育人。"

课程思政是将思想政治教育整合、融入专业课的教学之中，通过知识、情感和价值观的一体化教育，影响学生的思想观念、价值取向和精神风貌。使学生将理论知识的认知转化为信念与信仰追求，产生思想的认同、共鸣与升华。

2.结合疫情开展课程思政的必要性

在防疫抗疫的特定时期，利用课程思政的特殊作用，在讲授专业课的同时，引导学生认识疫情防控的重要性和紧迫性，帮助学生树立信心，勇敢承担自己的责任与使命，对于早日夺取抗疫斗争的胜利具有重要意义。

国家卫健委2020年5月12日公布的数据显示，全国共2.86万名护士支援湖北，约占援鄂医务人员的70%。在首批援鄂护士中，大部分产生心理应激反应[3]，睡眠质量较差[4]，很多一线护士发生头面部器械相关压力性损伤[5]。面对困难，她们坚守抗疫一线，用行动诠释了使命与担当。对于康复治疗学专业而言，将疫情教育融入专业课教学，有助于学生认识到理论与实践的差距，增进内在的学习动力。来自全国各地的医护人员团结协作、携手救治患者生命的事迹，有助于学生更好地理解救死扶伤、无私奉献的医学内涵，以及医护合作、攻坚克难的团队精神。

3.开展课程思政的重要性

在专业课中开展思政教育，有助于学生真理与价值观的联合塑造。高涵[6]等发现，课程思政不仅使学生学到理论知识和专业技能，还提高了学生的人文素养和价值，有利于专业人才培养目标的实现。康复治疗学作为一门新兴学科，通过早期、全程实施康复，预防、减轻和消除患者的生理与心理功能障碍，帮助患者重返家庭和社会。医学相关专业在教学中，既要传授学科的理论知识，同时也要传播学科的人文属性，做好价值观的引导。

如何在教学中将专业知识教育与情感教育有机结合，培养学生扎实的知识技能、强烈的爱国情怀与仁爱的职业情感，是康复护理学教学的重要任务，也是课程团队所进行的实践与探索。

二、疫情期间课程思政的设计

1.挖掘抗疫故事的爱国元素，激发学生的家国情怀

中国抗疫故事充分展现了中国力量、中国精神和中国效率。在课程思政中，通过挖掘爱国主义元素，引导学生增强使命感、责任感和自豪感，并自觉将个人的理想追求融入国家和民族的事业之中。

2.挖掘抗疫故事的职业元素，培养牢固的职业理想

作为援鄂医疗队的主力军，护士为患者的救治提供了专业的护理工作和周到的心理安慰。在课程思政中，通过挖掘护理专业的职业元素，帮助学生树立敬佑生命、仁爱奉献的职业理想，养成救死扶伤、造福人类的职业信仰。

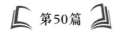

3.挖掘抗疫故事的校史元素，塑造高尚的医德情操

校史教育有利于摆脱知行悖离的困境，有利于拓展价值教育的视域。[7]在课程思政中，通过挖掘校史元素，继承和弘扬吉林大学医学学科始终坚持的"白求恩精神"，树立"国家有难、医护有责"的大医情怀。

4.挖掘抗疫故事的青春元素，绽放蓬勃的青春力量

青年有担当，国家有力量。通过挖掘青春元素，引导学生在居家隔离学习期间，克服心理不适反应，认真完成教学任务，力所能及地参加疫情防控，诠释青年一代的勇敢与坚强，责任和担当，绽放蓬勃的青春力量。

三、疫情期间"康复护理学"课程思政实践

1.在彰显中国力量的故事中，弘扬爱国精神

中国的抗疫故事彰显了中国共产党集中领导的优势，以及中国特色社会主义制度的显著优势。教学团队与学生共同关注疫情进展，分享全国上下众志成城的抗疫故事，潜移默化地在教学中增强学生的爱国主义情感。并以节日为载体，分别在妇女节、清明节、青年节及护士节，组织学生向奋战在一线的女性医护人员、青年医务工作者、全体护士致敬，向在疫情中不幸遇难的同胞默哀。

2.在维护生命尊严的故事中，提高职业认同

习近平总书记强调，将加强护士队伍建设作为卫生健康事业发展的重要基础工作，全社会都要理解和支持护士[8]，令2020年的护士节具有特别的含义。疫情发生后，吉林大学先后派出8批次543名医护人员驰援武汉，吉林大学护理学院2名在读研究生分别随所在单位医疗队奔赴湖北，全国各地的校友纷纷加入援鄂医疗队，或积极捐款捐物支援抗疫前线。教学团队通过沟通前线医疗队、收集前方报道、访问援鄂人员朋友圈等途径，获得抗疫前线的最新消息，与学生分享并启发学生思考，在抗疫一线需要做什么，以目前所学可以做什么，在以后的工作中将如何做。通过思考与讨论，增强学生"学好专业知识，服务患者、奉献社会"的职业理想与信念。

3.在传承白医精神的故事中，提升大医情怀

吉林大学医学学科由白求恩同志亲手创建于抗日战争的烽火前线，无论是抗击日寇还是抗美援朝，无论是消灭鼠疫还是阻击非典，无论是国际援助还是国内救援，在国家和人民需要的时候，吉大医学人总是责无旁贷、挺身而出。在教学过程

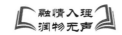

中通过回顾光荣的校史校训，感人的校友故事，使学生深刻理解白衣天使救死扶伤的崇高精神，仁心仁术造福人民的崇高使命，鼓励学生树立"国家有难、医护有责"的大医情怀。

4.在理性参与抗疫的故事里，绽放最美青春

在课程中通过讲述引导学生正视疫情，坚定打赢疫情防控战的信心和决心；引导学生理性思考，关切而不惊慌；引导学生尊重科学，用所学知识力所能及地参与抗疫活动，指导身边人开展居家康复护理和呼吸康复护理；引导学生敬畏自然、尊重生命。与学生分享青年护士不畏艰难的战疫故事、青年学生刻苦学习的励志故事、青年志愿者无私奉献的感人故事，引导学生思考什么样的青春是最美青春，如何做最好的自己。鼓励学生以良好的学习状态、优异的学习成绩绽放自己的最美青春。

四、在课程思政中开展疫情防控教育的效果反馈

1.增强了教师的教学热情

在课程中加入抗疫医护人员的故事，教师在备课的过程中被一次次感动，并将这种感动带到教学中，传达给学生，一方面增强了教师的教学热情，另一方面也丰富了教学内容。

2.提高了学生主动学习的兴趣

通过思考自己在疫情中的角色，激发了学生主动学习的兴趣，学生针对感兴趣或遇到的康复问题，主动向老师请教，从而对康复治疗学的知识以及自己的使命具有了更好的理解。

3.帮助学生增强职业定位与归属感

通过对抗疫故事的分享，学生看到了医务人员作为最美逆行者的先进事迹，找到了自身的职业归属感，并增强了职业自豪感，明确了自己的职业目标。

4.激发学生的爱国主义情怀与责任感

中国抗击疫情的阶段性胜利，增强了学生的主人翁意识及国家责任感。学院20多名学生参与疫情防控志愿活动，33名学生党员和积极分子提交请战书，请求传承白求恩和南丁格尔的使命，奔赴一线支援。

5.增强师生之间的交流

在教学过程中，通过故事分享，拉近了学生与教师之间的关系，学生愿意将自

己身边的疫情故事与教师交流，寻求专业的解答。

6.促进学生开展力所能及的事情

在教学中鼓励学以致用，学生主动思考身边的亲属及社区人员是否存在康复护理方面的需求，并积极宣传康复护理的相关知识，帮助社区居民在家中开展相应的社区康复措施。在这一过程中学生获得了职业成就感。

如何充分发挥课程思政的育人功能，是每一位教育工作者思考的问题。特别对于护理学专业的教学而言，只有在传递知识的同时引导情感，把握真理与价值的尺度，才能培养出适应国家社会需要，满足人民健康需求的高层次医务人才。

参考文献

［1］习近平在全国高校思想政治工作会议上强调：把思想政治工作贯穿教育教学全过程　开创我国高等教育事业发展新局面.人民日报，2016-12-09.

［2］徐明川，张悦.首批抗击新型冠状病毒感染肺炎的临床一线支援护士的心理状况调查［J］.护理研究，2020，34（03）：368-370.

［3］吴际军，荣娴，陈飞，等.抗击新型冠状病毒肺炎疫情临床一线护士睡眠质量调查及其影响因素［J］.护理研究，2020，34（04）：558-562.

［4］余洪兴，汪晖，施婕，等.新型冠状病毒肺炎疫情期间护理人员头面部器械相关压力性损伤现状调查［J］.全科护理，2020，18（12）：1456-1459.

［5］高涵，张春晶，李淑艳，等."课程思政"在生物化学与分子生物学教学中的实践与思考［J］.中国高等医学教育，2020（03）：77-78.

［6］陈燕勇，罗元，庞晓利.校史教育在大学生日常思想政治教育中的功能及实现［J］.黑龙江高教研究，2020，38（05）：121-125.

［7］在国际护士节到来之际，习近平向全国广大护士致以节日的祝贺和诚挚的慰问［N］.新华网，2020-05-12.

康复生理学课程思政教学实践

护理学院　张　爽　徐海艳　郭丽荣　李　扬　王立生　隋　欣　赵静霞　赵丽晶

"康复生理学"是运用生理学的基本理论和技术，研究并揭示受损或非健康的组织、器官、系统和机体在复原过程中的生命活动现象和规律的学科，是康复治疗学教育中的一门重要的学科基础课，是后续课程学习的基础，为今后正确认识和处理康复治疗的实际问题提供科学的思维方法和研究手段。课程思政建设是立德树人、全面提高人才培养质量的重要任务[1, 2]，在教学过程中，要牢固确立人才培养的中心地位，围绕构建高水平人才培养体系，不断完善课程思政工作体系、教学体系和内容体系[3]。本课程组积极发挥教师教学育人的主旨，在康复治疗学的学科基础课"康复生理学"中开展课程思政。

一、情感价值目标

为实现思政教育的目的，并与学习目标相结合，本课程根据知识目标及能力目标设计了情感价值观目标，以期在完成传授知识的过程中对学生进行情感价值观教育。

通过对"康复生理学"的基本概念、基本理论、基本知识和基本操作技能的学习，激发学生对机体正常功能活动规律的认识和探究兴趣，培养学生树立永攀高峰、敢为人先的创新精神，以及良好的学习习惯，树立终身学习的观念。

通过掌握正常生命活动规律，学生懂得了什么是"健康"，培养学生珍惜健康、热爱生命的意识，主动完善自己的责任感和使命感，从而热爱专业，树立甘于奉献、救死扶伤的人道主义精神以及全心全意为人民服务的思想。

通过掌握各器官系统的协调工作原理，培养学生文明礼貌、助人为乐、遵纪守法的公德意识，以及集体荣誉感和跨学科合作的意识。

通过了解康复生理学的发展史、前沿知识及研究方法，培养学生查阅文献资料、发现问题、分析问题、解决问题、善于动脑思考的能力；养成严谨务实、精益求精的工作态度和正确的行为意识，并具备初步的临床思维和创新思维，在学术中追求真理，严谨求实，拒绝虚假，恪守诚信。同时对科学发展观、生态文明和绿色发展理念形成深刻认识。

通过了解我国在生理学上的贡献，激发学生的爱国热情及民族自豪感，为实现伟大梦想锐意进取、自强不息。

二、教学方法

康复生理学教学以理论教学为主，以实验教学为辅。理论教学内容包括绪论、细胞的基本功能，以及各器官系统的功能活动。实验教学主要是机体功能实验。在教学过程中，贯彻以学生为中心的原则，通过开展形式多样的教学活动，进行生理学基本理论的学习和实验技能的训练，提升学习兴趣，把思政内容无声地融入。各部分教学内容采用的教学方法与思政育人目标设计见表51-1。

1.自学导思法

在上课前推送课件，让学生结合问题进行预习，引导学生思考，激发学生的学习热情，并遵循从感性认识到理性认识的认知规律，让学生通过观察、思考、分析综合等一系列思维活动，逐渐认识机体的生命活动规律。引导学生在思考问题的同时也要思考在这一部分内容的学习过程中有什么样的体会，引导学生树立科学的价值观、人生观及世界观。

2.直观教学法

主要利用多媒体等现代教学手段，精讲学习的重点和难点，配合图片、动画等，将抽象的概念具体化、直观化、化繁为简。例如，在动作电位形成过程，神经细胞受到电刺激后，细胞内物质及膜电位会经历一系列的变化过程，采用动画，使抽象的理论知识具体化、形象化，更容易被接受和理解。在图片展示中采用一些卡通漫画，讲述科学发现以及科学家的故事，培养学生解放思想、求真务实、积极探索、勇于创新的精神。

3.智慧课堂

在教学过程中同时使用现代化的教学工具，如雨课堂和学习通等，进行课前预习和作业推送，引导学生自主思考与学习。采用课上课下教师及同学间互动，进行问题解答和练习，巩固学习效果。同时让学生体会到教师对待工作的积极热情和对待学生的细致耐心，培养学生爱岗敬业、同学间相亲相爱，以及在学习上自强不息的精神。

4.翻转课堂

在每一章节结束，要求学生结合康复特点，对本章内容进行总结，分小组制作演示文稿并进行汇报。既巩固学习效果，又锻炼学生查阅文献及上台讲演的能力，培养学生不甘落后、奋勇争先、追求进步、团结合作的意识。

5.体验式教学

在人体机能实验中，采用体验式教学法，让学生体验作为治疗师和病人的不同感受，加强对理论及实验技能的掌握，培养对病人的同情心，培养学生的社会公德、职业道德、家庭美德、个人品德。

表51-1　教学内容、教学方法与思政育人目标

知识点	思政元素	思政目标	实施途径
绪论	生理学发展历史及我国在生理学上的贡献	爱国主义和民族精神、科学精神、科学发展观	直观教学
细胞基本功能	细胞的生物电现象的发现	积极探索、勇于创新、求真务实、平等公正	智慧课堂
骨骼肌的功能	神经肌肉的兴奋传递	遵纪守法、助人为乐、科学价值观、人生观、世界观	直观教学
血液	血量、白细胞功能	以人为本、奉献精神	直观教学
血液循环	血压	爱岗敬业、责任、奉献、解放思想、求真务实	直观教学
呼吸	心肺复苏	责任使命感、实事求是，严谨治学	案例引入教学
消化和吸收	胃液、胃的运动	爱国情怀、科学精神	直观教学
尿的生成和排出	尿生成的过程及调节	遵纪守法、助人为乐	直观教学
神经系统的功能	神经调节 突触传递	集体荣誉感和跨学科合作、自强不息	自学导思 直观教学
内分泌	胰岛素 糖皮质激素	爱国情怀、科学精神 厚德仁爱	直观教学
实验教学	人体机能实验	伦理意识、道德修养	体验式教学

三、教学设计

1.教学目标全面具体

教学过程以学生为主体，不同的教学内容，要求学生掌握的知识目标和能力目标不同，培养学生的价值观目标也不完全一样，因此，每节课均应规划相应的知识目标、能力目标和价值观目标。目标设立具体清晰、可测可评，并以此为标准，衡量学生的学习效果。

2.学情分析彻底到位

通过学情分析，使教师了解学生的特点，学生的主要学习方法、习惯、兴趣、成绩，在学习中可能遇到的困难与障碍等。作为新一代的大学教育主体对象，"00"后的学生学习能动性较高，对新方法新事物好奇心强、兴趣大，易于接受新知识，也热衷于主动上网查询不懂的知识。因此每节课前都要充分分析学生情况，包括学生的知识储备、精神状态、思想观念及价值追求，根据教学目标及学生情况，及时调整教学方法、课程内容，以及德育目标。

3.重点难点定位准确

教学重点及难点是教师讲授的核心内容，是高效教学的前提，也是保证课堂教学质量的重要保障。因此，在康复生理学的教学过程中，每节课的教学中都有明确的重点及难点，并且教学详略得当，同时引导学生在今后的学习工作中，要懂得全局观念，学会取舍。

4.教学过程生动鲜活

在教学环节中，采用多种方式导入。如在第一次课采用自我介绍法，加强教师与学生之间的相互了解，缩短师生之间的距离。以教师的人格魅力引导学生自主地向教师学习，达到言传身教的目的。同时引入新课，激发学生对于新知识学习的渴望。在随后的教学活动中，对于上节课内容同一章或相关联的内容，可采用复习导入法，通过提问、练习或复述，结合板书，使学生在巩固已学知识的同时，与新知识进行衔接。也可采用直观合并问题导入法，如在糖代谢一章，以某上班族因匆忙未吃早饭而晕倒的现象引导学生讨论，为什么出现这种现象，同学们有没有因上早课而来不及吃早饭出现头晕、乏力、出汗等症状，从而引出低血糖以及糖在体内是如何代谢的，同时告诫学生要养成规律的生活习惯。

在教学过程中以启发式教学为主，通过提出问题与学生进行互动。在每章内容

结束时要求学生进行总结，通过小组分工合作以及翻转课堂的形式进行汇报，既锻炼学生的归纳总结能力，又培养学生团结协作的精神。

5.课后反思准确深入

教师在每节课后认真思考，课程导入是否合理？重点难点讲授是否清楚？是否达到教学目标及预期的教学效果？学生的学习状态和对本节课的理解程度如何？是否达到了思政教育的目的？在每次讲课过程中偶发事件产生的瞬间灵感，知识点上的新发现，课堂教学程序及学生的学习活动等，均及时记录。课上关注学生的表情、上课反应、课堂互动及课后问题的回答等，根据上课的教学体会和学生反馈的信息，找出问题，总结积累经验，改进教学策略，考虑下节课的设计，对于不足之处及时在教案中修正。

四、课程思政的成效

1.以爱国主义为核心的民族精神

在消化和吸收一章，有关胃的运动和分泌机制，介绍林可胜等人的研究成果——肠抑胃素，指出这是一项具有重要生理意义的经典性研究，是我国科学家在生命科学领域的伟大贡献，从而对学生进行爱国主义教育，激发学生学习康复生理学的热情。学生意识到我国的生命科学的蓬勃发展，联想到祖国的灿烂文化，为实现伟大复兴的中国梦的思想得到极大的升华。

2.以情寓理、奉献社会的公德

在血液一章，讲到"血量"时，让学生计算正常成人的血量，分组讨论"一次无偿献血200~300 mL，是否对身体产生危害"，然后教师总结血量变化对机体的影响，并进一步介绍无偿献血的意义，提倡学生只要年满18周岁并身体健康，都可以参加无偿献血帮助别人。学生爱岗敬业、服务群众的职业精神被积极地调动起来。

3.实事求是、严谨治学的作风

在讲授"血液循环"一章时，结合"上海马拉松现场突发心脏骤停，这样救活"这则报道，弘扬医务人员坚守岗位、兢兢业业，以人为本，关爱生命的精神，以及医学研究者在确定CPR每分钟正确按压心脏次数时的严谨态度。学生建立起以人为本、不甘落后的责任使命感。

4.关爱他人、换位思考的情怀

在内分泌一章，讲糖皮质激素时，结合有些疾病需要长期大剂量应用糖皮质激素进行治疗，而糖皮质激素长期应用后会导致向心性肥胖等副作用，而引发一系列心理问题。向学生介绍病人在忍受躯体疾病痛苦的同时，还要承受心理痛苦的折磨，引导学生对病人产生发自内心的同情，教育学生在临床工作中坚持从病人的角度出发，换位思考，关爱病人，关心生命。促使学生的职业品格进一步提升。

5.勇于思辨、敢于创新的精神

在教学过程中介绍科学的伟大发现及前沿的科研成果，如意大利解剖学家伽伐尼发现生物电现象，强调生理学是一门理论性、实践性较强的医学专业基础学科，其理论来源于许多科学家无数次的科学实验。教导学生做好知识储备与学科交叉，同时要有一双善于发现的眼睛，机遇只属于有准备的头脑以及持之以恒的人。学生认识到原来科学研究不是枯燥乏味的，不是高不可攀的，科研就在自己身边，随时等着自己去发现。从而有意识地培养自己多动脑、勤思考的习惯。

在讲解细胞动作电位的机制时，介绍电压钳和膜片钳技术的进展，使学生更好地理解细胞外记录和细胞内记录的区别，强调科学家在科研工作中持之以恒、一丝不苟的治学态度，认识到科学上容不得半点虚伪。

6.身体力行、以身作则的实践

在实验教学中，讲解实验动物伦理学，教育学生遵循伦理、关爱动物，进而学习如何关爱他人、关爱患者。让学生自己查阅资料、设计实验方案，引导学生在书写实验报告时要实事求是，即使是非预期结果也如实报告，并实事求是地分析非预期结果产生的原因。对学生进行系统的科研训练，培养学生严谨认真的科学态度。

7.教学相长，师生共同进步

在专业课教学中融入思政教育，对授课教师是一次全新的体验。为了达到思政教育目的，需要教师对专业知识进行深度挖掘，寻找思政点，自然地融入故事。因此，在教学前教师要精心备课，在讲课中要言传身教。思政教育，不仅是对学生的身心教育，还能提升教师的教学效果，同时教师在教学中身心也得到升华。通过思政教育，达到师生共同进步的目的。

专业课程是课程思政建设的基本载体，因学生对专业课程的专注度较高，因此在专业课中融入思政教育更容易被学生所接受，并成为专业思政课程的补充。因此，深入梳理专业课教学内容，结合不同课程特点、思维方法和价值理念，深入挖掘课程思政元素，有机融入课程教学，可达到润物无声的育人效果[5、6]。针对医学相关专业的学生，在课程教学中还注重加强医德医风教育，着力培养学生"敬佑生

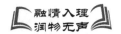

命、救死扶伤、甘于奉献、大爱无疆"的医者精神，注重加强医者仁心教育，引导学生始终把人民群众的生命安全和身体健康放在首位，尊重患者，善于沟通。在康复生理学的授课过程中融入课程思政元素，极大地提升了学生的综合素养和人文修养。不足之处在于授课过程中，思政故事略显直白，缺乏一点生动性，在今后的教学中，教学组会引入更生动的故事，提高学生的注意力，加强学生的听课效果。

参考文献

［1］教育部关于印发《高等学校课程思政建设指导纲要》的通知［EB/OL］.教高〔2020〕3号.

［2］万林艳，姚音竹."思政课程"与"课程思政"教学内容的同向同行［J］.中国大学教学，2018（12）：52-55.

［3］刘益，李桐，薛国珍.以思政教育为课程铸魂［J］.北京教育（高教），2020（07）：94-96.

［4］李力，金昕.立德树人的历史进路、时代意涵和实践指向［J］.中国高等教育，2019（06）：37-39.

［5］郑敬斌李鑫.科学构建课程思政教学体系谫论［J］.思想理论教育，2020（07）：65-69.

［6］陈斌.高校课程思政的生成逻辑与推进策略［J］.中国高等教育，2020（Z2）：13-15.

妇产科护理学课程思政实践

护理学院　张　巍

　　核心素养作为实现我国学校教育价值和确立人才质量标准的基础与核心，是育人的重要目标。随着教育理念的改变和社会需求的发展，必然使"知识本位时代"向"核心素养时代"转变，而以核心素养为培养目标正符合当前高等护理教育的发展趋势和课程思政的建设需要。课程思政是落实立德树人根本任务的关键环节，在核心素养培养中占有重要地位。习近平总书记指出，要深入挖掘各类课程和教学方式中蕴含的思想政治教育元素和所承载的思想政治教育功能。"妇产科护理学"作为护理专业的主干和核心课程之一，兼具人文性和专业性，其所研究的护理对象相对特殊，在家庭和社会中占有重要地位，因此有诸多思政元素可以融合在本门课程的教学过程中。为更好地理解课程思政在培养护理本科生核心素养中的重要作用，本门课程在开展线上线下混合式教学中，积极探索将思政元素融入护理专业本科生的核心素养培养中，并结合核心素养培养过程中的思政教育进行教学经验总结与反思。

一、正确认识课程思政与核心素养培养的关系

　　"素养"一词，指的是人们通过后天的学习涵养，形成具备一定知识、能力和态度的过程与结果，它是知识、能力和态度的综合化形态。关于核心素养的概念，各国目前尚无统一定论，研究表明中国学生发展核心素养是以培养"全面发展的人"为核心，分为文化基础、自主发展、社会参与3个方面，综合表现为人文底蕴、科学精神、学会学习、健康生活、责任担当、实践创新等六大素养，具体细化为国家

认同等18个基本要点。各素养之间互相补充、相互联系和促进，在不同情境中整体发挥作用。我国也有研究认为，核心素养的指标体系兼顾跨学科与学科指向，重视团队合作、沟通交流、学会学习、独立自主等涉及能力、知识技能、态度和价值观等跨学科的综合表现，也重视语言（母语、外语）、数学和科学素养等与具体课程密切相关的核心素养，因此学生的核心素养教育离不开学科课程教育。

而"课程思政"是将专业课教学与思想政治教育有机融合于教学过程，引导学生实现人文知识的内化和道德情操的升华，从而培养学生的家国情怀、社会责任和道德规范等。核心素养在人文、能力、道德、责任等方面培养学生的综合素质，与教育部关于"深度挖掘提炼专业知识体系中所蕴含的思想价值和精神内涵"［关于《高等学校课程思政建设指导纲要》的通知（教高〔2020〕3号）］的思政育人目标高度契合。"全面发展"是培养学生核心素养的思想基础，将侧重德育培养的课程思政渗透在专业课的知识学习中，符合全方位育人的教育宗旨。因此在正确认识和处理好课程思政与核心素养关系的基础上，将课程思政融合在护理专业本科生的核心素养培养中，可以使核心素养的培养更具体，课程思政的落实更全面。

二、升华课程目标，强化思政目标

核心素养是跨学科素养，为课程内容的确定提供了重要依据，能够引领教师课堂教学，围绕着护理核心素养进行理论和实践教学将促进"妇产科护理学"的教学方法改革，提高教学效果。因此基于课程思政的教学设计要求以及培养护理本科生核心素养的教学目标要求，在我院教务部门的统一组织下重新修订了课程目标、教学大纲中的各单元目标，重新调整教育理念和教学目标要求，更加体现"以学生为中心"，注重学生的主体地位，将"科学思维能力、人文关怀、职业道德和社会责任感"等细化到理论和实践教学的单元教学目标中。综合"妇产科护理学"的培养目标和培养方法，将妇产科护理人员的核心素养定位为人文素养、科学素养、信息素养和职业（伦理）素养。

（一）强化理论和实践教学设计，提高人文素养的渗透性

护理学科是兼具人文性和社会性的学科，护理教育中人文素养的研究较多，且有研究对护士人文素养进行了定义，即护理人员在工作过程中所具备的人文素质、人文精神、人文关怀以及人文科学等方面的内在修养，强调语言文字、人际沟通、伦理认知、理性思维等多方面能力。因护理专业先天具有的人文内核特点，使得专

业课教学可以随时不露痕迹地传递职业道德和人文精神。以专业技能知识为载体加强思想政治教育，在知识传授中实现价值引领，有助于塑造学生的家国情怀、社会责任、道德规范、人文精神等。核心素养以三维整合的方式呈现，有较强的综合性和实践性，侧重学生的生存能力和人文素养。因此护理专业的人文素养培养尤其重要，在教育过程中使人文素养的培养与职业（伦理）素养、科学素养等相融合，将课程思政贯穿在理论课和实践课中的具体教学环节。向学生灌输人文素养对妇产科护理工作者综合素养培养的重要作用，以及在临床中的实施技巧，并在实践环节考核中加入思政和人文元素，加强人文素养的深度、温度和尺度。

（二）贯彻"大健康"的观念，增强职业素养教育

自党的十九大以来，"健康中国""大健康"理念深入人心。作为护理专业课的基础学科，"妇产科护理学"关注的是女性健康，而女性健康水平如剖宫产率、孕产妇死亡率等也是衡量我国卫生保健事业的重要标准。在教学过程中，立足专业课内容，随时引入大健康理念，向学生传递女性健康的相关领域理念和内涵，并与国家卫生保健发展的方针政策呼应，有益于学生正确健康观念的培养。如在讲述正常分娩、异常分娩、分娩期并发症的护理中，跟学生强调女性健康受到损害对家庭社会的严重影响，激发学生刻苦学习理论知识的热情，恪守职业道德和准则，加深对护理职业素养的认识。

（三）扩大学术视角，融合信息素养培养，提升科学素养教育

在教学中通过梳理我国妇产科医学与护理学领域的科学家在学科发展中的重要贡献和伟大成就，讲好妇产科先辈的故事，以事迹感人，以故事育人，不断建立学生对本国文化的认同和热爱，并让学生通过上网查阅资料，感受科学家先辈们为妇产科事业坚守的学术与职业道德，潜移默化地提高学生的文化自信和对护理专业的认同感，锻炼和加深了信息素养。

由于教材出版存在的时间差，我们授课所依据的教材内容相对滞后，很多知识如分娩中关于潜伏期、活跃期的界定，异常产程曲线的描述等与临床实际有出入，因此在混合式教学中，通过查阅文献和参考第9版《妇产科学》，更新了很多前沿知识，并将新知识点的特殊说明上传到线上供学生随时参考。并通过项目学习和案例作业的布置，让学生广泛查阅有关文献资料，扩大学生的学术视野，在培养学生评判性思维能力和创新能力的过程中，加强信息素养和科学素养教育。科学素养的培养离不开信息素养，在信息素养的提升中可以增强科学素养，以思政元素的融入增强对信息素养和科学素养的内涵理解，并最终实现本课程思政教学目标的提炼和升华。

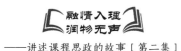
三、立足思政教育资源，落实教学任务

习近平总书记强调，做好高校思想政治工作，要因事而化、因时而进、因势而新。充分利用专业特点和优势，积极挖掘这一课程的思想育人功能，发挥好专业课教育的阵地作用。恰当的思政素材的选取有利于思政目标的实现，使教学效果事半功倍。课程思政的实施不是增开一门课或改革教学过程的各环节，而是实现立德树人润物无声。因此在线上线下混合式教学中尤其应注重课程思政的教学环节设计，提高思政教学潜移默化的渗透力。在专业教学中重视与思政教育的深度融合，努力做到学科思政课程深度化、核心素养课程化。

（一）思政资源融入教学设计，体现核心素养

在"妇产科护理学"思政教学改革中，将原有的教案改为"思政"型教案，在课程目标中提出情感态度目标，加强对学生情感目标的要求，注重对学生核心素养的培养。在教案实际设计中体现如何实现该目标，达到目标与实际教学的统一。如在对教学大纲的修改中，从学生的角度撰写学生需达到的单元学习目标，将人文关怀、沟通技巧、职业道德、科学精神、评判性思维能力和综合能力培养等情感态度教学目标，与知识能力目标实现有效融合和统一，以学科核心素养为目标设计和开展教学工作。根据教学目标和教学内容，深入挖掘各章节所蕴含的思政元素，制定并细化与教学内容相融合的思政教育计划、实现方法和途径。

（二）细化与教学内容相对应的思政实施方案

习近平总书记多次强调，坚持社会主义办学方向，明确立德树人的根本任务，要运用好课堂教学的主渠道作用，形成各类课程与思想政治理论课的协同效应。充分利用混合式教学中采用线上和线下教学的优势，将思政元素润物细无声地融入教学内容和环节。通过思政教育与专业知识潜移默化地融合，最终使得核心素养的培养水到渠成。

1.深度挖掘思政连接点，梳理知识点

对本门课程的各章节知识点进行梳理，结合学院制定的思政元素与指标，从"家国情怀、职业道德、科学精神、责任与使命"四个方面进行思政知识点分解，并提出各个知识点的思政具体内容和实施方式，在具体目标的指引下以可操作的方式设计思政元素融入教学内容的实施方案。在开学之初讲述我国医护人员的抗疫故事，引用我校500余名医护人员的抗疫先进事迹（其中2/3是护理人员），激发学生

的学习热情和爱国情怀，将团结、奉献精神和家国情怀等思政元素有机融入课程教学设计中，做好开学之初的爱国情怀、使命感、责任感教育，从国家意识形态这一战略高度补齐思政素质教育和护理人文教育的短板。

在讲授产后出血等产科急症的抢救技术时，强调如果稍有延误或差错，就可能造成严重后果，有些病人甚至会丧失生命，让学生懂得职业道德素养在临床工作中的重要性。再如在讲述妊娠期用药注意事项时，通过播放图片展示1959年发生的"反应停"药物灾难，这场灾难夺去了很多孩子的健康甚至生命。引导学生对珍爱生命、护理职责重大的深入思考，提高学生的责任意识和职业素养。从即时、短期、长期多个维度融入思政元素，实现教师与学生之间的深度交流。

将各种文本和影视资料灵活自然地融入教学设计中。在线下教学中注意引用妇产科先辈们的典型事例，通过视频和文字资料来展示她们的故事，如中国现代妇产科学的主要开拓者、奠基人之一林巧稚的事迹，讲述她学习刻苦、珍视生命、关爱患者、悲悯为怀的感人故事；中国助产教育的开拓者杨崇瑞博士热爱祖国、热爱人民、热爱她终生为之奋斗的妇幼卫生事业的感人事迹。培养学生的科学精神和执着的人生态度，在学习生活中明确人生目标，为护理事业的发展不懈奋斗，在潜移默化中培养学生的科学素养和职业素养。将爱国主义教育、职业教育等有机结合，在传授知识的同时，进行价值引领，最终实现课堂育人，立德树人。

2.密切联系生活，关注热点事件

思政元素与学生的学习生活密切联系，更能体现思政教育的潜在性和迁移性。隐性思政教育的特点是渗透性和潜移默化。与教学内容相结合，在线下教学中联系护理本科生的日常生理心理变化。如讲述青春期的知识，指导学生正确处理男女关系；在讲性传播疾病时，告知同学们对性行为要有正确的认识，在传授性病防治知识的同时，使学生提高自身修养，做到自尊自爱。在讲解"产后抑郁症"时，让学生明白心理健康是人类健康的重要组成部分，学会心理调适，培养健全人格，才能更好地投身到护理事业中。增强学生对健康的认识，使学生懂得健康生活，提高自身和职业的人文素养。

近年来由于我国"二胎"生育政策的出台，各大医院产科工作任务多而繁重，也不乏一些不良事件。通过对热点事件的引用，引发学生讨论和思考，强调作为产科工作者所承载的重要使命，帮助学生正确认识产科工作中责任心、职业道德的重要性，随时进行职业素养教育。

四、混合式教学中的思政教育评价

本课程的考核一直采用多元化的形成性评价形式，其中理论考试占60%，实践技能考核占10%，平时成绩占30%，平时成绩包括线上线下讨论（10%）、小组项目学习（10%）、进行质性访谈和写感恩信（5%）、影视资料观后感（5%），其中平时成绩和实践技能考核以多种方式融合了课程思政元素，思政教育的评价更适合体现在形成性评价中。

（一）围绕人文议题，开展线上线下讨论，增强人文素养

利用超星学习通软件中的讨论区，随时发布讨论主题，如"妇产科护理有哪些特殊性？""如何根据马斯洛的基本需要理论提出妇产科患者可能的护理诊断？"通过这些开放性问题引发学生大胆思考和讨论。在讨论中提高学生对未来工作性质的认识，潜移默化提高人文素养。线下课上针对正常分娩理论知识学习，学生讨论如何在产程的观察中做好人文关怀和护理，使理论知识随时与思政元素和核心素养教育交叉渗透。

（二）设置项目学习，加强自我管理，促进合作学习

针对女性性传播疾病的学习，布置了项目学习任务，学生提前以小组形式完成淋病、艾滋病、尖锐湿疣、梅毒的学习，并通过查找资料以演示文稿讲解相关知识、健康宣教的海报形式和查找相关文献讲解疾病发展的形式对以上疾病进行学习。让学生以小组形式进行视频的录制，并上传到学习通，上课时学生进行生生互评。在这个过程中学生进行了小组的分工合作，提高了学生的自主管理能力和团队合作意识。为督促学生加强在线和自我学习管理能力，为学生布置了很多课后手写完成的作业并上传到超星学习通在线平台。在当今信息化技术广泛应用的时代，学生很少书写文字，这项作业对学生是极大的考验，在这个过程中也磨炼了学生的意志，提高了学习效果，加强了学生的自我管理和主动学习能力，体现了核心素养中的学会学习的能力。

（三）以质性访谈方式，为母亲撰写感恩信，提升伦理素养

妊娠期和分娩期是女性重要的生理时期，作为本门课程的重点内容，学生学习了妊娠期和分娩期女性生理和心理的各种变化。女性在一生中需要经历女儿、妻子、母亲等各种角色的转化，为了让学生能够体会和了解这些特殊生理时期的特殊感受，采用质性研究方法让学生以母亲为访谈对象，回忆并记录母亲当年的妊娠、

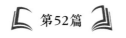

分娩过程，最后为母亲撰写感恩信，对母亲说出自己的心里话。有的母亲在妊娠期间因疾病需要长时间保胎，有的母亲在分娩时出现了一些意外，这些很多同学也是第一次知晓。通过这样的作业，加深了母女（子）之间的交流和沟通，也起到鼓励学生尊老敬老、关爱父母长辈，传承中华民族的传统孝道的作用，是一次很好的孝文化教育，大大提高了学生的人文和伦理素养。将社会主义核心价值观和中国传统文化元素融入中国核心素养体系是具有中国特色和本土化倾向的。

（四）学习影视资料，观后感中升华职业素养

选取与妇产科实际工作、职业素养相关的影视资料。让学生在课后观看"生育纪录片《生门》"，了解产科中的真实故事，让学生对产科工作中的辛苦和工作人员责任的重大有所了解；观看《上海纪实〈大师〉：林巧稚》的纪录片和《提灯女神》电影，对被称为"万婴之母"的妇产科先辈林巧稚和护理事业的创始人南丁格尔的故事进行深入了解，两位女性为了工作和事业终身未婚，将妇产科和护理事业作为终生奋斗的目标。通过观看和学习这些影视资料，引导学生学习她们对医学和护理事业的执着精神和吃苦耐劳、甘于奉献的品质，表达对妇产科护理学专业的认识和感想，使学生建立良好的护理专业认同感。学生通过撰写观后感，体会这些精神在妇产科护理工作中的重要性，对妇产科护理工作者应具备的职业素养和伦理道德素养进行深度思考和总结。

五、总结与思考

核心素养是适应终身发展需要的必备品格和关键能力。护理专业集知识性、实践性、人文性、科学性为一体需要多学科交叉融合的特点，对护理人才所应具备的素质也提出了更高的要求。落实立德树人根本任务，必须将价值塑造、知识传授和能力培养三者融为一体、不可割裂（教育部《高等学校课程思政建设指导纲要》教高〔2020〕3号），这也符合我校作为综合性研究性大学的教育理念。根据我院培养具有核心能力的卓越护理人才的专业定位和护理国际化、多元化、信息化的发展趋势，本课程通过混合式教学的方式将临床知识传授与社会主义核心价值观教育相融合，达到"立德树人"的目的。全面推进素质教育成为我国教育事业的一场深刻变革，加强专业课的课程思政契合核心素养培养的目标和宗旨，在护理专业的其他课程中应进一步推进思政元素与核心素养培养的有效衔接和有机融合，内化学生的思政水准，使思政教育落地生根，最终实现培养新时期高质量护理人才的目标。

模块化课程思政教学模式在口腔医学教学中的应用

白求恩第一临床医学院　　马智勇

　　"老师，我们能和您合个影吗？"作为一名《外科学》理论课教师在授课结束后收到来自口腔医学专业同学们这样的请求，内心在感觉到意料之外的同时也感觉到是在情理之中。这一个意料之外的小小请求背后的故事，要从半年前开始……

　　在一个有着少见暖阳的冬日，我如同平时一样在科室忙碌着诊治患者。伴随着"叮咚"的提示音手机收到教学秘书的一条微信教学通知——"马老师，下学期您承担的课程是口腔医学5+3一体化班的泌尿外科部分内容，请您注意按照教学日历进行准备，并遵照教学大纲及课程思政等相关要求进行教学准备。"看到这样的内容，我心中不由得咯噔一下，内心的温度犹如从室内的温暖如春一下子进入了室外的滴水成冰。

　　众所周知，讲好口腔医学专业学生的《外科学》专业理论课很不容易。首先，医学的专业理论课内容庞杂繁多且较为艰深晦涩。《外科学》《内科学》等医学教材动辄上百万字的庞大内容自不必说，"索利那新、坦索罗辛"这些专业名词不仅拗口而且毫无内在逻辑关系可以帮助理解记忆。哪怕是把教材内容阅读一遍都难以深入理解，更何况教学大纲还有要求掌握和熟悉的内容。其次，医学专业的专业理论内容严谨刻板。每部分内容都是责任重大，毕竟就像那句经典的话语"患者不会按照重点来得病"所说的一样，医学专业理论课全部内容都需要认真学习并理解掌握，而且不允许进行发挥和演绎，因为每一字每一句的背后都是人命关天。再次，医学的专业理论课每位授课老师学时很少。由于附属医院的带教老师众多而专业理论课课时数量有限，因此绝大多数的医学专业理论课的带教老师的授课只有一次课（2学时）。学时短的客观情况造成了如"以问题为导向的教学法"等众多先进教学方法难以在有限的2学时内充分开展和发挥，制约了带教老师难以通过课堂表现评分这样的平时成绩赋分方法来对同学进行必要的督导和约束，导致了带教老师如走马灯一样频繁更换进而使得师生间难以建立持续反馈互动的沟通渠道和紧密的情感交流，要在90分钟内完成各项教学目标难度极大。最后，同临床医学专业的学生不一样，口腔医学专业的学生未来都会从事口腔医学专业，未来从事泌尿外科的可能性无限接近于零，而且泌尿外科疾病引起口腔疾病的可能性也基本不存在，因此对于泌尿外科这样的学习内容同学们兴趣并不高。

难怪有人说，如果大学的公共基础课授课是普通难度的话，那么医学专业理论课授课就是高难度，口腔医学的《外科学》理论课授课就是超高难度。在此基础之上，还要求在课堂教学中开展课程思政，更是难上加难。

时光如流水匆匆过，带着对这次授课的愁绪万千我也同大家一样迎来了一个特殊的2021年春节。在不经意间，新冠疫情在吉林省的通化、长春等地再次爆发。为了深入贯彻习近平总书记关于疫情防控的重要讲话精神，进一步为打赢疫情防控阻击战提供有力保障，按照上级疫情防控总体部署安排，吉林大学第一医院正式整建制接管长春市传染病医院全部疗区。此次奔赴战疫一线的除了负责疾病诊治的医护人员之外，还包括了保洁人员与保安人员。在紧张的气氛中，作为吉林省最大的医院中的一员，在同事们奔赴一线的同时，我们作为驻守吉大一院的医护人员更有责任和义务来做好本职工作，守好大本营。在工作人员减少的同时我们也要做好疫情防控工作。虽然身心俱疲，但是各种战疫的英雄事迹、英勇作为也无时不在感动着我们的心灵，激励着我们负重前行。因为疫情原因，这个春节大家都响应政府的号召"就地过年"。随着吉林省战疫的告一段落，"就地过年"的人民群众也逐渐恢复了日常生活。而在久违的电影院中《你好，李焕英！》也因为其饱含的真情实感让其票房不断创造各种历史新高。

不论是战疫英雄们也好，电影《你好，李焕英！》的成功也好，能够带给我们感动的无一不是因为其引起了我们深深的情感共鸣，才能戳中我们的泪点，才能触碰到我们心底最柔软的地方。这给了我深刻的启发——成功的授课一定是建立在能够引起同学们情感共鸣的基础之上。那么，如何能够让艰深晦涩又严谨刻板的泌尿外科内容引起同学们的情感共鸣呢？那一定是要通过开展合适的课程思政来建立认知的沟通，实现情感共鸣。通过查阅文献、向各位前辈教师虚心求教以及与同学同事们沟通探讨，针对口腔医学的外科学理论授课中课程思政的教学思路由一个模糊的想法不断完善成熟，最终形成了一个以"你好，里唤英"为核心的模块化课程思政教学模式。

医学生，不论是临床医学专业还是口腔医学专业，其选择医学专业的初心无一例外都是"救死扶伤、治病救人"。因此，模块化课程思政教学模式的第一个模块就是"你好，里唤英"——从内心里呼唤英勇，唤起并提升同学们的责任感和职业荣誉感。

在唤起并提升同学们的责任感和学习兴趣之后，就过渡到了模块化课程思政教学模式的第二个模块，"你好，里唤英"之从内心里呼唤英贤——通过前人的研究成果及事迹引导同学们产生崇高的追求和理想，开展理想信念的教育。该部分也是先从口腔医学专业同学们熟悉的根管治疗切入，对于泌尿系统损伤来说最严重的后果无疑是肾脏动静脉血管损伤大出血导致失血性休克威胁生命。而止血的方法除了传统的由外向内的结扎缝合方法之外，还有自内向外的血管内栓塞等方法。要想实现这样的目标，必定要伴随材料科学、影像医学的进步，才能实现通过"微创"来治病救人的目的。这些都有赖于各项科学研究和不断的探索。结合"前列腺癌雄激素依赖性"这一机制的发现者泌尿外科医生Dr. Huggins获得诺贝尔奖的事例来激励同学们提升转化医学的意识——科学研究应该是来自临床实际工作中遇到的不足和问题，并最后将科学研究的成功应用于临床并最终实现"治病救人"的目的，挖掘科学研究的深层次的目的和作用。

接下来就进入了模块化课程思政教学模式的第三个模块，"你好，里唤英"之从内心里呼唤英博——刻苦努力学习以达到自我的学识广博。通过课堂讨论来让同学们思考对于接诊泌尿系统损伤患者时的查体应该从哪项开始。在告知同学们"生命体征"是查体的第一项而不是局部损伤情况后，同学们进一步强化了"全人概念"，帮助同学们摆脱"眼中只见疾病不见病人"的狭隘的诊疗思维。（见图53-1）

图53-1　同学们课堂实时互动

在授课过程中，通过邀请同学们到黑板上画牙齿剖面图来与肾脏剖面图进行层次的类比，帮助同学们应用熟知的"牙齿层次"的知识来带入理解"肾脏损伤层次和分型"。（见图53-2）

图53-2　课堂教学互动

通过针对口腔医学专业同学们在泌尿外科损伤理论课的课堂上开展模块化课程思政教学模式，实现了同学们提升责任感和职业荣誉感的目标，同时激励同学们进行基于临床实践的科学研究探索以进一步更好地解决病患的痛苦，并对相关课程内容开展扎实而广博的学习与应用。圆满地按照教学大纲和课程思政的要求完成了教学目标。在此之外还得到了同学们发自内心的情感共鸣，从内心里呼唤英勇、英贤、英博。不光有要与老师合影这样表示认同的真情实感的流露，更多的是在掌握相应的知识之外对泌尿外科知识学习的必要性的认同、职业责任感的提升、被老师感染到以后要做个好医生等正面的评价。（见图53-3）

图53-3a　授课前对本次课必要性的认同

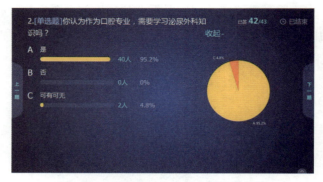

图53-3b　授课后对本次课必要性的认同

图53-3c　同学们的教学反馈1

图53-3d　同学们的教学反馈2

　　通过开展模块化课程思政教学模式，摆脱了将课程思政生硬地强加到专业理论教学内容中，做到了课程思政促进专业理论教学效果的提升，二者有机融为一体，同学们的课堂收获得到了全方位提升。课程结束后能够得到同学们这样高的评价确实是在意料之外。但是通过模块化课程思政教学模式与同学们建立了认知的沟通、实现情感的共鸣，这一切也都是在情理之中。

我是有温度的医生：人文精神与课程思政建设

白求恩第一临床医学院　田亚萍　李香君　郭　畅　牟岳明　胡春宇

医院里，患者常常有各种抱怨。《中国医师执业状况白皮书》显示，62%的医师遇到过医疗纠纷，八成是医患沟通问题引起。全国人大常委会原副委员长、全国政协原副主席、中国科学院韩启德院士说："医学也是具有温度的，它能够点亮人生、照亮人生，温暖人间。"但长期以来，医学教育把大量精力放在专业学习上，忽略了人文精神的培养，以致医学技术越发达，医患关系却越紧张。

"坚持灌输性和启发性相统一"，是习总书记提出的推动思政课程改革创新的基本原则。在临床医学生人文精神培养中，教师讲授是灌输性的过程，学生吸纳反思则是启发性的体现，二者辩证统一，同样重要。叙事医学记录与疾病有关的故事，是近年来国内开展的医学人文教育的重要内容，年轻医学生通过反思写作，展现医护人员与患者之间能够打动人的

图54-1　田老师为学生讲解怎样促进医患之间的理解与配合

故事，最大限度地和不同类型人物交流，充分理解疾病，进而促进医患形成共情连接。我们在课程思政建设过程中，开展了以"我是有温度的医生"为主题的叙事医学写作活动。

医学有温度，医学人文精神是思政教学的重要内容，单一由教师灌输性的讲授较为枯燥，往往忽略了学生的参与。年轻的医学生对人生的理解还相对有限，通过

启发，从学生视角进行叙事医学的写作，对自身经历反思、反省，以情动人，是我们在课程思政建设中"坚持灌输性和启发性相统一"的重要环节，培养人文精神，点亮人生，温暖人间，做有温度的医生。

一、春凤的春天

当患者面临生命危机的时候，医生同样殚精竭虑。每次看到郭畅写下的这个故事，回想起那个曾经的妇女主任、自己签写"死伤由命"的知情同意书，历经2个月的生死徘徊终于迎来了她的春天，都会感慨那令人难忘的艰难救治。

2009年正月初五，天气格外寒冷，春凤阿姨裹着厚厚的棉被，被推进了病房。她60岁，年轻时是当地的村委会妇女主任，如果不是因为病情剪去了长发，应该看上去更年轻一些。她被确诊天疱疮已经一年了，她并不在意，病情也从未如此严重过。掀开被子，花花绿绿的床单沾满了血迹，牢牢地黏在身上，无法想象她病情加重这20多天在家里是怎么度过的。把她与床单分离便费了好大一番工夫。虽然用生理盐水浸湿了床单，但过程仍触目惊心，医生、护士都有些不忍下手，她自己却双手抓着床旁栏杆，努力翻身配合着。全身破损面积超过了30%，后背大片的创面根本导致她无法平躺，她就抱着被子坐着睡觉。口腔黏膜大片破溃，她仍尽力配合多吃些食物。由于创面太大，体液、电解质丢失得很快。经烧伤外科会诊，考虑用安全的亲水银敷料覆盖，却因高昂的费用无法负担。科里教授主任们也纷纷想办法，最终把纱布剪成2厘米见方的小块，浸了黄连素（小檗碱）的药水，一点点覆盖了全身的创面。

常规的激素治疗并没有得到理想的效果，经全科病例讨论最终决定应用激素冲击治疗。考虑到她的年龄、营养状态及感染情况，激素冲击治疗还是存在很大的风险。我们想与家属沟通病情，她却坚持要自己了解所有的情况，对于治疗的风险，她说"这都是吓唬人的"。她自己坐着都很吃力，却坚持自己亲手签下知情同意书。

图54-2　热情解答患者疑问

万幸，没有发生感染，创面也开始愈合，她的精神状态也好了很多，可以在家属的搀扶下走到窗边晒晒太阳。她拿出手机给我看她的照片，说她没有患病前很漂亮，给我讲述她年轻时的风光事迹。历经50天，全身的创面仍未完全愈合，她却坚持要出院，回家口服药物治疗。我们心里有太多的顾虑，却拗不过她的坚持，详细写了出院指导，千叮咛万嘱咐送走了她。

3个月后的一个明媚的午后，她独自一人走进了病房，头戴一顶假发，与我看到照片中的样子差不了许多。周身皮肤完好，如果不是留下了大片的褐色印迹，我已无法想象当时的样子。她坐在办公室的椅子上，把她回家这几个月的生活讲给我听，她说她恢复得这么好，是因为每天都吃猪肘子。微风从窗户吹了进来，桌上的病例沙沙作响，所有的疾病痛苦都已烟消云散，这是属于她的春天。

二、给他一双隐形的翅膀

牟岳明是我科一位优秀的规范化培训医生，她在治疗一位年轻的牛皮癣患者后写道：

这是一位20多岁的小伙子，比我小了几岁，他长得人高马大的，如果不是在医院，应该是一位健康的帅小伙，但其实他已经是银屑病的老患者了。病情反反复复，总是困扰他的生活。他的家境不是很好，也没有很好的工作，住院期间还要去

图54-3　细致检查患者体征

工地挣他的住院费。他跟很多其他患者一样，以前用过偏方，可以想象，病情更加严重了，来医院就诊是他唯一的选择。而根据他的皮疹和其他身体健康情况，我们非常推荐他使用生物制剂。然而由于研发成本太高，导致药品的价格也非常昂贵，一个月成千上万的医疗费是多么沉重的压力。我每次看到他的时候都忍不住去想，如果他能够试一下这个药该多好，说不定他的生活因此改变，走向另外一种人生。但是能负担起高昂医疗费的家庭又能有多少呢？起码对于我本人来说也不是很容易。世界上的疾病太多了，医生总是会跟患者说，你这个病需要长期治疗，甚至很可能会相伴终身，你要学会与它"和平共处"，用平和的心态去看待它。实际上，我们深深地知道，正是这套说辞体现了现代医疗的无力。这个小伙子正值青春，本来通过不懈的努力可以过上幸福美好的生活，但是命运辜负了他，让满身的红斑、鳞屑折磨他，这是健康的人无法理解的痛苦，医生也是看在眼里，急在心里。而他

从来不向别人抱怨生活的艰苦，将他的生活情况告诉我们也只是为了方便制定适合他的治疗方案。他乐观、积极向上的心态也感染了我，让我有勇气与他一同对抗病魔。我多么希望终有一天彻底战胜病魔不再是奢求，多么希望有一双"隐形的翅膀"能够给他健康，让他无拘无束、自由飞翔，天会有多高，就飞多远吧。

三、痤疮Byebye，还我自信

通过叙事医学的写作，除了感动、感慨，学生们还收获了自信。研究生李香君写下了她的经历：

初次见到她是去年盛夏的一个早上。看见她我愣了一下，这个不是很高、稍微有点胖，看上去文文静静不到20岁左右的姑娘，怎么这么热的天还戴着大口罩？等她摘下口罩，我震惊了，全脸的紫红斑，大小不等的脓疱、丘疹、结节，太吓人了，我还是第一次看到这么重的患者，虽然以前听老师说起过暴发性痤疮，这回可真见识到了。她看出了我的惊讶，眼睛里充满了泪水，抽泣说，期末考试特别紧张，之前一直忙于学习考试，没有特别关注脸上的痤疮问题，一周前随便买了药膏涂一涂，结果突然加重了，"全都鼓了起来，大夫，我毁容了，没法见人了，我都不想活了！我还能不能好了？"

说实话，她是我学医以来遇见的最严重的痤疮患者。我心里想一个女孩，怎么能容忍自己的脸变成这样，面对这样一个女孩，老师也很心疼，为她制定了治疗方案后，又嘱咐我仔细告诉她治疗方法，特别是生活中注意哪些问题。我在和她谈话的过程中，可以听出言语中含有的自卑、气馁、寻求帮助的迫切。她还卑微地要求"能不能加您的微信？"我也是一个女生，深深地感到了她的痛苦，所以我同意了，互加了微信。接下来的几个月时间，她接受了多次穿刺、排脓，虽然她总是回答说"不痛"，可是眼角的泪水、额头的冷汗、手脚的紧绷都泄露了真相。开始她的情绪有时低落，有时绝望，还会向我反复咨询会不会留疤等问题。虽然自己没有太大的把握，但我还是鼓励她不要想太多，总会慢慢好起来的。即使学校离医院很远，也不确定自己是否能够完全治好，但她还是坚持按规定时间复诊。随着复诊次数增加，她脸上的症状越来越轻，我也发现和她的交谈慢慢发生了变化，了解到她是云南人，为了上大学，孤身一人来到东北，或许是学习压力大、对新环境的不适导致了痤疮这么严重。我也是外地人，所以非常理解她，交流起来更加顺畅，她也对我越来越信赖。脓包渐渐消退了，她笑的次数越来越多，交流的语气一次比一次坚定。她说其实我的鼓励和帮助带给了她很多信心，才可以让她坚持治疗走到胜利终点。现在的她可以毫无顾忌地摘掉口罩，尽情地享受充实多彩的大学生活。

图54-4　患者的褒奖鼓励我们前进

她的治疗结束了，我也在随访过程中学到了很多，让我更好地认识了各个治疗阶段痤疮的转归，了解了患者的心理，更坚定了对自己的信心。虽然说心灵美比外表美更重要，但是一些皮肤病确实让人感到烦恼，尤其是一些顽固性的皮肤病，不光影响皮肤外表美观，还导致患者的心理抑郁和焦虑。还好这个小姑娘勇敢地坚持了下来。在这之后再遇到痤疮病例，我在诊治和随访的时候都感觉非常自信，想起这位小姑娘，我想说：也非常谢谢你，我们一起和痤疮Byebye，还我自信！

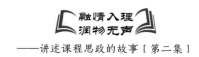

发扬医学人文精神　救死扶伤实践

——实施课程思政　知行合一

白求恩第一临床医学院　于金海

　　医学与人文相伴而生，人文精神是医学的灵魂。医学人文精神是固化于人头脑中的医学人文价值观念，是对于人类生命的敬畏与关爱，以及对于人类身心健康可持续发展的关注。医学的发展始终以人类的最大利益为出发点。医学人文精神培育是医学教育的核心内容，对医学生成长起着至关重要的作用。自20世纪70年代以来，随着医学实践从生物医学模式向"生理—心理—社会"医学模式转变，医学人文问题的探讨成为热点。我国对医学生的人文精神培育在这一热潮中也得到了长足发展，但临床实习阶段的医学生人文精神培育过程仍存在亟须解决的诸多问题。

　　吉林大学医学院在教授医学人文精神教育时，总少不了对白求恩精神的学习，白求恩精神的内涵是以反战争、爱和平为核心，包含科学精神、探索与创造精神、奋斗与牺牲精神。同时这几种精神互相渗透、互相贯通，体现出一种国际主义精神。当代白求恩精神融入了医学职业精神和人文医学元素，包括人道主义的理想、医学职业道德信念和医学理性精神；对工作高度负责任，对患者热忱的精神；德才兼备，彰显医学人文服务取向的精神；坚持倡导公益性和公共卫生性的精神。吉大一院将其概括为大医精诚，至善至美。随着医疗技术的快速发展，疾病的复杂性不仅体现在机体上，还包括患者心理变化和环境因素的影响，尤其是面对慢性疾病，心理干预和情绪疏导比药物、手术等更为重要。

　　医学是研究人的健康和疾病的科学。疾病不仅是一种生物学状态，也是一种社会状态。医学生将来面对的不仅是一种或几种疾病，更是具有社会属性的人。医学生不仅要掌握扎实的医学知识和技能，更要具备深厚的人文素质，为患者提供人性化的医疗服务。随着人民生活条件的改善，人民日益增长的对健康的追求与医疗资源相对不足之间的矛盾愈发激烈。因此，对于本科学生的医学人文精神的学习也显得尤为重要。通过课堂上理论课的学习以及实习期间临床实践学习，最终使得同学们对于以白求恩精神为代表的医学人文精神有更加深刻的认识。

如果说教师在课堂教学中开展的白求恩精神教育给同学们留下了深刻印象，那么武汉抗疫全过程就是同学们永远铭记于心的生动事迹。

新冠疫情及医疗救治给我们留下了深刻印象。2020年2月7日，吕国悦副院长带领129名医护人员作为吉林大学第一医院第五批支援湖北医疗队奔赴武汉。战斗已经打响，作为白衣战士，能够冲锋在前，走进这场没有硝烟的战场，是医护人员职责和使命。抵达武汉后，医疗队整建制接管华中科技大学附属同济医院中法新城院区B座10楼东区重症疗区。华中科技大学附属同济医院中法新城院区是危重症收治医院，收治的患者高龄人员多，病人基础疾病多、病情进展快，病情不平稳，可是当时的医疗条件却无法满足重症治疗。为此我们迅速向医院请求调配重症设备。2月11日晚，两辆满载床旁超声、血气分析仪、床旁生化仪、ACT凝血检测仪等各种急需医疗设备和物资，从长春星夜兼程赶往武汉，经过2天的紧急筹备，一个高端设备配置齐全的抗疫一线ICU落成！2月13日，吉林大学第一医院再次调配第二批4台有创呼吸机、1台血滤机、1台ECMO（体外膜肺氧合）等高端生命支持设备，同时，补充心外、麻醉、超声4名相关专业医护紧急前往武汉。2月18日，中央电视台新闻联播报道了吕国悦带领的吉林大学第一医院医疗队支援武汉疫情防控和患者救治情况。2月24日，吉大一院再次调配1台ECMO送抵武汉一线。

在支援武汉抗疫这件事上，我们医院举全院之力保障武汉前方物资及人员配备，切实解决前方救治第一难题，为一线人员提高救治率赢得了宝贵的时间。在国家有难的时候，大家众志成城，不讲条件，不计代价，把患者生命放在第一位的精神激励着我们前方的医务人员，使他们在心里立下誓言，必须打赢这场硬仗！他们为了与死神赛跑，和病毒抢时间，精准施策，对症救治，提高武汉一线患者的治愈率，最大限度地减少患者的痛苦，彻夜不休，夜以继日地工作，才使得一个又一个重症患者摆脱病痛的折磨，恢复健康，恢复往日的生活。

武汉抗疫的大获全胜，不仅体现我们吉大一院医护工作者的精湛医术和过硬的

专业素养，更体现出我们大医精诚，至善至美的白求恩精神，这是医学人文精神的体现。

以白求恩精神为主的课程思政是医学教育中的重要组成部分，开展以白求恩精神为主的人文素质教育，是适应社会和医疗健康发展新形势的需要。通过此次开展白求恩精神的学习，使得临床医学生对于医学人文精神的学习更加具体，形象和透彻。是我们思政课教育的成功案例。

骨科学思政教育教学改革初探

白求恩第一临床医学院　张大光

一、新时代的思政教育

课程思政指以构建全员、全程、全课程育人格局的形式使各类课程与思想政治理论课同向同行，形成协同效应，把"立德树人"作为教育的根本任务的一种综合教育理念。课程思政主要形式是将思想政治教育元素，包括思想政治教育的理论知识、价值理念以及精神追求等融入各门课程中去，潜移默化地对学生的思想意识、行为举止产生影响。课程思政在本质上还是一种教育，是为了实现立德树人。"育人"先"育德"，注重传道授业解惑、育人育才的有机统一，一直是我国教育的优良传统。从课程思政的提出来看，其目的就是实现各类课程与思想政治理论课的同向同行，实现协同育人。不论是"三全"育人还是"十全"育人，其体现的都是协同育人的理念。作为我们党的教育方针和我国各级各类学校的共同使命，能不能为中国特色社会主义事业源源不断培养合格建设者和可靠接班人，能不能为实现中华民族伟大复兴中国梦凝聚人才、培育人才、输送人才，是衡量一所学校教育水平最为重要的指标。世界一流大学都是在服务自己国家的发展中成长起来的，"只要我们在培养社会主义建设者和接班人上有作为、有成效，我们的大学就能在世界上有地位、有话语权"。

在社会大变革、文化大繁荣的时代，既要树立科学的思维，也要树立创新的思维。在全国高校思想政治工作会议上，习近平总书记提出了提高学生思想政治素质的明确要求，即"四个正确认识"，其要义就在于要学会用正确的立场、观点和方法分析问题，把学习、观察、实践同思考紧密结合起来，善于把握历史和时代的发展方向、把握社会的主流和支流、现象和本质，养成历史思维、辩证思维、系统思维和创新思维。对于课程思政而言，其首先展现的就是一种科学思维，它强调要用辩证唯物主义和历史唯物主义的思维方式去看待事物，不能陷入唯心主义和机械唯物主义的泥沼，将理论导向神秘主义。尤其是在当前国际社会意识形态领域风云变幻，各种社会思潮观念激烈交锋的背景下，我们的教育要顶住压力、抵住侵蚀就需要进一步加强在各门课程中的思想政治教育，用马克思主义的立场、观点和方法去教书育人，为学生构筑起牢固的思想防线，抵制各种错误思潮、错误言论对学生的危害。另外，课程思政所展现的是一种创新思维，它强调在思想政治理论课以外的课程中融入思想政治教育，这是以前的思想政治教育未曾关注到的。而且在课程思政建设的具体过程中，也更需要创新思维，以新思维催生新思路、以新思路谋求新发展、以新发展推动新方法，以新方法解决新问题，实现课程思政的创新发展。

二、医学生思政教育培养几个关键问题

（一）思想上须高度重视

医学院校因其专业性强，更容易注重专业课教育而忽略学生的思想政治教育。很多医学类院校建校时间短，教学经验不足，在办学理念和教学方法上坚持以传授专业基础知识为主，很多教师在教学时以医学基础知识和专业能力培训为重，而忽视学生医德素养的培养。这种学术专业至上的教学方式忽视了医学生思政教育，可能会导致部分学生在就医的道路上走偏、走歪。

（二）教育手段须丰富多样

医学院校对思想政治教育工作队伍有明确的部门分工与职责分工。这些岗位设置看似分工明确井然有序，但在实际教育工作中，思想政治育人的载体仍然比较单一，没有形成一股合力。各部门的教育资源不能做到完全有效共享，各方面不够协调配合。随着社会科学进步的发展，各种不良社会思潮和负面信息借助互联网迅速传播，思政教育也因此受到严重影响。作者通过与医学院校宣传人员、学生座谈发现，学校大部分是通过校园网和一些微信公众号进行思政教育的宣传，版面内容较为官方，形式较为单一。当今课堂的思想政治教学方式多以讲授法和问答法为主，教学手段陈旧，不能吸引学生兴趣。

三、将伟大抗疫精神作为"思政教育"重要内容

（一）有利于实现全方位、全程育人的目标

在专业课程教学中融入"思政教育"，充分体现全程多维度的育人及全员全课程"大思政"教育体系，符合党的十九大精神的要求和方向。大部分医学生更重视内、外、妇、儿等专业课程，认为思想政治理论课程对自己的职业用处不大，存在较大偏见。因此，在主观意识上，医学生对思想政治理论课程重视程度不够，而在专业课程教学中融入"思政教育"是补齐医学生思想政治理论教育短板的有效途径。

（二）有助于与思想政治理论课形成协同育人效应

大学教师是履行大学使命和传承社会文化的第一主体，大学教师不单单是"解惑"，更承载着"传道"育人的重任，将"思政教育"融入专业课程的教学过程中，才能真正在"教书"的同时彰显"育人"功能。大学教师长期受到思想政治理论的教育和熏陶，在专业知识的传授过程中，融入逻辑判断、人文素养、科学精神，同时要体现时代精神、民族精神、中华优秀传统文化和社会主义核心价值观等内容。

（三）白求恩精神教育是思政育人重要内容

白求恩精神是中国共产党重要的精神财富，是我国医学教育重要的精神旗帜，是加强医学思政育人工作的重要指导思想，主要体现在以下三个方面：一是白求恩精神与社会主义核心价值体系的内涵是相通相融的，在某种意义上可以说是社会主义核心价值体系的思想文化传承和理论创新的基础。二是白求恩精神教育符合新时代医学教育对高水平医学人才培养的要求，是医学生树立职业信仰和职业道德的思想明灯和动力源泉。三是白求恩精神教育是医学生思政育人工作的重要思想武器，是端正医学生道德取向和价值追求的思想保障。医学思政育人工作有着鲜明的职业特色，在工作中应该遵循思政教育规律并结合医学职业发展特点综合考量，把医学思政教育、人文精神培养和职业精神塑造三者交叉融合开展，切实提高医学人才培养质量。

四、如何把抗疫精神切实地融入骨科课程教学中的具体措施

（一）重视教师的思想政治教育，提高教师课程思政技巧

课程思政本身就意味着教育结构的变化，即实现知识传授、价值塑造和能力培

养的多元统一。在现实的课程教学中往往由于各种原因而将这三者进行了割裂，课程思政从某种意义上来说正是对这三者重新统一的一种回归。课程思政要求教师要在教育中积极探索实质性介入学生个人日常生活的方式，将教学与学生当前的人生际遇和心灵困惑相结合，有意识地回应学生在学习、生活、社会交往和实践中所遇到的真实问题和困惑，真正触及他们默会知识的深处，亦即他们认知和实践的隐性根源，从而对之产生积极的影响。

（二）以典型案例为切入点，避免简单化的大道理教学

在这场伟大的抗疫斗争中，涌现出了敢医敢言的逆行者钟南山，将中华瑰宝化作大疫良方的张伯礼，始终在"风暴眼"坚守抗疫的张定宇，与致命病毒短兵相接的陈薇等医学前辈获得了国家的最高荣誉"人民英雄"，这是我们医生的典型代表，是我们学习的楷模和榜样。典型人物及案例往往能够以情动人，激发人们的正确动机。在内科学专业知识的讲解中，授课教师可以利用典型代表人物和典型事件感染学生，促使学生正确把握专业学习方向，树立正确的世界观、人生观和价值观。正是因为在医学发展过程中，有无数医学工作者无私奉献，团结协作，牢记时代和社会赋予的责任，才推动了医学事业的发展，而医学事业需要不断注入新鲜血液，才能保持良好发展势头。

（三）思政教育和专业课程的有机融合，显隐融合

时政案例是专业知识点传授的重要补充，教师在课堂教学中精准挖掘时政案例，但又不喧宾夺主，使课堂教学中专业知识与思政元素巧妙结合，传递育人理念。习近平总书记在党的十九大报告中提出"实施健康中国战略""坚持预防为主，深入开展爱国卫生运动，倡导健康文明生活方式，预防控制重大疾病"的思想，充分体现了党和国家对人民健康重要价值和作用的认识达到新高度。2018年3月，国家卫生健康委员会组建，充分体现了我国医疗卫生事业正在"把以治病为中心转变为以人民健康为中心"上来。培养什么人、怎样培养人以及为谁培养人是人才培养的根本问题，实现显性与隐性教育的有机结合，促进学生的自由全面发展，充分发挥教育教书育人的作用。

五、讨论

医学的使命在于维护大众的健康、呵护百姓的生命安全。当前，医学院校的培养目标不仅是要重视医学生临床实践能力培养，更为重要的是重视医学生人文精

神和医德素养的塑造。可见，对医学人才的培养仅靠医学专业课程或者思想政治课程单兵作战，并不能达到预期的目标。医学院校应将医学生的思想政治教育落到实处，要求临床专业教师注重知识传授与价值引领相结合，注重隐形教育与显性教育融会贯通，才能使学科资源最大限度地转化为育人资源。

立德树人是高校的立身之本。习近平总书记在全国高校思想政治工作会议上强调：“要坚持把立德树人作为中心环节，把思想政治工作贯穿教育教学全过程，实现全程育人、全方位育人。”“要用好课堂教学这个主渠道，思想政治理论课要坚持在改进中加强，提升思想政治教育亲和力和针对性，满足学生成长发展需求和期待，其他各门课都要守好一段渠、种好责任田，使各类课程与思想政治理论课同向同行，形成协同效应。”这就要求我们在专业教学过程中，不断挖掘其蕴含的德育元素，并与教学内容相互融合，引导学生形成正确的价值取向。

骨科学是一门专业性很强的临床科学，与许多医学基础和临床学科有密切的联系，是专业性最强、亚专业最多、培养时间最长的医学学科，其课时长，内容涉及面广，也给了临床教师更多的空间将德育元素整合到课程中去。将“课程思政”与临床课程相融合，是医德教育、医学人才培养的新尝试，需要在教学理念、教学内容、教学方法等方面不断实践和创新。

通过骨科教学结合思政课内容，和伟大的抗疫精神结合，弘扬新时代伟大抗疫精神，坚守医学初心，践行医者使命，更加激发了同学们的学习热情，在国家需要的时候做最美的逆行者。并相应习近平总书记的号召，以抗“疫”天使为榜样做党和人民信赖的好医生。到人民最需要的地方去 以仁心仁术造福人民特别是基层群众。

妇产科学课程思政教学设计

白求恩第二临床医学院　林　杨[1]　包美静[1]　石赞堃[1]　金　阳[2]　周　旭[1]　贾荣霞[1]　王冠群[1]　秦彦国[1]

1吉林大学第二医院妇产科，2吉林大学第二医院医学研究中心

　　在高等院校临床课程推进课程思政改革的进程中，妇产科专业也在积极探索实施"课程思政"的有效途径，培养具有高尚的道德情操，人文素养及奉献精神，丰富而全面的医学专业知识与精湛技术的妇产科医生。"妇产科学"是一门研究女性生殖系统及与妊娠相关的生理和病理过程的临床科学，是一门涉及面广和整体性强的学科。本文在充分认识课程思政重要性的前提下，"妇产科学"课程的思政要素及对应目标进行了探索，通过对课程目标、教学设计、教学方法、教学评价、提升教学效果途径等展开探索，探讨了如何将思政元素融入妇产科专业课程的路径，为医学类课程教学的课程思政提供了借鉴。

　　课程思政是实现"三全育人"的重要途径。医学生作为未来卫生行业的一线工作者，其人才培养关系到祖国未来人民的健康，关系到卫生事业的发展。对其培养，就要求必须同时兼顾专业知识与品行道德。教师在传授各种专业医学知识时，还要进行职业道德、生命伦理等内容的引导。妇产科学是临床医学中的一个重要组成部分，专业性要求高，具有很强的实践性和特殊性。因此，深度挖掘"妇产科学"课程思政教学，将思政元素融入妇产科教学中，能够对全方位育人起到更好的促进作用。

一、课程基本情况

"妇产科学"主要研究女性生殖系统特有的生理变化及相关妊娠、分娩、产褥期的生理与病理以及非妊娠期女性生殖器官相关疾病的基本理论、基本知识，以及与专业课题相关的新知识、新理论、新技术的进展等，内容包括产科学、妇科学和计划生育学三部分。在培养学生能力的过程中，重点关注以下三个层面：

1.知识层面

通过本课程的学习使学生掌握妇产科学基本理论知识和能够认识常见疾病的典型特征，并在学习基本理论知识的过程中学习如何分析和研究疾病的发生发展规律，从而提高学生融会贯通和综合思维的能力，为今后从事妇产科临床工作打下良好的基础。

2.能力层面

使学生具有扎实的理论知识、综合分析和解决临床实际问题的能力，使其能运用所学医学理论与科研思路方法，解决健康医疗中的问题，提高自己的临床思维、医学技能与科研能力。

3.德育层面

重点培养医学生服务健康中国的爱国情怀和增强建设新时代中国特色社会主义的政治信仰。培养预防为主的行医理念，使其能够普及健康知识，为提高全民健康素养贡献自己的力量。

二、妇产科学德育融入课堂的教学设计及内容

大学阶段是大学生道德学习和道德建设的重要时期，也是养成道德观念和规范道德行为的关键时期。医学生是未来的医务工作者，医者仁心，是健康中国建设的主力军，担负着实现中华民族伟大复兴的中国梦的责任。不仅要不断学习新的知识、掌握新技术，科学施治、合理用药，不断提高临床救治能力和服务质量，还要做到医术精湛、医德高尚、医风优良。

在妇产科学教学中，我们深入挖掘提炼知识体系和教学过程中的思政元素，在教学实施过程中以学生为中心，突出实践性和科学性的培养，凸显教师身正为范的示范引领作用。使用多元化的思政育人形式，实现将德育内容有机地与课程结合。在具体实施时我们在教学设计和课堂授课中运用网络辅助教学，以"教师为主导，

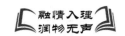

学生为主体"的教学理念，采用多元化的教学方法。组织和引导学生积极参与和体验，拓展教学时间与空间，实现三个结合即"线上线下，课堂内外，学校内外"。

　　根据本课程的教学内容，围绕课程目标融入德育元素，使临床医学生既能学习专业临床知识又能加强医德医风的教育。德融教学设计和内容具体如下表57-1所示。

表57-1　妇产科学课程中德育教学设计和内容

章节	知识点	思政元素	实现形式
妇科部分：第二章第二节 第三章第四节、第五节	女性生殖系统解剖 子宫内膜的周期性变化、月经周期的调节	基础不牢，地动山摇。引导学生要强化对基本知识、基本技能、基本理论的学习，只有基础打好，才能有所创新，要有整体观念	讲授法 图片法 动画法
第二十一章 第二十六章 第一节、 第二节 第二十七章 第二节	子宫内膜异位症、子宫腺肌病 子宫肌瘤、子宫内膜癌卵巢上皮性肿瘤	1.培养学生要意识到临床医生既要努力寻找和获取最佳的研究证据，又要结合个人的专业知识包括疾病发生和演变的病理生理理论以及个人的临床工作经验，以及他人（包括专家）的意见和研究结果获取知识；既要遵循医疗实践的规律和需要，又要根据"患者至上"的原则，尊重个人意愿和实际可行性，客观做出诊断和治疗。学会抓住主要矛盾，统筹兼顾恰当处理次要矛盾 2.培养学生如何正确与患者沟通，防止医患矛盾的发生 3.培养学生了解和尊重病人，爱护生命的理念，培养爱伤爱患的理念 4.团结协作：临床工作中患者往往合并多系统疾病，需要多学科协同合作，资源互补、平台共享	案例分析、情景模拟、启发式教学相结合：用临床实际案例做脚本演绎一段情景剧，子宫内膜癌患者，因未生育、个人信仰、家庭矛盾、患者执意不切子宫，临床医生该怎么做？临床实际案例分析：25岁女孩，不规则阴道流血，未婚未孕，无性生活。医生采用不恰当的治疗方法，导致患者病情延误预后不良 课外组建虚拟医疗专家小组，教师提供一份临床病例，学生扮演各个科室的医疗专家，讨论病例

续表

章节	知识点	思政元素	实现形式
产科部分：第八章第一节、第二节	受精及受精卵发育、输送与着床；自然流产、异位妊娠	1.引导学生注重对自己思想和目标的全面分析，并确定奋斗的方向，朝正确的方向努力。男性排出精子后，精子会遇到人生的第一个分岔路口，起跑线是一模一样的，但是选择改变了命运。受精卵必须在母体内完成一段独自旅行，才能得到母体的保护。一切结束只是一个新的开始 2.相信团队和顺势而为，抓住机遇，迎接挑战。卵子外面包绕着透明带，它包裹在卵子周围，精子必须利用它们头部的溶解酶将透明带溶化才能进入卵子。但一个精子所含的酶量是远远不够的，需要许多精子相互合作，共同进攻打开缺口。在齐心协力溶解掉透明带、形成通道后，精子中反应最快的"勇士"立刻乘虚而入，第一个钻入透明带内与卵子亲密接触，透明带很快分泌一种物质堵住缺口，关闭大门 3.有志者事竟成 4.机会总会眷顾勤奋而有准备的人，培养医学生要做勇于承担责任、胸怀大爱的人，坚持不懈，奋斗终身的人 5.大爱如天	1.线上线下混合式：动画展播受精的过程，线下课堂讨论 2.讲授法 3.案例教学法 4.类比法，将自然流产和异位妊娠类比自然界"物竞天择，适者生存"，在自然淘汰中，只有最优秀也最幸运的个体，才能顺利地通过一个个关卡，来到这个世界
第八章第四节 第十一章第一节、第二节 第九章 第二节	妊娠期高血压疾病胎盘早剥前置胎盘糖尿病	1.医者仁心，大医精诚 2.敬业精神，探索精神，学习精神 3.全球糖尿病患病率不断提高，妊娠期糖尿病患者日益增加，我国更是糖尿病大国，孕产妇普遍营养过剩。惊人的数据激发医学生作为当代医护人员的职业责任感和使命感，守护人民健康，科学预防，有效降糖，守护母婴生命安全	线下：教师讲述个人的经历，立志想成为一名优秀的产科医生，却因为一次偶然的机会，因抢救患者，腰部损伤，不得不退出心爱的产科。但抓住机会，苦学新技术，现在是相应领域的专家 线上：通过网络平台推送目前我国糖尿病现状相关资料，并展开讨论

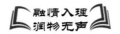

续表

章节	知识点	思政元素	实现形式
第九章第五节	性传播疾病	1.将患者利益放在首位。通过讲授桂希恩教授的故事，告知医学生，要以病人为中心，把病人的利益放在首位 2.在讲授艾滋病、梅毒、尖锐湿疣时，告知学生远离毒品，洁身自好。面对这些患者，不能采用异样的眼光，要保护好自己避免职业暴露。守护患者的秘密，积极救治相关患者	线上：推送桂希恩教授的相关资料。推送艾滋病相关视频资料 课外活动：拥抱艾滋病病人
第十二章、第十三章、第十四章	妊娠期母体的变化 正常分娩、异常分娩、分娩并发症	儿行千里母担忧，要时刻想着父母，努力学习，回报家长的期望与付出 十月怀胎，一朝分娩，从痛不欲生到无痛分娩，这不仅是简单的社会公益，更是一种文明的进步。引导学生，要尊重生命，有爱患爱伤意识，告知学生每一个生命都需要被尊重；每一个生命都值得付出所有	1.课下活动：举办"给妈妈的一封信"活动。每一位学生必须参加，妈妈收到信后，也要回复信件。最后评选出优秀信件，展播，将所有同学的信件装订成册，留存 2.线上：线上推送"万婴之母"林巧稚的故事。让学生有充裕的时间观看材料并对其进行思考感悟，甚至可以继续检索林巧稚相关资料，有利于学生深入思考与感悟，并书写心得上传平台，使抽象的感悟具体化 3.讲授法：引入无痛分娩，介绍我院已成立"无痛分娩室"
第二十五章第一节、第二节	子宫颈鳞状上皮内病变、子宫颈癌	1.宫颈癌是世界范围内严重威胁女性健康的重大公共卫生问题。2020年世界卫生大会批准通过了WHO制定的《加速消除宫颈癌全球战略》，然而，我国作为全球宫颈癌负担的主要贡献者之一，在消除宫颈癌之前还有很长的路要走。消除宫颈癌将是一项持续数十年的重大公共卫生行动，怎样才能以最小的代价、沿着最优的路径实现消除目标是世界各国都十分关注的议题。推动卫生健康工作由"以治病为中心"向"以健康为中心"转变，需要我们共同的努力 2.爱岗敬业精神、团结协作精神	1.课外：教师举办活动"2030健康中国，我为宫颈癌防治添砖加瓦"。征集科普文章和科普视频 校外：举办"走进社区，防治宫颈癌我们在行动"活动 2.线上推送：宫颈癌疫苗之父：周健。周健是一位无私奉献、才华出众的科学家。他和弗雷德一起发明了世界上第一支预防宫颈癌的疫苗，它的成功研制是人类医学史上一项重大突破，使全世界千百万女性得以受益，蕴含着勤奋、合作、机会、发现、爱和悲伤、友谊、善良的美好故事

章节	知识点	思政元素	实现形式
第二十八章第一节、第二节	葡萄胎、妊娠滋养细胞肿瘤	科学精神，探索精神 通过讲述我国绒毛膜癌的研究历程，培养医学生的科研精神。医学科学研究是一种永远、不竭不尽的知识探索，不为名利，只除人类之病痛，筑健康之完美	线上：推送我国我国绒毛膜癌的研究历程。20世纪60年代前，由于缺乏有效的治疗方法，绒癌患者死亡率高达90%。当时沿用国外传统的手术切除子宫的治疗方法，疗效甚微。宋鸿钊院士于1953年开始寻找有效药物。受当时国际封锁影响，只能试用国内仅有的几种抗癌药物，后经过大量的临床研究，终于研究出可以治疗绒毛膜癌的5-氟尿嘧啶
计划生育部分：第三十章第一节、第二节	不孕症、辅助生殖技术	辅助生殖技术的发展史、未来引领学生关注医学知识的新进展，帮助学生树立终身学习的理念、提高职业素养 我国是辅助生殖技术使用第一大国，常规辅助生殖技术的应用已经远远走在世界前列，以此培养学生爱国意识	讲授法：人类辅助生殖技术发展历经40多年，从1978年，人类第一例试管婴儿诞生开始，到1992年，人类首例单精子卵胞浆内注射婴儿诞生，辅助生殖迎来发展高峰期 目前，我国辅助生殖技术应用的广度及高度都处于世界先列，单精子卵母细胞内注射、着床前胚胎遗传学诊断、未成熟卵体外培养成熟技术和人类生殖储备等先进技术研究都已开展，尤其在胚胎植入前，单胚胎、配子及胎儿器官发育等方面的深入研究都走在国际领先行列，并且，我国辅助生殖技术及其衍生技术正转向攻克单基因遗传病以阻断出生缺陷，实现优生优育的方向，相信我国胚胎植入前遗传学筛查技术未来还会有突飞猛进的发展，以帮助更多家庭实现优生优育

三、妇产科学德育融入课堂的教学方法及手段

如何采用适当的教学方法和手段将德育元素有效地融入妇产科的教学中，是德融教学的关键问题之一。根据妇产科课程特点，和本课程中不同教学内容的要求。德融教学科研采用如下几种方法。

（一）讲授法

通过讲授法将刻苦钻研、团结协作的科学精神融入课堂教学。教师在讲解知识点时，可以对知识进行适当拓展和延伸，揭示专业知识背后蕴含的做人做事的道理。通过课堂讲授潜移默化的影响，久而久之，学生在听课的时候，即使教师没有点拨，自己也会习惯性地联想到知识背后蕴含的更深层次的德育内容。妇产科的内容通常与一些科学家紧密相关，他们在科学研究中表现出来的刻苦钻研、锲而不舍、团结协作的科学精神正是当下同学们急需学习的，而学生自己未必能深刻体会这些。因此在课堂讲授的过程中，教师可以有意识地引入妇产科学相关科学家的励志故事熏陶学生，以培育优良的学风。在学习本课程时，很多学生认为产科部分课程难度大，对是否能够学好没有太大把握。为此，在课堂讲授过程中，教师通过"万婴之母"林巧稚在临床工作中的励志故事增强学生学好课程的信心，坚持自己的医学理想。

（二）案例教学法

临床医学案例教学法是指根据教程和内容运用微型案例、典型案例和复杂案例来展开教学，建立起以学生为主体，教师为主导的教学关系，通过教师引导学生自主学习，系统地理解临床基础知识和掌握临床基本技能，并提高学生的判断能力和逻辑思维能力。以问题为基础，以病例为先导，以学生为主体的案例教学法，有助于学生在实际情景中进行理性思考，并用现有的理论知识来解决问题。这种教学模式有利于促进学生们临床思维模式的形成，并且能提高其将理论知识转化为临床实践的能力。例如在课程中引入HPV疫苗的案例，告知医学生疫苗是否针对的是中国流行的病毒株，对于中国人体质是否适应，要开展深入研究，在医学科研上做出中国特色，看待事物要有整体观。

（三）暗示教学法

"身教"更重于"言传"，所以德融教学首先是教师对自身的严格要求，教师以身示范，学生才能感受到德的力量，在不自觉的效仿过程中将德转化为自身的内

在品质。保证课程教学及德荣课堂的完美统一。打铁还需自身硬，教师教学不应该只停留在理论阐述上，要具有系统专业医学理论知识储备，临床经验丰富，还要严于律己，做到考勤上按时上下课，思想上爱学生、爱学校、爱国家，树立无私奉献精神，为教学活动做好表率。

本课程采用过程性评价与终结性评价相结合的方式进行考核，平时成绩与期末卷面成绩各占50%。平时成绩侧重考查学生的课堂参与度、团队合作精神、思考问题的深度、课外任务完成度等；卷面成绩以考核学生的临床专业知识和技能为主。通过这样的考核方式，培养医学生的临床思维，促进批判性思维能力的培养，让医学生不仅能够领会教师在课堂上融入的德育内容，更能以辩证的态度面对学习生活和将来的临床工作。

四、妇产科学德育融入课堂的教学效果

通过在"妇产科学"课程中融入德育内容，学生普遍反响良好，使教学效果有了较大提升，具体体现在如下三个方面。①学生的学习态度有了一定的转变。在课堂上不仅学到了临床专业知识，而且思想上得到了提高，改变了以往临床专业课堂枯燥沉闷的学习氛围，使课堂更加有趣、充满活力。②通过真实的临床案例开展案例教学，让学生分组讨论，培养团结协作的合作精神，加强对专业知识、临床技能的学习。③通过线上观看林巧稚、周健、豪森等相关资料，激发学生的爱国情怀、爱患意识、培养科学探索精神，增强学生对医学专业的认同感和使命感。

"妇产科学"课程教学中蕴含了大量的课程思政元素。《大医精诚》有言"先发大慈恻隐之心，誓愿普救含灵之苦"。我国古代医学家提出作为医者，需具备高尚的道德情操。对于医学生的培养，要注重加强医德医风教育，注重加强医者仁心教育，在培养精湛医术的同时，教育引导学生始终把人民群众生命安全和身体健康放在首位，尊重患者，善于沟通。以课堂教学为主渠道、专业知识为载体，通过精心的教学设计、合理的教学方法和信息化的教学手段引领学生的思想导向，提高育人效果，这不仅能够丰富临床医学专业教学的内容，更能够增加专业内容的深度。

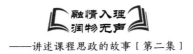

神经病学课程思政教学的探索与实践

白求恩第二临床医学院　满玉红[1]　陈　鹏[1]　朱博驰[1]　姚　刚[1]　李立森[2]

1吉林大学第二医院，2吉林大学中日联谊医院

　　2020年5月教育部颁发了《高等学校课程思政建设指导纲要》，百年大计，立德树人，新时期的高等医学教育，必须将价值塑造、知识传授和能力培养三者融为一体，每一位临床课程的老师都是一位思政的传播者和倡导者，因此我们在2017级临床医学五年制理论课教学和实践教学中设计一些思政元素，既在课堂上教会学生专业知识，同时也从思想上引导同学们树立大医精诚、医者仁心的高尚品德，在专业教育中通过课程思政，培育和践行社会主义核心价值观，加强中华优秀传统文化教育，在临床工作中教导学生增强职业责任感，将临床工作的酸甜苦辣、感人事例与同学们分享，培养其遵纪守法、爱岗敬业、无私奉献的职业品格和行为习惯。

　　神经病学是临床医学中比较抽象、复杂的学科，需要同学们具备良好的神经解剖学基础，而同学们一般是在大一学习解剖学，大四阶段才接触神经病学，时间跨度很长，大多数医学生刚接触神经病学专业知识的时候都感觉困难重重，因此作为一名神经内科医生和老师，在课堂教学中一边要巩固复习基础知识，一边渗入专业知识。神经病学理论教学中蕴含着丰富的思政素材，如脑血管病的预防体现了中国传统医学"上医治未病"的思想；临床实习中脑梗死患者的治疗体现了"救死扶伤""大医精诚"的思政元素，因此我们在2017级临床医学五年制神经病学理论课堂教学中采用案例教学，临床实习中采用PBL（Project-Based Learning）教学法、Seminar（研讨会）教学法、BOPPPS教学法（六步教学法）等多种方法开展教育教学，在对医学生临床综合素质能力培养的同时渗入思政元素的教学实践，取得了良

好的教学效果。

一、课程思政教学设计与实施

（一）教学内容

理论教学内容包括神经病学总论、周围神经系统疾病（吉兰-巴雷综合征）、脊髓疾病（急性脊髓炎）、脑血管病（总论、短暂性脑缺血发作、脑梗死）、中枢神经系统感染（脑炎、脑膜炎）、偏头痛、神经肌肉接头疾病（重症肌无力、低钾性周期性瘫痪）。临床实践教学内容包括神经系统查体、病历书写、医患沟通、神经系统常见辅助检查、上述理论内容的实践课堂。

（二）教学方式

1.讲授式嵌入

神经病学教研室在临床医学五年制神经病学理论教学之初，教学试讲和集体备课过程中提前进行教案书写和培训，理论大课以讲授式教学方式为主，并根据不同教学内容设计下列不同的思政素材和元素。

神经病学总论部分，通过吉林大学解剖学教研室李幼琼教授双手画图、分层次讲解神经解剖学的案例素材，激发同学们学习神经解剖学的兴趣和自信心，进行爱国主义教育。脑神经疾病吉兰-巴雷综合征部分，通过讲解我国神经病学家提出的新的分类类型，增强同学们的民族自信心，社会主义核心价值观教育；通过吉林省长春市双阳地区吉兰-巴雷综合征的部分病例增多讲解疾病预防，引入新冠疫情的防控，讲解疾病的早期预警意识，增强医学生对疾病的早期识别能力和树立"吹哨人"的责任意识。脊髓疾病中急性脊髓炎部分，通过该病横贯性损伤后的致残性和康复锻炼，培养同学们爱岗敬业意识、医者仁心的高尚情操。脑血管病总论关于预防的课堂教学，适当插入了《"健康中国2030"规划纲要》第二篇"普及健康生活"内容，让同学们从国家层面对于疾病预防有一个大致的了解，清晰明了我国的卫生事业的美好蓝图和对于全民健康促进和健康教育全方位的指导方案，结合专业知识及脑血管病的预防、青年卒中的高发生率、临床门诊中年轻人脑梗死的案例，对照自己的生活方式，倡导同学们形成正确积极的健康观念，意识到哪些生活方式是错误的，哪些是正确的，从青年阶段就开始树立健康的生命观。中枢神经系统感染（脑炎、脑膜炎）讲授中穿插了疫情防控相关内容，以头痛、发热、抽搐的症状联系新冠肺炎的中枢神经系统表现，适时引入疫情防控中医护人员在春节假期逆行出征的大无畏精神，保卫了人民健康。培养医学生"敬佑生命、救死扶伤、甘于奉献、大爱无疆"的医者精神，把人民群众生命安全和身体健康放在首位，把重大突发公共卫生事件中医生的责任和担当融入理论和实践教学中去。

在偏头痛教学中，通过常见病多发病的教学、临床中误诊误治病例培养学生的医学人文关爱意识和严谨求实的专业精神。在神经肌肉接头疾病低钾性周期性瘫痪和重症肌无力教学中，通过对多种常见疾病的鉴别，培养医学生的辩证思维和探索精神。诸如此类的思政元素教育贯穿于神经病学理论教学始终，一方面丰富了教学内容和教学内涵，另一方面通过讲故事、讲案例、讲事实的方式将思政元素微妙渗入教学，激发了同学们的学习热情。

2.专题讲座融入

神经病学的实践教学内容包括神经系统查体、病历书写、医患沟通、神经系统常见辅助检查等内容，这些既是医学生接触临床的基本技能，也是医学生临床实习的兴趣点，因此采用专题讲座的形式不仅可以梳理每个内容的系统知识，还可以全面了解最新的进展，培养医学生终身学习的意识。以医患沟通专题讲座为例，根据目前的医疗环境，通过加强医患沟通能力和医学人文素质教育能力培养，从日常医疗活动中挖掘思政相关的小故事，设计带有思政元素的医患沟通专题讲座。当跟随老师出门诊的同学看到多年前的患者真诚地表示感谢，给他们讲述当年如何救治她的过程时，同学们亲身感受到言传身教的力量，建立起良好的医患关系，真挚地对待患者让同学们的心灵受到深刻的震撼。通过倾听老师们在行医过程中与患者之间的许许多多普普通通感人的事迹，彻底激发了同学们强大的责任心和自信心，为以后的医学生涯铺下了一条信念之路。

3.临床实践夯实

在临床实习教学中，除了传统的教学查房、疑难病例讨论之外，我们在教学方法上，进行PBL教学、Seminar教学和BOPPPS教学等教学方法改革，采用小组讨论、团体研讨及分组攻克等方式增强同学们对于专业知识的理解深度，树立正确的职业道德观。通过实时引导，让医学生了解神经内科医生对于常见脑血管疾病的科学防治方法，对痴呆、失眠等慢性疾病患者进行长期的健康宣教。引导学生对于慢性疾病主动进行深入思考和探索，"老吾老以及人之老，幼吾幼以及人之幼"，在诊治老年疾病过程中进行中华民族传统美德精神的培养。21世纪是脑科学的世纪，在不同教学法的实施过程中同学们不仅加深了对脑梗死、脑出血、急性脊髓炎、癫病、偏头痛及帕金森病等常见神经系统疾病的理解与识记，而且在危急重症的抢救过程中体会到了作为医生的职业成就感、使命感和自豪感，激发了医学生的学习兴趣，培养了其临床辩证思维能力、提出问题和解决问题的能力。

二、教学效果分析

神经病学的理论和实践教学过程，因为思政元素的设计与参与，不仅锻炼了医学生的临床专业能力，提高了其临床综合素质与能力，还激发了学生对医学人文的思考，爱国热情高涨，促成了对人生观、价值观的再认识，培养了医学生的辩证思维、自主学习能力、不畏艰险、百折不挠的精神，树立了正确的职业观和道德观。

1.理论教学：思政元素无声融入

理论教学中采用的思政元素都来源于身边实例，或为教学名师，或为临床典型案例，或为热点新闻人物和社会事件，如吉林省长春市双阳区的吉兰-巴雷事件、新冠疫情的防控与救治，从每一个小人物身上讲出大故事，挖掘背后隐藏的爱国情怀，激励同学们的民族自信心和报效祖国的高尚情怀，潜移默化进行思政教育。

2.实践教学：思政教育以身示范

实践教学中从临床实际情况出发，从医患沟通中尊重患者的知情权、隐私权到侵权责任法的履行与教训，对"医闹"的理解与认识，培养医学生"仁爱"思想；从神经系统辅助检查中引导学生如何应对"大检查""大化验"等百姓热议点，培养医学生对于神经系统特殊的定位定性诊断思维的学习，树立"一切以病人为中心"的医疗服务意识，培养良好的医德医风，为以后做一名人民满意病人放心的医生而努力奋斗。

3.教师团队：重塑教学能力

吉林大学第二医院教学部通过组织专题讲座、教师集体备课，邀请马克思主义学院石瑛副院长及其教学团队对我院教师进行思政教学专题培训，了解思政的内涵，思政如何与医学进行有机的结合，如何在专业课知识讲解过程中渗入思政元素，如何避免生硬的说教等。使医学院校的教师从深度、广度和教学方法上对于课堂思政进行了详细的学习和讨论，切实提高了教师团队的课堂思政整体水平。神经内科教研室请来我院教学督导罗云霄教授传授教案书写的技巧，从根本上提升了教师备课水平。因此，学科组教师在2020年秋季神经病学的教学中精心设计了思政元素嵌入的教案，将思政元素与医学精神传递给学生，融入课堂教学和实践教学中，取得了良好的教学效果。

思政元素与课堂内容有效嵌入不仅能提升课堂教学效果，同时还能夯实学生的理想信念。因此，在教学过程中教师要不断充实自己，不忘初心，牢记使命，传承白求恩精神，拓展思政元素在教学中的应用和普及，及时总结和探索高等医学院校的思政教育。思政不是课堂教学的累赘，思政教育与理论课堂教学并不是彼此孤立的，而是相互关联的，二者结合得浑然一体，对于培养医学生的自强、自信、自爱和自立精神具有重要的意义。

参考文献

［1］Miller EK，Beavers LG，Mori B，et al. Assessing the clinical competence of health care professionals who perform airway suctioning in adults［J］. Respir Care，2019：May 28.

［2］詹青，余敏，沈建康，等，岗位胜任力与跨专业教育在临床神经病学教学中的应用［J］. 神经病学与神经康复学杂志，2017，13（1）：58-60.

［3］陈胜云，赵性泉，张量虎. Seminar教学模式在血管神经病学研究生临床教学中的应用［J］. 中国卒中杂志，2013，8（8）：684-685.

［4］范莹，董晶晶，闫恩志. 构建和谐医患关系的医学人文素质教育研究［J］. 锦州医科大学学报（社会科学版），2018，16（3）：37-39.

［5］余璐，郑金瓯. 将人文素质教育和医患沟通能力培养融汇与神经病学教学的思考［J］. 大学教育，2016，4：141-143.

［6］徐霁华，秦伟，胡文立. 以胜任力为导向的神经病学临床实习教学模式初探［J］. 中国继续医学教育，2017，9（8）：5-7.

思政背景下将叙事医学应用于妇科诊疗工作的探索与实践

白求恩第二临床医学院　许天敏　祝　贺　岂　航

习近平总书记强调：思政课是落实立德树人根本任务的关键课程，高等教育更应该坚持正确的政治方向。教育思政就是在这样的背景下提出的，将思想政治融入各个学科中，在推进学科发展的同时落实思政教育，同时利用思政教育扩展学科的研究深度。在临床医学中，思政教育应该与医学诊疗融合在一起，在医疗过程中不断提升立德树人的意识，反过来思政教育的加强也促进了医学人文事业的发展。

一、思政教育在妇科诊疗与人文关怀中重要性

随着现代医疗技术以及各类辅助检查方式的不断完善进步，临床诊疗愈加依赖于各种辅助检查，"器患沟通"占用了大量"医患沟通"的时间。而医学本质上是人与人沟通进而解决患者痛苦的一门学科，因为医学技术是不断更新发展的，疾病也是千变万化的，如何合理地运用先进的医疗技术，除患者之病痛，是医务工作者不断探索解决的问题。在探索的道路上，我们逐渐认识到在医学诊疗过程中更要关注患者的心理和情感。尤其是在妇科诊疗过程中，妇科医生会更多地询问私密的问题、更多地触诊私密部位，而由于女性的情感更加细腻，这就需要妇科医生与患者在交流的时候付出更多的耐心和关爱。在妇科诊疗过程中，首先相较于人体其他器官而言，女性生殖器官一方面能够维持女性个体正常的生理功能，一方面也肩负着孕育生命的职责。面对生殖器官疾病，妇科医生通过药物和手术等方式来改善病

人机体的功能、去除有害的组织从而提高患者的生活质量，但是病人的恐惧情绪以及承受的心理压力是药物和机器无法疏导的，这些问题需要我们医生的关怀和尊重才能得以克服和解决。同时女性妇科疾病往往伴有激素分泌异常，患者不但要承受疾病所带来的生理痛苦，还要忍受激素异常所引起的精神压力，在诊疗过程中，医生的医疗对象是社会人而不仅仅是女性结构，所以我们在修复结构的同时更要注意给予医疗对象足够的尊重和关怀。再者妇科疾病发展时间一般较长，患者受到的外界关怀和家庭支持在长时间的病程中可能逐渐减少，导致患者缺乏关怀。所以在和患者沟通的时候，如果能将以人为本的思想应用于临床，将思政教育落实在医学教学当中，让掌握了正确的社会主义核心价值观的医务工作者，投身于妇科诊疗过程中，我们就能更好地理解患者的情绪，从而营造更融洽的医患关系、制定并获得更好的诊疗方案和效果。

二、叙事医学与思政教育

思政教育在临床教学和工作中的嵌入方式是多种多样的，除了在课堂中通过理论知识的传授加深思政的普及，还可以在医学实践中通过叙事医学的方法使二者更好地融合。应用叙事医学是丽塔·卡伦在2001提出的将文学这种有温度的表达方式应用于医学中，将叙事的能力融入临床实践中，对患者的故事经历进行认知、吸收、采纳并且为之感动。叙事医学应用在临床上离不开平行病例，平行病例是它的书写载体，叙事医学的结果要通过平行病例记录下来。通过书写标准化的病例，我们更关注疾病的发生发展过程和人体结构的变化，追求的是治愈疾病和最大化恢复人体结构，所以在管理病人、书写病例过程中，更关注患者各项检查检验的结果，导致可能会产生会对患者情绪和心理感受的漠视。而平行病例的书写弥补了这样的缺陷，平行病例是患者所讲述的故事的记录，主要记录了患者的心情、感受和经历。通过叙事医学的应用和平行病历的书写，医生会更加关注患者的感受和情绪，了解患者的故事并产生共鸣，从而提高医生的共情能力、塑造更好的医患关系，也可以使患者获得更高的舒适度，使以人为本、立德树人的思想深植于医务工作者的实践中。因此我们在临床实践中，要锻炼学生们书写平行病历。叙事医学不同于一般的叙事文学，也不同于临床常用的循证医学，它是二者的有机融合，结合医者的共情能力和专业技术水平，得出的是科学的诊疗方案，是患者的心路历程，也是医者情感的升华。以人为本，不止是以患者为本，在医学教育中，更要以学生为本。

我们将叙事医学的教育内容有机地融入医患沟通的教学环节。

结合学生的学情，第一阶段，首先通过标准化的病人和标准化的病例，让学生掌握书写平行病历的能力，进而掌握叙事医学的关键。第二阶段，在教师的带领下，指导学生接触临床患者。完整的诊疗过程就是完整的医患沟通的过程，在这个过程中，学生要设身处地，一方面要能够想患者之所想，急患者之所急，一方面又要做到不忘初心，秉持自己专业的临床技艺，找到准确的切入点，剔除患者身体上的"毒瘤"，同时剔除患者心理上的"毒瘤"。实际的临床工作与标准化的流程不尽相同，只有在千变万化的实践工作中，学生才能将叙事医学融会贯通。当学生被患者的情绪和精神影响，无法自拔的时候，教师要做出正确的指引，春风化雨；当学生苦于表达，找不到输出途径的时候，教师则要在旁点拨，循循善诱；当学生给出正确的诊疗方案，收获患者会心笑容的时候，教师也要不吝夸奖，同时教导学生戒骄戒躁。

2020年9月，我们带领学生接诊了一位聋哑女孩，虽然她看起来和平常的患者没有什么区别，但是由于疗区中并没有精通手语的医护人员，当询问信息的时候，医生需要把问题写在纸上，然后女孩把回答也写在纸上完成交流。患者是一名单身独居的聋哑女性，一个人在长春生活，平时在家办公，画一些画、设计一些图案作为工作，一年前经常能够感到肚子隐痛，但因为不是很频繁，而且患者平时会尽量减少沟通，所以并没有就诊。年初回到黑龙江过年，在三月疫情最严重的时候，患者开始感到明显的疼痛，但疫情期间就诊不方便，患者就只是自己吃一些止疼药处理，同时因为交通不便不能及时回到长春工作，患者也因此失去了工作。六月，患者疼痛更加剧烈，同时疫情也有所好转，所以患者到老家附近的诊所求医，初诊按照阑尾炎进行治疗，因为患者与当地医生的交流不畅，病情一直都没有得到缓解。直到九月，患者在长春找到了新的工作，入职之前需要全面地做体检，于是在吉大三院体检时发现了盆腔肿物，在医院和家人的建议下来到我院治疗。在学生和这位患者进行正式接触之前，我们向学生大致交代了患者的诊疗经历。让学生总结患者可能存在的困难和顾虑，提出相应的应对方法。在和患者交流的时候，学生更加详细并且耐心地向患者询问情况、给患者讲解病情和术式，慢慢缓解患者因为病情和沟通问题产生的紧张。学生也在一次次的与患者沟通、书写平行病历的过程中，体会了患者的艰辛，从细微之处着手，提高患者的诊疗体验。尤其是在查体、换药的时候，因为无法及时用语言表达自己的感受，学生主动提出尽量缓慢地操作，更加密切地观察患者脸上的表情和手势来及时获得患者的情绪反馈。

三、思政背景下叙事医学与医护价值

叙事医学通过把语言文学应用于医学从而使医学更具有独特性，每个患者的独一无二的经历和感受促成了医学的个体化，同样也是这种医学的独特性让我们更重视对患者的人文关怀，在诊疗过程中会投入更多的感情，面对患者产生的感情也会有更强烈共情心理。同时通过在诊疗过程中融入思政教育从而了解更多患者的经历，对病程的判断有时会产生根本性的作用，疾病的诊断很可能因为患者在交流过程中表述的某个细节就有了翻天覆地的变化。

临床医学是一个抽丝剥茧的过程，叙事医学，是这一过程中的又一双巧手。而融入了社会主义核心价值观的叙事医学，让我们更全面地了解病人从身到心的整体感受，也更充分地体会到了病人在整个疾病过程中的变化。这一手段的应用，极大地降低了误诊和漏诊的概率，也让我们对疾病的发生发展有更深入的体会，因此也能帮助我们更细致地了解疾病和更清晰地进行诊疗。妇产科学，因为其患者的特殊性，使这一学科的叙事医学更偏向于把握患者细腻的情感，从情入手，用我们的共情，感知患者心情，让我们的每一次诊疗，都直达患者的心灵，让患者配合地接受我们的诊治，让经历病痛的人们对未来充满信心。通过叙事医学，我们秉着人本思想，收获了患者的认可和信任，教会了学生医者应有的世界观、人生观、价值观，也提升了自己对于大医精诚的理解，这一切的所感所悟所得，都帮助我们在未来的工作中，更好地为人民健康保驾护航。

行医之路曼曼其修远兮，每一次的诊疗，都是在除患者之病痛，亦是在筑医者之医魂。叙事医学，是医者燃魂路上不容小觑的助力。

寓思政教育于课程教学设计之中

白求恩第二临床医学院　杨　辉　李欣怡　曲福玲　汤利波　刘　喆　刘忠良

习近平总书记在全国高校思想政治工作会议上指出，要坚持把立德树人作为中心环节，把思想政治工作贯穿教育教学全过程。使各类课程与思想政治理论课同向同行，形成协同效应。[1]2020年5月28日教育部印发了《高等学校课程思政建设指导纲要》，要求把思想政治教育贯彻于人才培养体系，全面推进高校课程思政建设。各地各个专业均积极开展课程思政，如果仅仅依靠思政课程来完成学生的思想政治教育工作，就会与高校落实"立德树人"的根本任务及"构建全程全方位育人大格局"形成一定的距离。[2]

"言语治疗学"作为一门临床专业课程，具有极强的专业性和实践性，是一门跨学科新兴学科，集合临床医学、听力学、语言学、教育学、心理学及言语病理学等多学科为一体。针对各种原因所致的言语功能障碍，如失语症、构音障碍、吞咽障碍等进行诊断、治疗或矫治，采用言语训练、物理因子等康复治疗技术，改善患者听、说、读、写、认知等交流能力以及吞咽功能，提高患者生活质量，促使其尽可能重返社会，是康复医学教学的重要组成部分。这类医学专业课程，在传统的教学活动中往往只具备知识传递的属性，更强调对专业知识的掌握，从而忽略了学生思想道德、精神领域的引导，这就与国家设置"课程思政"的初心相违背。知识传授与价值引导不可偏废[3]，为此我们尝试将思政内容与专业知识融合，避免单纯的理论输出。以立德树人为根本任务，培养德智体美劳全面发展的社会主义建设者[4]，尽可能实现政治认同、家国情怀、意识形态引领，将社会主义核心价值观、法治意识、职业道德修养贯穿于医科教育的全过程[5]。

结合医患之间的医学伦理的特殊性，为了更好地让学生理解以人为本，需要探寻一条适合言语治疗学学科教育发展的教学思路，那么首要的就是寓思政教育于言语治疗学的课堂之中，把立德树人作为教育的中心环节，把思想政治工作贯穿教育全过程，只有这样，才能够培养出重视人文关怀并兼具职业操守和高超诊疗技术的医务工作者。[6]

语言文字是文化的基础要素和鲜明标志，是人类社会中约定成俗的进行思想交流的符号系统，是文化传承、发展、繁荣的重要载体。习近平主席在同德国汉学家等座谈时提出："一个国家文化的魅力、一个民族的凝聚力主要通过语言表达和传递。"

言语即说话（口语），是神经和肌肉参与的发声器官的机械运动。是语言传输的媒介，口语形成的机械过程。言语障碍是指个体语言的产生、理解及应用等方面出现困难的情况。言语的输出可以认为是说出了问题，理解就是听说出了问题、应用就是读写出了问题。"言语治疗学课程思政"的作用和最终目的是引导学生形成正确的世界观、人生观、价值观，在整个教学过程中实现全程育人、全方位育人，形成健康的专业伦理、科学的信仰和良好的行为习惯[7]，将言语治疗学范畴下的"听、说、读、写"功能康复的专业课程与弘扬真善美的结合，让课程思政有情有义、有温度。

就言语治疗学课程而言，作为未来从事康复治疗专业的学生，应正确对待自己未来的职业与服务对象，面对功能障碍的患者首先就不应歧视，应当给予更多的尊重与关怀；"课程思政"并不是强行加入思想政治元素，而是结合言语治疗学课程专业的自身特点，从而使言语治疗学课程有人文情怀、有温度。[4]为了有效地在理论教学中与课程思政元素巧妙地融合，结合"言语治疗学"教学内容，我们选取了几章，深入挖掘了相匹配的思政内容，将思政元素与医学知识紧密结合。

如在第一章康复概论中，主要讲述言语治疗学科的发展历史及在国内外的现状。新中国成立以来特别是改革开放以来，我国健康领域改革发展取得显著成就，医疗卫生服务体系日益健全，对于像言语治疗这类能极大提高患者生命质量的学科也日益重视起来。《"健康中国2030"规划纲要》中提出的首要原则便是健康优先。提到把健康摆在优先发展的战略地位，将促进健康的理念融入公共政策制定实施的全过程。要全民健康，那么康复是其中重要的一环。我国有着庞大的残疾人群，其中有言语障碍康复需求的超3000万人，其中6～14岁学龄残疾儿童需言语语言服务的179万人。还有唇腭裂、自闭症、脑外伤、脑瘫、脑炎、帕金森病、头颈部肿瘤、退化性疾病等众多存在言语障碍的患者需要康复。

在第四章听力障碍的学习中，一定要提到我国对残疾人有三个免费的工程，其中一个便是针对聋儿的人工耳蜗植入。这切实地解决了聋儿家庭的后顾之忧，极大地提高了患儿的生命质量，同时也减轻了家庭与社会的负担。深刻地体现了党对残疾儿童的关心！

第五章失语症。这类症状在众多脑卒中患者中发病率极高。失语症是指由于神经中枢受损、大脑皮质语言功能区病变，导致言语交流能力障碍，即听、说、读、写均有可能出现问题。而语言最重要的功能在于交流，而有些患者不会说话，或是不会阅读，听不懂别人的话，或是不会写字，患者失去了沟通渠道，往往无法和周围人进行有效交流，这极易引起患者情绪及心态崩溃，引发心理问题。而作为一名治疗师，要学着与患者共情，站在他们的角度去看待疾病带来的危害，将心比心，才能在治疗时多一分耐心，更好地引导患者表达。

第八章发声障碍。言语发生障碍主要表现为音调异常、响度异常或音质异常。音调异常表现为音调过高、过低或变化过大，这类患者可能表现为男生女调或女生男调，这让患者在日常交流中非常苦恼，往往会被人嘲笑，长期极易导致患者自卑、敏感、焦虑抑郁的出现，经过积极的言语治疗干预，音调异常的问题都可以解决。可以正常地发声，自信地交流。

对于第十章儿童语言发育迟缓，我们一定要提倡早发现，早诊断、早治疗，不能迷信于"贵人语迟""男孩说话晚"这类没有科学依据的谣言，要秉着严谨的科学态度，体现医者的职业风范。

通过对各类言语疾病的学习及实践，同学们将会接触到许多患者，切实地感受到患者的痛苦与困境，更能激发同学们"将心比心"，努力将所学知识学以致用，树立更为明确的奋斗目标，还能加深对奉献精神的理解，有助于塑造学生积极向上的独立人格和宽广的家国情怀。[8]

医学专业学生的人文素养的培养、高尚的医德、医风教育是非常必要的也是重中之重的，在临床专业课程的教学中，加强学生的人文道德素养、思想政治的培养，将人文素养和医德的提高贯穿于医学生培养全过程，大力加强医学生的职业道德、医学素养等职业素质教育，注重人文关怀和人际沟通能力培养，使医学生具有高尚的职业道德情操和关爱病人、敬重生命、敬重他人、有良好的团队合作的职业

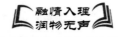
道德素养。加强了医学生的思政觉悟，同时也加强医德教育，把医学变成有温度的医学，而非冰冷的医学，为把医学生培养成合格的医生做出了应有的努力。

参考文献

［1］习近平在全国高校思想政治工作会议上强调：把思想政治工作贯穿教育教学全过程　开创我国高等教育事业发展新局面［N］.人民日报，2016-12-09.

［2］周芸，陈晓梅.课程思政建设背景下高校"现代汉语"课程教学体系设计［J］.云南大学学报（对外汉语教学与研究版），2021，19（02）：83-88.

［3］邱伟光.课程思政的价值意蕴与生成路径［J］.思想理论教育，2017（7）：10-14

［4］章小峰，杨永，谢谦，等.基于协同育人理念的课程思政建设探索研究［J］.工业和信息化教育，2021（3）：1-5.

［5］姜冬乐，郭晓佳.正确认识和把握思政类课程与课程思政关系的研究［J］.工业和信息化教育，2021（3）：30-32.

［6］刘丽，吕叶辉，卞杰，杨智昉.思政教育在基础医学教学中的应用［J］.中国中医药现代远程教育，2021，19（02）：41-43.

［7］陆道坤，课程思政推行中若干核心问题及解决思路——基于专业课程思政的探讨［J］思想理论教育，2018（3）：64-69.

［8］高珊，黄河，高国举，杜扬."大思政"格局下研究生"课程思政"的探索与实践［J］研究生教育研究，2021（5）：70-75.

情怀、责任、奉献融入作物栽培学课程教学的探索

植物科学学院　李秋祝　王洪预　崔金虎

农业是国民经济的基础，而"作物栽培学"是农学相关专业的必修课，且对于培养学生热爱劳动、珍惜劳动成果的情怀至关重要。为此，将"农学精神——情怀、责任、奉献"融入专业课程思政，建立科学有效的教学体系，以实现专业课程思政育人的综合教育理念。

一、课程思政

习近平总书记在全国教育大会上强调：坚持中国特色社会主义教育发展道路，培养德智体美劳全面发展的社会主义建设者和接班人。[1]这让高校教师充分意识到"劳"的重要性，而农业就是一个需要艰辛劳作及无私奉献精神大量投入的产业。从儿时的《悯农》到学农，相信每位农业工作者都体会到了农业的辛苦，但什么都挡不住人们对农业的执着与热爱。一些当代大学生对农学的认知只有"脏、苦、累"，甚至有些学生家长更是"谈农色变"，各高校农学类专业的学生大部分都是调剂生，因此，入学教育及日常专业课的课程思政对培养学生的"农学精神"更显重要。

课程思政是构成高校思想政治工作的重要组成部分，对学生实施思想政治教育的一种综合教育理念。教育系统核心是坚持"育人为本、德育为先"，把"立德树人"作为教育的根本任务，即把培育和践行社会主义核心价值观有机融入整个教育体系，全面渗透到学校教育教学全过程，充分体现在学校日常管理之中，在落小、落细、落实上下功夫。[2]课程思政本质是课程观的一种，将高校的思想政治教育有效融入课程相关教学环节，以达到实现育人目的的润物无声。[3]课程思政主要形式是将思想政治教育的理论知识、价值理念以及精神追求等思想政治教育元素融入课程，潜移默化地对学生的思想意识、行为举止产生影响。[4]

三、"作物栽培学"课程思政

专业课程的思政元素相比思政课程具有隐蔽性与渗透性，思政教育意图不明显。[5]在日常教学工作中，为达到立德树人的目标，应采用多种方式方法充分挖掘专业课程的思政元素，运用创新的科学方法将其以润物无声的方式融入教学。

（一）专业认同、归属感的培养

课程思政通过挖掘、提炼课程内蕴的家国情怀、社会责任、伦理规范、科学和人文精神等思想政治教育资源，实现各类课程与思政课程同向同行。[6]"作物栽培学"是农学及相关专业的必修课程，对于培养学生的专业认同感及归属感至关重要。所谓"干一行爱一行"，学农更要爱农，不仅要学会知识，还要能够运用所学知识解决实践中存在的问题。

（二）润物细无声的效果

课程思政建设是"潜移默化"地进行思想政治教育，起到协同作用[7]。因此在"作物栽培学"的授课过程中，通过"农学名人知多少"活动，让学生了解为农业作出突出贡献的徐光启、贾思勰，知晓农学专业院士王金陵、李振生、袁隆平等从事农业的坚定的理想信念及无私奉献的"农学精神"、团队协作的力量、创新技术的应用。通过成语的应用扩展学生的知识面，如在作物生产的特点中季节性、综合性中的"不违农时""墨守成规"；地上部生长与地下部生长的关系中的"根深叶茂""根深蒂固""固本培元"；作物世界分布中体现我国的"地大物博"。由起源本土作物的讲解能够培养学生爱国主义情怀及民族自豪感、使命感。由作物产量与品质的矛盾统一，提醒学生在生活中如何分清主次。

（三）教师的情怀、责任与奉献

教师不仅要传道、授业、解惑，更要注重奉献"爱心"、坚守一份"责任"。教师不仅要对教学内容融会贯通，还要能因材施教，根据学生的情况把教师自己的体会传授给学生。教师应对自己的讲授精益求精，有的课尽管讲过许多次，但每次都有大的修改；在课堂上不照本宣科，高屋建瓴，对所讲的内容结合生产实践与科研实际进行整理加工，表达叙述非常讲究。细致而又生动的讲授，深入浅出，易于理解，并且经常提出有趣的问题来激发学生们的思考。对于学生提出的许多问题，不管是课间还是课后都要不厌其烦地进行讲解，非常耐心地为学生解答。

通过"课堂上我是老师、要与学生建立师生情感交流，生活中我是学生们的父母、要对学生们给予父母关爱，学生们毕业后我与他们是同事、是朋友，要给予同事友情帮助"的方式，拉近师生间的距离、点燃学生们进取的火花、增强学生们对我国农业发展的自信心；目前他们已成为农业科研、农业教育、农业生产的骨干。

（四）考核评价体系

在教学过程中，教师要充分利用课程思政的广泛性、隐教性与多样性的特点与优势[8]，考核评价不仅要看成绩，更要关注过程。在整体考核过程中，要坚持以"德"为先，将社会主义核心价值观与知识传授相结合，通过课堂提问、讨论等方式对学生的德育水平进行考核，培养学生树立正确的"三观"；其次是"智"，智育就要求教师注重总结学生对知识掌握的灵活性，充分体现在学生对知识的理解程度及实际运用能力；再次是"体"，体育对于农学专业的学生来讲是一个考验，栽培学本身就是一项体力劳动，对于培养学生的吃苦耐劳的意志力很重要，通过实践过程学生在观察团队协作中的分工进行考评；从次是"美"，美育上就要强化学生的素质文明教育，养成良好的习惯，保持环境的整洁如初；最后是"劳"，劳动教育定为考核的一个方向，即重视实践教学的重要性，珍惜劳动成果。

四、教师自身素质的提升

教师应牢记宗旨，热爱本职，脚踏实地，努力做好本职工作。教师职业道德的精髓就是一个字"爱"，"没有爱的教育是残缺不全的"，需要教师无私奉献"爱心"、坚守一份"责任"。

在教学实践中制定实施了"本科教学中与学生进行师生情感交流、学生在校生活中给予父母关爱、学生毕业离校后给予同事友情帮助"的教育策略，点燃学生们进取的火花，从而拉近师生间的距离，增强了学生们的自信心，提高了学生自主学习的积极性。同时，作为一名专业教师，每年都亲自深入农业生产一线开展应用技术研究，开阔视野、丰富知识，不断提高教学水平；这样才能得到学生的爱戴和欢迎。

参考文献

［1］习近平. 把思想政治工作贯穿教育教学全过程，开创我国高等教育事业发展新局面［N］. 人民日报，2016-12-09（1）.

［2］从思政课程到课程思政，路该怎样走［N］. 中国社会科学网，2018-03-09.

［3］王芳."课程思政"建设中发挥思想政治理论课主渠道作用的探索［J］. 教育理论与实践，2020，40（6）：35-37.

［4］王学俭，石岩. 新时代课程思政的内涵、特点、难点及应对策略［J］. 新疆师范大学学报（哲学社会科学版），2020，41（2）：50-58.

［5］孙志强，孙斌. 地方应用型院校"课程思政"育人体系研究［J］. 教育理论与实践，2020，40（24）：28-30.

［6］张正光，张晓花，王淑梅."课程思政"的理念辨误、原则要求与实践探究［J］. 大学教育科学，2020（6）：52-57.

［7］齐砚奎. 全课程育人背景下高校课程思政建设的理论思考［J］. 黑龙江高教研究，2020，38（1）：127-127.

［8］刘建军. 课程思政：内涵、特点与路径［J］. 教育研究，2020，41（9）：28-33.

将课程思政育人目标贯穿课程教学

植物科学学院　潘怡欧

"农药生物测定"是植物保护专业本科生的一门专业必修课，是所有农药学相关专业课程中一门综合性、实践性很强的应用学科。

一、课程内容与学情背景

"农药生物测定"课程分为理论和实验两部分教学内容。理论课程主要介绍农药生物测定技术和方法，以及农药生物测定设计的一般原则。以学生已有的有机及无机化学、农业昆虫学、农业植物病理学、杂草学、分析化学、植物生理生化等多学科为基础，学习综合运用农业、生物学中许多学科的理论和技术，研究杀虫剂、杀菌剂、除草剂、植物生长调节剂，以及其他化学农药的室内和田间生物测定方法，以及高新技术在农药生物测定中的应用等内容。

二、课程思政与育人目标

在"农药生物测定"课程教学中加强生态文明教育，引导学生树立和践行"绿水青山就是金山银山"的理念，要注重培养学生的"大国三农"情怀，引导学生以强农兴农为己任，"懂农业、爱农村、爱农民"，树立把论文写在祖国大地上的意识和信念，增强学生服务农业农村现代化、服务乡村全面振兴的使命感和责任感，培养具备创新创业能力的知农爱农新农人才。在提升学生专业知识和技能水平的同时，树立学生正确的世界观、人生观和价值观，结合专业知识教育引导学生深刻理解社会主义核心价值观，自觉弘扬中华优秀传统文化、革命文化、社会主义先进文化。

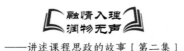

三、讲述课程思政的故事案例——以著名昆虫毒理学家龚坤元先生为例

（一）龚坤元先生生平

龚坤元，杀虫药剂毒理学家，曾在家蝇和棉蚜抗性机理的研究和培育家蝇抗性品系方面做出了突出贡献。他开发出新的增效剂——增效磷，对提高农药药效发挥了重大作用。

龚坤元先生，1914年12月3日出生于江苏省常熟县（现常熟市）一个小商人家庭。5岁丧母，依靠姐姐抚养成人。1934年从江苏省立常州中学毕业后，考入中央大学农学院昆虫组。1937年全面抗日战争爆发，他随校西迁重庆沙坪坝；由于家乡沦陷，经济来源断绝，大学后两年全靠救济金过活。1939年9月大学毕业，同年应聘中央农业实验所成都工作站药剂室从事生物测定工作。1941年，经重庆国民政府卫生署的推荐，到云南参加美国滇缅铁路抗疟团专家组工作。后因日寇入侵云南保山县（现保山市），公路被切断，修筑铁路工程已无法继续进行，1942年抗疟团被迫撤回昆明，随即宣布解散。随后，龚坤元回到重庆，进入歌乐山中央卫生实验院，不久又被派往沙坪坝洛氏基金社疟疾研究所从事疟疾防治的研究。1943年，龚坤元再次考入中央大学，在研究生院攻读硕士学位，在校期间，他选修了化工原理、化学分析及理论化学等课程。这些为他今后从事杀虫药剂毒理学的研究打下了基础。1945年毕业，获经济昆虫硕士学位，并留校工作。抗日战争胜利后，他随校迁回南京。在南京解放前夕，他参加反迁校、保护学校活动。

中华人民共和国成立后，龚坤元担任中央大学二部主任秘书兼任植物保护系讲师。抗美援朝战争爆发后，由于反细菌战的需要，1953年应中国科学院昆虫研究所陈世骧所长申请，龚坤元由高教部调往北京，任该所所务秘书并兼任药剂毒理室主任。

龚坤元于1948年加入中国共产党。曾任中国昆虫学会副秘书长、秘书长；北京农药学会理事长、名誉理事长；中国植物保护学会、中国环境学会、中国农学会理事。他还曾担任过《昆虫知识》主编，以及《昆虫学报》《植物保护学报》《农药》《农药译丛》《环境学报》等学术刊物的编委。

龚坤元7岁就患敏感性哮喘病。严重时，大小便失禁，以致危及生命。由于在相当长的时间内，夜间咳喘不止，只能坐睡，腰向前弯，致使腰椎骨刺增生，只能将腰靠在沙发背上睡觉，这样坚持了15年，直至1989年靠自己坚持锻炼，病情有所好转。就这样他一直坚持科研工作，做出了突出成绩。他的惊人毅力使人叹服，他的顽强精神也为后人敬仰。

（二）龚坤元先生在害虫抗药性方面的贡献

龚坤元长期深入农村，指导农民进行病虫害的防治。在多年工作中他发现，由于农村连年大量连续使用同一种农药，害虫对农药的抗性日趋严重。这不但加大了农药的使用量，增加了农业生产成本，而且缩短了现有农药的使用寿命，致使不少农药品种（如内吸磷、亚胺硫磷）不得不停止生产或压缩产量。因此，如何提高现有农药对抗性害虫的药效，压缩或延缓害虫抗性的发展，是延长现有农药使用寿命的关键。1953年龚坤元奉调中国科学院后，他一直从事害虫抗性的研究，并取得了突出成绩。

1.家蝇抗性的研究

1953年他结合反细菌战，在实验室培育DDT与六六六（六氯环己烷）抗性品系，探索杀灭抗性家蝇的有效方法。随后，他一方面在国家科学基金的资助下，开展探索家蝇的抗性机理并扩大培育抗性品系的范围；另一方面在中央爱国卫生委员会的资助下，担任家蝇抗性协作组长。自1979年起，在全国范围内展开家蝇抗性调查及防治策略的研究。通过多年对家蝇抗性的研究，取得了突出的成绩。其中"全国家蝇抗性调查及防治策略研究"于1985年获中央爱国卫生委员会及卫生部一等奖，"溴氰菊酯抗性家蝇的防治及其对策的研究"于1988年获三等奖。

此外，为了提高各省卫生防疫站技术人员的业务水平，他在卫生部支持下，从1979年起举办了12期培训班，取得了良好效果。

2.棉蚜抗性的研究

1963年龚坤元应农业部植物保护局的邀请，亲临山东、河北两省调查内吸磷与对硫磷对棉蚜药效减退的原因。经过多年调查证实药效减退的原因是棉蚜对这两种有机磷已产生了较强的抗性，并提出了使用敌敌畏、甲基对硫磷及磷胺等药效较好的有机农药。并在棉蚜抗性最高地区山东省高密县（现高密市）设点，建立实验室，做长期观察。为了延缓棉蚜抗性的发展，龚坤元还进行增效磷的研究和轮换使用农药试验，取得了突出成果。在此基础上提出压低抗性发展的方案。并于1979年帮助山东省东陵农药厂投产增效磷及混配增效磷的有机磷及菊酯类农药，在生产上发挥了作用。因此，"增效磷的研究""增效磷研制及推广应用"两项成果，分别在1985年及1989年获得中国科学院二等奖和国家科学技术进步三等奖。

3.农药资源开发

龚坤元一贯坚持理论联系实际，重视解决生产中的问题。如1956年应林业部的邀请，深入河南商城县协助当地进行六六六烟雾剂防治松毛虫的工作。他举办多期训练班，传授烟雾剂的加工及放烟技术，在生产上取得了明显效果。1958年协助农业部去广东、江苏省调查水稻害虫防治经验；同年受商业部的委托，他亲自组织了11个研究单位，赴西南各省调查土农药的资源。这是我国第一次对土农药资源的系统调查，最后编写成《中国土农药志》。对我国农药资源开发上作出了贡献。

4.药剂毒理研究

龚坤元在DDT及六六六毒理研究上做了许多出色的工作，从1972年起陆续发表论文10多篇。其中《家蝇对DDT抗性的研究——Ⅰ.家蝇对DDT及666抗性的形成》及《家蝇抗药性的研究——Ⅱ.选择作用对家蝇抗丙体666的影响》，受到学术界的重视。对DDT及化学农药使用问题，他从毒理学的研究上提出了自己的看法。他认为DDT在环境中残留，不是一成不变的，是随着温度、湿度及其他环境条件相应发生变化，不过消失得相对的缓慢些。残留的DDT能通过食物链进入人体内，逐步积累在脂肪里，对人的生理代谢有些影响，并且通过孕妇的子宫传入胎儿或人乳传入婴儿。因此，除疟疾流行区外，禁止使用DDT是完全必要的。他反对有些人违反科学，任意夸大其危害性。

在害虫防治上他提倡生物防治和化学防治相结合的办法。在使用化学防治时，要注意农药的使用方法及使用时期，尽可能减少对天敌的杀伤。

鸿鹄久翔，终至疲惫。大师已去，精神永存！我们将深切缅怀龚坤元先生排除万难，艰苦奋斗，心系人民，献身科学的一生。龚坤元先生为新中国的农药学、毒理学做出了举世瞩目的巨大贡献，他所取得的一系列辉煌成就得到了中国农药科学界的高度认可，他的卓越贡献必将彪炳我国药剂毒理学和农药学的发展史册，必将被继续前进的后辈们所永远铭记。

中华民族要实现伟大复兴，离不开伟大的中国人民，更离不开千千万万的高校学子，学生的思想动态决定着他们的成就，也关系着我国社会主义建设的发展。因此，在高校开展思政建设是一项系统的、长期的、任重道远的工作。这就要求专业课程在不断紧跟国内外形势同时，更需要思想政治内容不断地丰富完善。作为专业教师，在提高专业技能的同时，也要加强自身学习，深入挖掘专业课思政元素，把思政元素和专业内容有机契合，将思政内容以润物细无声的方式全面、系统地介绍给广大同学们，让学生从专业知识中引发相应的思政问题进行思考并与之共鸣，从而达成思政教育的目的，培养学生成为具有良好思想品德和正确人生价值观的新时代青年。同时，课程建设要紧跟时代和科技发展，不断补充和完善思政案例，让专业思政教育永远随着时代进步而不断完善。

作物育种学课程思政建设实践

植物科学学院　王庆钰　刘雅婧　王　英　李景文　闫　帆　杨旭光　张鑫生

　　2016年习近平总书记在全国高校思想政治工作会议上指出，把思想政治工作贯穿教育教学全过程，实现全程育人、全方位育人。2020年教育部印发的《高等学校课程思政建设指导纲要》中指出，全国所有高校、所有学科专业全面推进课程思政建设工作。专业课的课程思政研究已经成为国内高校课程建设的热点问题。

　　推行课程思政教学改革是高校培养高素质人才，落实立德树人根本任务的重大举措。学者们对课程思政的理论价值、思政元素与专业课程的有机融合、课程思政的实施路径等问题进行了探讨[2，3]，这些理论探讨和教学示范促进了国内高校专业课程思政建设。随着课程思政建设的开展，还有诸多理论、方法和路径需要探索。"作物育种学Ⅰ"是农学类专业的一门重要专业课，是研究改良作物遗传性状、特别是改良经济性状使之更符合人类生产和生活需要的理论和技术的科学。该学科是一门以遗传学、进化论为主要基础的综合性应用科学，是作物生产科学不可或缺的两大主要学科之一。这门课的内容体现了人按照需求改造生物性能的过程，是人类智慧和作物生长规律的有机结合协调统一的过程，充满了哲理；能引起学生对人生的思考。研究的结果是高产新品种，可直接用于生产。从新中国成立至今作物育种水平一直在不断提高，这一结果和祖国的发展壮大及国力强大后的支撑是分不开的，进而激发学生的民族自豪感和爱国情怀。从作物种子自然特性中的顽强生存能力，努力地繁殖体现了作物为本生物种群延续所做的努力，启发学生对人生的规划和思考。因此，在吉林大学课程思政"学科育人示范课程"课题的支持下，结合国家一流课程建设，修改了教学大纲和教案，对教学目标、教学内容、教学方法、教学管理、课程教学环节的全方位进行了改革，将思政元素有机地融入教学的始终，实现了课程育人的效果。

一、瞄准专业培养目标强化学科育人

农学专业定位是保障国家粮食安全和生态文明建设为导向，以新农科建设和新农业发展趋势为引领，本着"产学研用"一体化协同育人理念，培养理论基础扎实、实践功底深厚、具有家国情怀和国际化视野的卓越农业人才。

课程与教学改革要解决的重点问题：基于以"培养创新精神为灵魂、以提升实践能力为根本"的教学理念，以农学专业复合型人才培养目标为导向，以优质国家一流课程建设为目标，重点解决以下问题：（1）彰显课程育人，让思政教育贯穿课程教学的始终；（2）优化教学内容，重构教学体系，实现课程的"高阶性""创新性"和"挑战度"；（3）更新教学技术，加快课程信息化和现代化教学手段的建设及其在教学中的应用，提升教学效果。

以农学专业的定位和课程与教学改革要解决的重点问题为依据进行教学大纲和教案的修改。

二、教学目标重塑与价值引领

围绕"新农科"建设和国家粮食安全等战略需求，充分发挥国家科教协同育人思想，基于培养农学专业复合型高素质人才的办学定位，"作物育种学"在吉林省精品课程建设基础上，以课程内涵建设为目标，以培养创新精神、实践能力为主线，立德铸魂，打造新时代"作物育种学"的"金课"。本课程致力于实现知识目标、能力目标、思政育人目标。

知识目标：（1）掌握作物品种培育、良种繁育的理论方法和技术；（2）掌握对作物育种学具有支撑作用的相关学科知识。

能力目标：（1）应用育种的理论、方法和技术进行育种实践的能力；（2）具备追踪作物遗传育种学科研究前沿，并应用于作物品种选育方案设计的能力。

思政育人目标：（1）明确作物品种选育对我国经济社会发展的重要性，具备知农、爱农情怀和强农、兴农的责任感和使命感；（2）了解我国育种水平与世界发达国家间的优势与差距，树立学好本课程信念；（3）具有积极向上的生活态度和积极探索农业科学问题的热情。

为了更好地实现育人目标，在教学实施中应彰显课程育人，让思政教育贯穿课程教学的始终，立德树人，培养学生家国情怀，知农、爱农情怀和强农、兴农的责任感和使命感；优化课程内容，以课程思政目标为引领，实现教书育人的总体目标。从育种方法和程序的内容融入让学生养成科学制定目标并努力实现目标的做事习惯；在以往的授课中有意识地融入了思政元素，系统地将教学内容和思政思想有机地融合，实现教书育人的目的；通过融入袁隆平院士、盖钧镒院士等事迹内容，自然地达到润物细无声的思政育人效果。将知识传授和价值引领有机结合，不断挖掘教学内容的思政元素，不断创新教学方法，学生在掌握作物育种课知识的同时品德修养得到提高，国家民族责任感得到加强，富有团队意识和拼搏精神并具有积极向上的生活态度。收到既教书又育人的预期教学效果。将提高学生的品德修养，团队意识，追求人生的更高境界，为祖国的繁荣富强做贡献，堂堂正正做人，认认真真做事等思想观念融入课堂教学中，使学生在掌握作物育种专业知识的同时，品德修养得到提高，对国家民族责任感得到加强，富有团队意识和拼搏精神。

三、教学内容与课程思政相得益彰

将"学科育人示范课程"建设成果应用到"作物育种学总论"全课程思政教学，梳理课程所蕴含的思政教育元素48个。并基于新农科建设思路，在夯实基础理论知识的前提下，注重知识的前沿性和交叉性，厘清作物育种学整体"高阶性"内容框架，将教材中的19个章节，凝练成15个教学内容模块，涵盖了作物品种选育和繁育的理论方法和技术。

课程团队实行教学研讨会制度和集体备课制度，形成了作物育种"思政+基础理论+前沿+应用"四模块，将课程的19章内容，凝练成15个教学内容模块；厘清作物育种学整体"高阶性"内容框架。以前沿知识和典型案例分析为任务导向，借助高效课堂教学和课下第二课堂自主学习法开展"挑战性"学习，培养学生"创新性"思维。

在绪论中讲到作物品种是人工进化（人工变异＋遗传+人工选择）的结果，整个过程体现了人类智慧和作物生长规律的有机结合协调统一的过程，充满了哲理；作物种子由于自然特性中的顽强生存能力，即使是被压到硬土块下也会顽强地破土而出，野生资源传播种子的方法，作物种子顽强地生存，努力地繁殖体现了作物为本生物种群延续所做的努力，教育学生作为高级生物的人更应该为自己为他人努力

过好一生，为人类有所贡献。在教学内容中融入做人做事正确引导，增强学生的使命感。从新中国成立至今作物育种水平一直在不断提高，和祖国的发展壮大同步，育种水平的提高是国家强大后强有力支撑的结果，激发学生的民族自豪感和爱国情怀。第三章种质资源，我国种质资源工作的阶段性变化体现了国家对科技对资源的重视，让学生知道种质资源是国家的财富，属于国家，每个人都有保护资源不受侵害的责任，增强使命感。第四章育种目标，育种目标体现人们需求的变化，并要立足当前放眼未来，引导学生如何科学进行人生规划的思考。第五章系统育种从系统记录引导学生做事条理清楚，做事探究有依据，有的放矢。第六章杂交育种，杂交亲本选配应选一般配合力高的材料做亲本，进而引申为集体做贡献，团结协作的理念。第十一章杂种优势的利用讲杂交水稻之父袁隆平对我国粮食生产的贡献，教育学生为不断提高我国的粮食生产水平不断努力。

四、创新教学方法提高育人成效

创设高效智慧课堂：课堂教学以学生为主体问题为导向，课前发布学习任务单；课中以互动式教学、学生小组讨论、完成设计方案等方式让学生参与教学的全过程，引导学生主动学习；课后布置作业，利用科技论文阅读、论文写作等方式，训练学生思维能力和分析解决问题能力；在教学方法上采用雨课堂，将线上教学资源等融入课程，帮助学生理解；通过翻转课堂，增加学生课程参与度。

以学生为本，构建"示范中心—校内外实践基地—科研平台"三位一体的实践育人模式。通过学生参与实践、多种形式参与科学研究，聘请国内外专家召开讲座和研讨等方式，提高学生科研思维能力及综合素质。

科学评价体系的建立：课程采用过程性评价考核的方式，在整个学习过程中建立学生"成长档案袋"，收集学生对每个过程认知情况，其中课堂讨论5%、线下课后作业10%、综合性实验20%、创新性育种方案设计占5%、期末考试40%、文献阅读汇报和任务完成报告占10%、平时和期中测试占10%。

改革优化课程教学环节：改革和优化了课程教学的各个环节。将思政元素有机地融入教案制作、课堂教学、实验教学、实践教学、课程考核、课程评价等各个课程教学环节，收到了良好的教书育人效果。

五、教学效果分析

（1）学生在了解我国育种水平与世界发达国家间的优势与差距，对农业重要性有了深刻的认识，激发了学习热情，学习成绩有逐年提高的趋势；认识到作物品种选育对我国经济社会发展的重要性，激发了学生的爱农情怀，学生的强农、兴农责任感和使命感增强，报考本专业研究生人数有增加的趋势；参与课堂教学的态度随着教学进程在不断改善，参与集体活动、主动与人沟通意识甚至主动与家长沟通的意识都有所加强；主动规划人生甚至主动锻炼身体，生活规律的学生人数有明显的增加。

（2）学生综合分析问题能力提升。课程考评成绩年度比较分析发现，学生综合分析问题能力有逐年升高趋势。

（3）学生创新能力提升。基于课程学习成果，学生参加"互联网+""挑战杯""创青春""创新创业训练项目""大学生创新创业大赛"等，获得各类奖项21项.

（4）学生研究能力提升。通过参与各类科学研究，学生的研究能力得以提升。学生发表科研论文10篇，64篇毕业论文被评为优秀论文。

（5）建成了校级"金课"并被推荐参评2021国家一流课程。

（6）获校课堂教学质量卓越奖。

（7）获得学生、社会、同行及专家的好评。

总之，将知识传授和价值引领有机结合，不断挖掘教学内容的思政元素，不断创新教学方法，学生在掌握作物育种课知识的同时品德修养得到提高，国家民族责任感得到加强，富有团队意识和拼搏精神并具有积极向上的生活态度。收到既教书又育人的预期教学效果。

参考文献

［1］习近平.思政课是落实立德树人根本任务的关键课程［J］.求是，2020（17）：4-16.

［2］习近平.把思想政治工作贯穿教育教学全过程　开创我国高等教育事业发展新局面［N］.人民日报，2016-12-09.

［3］教育部.高等学校课程思政建设指导纲要［EB/OL］.［2020-5-28］http：//www. gov. cn/zhengce/zhengceku/2020-06/06/content_5517606. htm.

［4］姚敏磊，仲开泰，庄宇萌，等.优秀农业文化在农科专业大学生爱农意识培养中的实现途径［J］.教育教学论坛，2018（36）：217-219.

［5］盖钧镒，蒋国梁，黄丕生，等.高等农科教育面向21世纪教学改革的讨论［J］.云南农业教育研究，1995（Z1）：7-11.

［6］王飞.课程思政教学改革及其实施策略［J］.教育现代化2018，5（41）：1-4.

［7］张汉壮.立德树人 玉汝于成［J］.中国大学教学，2019（1）：13-16，32.

［8］刘玉斌.物理学类专业课程思政的思考与实践———以理论力学课程为例［J］.中国大学教学，2020（8）：55-58.

［9］教育部.普通高等学校本科专业类教学质量国家标准［S］.2018：113.

［10］谭红岩，郭源源，王娟娟.高校课程思政评估指标体系的构建与改进［J］.教师教育研究，2020，32（5）：11-15.

［11］高宁，王喜忠.全面把握《高等学校课程思政建设指导纲要》的理论性、整体性和系统性［J］.中国大学教学，2020（9）：17-22.

课程思政融入生物统计学课程教学实践

植物科学学院　王　英　刘雅婧　韩红爽　杨旭光　温海娇　闫　帆　王庆钰

立德树人是教育的根本任务。党的十八大以来，习近平总书记多次对于思政育人做出明确指示，要求"要坚持把立德树人作为中心环节，把思想政治工作贯穿教育教学的全过程，实现全程育人、全方位育人"；要"使各类课程要与思想政治理论课同向同行，形成协同效应。[1]"生物统计学"作为植物生产类专业的核心课程，是数理统计的原理和方法在生物科学研究中的应用。在专业课程体系中，它承接了高等数学、概率论与数理统计等基础课程，支撑了专业教育各类课程，是理论和实践交叉、理学和农学交叉特征均很强的学科，本身蕴含着丰富的思政元素。尤其当前生物科学研究发展迅速、新冠疫情肆虐、我国农业产业变革等诸多科学前沿和社会焦点，为"生物统计学"课程思政提供了丰富的素材，整理并应用于教学，将极大促进植物生产类专业育人目标的实现。

一、课程思政与学科育人课程思政融入"生物统计学"的教学目标

在教育部2020年颁发的《高等学校课程思政建设指导纲要》中，要求农学类专业课程要在教学中加强生态文明教育，培养"大国三农"情怀，以强农兴农为己任，"懂农业、爱农村、爱农民"，树立把论文写在祖国大地上的意识和信念，增强学生服务农业农村现代化、服务乡村全面振兴的使命感和责任感，培养知农爱农创新人才。[2]结合"生物统计学"课程特点，我们将课程的思政目标确定为爱国情怀、三农情怀、社会责任、民族自信、制度自信、安全意识、奉献精神、创新精神、科学精神、辩证思维、协作精神等素质的培养，着力支撑知农、爱农，有志于

服务乡村振兴的卓越农业人才的培养。

二、"课程思政"融入"生物统计学"的教学理念

充分挖掘思政元素，并自然融入"生物统计学"理论、实验、实习整个教学环节中，潜移默化地对学生进行精神教育，使"知识传授"与"价值引领"协同发展，真正做到"守好一段渠、种好责任田，使"生物统计学"课程与思想政治理论课同向同行，形成协同效应"。

三、"课程思政"融入"生物统计学"的教学设计

在"生物统计学"教学过程中，通过优化教学队伍，强化教师素质培养，加化学堂管理，丰富思政内容，挖掘思政元素，改善教学方法，完善考核评价体系，将德育元素与专业知识相融合，培养了学生懂农、知农、爱农、服务于农的意识和信念。

（一）提升教师的课程思政意识和能力

立德树人为教育之本。教师是道德的践行者，也是传输者，起到示范和引领的作用。本教学团队教师为了成为一名合格的课程思政教师，在三个方面坚持不懈。一是严格要求自己，保持品行端正，德行无亏，言传身教，潜移默化地帮助学生树立正确三观、铸造健康心志、养成良好习惯，树立远大理想，培养高尚品德。二是深知教师的德行素养的形成也非一日之功，需长期持续地学习、积累，因此形成了教学团队集体备课、研讨，相互检查督促，不断提升教师课程思政教学能力。三是定期与思政课程教师开展学习和交流，提升自身对课程思政的认知、认同，并自觉采取有效方法推进课程思政，实现思想和价值引领，立德树人于润物无声。

（二）锤炼课程思政内容

"生物统计学"课程是统计学在生物领域的应用，许多社会问题、焦点问题、科学问题与之相关，均可作为思政元素。例如，通过应用统计学知识，分析国家大数据，激发学生的爱国热情；提高学生课堂参与比例，增强学生学习自主性，培养学生对专业的兴趣，激发学习热情；通过分组的形式，小组讨论，确定解决问题方案，培养学生独立分析问题，解决问题的能力，以及团结协作能力；从大数据角度了解国家发展，并做分析对比，激发爱国热情；大数据分析我国农业发展，以及世界农业发展，对比优劣势，提高学生对专业认识，提升专业情怀；通过学生家乡主

要农作物品种审定的试验设计方案的设计，使学生了解我国农村发展的政策，分析发展方向，加深学生对"三农"的关注，提高专业认识度、时代使命感和增强社会责任感（具体见表64-1）。

总之，思政案例作为思政元素的载体，其确定应围绕课程培养目标，结合课程特点，兼具丰富性、多样性、全程性、动态性、时效性，且需与课程内容联系紧密，勿生搬硬套，忌喧宾夺主，一定要能够在完成课程主体教学任务的基础上，有机嵌入课程内容中。

表64-1　课程思政案例融入"生物统计学"课程设计表

序号	教学环节	思政案例	价值目标	专业目标
1	理论课：绪论	最近一期国家政府工作报告有关农业部分的解读	爱国情怀、三农情怀、社会责任、民族自信、道路自信、制度自信	从数据角度解读社会问题的能力
2	实验课：试验设计	学生家乡主要农作物品种审定的试验设计方案	家国情怀、三农情怀、社会责任	试验方案设计能力
3	理论课：数据整理与描述	中、外新冠疫情数据整理、分析、高水平文章中数据分析举例	爱国情怀、社会责任、民族精神、安全意识、创新精神、科学精神	数据整理的方式、方法
4	理论课：统计假设测验（实验）	分析转基因农作物与野生型间的差别，探讨社会问题的认知角度	科学精神、创新精神、三农情怀	利用t测验解决实际问题的能力
5	实验课：方差分析	主要农作物品种审定的试验数据分析或中外农作物产量对比、产业形势对比	三农情怀、社会责任、科学精神、安全意识	利用方差分析解决实际问题的能力
6	理论课：卡方测验	大豆长童期基因J的发现、研究与利用，改变了世界大豆产业格局	爱国情怀、创新精神、科学精神	明确卡方测验可解决的实际问题
7	实验课：直线回归与相关	学生查找国家统计局数据，分析不同作物产量与年度变化的相关性。结合产量变化，融入我国农业科学家为我国粮食安全，人民生活改善做出的突出贡献。	三农情怀、社会责任、科学精神、创新精神	直线回归的利用
8	实验课：考核	学生分组开展实验内容，并用演示文稿的方式展现，教师及其他同学进行点评	科学精神、辩证思维、协作精神	语言表达能力、综合分析能力

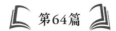
（三）探索"课程思政"有效融入"生物统计学"的教学体系

1.将课程思政融入课堂教学全过程

以OBE教学理念为引领，以植物生产类专业创新拔尖人才培养目标为导向，将课程思政育人内容精心安排于"生物统计学"理论课、实践课程的各个环节。理论课的思政内容以宏观的社会焦点问题、重大科学成果的社会贡献等案例为主，一般作为章节的导课，在专业课程内容的教学效果上，可起到引入新的课程内容、帮助学生明确学习目的、提升学生的学习兴趣的效果；在思政育人的角度上，由于有意识地融入价值目标于思政案例中，使学生产生价值认同，达成育人效果。实践课的思政内容以具体的数据为载体，学生通过对于数据的分析、总结，获得科学结论，并要求学生进一步分析数据背后的故事，进而感悟我国社会、科技进步，人民生活水平提高等重大变迁，使得育人目标由教师讲述转变为学生自觉领会，育人于无形。

2.建立以"学"为中心，学生主动学习、全程参与的教学模式

"生物统计学"授课总体按照"问题加讨论互动式导课—理论教学—学生小组讨论分析案例—学生所学知识在设计方案中应用—讨论互动式总结—布置扩展课堂学习内容"的总体思路进行。尽可能提高学生教学参与度。为有效利用时间，学生课下以小组或独立形式进行预习和完成教师安排的学习任务。"生物统计学"的任务设定以数据查找、整理、分析、总结为主要内容，由教师负责界定线上、线下资源的类型、来源和范围，每位学生需独立完成资源查找、数据筛选，并独立进行分析，再经小组讨论后筛选出最优内容在课上进行汇报，教师和学生同时对每组的汇报进行点评、打分，学生对相应知识点的专业目标和价值目标进行总结，以此督促和强化专业课程的价值引领和培育。

3.学生的德行素质渗入评价体系

考核方式包括出勤考核、专题小作业、综合大作业、期中考试、期末考试和学习讨论考核等环节。其中出勤占5%；线上预习和作业完成情况占5%；专题小作业占20%（教师和学生共同打分，各占该成绩的50%）；综合大作业占20%（教师和学生共同打分，各占该成绩的50%）；期末考试占50%。

三、"课程思政"融入"生物统计学"教学效果分析

"生物统计学"是植物生产学科基础课程。由于其专业性和基础性并存且交叉，学生学习的难度较大。在以往的教学中，存在学生上课的目标性不强，理论掌

握过关，但实际应用能力差的问题。通过"课程思政"的融入，学生学习"生物统计学"的积极性和主动性明显提升，课堂无缺席、迟到现象，互动交流明显增多，课程气氛活跃，尤其对挑战应用性问题兴趣极浓，教学效果得到明显改善。我们对比了融入课程思政前的2019—2020年学年及融入课程思政后的2020—2021学年的学生成绩时发现，在教学学科知识内容一致、试题难度一致的情况下，学生的及格率基本持平，但优秀率（考核成绩大于90分的学生人数占学生总人数的比例）提高了9.54%（见图64-1）。我们亦对试题得分情况进行了分析，综合分析类题目的得分率明显提高。另外，课程思政的实施，也激发学生的科研兴趣，参加各类大学生赛事的积极性明显提高。2020—2021年度，获得国家级一等奖9人次，二等奖18人次，三等奖18人次，优秀奖9人次；获得吉林省各类赛事一等奖19人次，二等奖11人次，三等奖7人次。由此看出思政教育有效提高了学生对学科知识的认知度、兴趣度和挑战度，为后续的教学提供了有力支撑，有助于营造专业培养的可持续生态。

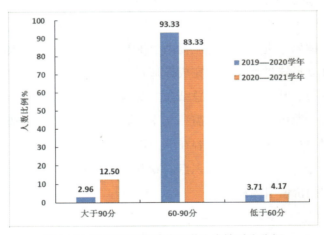

图64-1　课程思政教学前后学生成绩对比分析

参考文献

［1］习近平在全国高校思想政治工作会议上强调：把思想政治工作贯穿教育教学全过程　开创我国高等教育事业发展新局面［N］.人民日报，2016-12-09.

［2］教育部.教育部关于印发《高等学校课程思政建设指导纲要》的通知：教高［2020］3号［EB/O］.（2020-05-28）［2021-03-25］.http：//www. moe. gov. cn/srcsite /A08/s7056/202006/t20200603_462437.html

"遗传学"课程思政教学设计

植物科学学院 原亚萍 赵 磊 王洪预 胡 军 胡兰娟

习近平总书记在全国高校思想政治工作会议上指出，要坚持把立德树人作为中心环节，把思想政治工作贯穿教育教学全过程，实现全程育人、全方位育人，要用好课堂教学这个主渠道，思想政治理论课要坚持在改进中加强，提升思想政治教育亲和力和针对性，满足学生成长发展需求和期待，其他各门课都要守好一段渠、种好责任田，使各类课程与思想政治理论课同向同行，形成协同效应。

遗传学作为生命科学的前沿学科，代表生命科学的整体发展水平和现况，在课程中融入思政育人内容，对当代大学生的正确三观形成和生命科学职业素养的培养尤为重要。在遗传学从创立到成熟的一个多世纪里，涌现出许多著名的科学家和经典的科学发现。所以，遗传学专业课程拥有丰富的思政元素，是落实立德树人根本任务、实现思政教育与专业教育相互融合的有力抓手。根据课程内容讲授进度，将最新的科学研究进展、科学家成长故事等写进教学方案，在课堂教学过程中，教师有意识地引入各国科学家在遗传学研究中取得的成就，激发学生学习遗传学这门课程的积极性，培养学生的爱国主义热情和坚持追求科学真理的精神。

一、"遗传学"融入课程思政教学设计

（一）组建遗传学教学团队，共同备课

课程负责人自任教以来，一直从事遗传学的教学与科研工作，主讲遗传学、细胞遗传学等多门课程。先后有年轻教师吉林大学王洪预博士、中山大学胡军博士、南开大学赵磊博士、东北师范大学胡兰娟博士加入遗传学教学团队，组建了一支教

学经验丰富、年富力强、爱岗敬业的遗传学教学团队。在教学过程中，老教师传帮带，定期开会研究教学改革方案，统一课件，集体备课，建立遗传学教学群，教师间可以随时沟通。同时通过学习通教师可随时将遗传学相关资料上传。结合教学内容，不断将思政教育融于课堂，大大提高了学习效果，激发了学生们的学习热情。（见图65-1）

图65-1　遗传学团队开会研究思政教学改革

（二）教学模式改革

本课程主要在课堂教学中融入一些思政元素。在充分讲授遗传学知识点的同时，根据每章特点，把思政元素不断纳入教学中，实施翻转课堂。在表现方式上包括老师直接讲授、学生分组讨论，利用现代化教学手段包括音频、影频、App教学软件等配合。在老师与学生讲述、讨论后，将入选的思政专题内容上传到遗传学学习通平台，全体学生共享学习（见图65-2）。总之，我们构建了以学生为中心的教学设计体系，通过课前—课中—课后、线上—线下、理论与实践、个体学习与团队学习的混合式教学以及翻转课堂等教学模式改革，活跃了课堂氛围，培养了思考式的学习习惯。

图65-2　思政专题上传学习通平台

（三）课程思政元素的挖掘

对于"遗传学"这样理论性和实践性都特别强的专业基础课来说，通过"选取适当的案例，利用适当的方法"开展教学，使专业思想与职业情怀结合，使学生树立正确的世界观、人生观和价值观。因此，我们在教学中采用适当的案例进行教学设计，基于"案例"开展遗传学"课程思政"，讲述遗传学故事。具体案例设计如下表65-1。

表65-1　遗传学"课程思政"中案例设置

课程知识点	科学家和典型案例	思政元素	实施途径
遗传物质结构	沃森和克里克	思考、创新、交流	课前布置，课上发言
孟德尔遗传	孟德尔遗传规律的发现	坚持不懈、持之以恒	学生自学后写专题
连锁遗传	摩尔根和他的白眼果蝇	热爱、潜心研究	学生自学后写专题
杂种优势	伊斯特的玉米杂交试验	深入思考，不断创新与挑战	教师授课后学生写专题
转座子	麦克林托克和她的玉米	潜心研究，心静如水	教师授课后学生写专题
染色体	徐道觉	思考、求证、勤奋	教师授课与讨论
遗传学发展史	谈家桢	勤奋、坚持、进取	教师授课与讨论
雄性不育	杂交水稻之父袁隆平	身怀大爱，家国情怀	视频，讨论，专题
杂种优势利用	杂交玉米之父李登海	踏实肯干，刻苦努力	视频，讨论，专题
基因组	中国参与人类基因组计划	团结、合作	视频，教师授课与讨论

三、"遗传学"课程思政育人实践

课程思政教学应贯穿课程教学的整个过程，在课程的各章节我们都选取了合适的内容，通过教师讲授、讨论、学生专题报告相结合，学生在查资料的过程中丰富了知识，对课程内容有了更深入的了解，加深了对专业的认识和情怀，本文选取部分内容加以展示。

（一）遗传学之父——孟德尔

孟德尔是现代遗传学之父，生物学科的重要奠基人，1865年发现遗传定律。经过8个寒暑的辛勤劳作，孟德尔发现了遗传学最重要的两大规律，即"孟德尔第一定律——分离规律"和"孟德尔第二定律——独立分配规律"。孟德尔清楚自己的发现所具有的划时代意义，但他还是慎重地重复实验了多年，以期更加完善。可是，伟大孟德尔的思维和实验太超前了，同时代人跟不上孟德尔的思维。孟德尔用心血浇灌的豌豆所告诉他的秘密，时人不能与之共识，一直被埋没了35年之久！

孟德尔遗传规律的发现过程可以给学生以启示：任何一项科学发明和科研成果的获得都需要坚持不懈的努力，要持之以恒，耐得住寂寞，做任何事都需要静下心，沉下身，做科研更是如此。

图65-3 遗传学之父孟德尔

（二）禾下乘凉梦，一梦逐一生——杂交水稻之父袁隆平

2021年5月22日13时07分，注定是一个让国人泪沾衣襟的日子。袁隆平在湖南长沙溘然长逝，享年91岁。袁隆平院士走了，但他的贡献已经载入史册，他的名字已经写入辽阔大地，他的精神已经印在人们心间，犹如"袁隆平星"一样，在太空闪闪发光、辉耀大地。他是杂交水稻研究的开创者，50多年来致力于杂交水稻技术的研究、应用与推广，为我国粮食安全、农业科学发展和世界粮食供给做出巨大贡献，值得我们每个人学习和尊重。

作为坚守农业战线的教师和青年学子，我们要向袁隆平院士学习，树立远大理想，并努力为实现理想而奋斗。在工作中，我们要学习袁隆平坚韧不拔的科研精神；在生活上，我们要学习袁隆平朴实无华的高贵品质。向袁隆平院士学习，树立热爱农业的家国情怀，做一粒好种子，用心工作，用自己微小的光去照亮他人！

图65-4　学生专题报告——杂交水稻之父袁隆平

（三）团结与合作——人类基因组计划

人类基因组计划所倡导的是"全球合作、免费共享"的原则。中国、德国、法国、日本、英国与美国6个国家的16个中心组成国际协作组，共同完成了人类基因组计划。中国于1999年9月参与，承担其中1%的任务，即人类3号染色体短臂上约3000万个碱基对的测序任务。中国是参加这项研究计划中唯一的发展中国家，虽然参加时间较晚，但是我国科学家提前两年于2001年8月26日绘制完成"中国卷"，赢得了国际科学界的高度评价。

图65-5　学生专题报告——人类基因组计划

三、"遗传学"课程思政学科育人主要成效

作为人民教师，既要教书也要育人，所有的教师都有育人职责，所有课程都有育人功能。其实，育人目标一直贯穿于每位教师的课堂上，用好课堂教学这个主渠道，可以提升思想政治教育亲和力和针对性。

遗传学课程拥有丰富的思政元素，是落实立德树人根本任务、实现思政教育与专业教育相互融合的有力抓手。通过上述教学设计和实施，提高了学生在课堂学习中的主动性与参与性；通过讲述遗传学家的故事，传播了科学精神，激发了研究兴趣，有助于学生学好遗传学。同时引导学生树立吃苦耐劳、创新和团结协作精神，使学生热爱遗传学，热爱农业，培养学生的爱国主义热情和为祖国农业而奋斗的家国情怀。

参考文献

［1］习近平.全国高校思想政治工作会议讲话稿［N］.新华社，2016-12-08.

［2］翟立红，姚劲松，李君，肖娟.高校《医学遗传学》课程思政教育的探索和实践［J］.教育教学论坛.2019，3（10）：25-26.

［3］王楠楠，劳军，丁文乔，张盛文.《遗传学》课程思政的设置与实践［J］.广东化工，2019，46（18）：196-197.

［4］赵大军，赵研.地质工程专业课程的思政教学探索.融情入理，润物无声——讲述课程思政的故事，353-358.